Elmar Theveßen
Kampf der Supermächte

ELMAR THEVESSEN

KAMPF DER SUPERMÄCHTE

Amerika und China auf Konfrontationskurs

PIPER

Mehr über unsere Autorinnen, Autoren und Bücher:
www.piper.de

Von Elmar Theveßen liegen im Piper Verlag vor:
Terror in Deutschland
Die Zerstörung Amerikas
Kampf der Supermächte

Inhalte fremder Webseiten, auf die in diesem Buch (etwa durch Links) hingewiesen wird, macht sich der Verlag nicht zu eigen. Eine Haftung dafür übernimmt der Verlag nicht.

Unser Versprechen für mehr Nachhaltigkeit
• Klimaneutrales Produkt
• FSC®-zertifiziertes Papier
• Hergestellt in Europa

FSC www.fsc.org
MIX
Papier | Fördert gute Waldnutzung
FSC® C014496

ISBN 978-3-492-07300-4
4. Auflage 2023

Satz: Eberl & Koesel Studio, Altusried-Krugzell
Gesetzt aus der Minion Pro
Litho: Lorenz & Zeller, Inning am Ammersee
Druck und Bindung: GGP Media GmbH, Pößneck
Printed in Germany

Inhalt

Prolog

Amerikas bester Feind

Die beiden Damen mit den Staubsaugern sind penibel, kein Krümel, keine Holzreste, nichts soll das strahlende Blau des Filzbelags verunzieren; alles muss perfekt sein im Innenhof des Königsschlosses in Warschau. Die fleißigen Reinigungskräfte auf dem Podium sind sogar von den Sicherheitsbehörden überprüft worden, tragen eine Akkreditierung um den Hals. »Remarks by President Biden. Warsaw, Poland, March 26, 2022« steht auf dem Kunststoffausweis, im Hintergrund sind die Fahnen der USA und Polens abgebildet. Wir Journalisten haben unsere Kameras auf der Pressetribüne aufgebaut. Die polnischen und amerikanischen Flaggen an den Mauern biegen sich unter einem eiskalten Wind – passend zu den schrecklichen Ereignissen in der Ukraine. Trotzdem, oder gerade deshalb, sind Tausende von Menschen gekommen. Seit Stunden stehen sie vor dem Schloss – dicht gedrängt rund um die Sigismundsäule, die 1944 wie fast die gesamte Stadt Warschau von den Deutschen zerstört wurde. Nun wollen die Polen ihre Solidarität mit den ukrainischen Nachbarn zeigen, die sich in diesen Tagen verzweifelt gegen den barbarischen Feldzug des russischen Potentaten Putin wehren. Die Menschen haben ukrainische Fähnchen, sie tragen Ansteckbuttons mit blau-gelben Herzen, einer schwenkt die Flagge der NATO, ein anderer hält ein Pappschild hoch – unter Putins Foto steht »Zero«, unter dem Bild von Wolodymyr Selenskyj »Hero«.

Einige Hundert Zuschauer dürfen in den Schlosshof, die anderen verfolgen draußen auf einem riesigen Bildschirm, wie Joe Biden unter Jubel an das Rednerpult tritt. Mit den Worten »Danke schön, nehmen Sie Platz« erntet der amerikanische Präsident erst mal fröhliches Lachen, denn es gibt nur Stehplätze, aber dann senkt sich gespannte Erwartung über das Ereignis. Biden redet mitfühlend und eindringlich, berührt die Menschen in ihrer Angst vor dem, was in unserer Welt gerade geschieht.

»Habt keine Angst«, es sind die Worte von Papst Johannes Paul II., die der US-Präsident zitiert. Sie standen auch am Anfang der ersten Rede des Polen Karol Wojtyła als Papst im Oktober 1978. »Im Angesicht eines grausamen und brutalen Regierungssystems«, so Biden weiter, »war dies die Botschaft, die zum Ende der sowjetischen Unterdrückung in Mittel- und Osteuropa vor 30 Jahren beitrug. Es war eine Botschaft, die auch die Grausamkeit und Brutalität dieses ungerechten Krieges überwinden wird.« Und dann bemüht Joe Biden einmal mehr das Narrativ, das er seit seinem Amtsantritt bei jeder Gelegenheit öffentlich wiederholt: »Wir befinden uns aufs Neue in einer großen Schlacht für die Freiheit, einer Schlacht zwischen Demokratie und Autokratie, zwischen Freiheit und Unterdrückung, zwischen der rechtebasierten Ordnung und der, die von roher Gewalt bestimmt wird.«

Für die Zuhörer hier, aber auch vor den Fernsehern rund um den Globus wird durch den russischen Überfall auf die Ukraine auf einmal greifbar, was Biden mit seiner These vom großen Kampf zwischen den Systemen eigentlich meint, denn bis dahin fiel es den Amerikanern, den Europäern und vielen anderen schwer, die überall sichtbaren Zeichen als Teil einer großen Umwälzung zu erkennen – weg von demokratischen Grundwerten, hin zum Autoritarismus. Von diesem erhoffen sich offenbar immer mehr Menschen die Erlösung aus den Unsicherheiten, die von den Krisen der vergangenen Jahre geschürt wurden.

Biden stellt in seiner Warschauer Rede die Verbindung her: »Jetzt stehen die Ukraine und ihr Volk in diesem ewigen Kampf für Demokratie und Freiheit an den Frontlinien, um ihre Nation zu retten. Ihr tapferer Widerstand ist Teil eines größeren Kampfes für die unverzichtbaren demokratischen Prinzipien, die alle freien Völker vereinen: die Herrschaft des Rechts, freie und faire Wahlen, die Rede- und Meinungsfreiheit, die Versammlungsfreiheit, die Glaubensfreiheit und die Freiheit der Presse. Diese Prinzipien sind unentbehrlich in einer freien Gesellschaft.« Beifall brandet auf, und der amerikanische

Präsident fährt fort: »Über die letzten 30 Jahre sind die Kräfte der Autokratie weltweit wieder erwacht. Ihre Merkmale kommen uns bekannt vor: Verachtung für die Herrschaft des Rechts, Verachtung für die demokratische Freiheit und Verachtung für die Wahrheit selbst.«

Die Lehre aus Putins Krieg

Warum erzähle ich Ihnen das in einem Buch mit dem Titel *Kampf der Supermächte: Amerika und China auf Konfrontationskurs*? Weil das, was in diesem Jahr geschieht, eine große und naive Selbsttäuschung der letzten Jahrzehnte entlarvt: dass wir im Umgang mit den großen autoritären Regimen dieser Welt Wandel durch Handel erreichen können.

Ja, amerikanische Präsidenten und deutsche Bundeskanzler von Schmidt über Kohl und Merkel bis zu Schröder und Scholz mögen aus guter Absicht gehandelt haben, und man mag zu dem Schluss kommen, dass es wenigstens den Versuch wert war, Russland und China durch intensive Wirtschaftsbeziehungen in die internationale Gemeinschaft einzubinden. Aber schon vor Jahren hätten wir erkennen müssen, dass die beiden staatskapitalistischen Systeme nicht reformierbar sind, solange eine Führungsriege von rücksichtslosen Autokraten den unbegrenzten Machterhalt über Wohl und vor allem Freiheit der eigenen Bevölkerung stellt. Die Erkenntnis heute ist erschütternd: Gerade durch die engen Wirtschaftsbeziehungen haben wir den Regimen in Moskau und Peking einen Freifahrtschein für ihren Machtmissbrauch, für die Unterdrückung ihrer Bevölkerung, die Verletzung von Menschen- und Bürgerrechten gegeben. Aufgrund unserer Abhängigkeit mussten sie von der sogenannten westlichen Wertegemeinschaft keine ernsthafte Kritik oder Gegenwehr und schon gar keine schmerzhaften Konsequenzen befürchten.

Die russischen Aggressionen in Georgien 2008, auf der Krim und in der Ostukraine 2014, die Einkerkerung und Ermordung von Oppositionellen sowie Putins Invasion im Frühjahr 2022 stehen in einer Reihe mit den Taten der Kommunistischen Partei Chinas: die gewaltsame Niederschlagung der Freiheitsbewegung in Hongkong, der kulturelle Völkermord an den Uiguren, die Unterdrückung ethnischer und religiöser Minderheiten, insbesondere der Tibeter, die militärischen Drohgebärden gegen Taiwan, die Xi nach dem Besuch der Sprecherin des US-Repräsentantenhauses Nancy Pelosi in Taipeh im August 2022 dramatisch eskalierte, und die chinesischen Erpressungsmethoden gegenüber Regierungen, die Kritik an der Führung in Peking wagen. Gleichzeitig haben Putin und Xi Jinping mit den Einnahmen aus unseren guten Geschäftsbeziehungen ihre militärischen Fähigkeiten modernisiert und ausgebaut. Mit wirtschaftlichen und propagandistischen Mitteln haben sie alles darangesetzt, die Spaltung der Wertegemeinschaft voranzutreiben, um von der Schwächung der Demokratien in Europa und Amerika zu profitieren. Vor alldem haben wir die Augen verschlossen, weil wir Angst vor den Konsequenzen einer echten Konfrontation hatten. Das wirft bedrückende Fragen auf: Hätte es die genannten Verletzungen von Völker- und Menschenrechten – auch den Krieg in der Ukraine – nicht gegeben, wenn wir den Autoritarismus nicht aus wirtschaftlichem Eigennutz und politischer Naivität unterstützt hätten? Und wenn Putins Truppen die Ukraine tatsächlich innerhalb weniger Tage überrannt hätten, wäre China dann nicht auch bald schon in Taiwan eingefallen?

Als ich dieses Buchprojekt anging, hatte der russische Aufmarsch an den Grenzen zur Ukraine gerade begonnen. Zu diesem Zeitpunkt im Spätherbst 2021 hätte ich nicht gedacht, dass Wladimir Putin tatsächlich den Angriff auf das zweitgrößte Flächenland Europas befehlen würde. Insofern wäre Russland in meiner Beschäftigung mit der These vom unvermeidbaren Konflikt der Supermächte USA und China zwar an der einen oder anderen Stelle aufgetaucht, hätte aber keine größere Rolle gespielt.

Nun ist das aber anders, denn der Krieg im Herzen Europas ist nicht nur ein eindrucksvoller Beleg für die Bedrohung durch den Autoritarismus, er hat auch erhebliche Konsequenzen für die Beziehungen zwischen China und dem Rest der Welt. Bis dahin fühlte sich der chinesische Präsident von der Schwäche Amerikas und der westlichen Wertegemeinschaft ermutigt, die Vormachtstellung in Asien zu reklamieren und den Einfluss Amerikas rund um den Globus zu brechen. Welche Lehren zieht Xi aus den Ereignissen? Bremsen sie seine Ambitionen, oder befeuern sie sie gar? Welchen Einfluss hat das Beispiel des brutalen Kriegsverbrechers Putin auf die europäische Wahrnehmung des Regimes in Peking? Ist das Ausrufen der »Zeitenwende« durch den deutschen Bundeskanzler nur ein politisches Strohfeuer, genährt von der moralischen Entrüstung über die

Grausamkeiten der russischen Streitkräfte, oder dauerhafte Abkehr von der Naivität gegenüber autoritären Machthabern?

Mit überraschender Klarheit

Am Vorabend der Rede von Joe Biden in Warschau, die – so hatten wir schon am Rande des NATO- und G-7-Gipfels in Brüssel gehört – eine große, historische Rede sein soll, sind wir Journalisten zu einem Stehempfang in unserem Hotel geladen. Dabei sollen – angeblich – auch einige »administration officials« vorbeischauen. Ehrlich gesagt, rechnen wir mit Pressesprechern des Weißen Hauses und des US-Außenministeriums, aber während wir noch untereinander plauschen, stoßen auf einmal zwei der engsten Berater des amerikanischen Präsidenten zu uns. Sie nennt man im Sprachgebrauch für mögliche Zitate aus Hintergrundgesprächen dann »senior administration officials«, weil sie zu Joe Bidens Regierungsteam gehören. Ihre Namen und genauen Funktionen dürfen wir öffentlich nicht verwenden. Sie nehmen sich Zeit, beantworten mehr als eine Stunde lang Fragen, wechseln die Gesprächsrunden, nippen zwischendurch an ihren Weingläsern.

Natürlich kreist die Diskussion sehr um die aktuelle Lage im Krieg, die Unterstützung der ukrainischen Streitkräfte, die Hilfe im Umgang mit den Millionen von Flüchtlingen, mögliche Maßnahmen gegen eine drohende Nahrungsmittelkrise in Ländern, die auf Getreidelieferungen aus der Ukraine angewiesen sind, und um die gemeinsamen Sanktionen der Verbündeten, die offenbar so große Schlupflöcher haben, dass Russland zu diesem Zeitpunkt immer noch nicht zahlungsunfähig ist und Wladimir Putin den Krieg mit unverminderter Brutalität weiterführt. Die meistgestellte Frage des Abends: Was für »exit ramps« gibt es? Mit dem amerikanischen Begriff für »Autobahnausfahrten« sind Vorschläge gemeint, die Putin dazu bewegen könnten, einen Ausweg aus der Krise zu suchen, am besten durch Deeskalation und Verhandlungen.

Ich bin beeindruckt von der Ehrlichkeit, mit der Bidens »Teammitglieder« antworten: Keine »exit ramp« in Sicht, alle Zeichen stehen weiter auf Eskalation. Die größte Hoffnung setzt die US-Regierung offenbar auf eine neue Idee, für die ausgerechnet Putin mit seiner menschenverachtenden Invasion den entscheidenden Impuls gegeben hat und die – wenn erfolgreich – auch in der künftigen Auseinandersetzung mit China unverzichtbar sein könnte.

Bisher hatten autoritäre Regime wie Russland und China die wirtschaftlichen Abhängigkeiten in einer globalisierten Welt genutzt, um die Regierungen anderer Länder zu nötigen und die westliche Wertegemeinschaft zu spalten. Jetzt drehten die Vereinigten Staaten und ihre Verbündeten den Spieß um und nutzten die wirtschaftlichen Abhängigkeiten Russlands, um den Autoritarismus in die Knie zu zwingen. »Das ist ein neues Konzept, ein unglaublich machtvolles Werkzeug, aber es erfordert absolute Geschlossenheit«, sagt mir einer der Biden-Berater auf meine Frage, ob das Vorgehen gegen Putin auch ein Modell für den künftigen Umgang mit Xi Jinping ist, falls China beispielsweise Taiwan angreifen würde. »Wir können die wirtschaftlichen Abhängigkeiten zu unserem Vorteil nutzen, und das kann im Ringen zwischen Demokratie und Autoritarismus sehr nützlich sein.« Ich will wissen, ob sich die Anführer in Europa – auch die Bundesregierung – für so ein Konzept erwärmen können, angesichts der großen Abhängigkeit der deutschen Wirtschaft von China. Mein Gesprächspartner antwortet verhalten optimistisch: »Deutschland und andere Verbündete scheinen der Idee gegenüber offen zu sein.«

Sein Kollege, mit dem ich ein paar Minuten später sprechen kann, geht ein Stück weiter: »Wir haben erkannt, dass wir das nutzen können, um Druck auszuüben, auch auf China.« Ich hake noch einmal nach: »Ist das Vorgehen gegen Putin in der Ukraine-Krise auch eine Art Schablone für einen künftigen Konfliktfall mit Xi Jinping? Und würden Ihre Verbündeten da ebenfalls mitmachen?« Seine Antwort ist kristallklar und heute im Wissen um die Eskalation nach dem Pelosi-Besuch noch bedeutungsvoller: »Anders als im Fall Russland – Ukraine würde der Präsident auch ein direktes militärisches Vorgehen gegen China nicht ausschließen, wenn es Taiwan angreift. Und den wirtschaftlichen Hebel würden wir gemeinsam mit unseren Bündnispartnern anwenden, nicht nur auf die indopazifische Region beschränkt. Die Europäer haben das verstanden.«

Tatsächlich hatte der US-Präsident wenige Tage zuvor mit seinem chinesischen Amtskollegen Xi Jinping ein sehr offenes und gleichzeitig sehr geheimes Gespräch per Videokonferenz geführt, in dem Joe Biden einfach nur aufzählte, welche Bereiche der chinesischen Wirtschaft betroffen sein könnten, wenn die USA und all ihre Verbündeten »secondary sanctions« gegen all jene Staaten verhängen würden, die Russland beim Umgehen der Sanktionen oder gar mit Waffenlieferungen behilflich sein würden. Zu meiner Überraschung flankierte die Bundesregierung den Druck. Sie machte der Regierung in Peking klar, dass die Ukraine Teil Europas sei und eine chinesische Unterstützung der russischen Aggression die europäischen Interessen berühre und schädlich für Chinas Wirtschaft wäre. Dennoch hinterlässt Deutschland in den Wochen nach der Rede von Warschau weiter den Eindruck von Wankelmütigkeit und fehlender Entschlossenheit, sodass die USA und andere Verbündete Zweifel an den deutschen Versprechungen einer »Zeitenwende« haben.

All das zeigt, wie sehr die Krise des Jahres 2022 für die aufziehende Auseinandersetzung zwischen Amerika und China sowohl Vorbote als auch Lackmustest ist. Joe Biden richtet die USA auf den großen Konflikt mit China aus und fordert ein klares Bekenntnis von den Europäern: Auf welcher Seite stehen sie im Kampf zwischen liberaler Demokratie und Autoritarismus? Alles Handeln der Biden-Harris-Administration ist auf dieses Ringen zwischen den Systemen um die Vorherrschaft in der Welt ausgerichtet. Auch ihr knallharter und in der Form beschämender Abzug aus Afghanistan im Sommer 2021 sollte Ressourcen freisetzen für die neue Konzentration auf den Indopazifik. Dieses Buch analysiert die Felder, die entscheidend sind für diesen Wettlauf der Weltmächte, der leicht in Krieg – seien es Stellvertreterkriege oder ein großer Konflikt – ausarten kann.

Wahrnehmung und Wirklichkeit

War früher einmal die Sowjetunion das »Reich des Bösen«, ist es jetzt China. Das erste Kapitel zeigt, wie in den USA systematisch Stimmung gegen die Kommunistische Partei Chinas gemacht wird – von rechtskonservativen Radiotalkern bis zu hochrangigen Politikern der Republikanischen und der Demokratischen Partei. Mehr als 70 Prozent der Amerikaner sehen China als Bedrohung. An allen schlechten Entwicklungen soll Amerikas großer Konkurrent um die Dominanz in der Welt schuld sein. Die Zahl der Gewaltverbrechen gegen asiatischstämmige Menschen in den USA schnellt dramatisch in die Höhe. Die Coronapandemie hat den Hass gegen die Führung in Peking massiv befeuert.

Was ist tatsächlich dran an dem Bild, das Amerikaner von China haben? Stimmen die Vorwürfe? Das zweite Kapitel beschäftigt sich mit der Frage, ob sich die USA und ihre Verbündeten über die wahren Absichten der Machthaber in Peking jahrzehntelang täuschen ließen? Diese verfolgen offenbar lange schon einen Plan, der weit über die wirtschaftliche Entwicklung und Stabilität des Reichs der Mitte hinausgeht und die Vorherrschaft in der Welt anstrebt. Verständlich wird dieser Plan in der Analyse der amerikanisch-chinesischen Beziehungen über die vergangenen Jahrzehnte von Nixon und Deng bis zu Biden und Xi. Letzterem geht es nicht in erster Linie um die weltweite Ausbreitung der marxistischen Ideologie, sondern um den Export des leninistischen Autoritarismus, der China den Freifahrtschein zur politischen, wirtschaftlichen und militärischen Dominanz bescheren soll.

Moment mal, mögen Sie sagen. Macht China nicht nur das, was auch die Supermacht Amerika über viele Jahrzehnte getan hat? Haben die USA nicht Länder rund um den Erdball getäuscht, genötigt, erpresst? Sind sie nicht in Staaten einmarschiert, um ihre wirtschaftlichen und politischen Interessen durchzusetzen? Das dritte Kapitel untersucht, inwieweit die Kritik an China wirklich gerechtfertigt ist oder ob die Amerikaner lieber mal zurückhaltend sein sollten – nach dem Motto: Wer im Glashaus sitzt, sollte nicht mit Steinen werfen.

Dass wir darüber diskutieren, zeigt, wie clever China die öffentliche Meinung in den USA und in der ganzen Welt manipuliert. Darum geht es im vierten Kapitel. Chinesische Firmen besitzen große Kinoketten in den USA und bestimmen mit, welche Filme dort nicht laufen dürfen. China ist gleichzeitig ein wichtiger Investor in die amerikanische Filmindustrie und größter Markt für Hollywoodstreifen. Wenn US-Kinofilme beim chinesischen Publikum ankommen, garantieren allein diese Ticketkäufe schon den Erfolg für die Projekte. Ähnliches gilt für die amerikanischen Konzerne, für die der chinesische Markt so verlockend ist, dass sie bereitwillig auf Forderungen der Regierung in Peking eingehen. China nimmt in all diesen Bereichen massiven Einfluss auf die amerikanische Kulturlandschaft, um ein positives Bild zu zeichnen und mögliche Kritik zu unterbinden. Einen ähnlichen Auftrag haben die Konfuzius-Institute an amerikanischen Universitäten, die massiv Geld in das amerikanische Hochschulsystem einspeisen und kulturellen Druck in Bezug auf

Meinungsfreiheit und die Polarisierung im Land ausüben. Gleichzeitig erkaufen sie sich Einfluss auf die Forschung bei wichtigen Zukunftsthemen, wie z. B. Biotechnologie und Energiewissenschaft.

Auch deshalb verbannen die USA China Stück für Stück aus allen Wirtschaftsbereichen. Das fünfte Kapitel beschäftigt sich mit den Werkzeugen und Folgen dieses »Säuberns«. Es geht um die nationale Sicherheit, den Schutz der wirtschaftlichen Unabhängigkeit, die Integrität der Daten ihrer Bürger und um die Sicherung des technologischen Vorsprungs. Die Chiphersteller Intel und AMD haben ihre Zusammenarbeit mit China beendet, und der chinesische Kommunikationskonzern Huawei steht auf der Schwarzen Liste der USA. Die chinesischen Investitionen in die USA sind in den vergangenen fünf Jahren um 90 Prozent gesunken.

Gleichzeitig versucht die US-Regierung, die freie Wirtschaft zur Waffenhilfe im Kampf für die nationale Sicherheit zu gewinnen, ähnlich wie es im Staatswirtschaftssystem Chinas mit Zwang gemacht wird. In Texas wird eine Mine für seltene Erden erschlossen, in Nevada die Gewinnung von Lithium vervierfacht, in Arizona werden riesige Halbleiterwerke gebaut, in Ohio und North Carolina entstehen Batteriefabriken, an einem Provinzcollege wird jetzt erstmals das Fach »künstliche Intelligenz« gelehrt – alles Maßnahmen, um wirtschaftlich und technologisch die Position an der Weltspitze zu verteidigen.

Aber wer den Kampf um die Vorherrschaft gewinnen will, braucht, wie das sechste Kapitel zeigt, Verbündete für mögliche politische oder gar militärische Konflikte. Am Beispiel Senegal erkunde ich vor Ort, wie eine US-Firma das Stromnetz in ländliche Gegenden ausbaut. Die notwendigen Investitionen werden mithilfe der amerikanischen EXIM Bank abgesichert, die erstmals ähnlich gute Konditionen bietet wie Chinas Staatsbank. Das Projekt ist Teil des Wettlaufs zwischen der chinesischen Seidenstraßeninitiative und dem »Build Back Better World«-Programm (B3W), mit dem die G-7-Industrienationen Chinas Einfluss in der Welt eingrenzen wollen. Doch Chinas Projekte in Afrika, Südamerika und Europa haben zahlreiche Länder bereits so gefügig gemacht, dass sie den autoritären Führungsstil aus Peking für sich adaptieren, chinesische Berater für ihre Streitkräfte und ihre Polizei akzeptieren und chinesische Überwachungssoftware gegen Andersdenkende im eigenen Land einsetzen.

Wie schnell wirtschaftliche Abhängigkeit in politische Nötigung umschlagen kann, zeigt sich am Beispiel Australiens, das auf seine Exporte nach China angewiesen ist. Seit 2020 wird die Regierung in Canberra von der Führung in Peking massiv beschimpft, bedroht und mit Wirtschaftssanktionen unter Druck gesetzt. Zwei Drittel der Australier halten einen chinesischen Angriff auf ihr Land für wahrscheinlich.

Wie groß ist das Risiko einer militärischen Eskalation zwischen China und den USA? Dieser Frage geht das siebte Kapitel nach. Fast wöchentlich dringen chinesische Kampfflugzeuge in den taiwanesischen Luftraum ein. Die Volksbefreiungsarmee hat eine Überschallrakete getestet, die mit Atomsprengköpfen ausgestattet im Orbit um die Erde kreisen und in ein Ziel hinabgleiten kann. China besitzt jetzt schon die größte Kriegsmarine der Welt und entwickelt autonome Waffensysteme, die in einem Krieg mit den USA die Entscheidung herbeiführen könnten. Tatsächlich trugen die chinesischen Streitkräfte in mehreren Kriegssimulationen des Pentagon den Sieg davon. Der militärische Konflikt USA gegen China ist unvermeidlich.

Das Kapitel analysiert das Wettrüsten der möglichen Kontrahenten und die Entwicklung der Militärdoktrin, die ein solches Szenario immer wahrscheinlicher macht. Das Verteidigungsministerium arbeitet mit der Rüstungsindustrie unter Hochdruck an neuen Waffensystemen. Die modernste Version amerikanischer Mittelstreckenraketen könnte schon bald im Indopazifik stationiert werden. Das neue Militärbündnis mit Großbritannien und Australien, das nun mit atomar getriebenen U-Booten ausgestattet werden soll, ist ein klares Signal an China und gleichzeitig ein Weckruf für Europa, das sich um seine eigene Sicherheit nun mehr kümmern soll.

Das Kalkül Chinas geht auf, wenn die Europäer das Ausmaß der chinesischen Bedrohung nicht endlich erkennen und entsprechende Gegenmaßnahmen ergreifen. Das achte Kapitel analysiert die Abhängigkeiten, in die sich eine Reihe von EU- und NATO-Staaten begeben haben. Ihre beschwichtigende Haltung gegenüber China sät Zwietracht und schwächt die Bündnisse in einer Zeit, in der sie eigentlich entschieden für die gemeinsamen Werte einstehen und kämpfen müssten. Einige Regierungen, allen voran Viktor Orbán in Ungarn, fühlen sich offenbar dem Autoritarismus der kommunistischen Führung in Peking näher als den Prinzipien der liberalen Demokratie. Die muss beweisen, dass sie besser in der Lage ist, Freiheit, Sicherheit und wirtschaftlichen Fortschritt zu gewährleisten als die vermeintliche Konkurrenz aus China.

Unter Einbeziehung der Lehren aus dem aktuellen Ukraine-Konflikt schaut das neunte Kapitel aus der amerikanischen Perspektive auf ein – trotz der Geschlossenheitsfassade der letzten Monate – teils zerstrittenes, verunsichertes, naives und dadurch geschwächtes Europa. Angesichts des Zauderns in Berlin zweifeln manche in Washington an der deutschen »Zeitenwende« und einer klaren, harten gemeinsamen Linie gegenüber China. Xi Jinping hat sich mit Wladimir Putin bei seinem Besuch in Peking zu Beginn der Olympischen Spiele »grenzenlose Freundschaft« versprochen. Doch die wird durch den russischen Angriffskrieg auf die Probe gestellt. Welche Lehren zieht China aus der Krise im Jahr 2022? Welche ziehen wir für den Umgang mit dem Regime der Kommunistischen Partei? Natürlich gibt es auch Themenfelder, die sowohl China als auch die USA und ihre Verbündeten zur Zusammenarbeit zwingen. Der Klimawandel und Pandemien sind existenzielle Bedrohungen für die Welt. Liegt darin eine Chance, einen möglichen Krieg zwischen den Supermächten im 21. Jahrhundert zu vermeiden?

Quellen und Perspektiven

Dieses Buch basiert auf umfangreichen Recherchen und intensiven Gesprächen mit führenden Politikern, hochrangigen Militärs, einflussreichen Wirtschaftsmanagern und Entscheidungsträgern von amerikanischen Regierungsbehörden. Stellvertretend für mehrere Dutzend Gesprächspartner nenne ich den taiwanesischen Außenminister Joseph Wu, den ehemaligen US-Verteidigungsminister und CIA-Chef Leon Panetta, den Generalstabschef der US-Streitkräfte General Mark Milley, den ehemaligen Oberkommandierenden der NATO Admiral James Stavridis, den ehemaligen Kommandeur der US-Armee in Europa General Ben Hodges, die ehemaligen Sicherheitsberater Ben Rhodes und Alexander Vindman, den ehemaligen NSA- und CIA-Direktor Michael Hayden und den früheren US-Sonderbeauftragten für die Ukraine Kurt Volker. Ich konnte auch mit deutschen Spitzenpolitikern von Regierung und Opposition sprechen.

Bei zahlreichen Sachverhalten müssen die Namen von Gesprächspartnern jedoch ungenannt bleiben, weil sie um den Schutz ihrer Identität gebeten haben, darunter Regierungsbeamte und Parlamentarier. Natürlich stammt auch vieles in diesem Buch aus offenen Quellen, die jedermann zugänglich sind, zum Beispiel aus deutschen und internationalen Zeitungen, Zeitschriften, Büchern und wissenschaftlichen Publikationen. Einen Großteil der Informationen habe ich mithilfe der oben genannten Quellen verifizieren können. An manchen Stellen bleibt ein Restrisiko: Informationen, die zwar zu den übrigen Rechercheergebnissen passen, aber nicht unabhängig bestätigt werden konnten. Das betrifft insbesondere Informationen aus nachrichtendienstlichen Kreisen, die wiederum auf Quellen zurückgreifen, die entweder nicht namentlich genannt wurden oder deren Zuverlässigkeit sich nicht unabhängig bestätigen ließ. Natürlich sind manche Angaben, auf die ich mich stütze, auch interessengesteuert. Gerade bei behördlichen Quellen kann es vorkommen, dass das eigene Wirken in einem möglichst günstigen Licht erscheinen soll, während das der anderen kritisiert wird.

Apropos Einseitigkeit. Sie fragen sich sicherlich: Wo sind die chinesischen Gesprächspartner? Hat der Autor auch in China mit Entscheidungsträgern aus Politik, Wirtschaft und Militär gesprochen? Die Fragen sind absolut berechtigt, die Antwort ist höchst unbefriedigend: Nein, ich habe keinen direkten Zugang zu chinesischen Quellen gehabt, weil dies in Zeiten von Corona und politischen Differenzen zwischen den USA und China von Washington aus kaum möglich war. Deshalb zitiere ich an vielen Stellen aus öffentlich zugänglichen Quellen – Reden von Xi Jinping und seinen Vorgängern, Äußerungen von führenden Vertretern der Kommunistischen Partei und des chinesischen Militärs, amtlichen Erklärungen, Dokumenten, publizistischen Essays und Medienberichten. Darüber hinaus nutze ich Bücher von Experten, die chinesische Originalquellen auswerten und analysieren, und Aufsätze von Insidern, die dem Regime den Rücken gekehrt haben.

All das ändert nichts daran, dass dieses Buch ein Stück weit einseitig ist – ein dezidiert amerikanischer Blick auf eine chinesische Führung, die ihr Volk unterdrückt, um ihre Macht zu erhalten. Dabei ist mir eines unendlich wichtig: Nichts von dem, was ich schreibe, richtet sich gegen die Menschen in China, die auf eine jahrtausendealte

Geschichte und Kultur zurückblicken und mit ihrer Kreativität und ihrem Fleiß ein unerschöpfliches Potenzial hätten, wenn sie ihr Leben in Freiheit gestalten könnten.

Auch deshalb stellt Joe Biden an jenem 26. März 2022 im Königsschloss von Warschau das Thema Freiheit in den Mittelpunkt seiner Rede und zieht die Verbindung zur großen Theorie vom Kampf der Demokratien gegen den Autoritarismus: »Lasst uns beschließen, die Stärke der Demokratie zu aktivieren, um die Pläne der Autokratie zu vereiteln. Die Prüfung in der Gegenwart ist Prüfung für alle Zeiten.« Es sind große Sätze, weil viele der Demokratien, die in jenen Monaten ihre Geschlossenheit zelebrieren, in ihrem Inneren schwach geworden sind. Polen, wo die rechtskonservative Regierung Grundprinzipien von Rechtsstaatlichkeit und Pressefreiheit abschleift, ist dafür ein ebenso gutes Beispiel wie die USA, wo sich rechtsextreme Trumpisten mit autoritären Fantasien warmlaufen, um die Macht im Kongress und im Weißen Haus zurückzuerobern. Also fügt Joe Biden hinzu: »Es reicht nicht, mit rhetorischen Girlanden zu reden, mit edlen Worten von Demokratie, Unabhängigkeit, Gleichheit und Freiheit. Wir alle, auch hier in Polen, müssen täglich hart an der Demokratie arbeiten. Auch in meinem Land.«

Die Einigkeit der Bündnispartner ist zerbrechlich, weil sie vor allem aus der Angst vor einem verheerenden Krieg in Europa geboren ist, weniger aus der Einsicht. Und zum Krieg konnte es nur kommen, weil viel zu lange die Einsicht fehlte, dass der Autoritarismus Freiheit und Menschenrechte bedroht, wenn die Demokratien ihm nicht gemeinsam die Stirn bieten. Wiederholt sich die Geschichte? Oder besser: Lassen wir zu, dass sie sich wiederholt? Putins Aggression und Xis dramatische Reaktion auf den Pelosi-Besuch in Taiwan zwingen uns zu einer klaren Antwort. Darum geht es in diesem Buch.

1
Amerikas Angst: Warum China das große Feindbild ist

Eigentlich will er nur noch schnell neuen Reis kaufen. Bawi Cung hat seine beiden Söhne, drei und sechs Jahre alt, mitgenommen in den Supermarkt in Midland, Texas. Doch dieser 14. März 2020, ein Samstagabend, wird die drei für ihr Leben zeichnen. Cung geht gerade durch die Fleischabteilung, als ihn ein Schlag am Hinterkopf trifft, dann sticht ihm der Angreifer mit einem Messer ins Gesicht.[1] Während sich Cung unter Schmerzen windet, verletzt der Täter seinen dreijährigen Sohn am Rücken und zieht die Klinge über die Schläfe des Sechsjährigen – vom Augenrand bis hinter das Ohr. Ein Angestellter wirft sich dazwischen, wird ebenfalls schwer verletzt, bevor er den Messerstecher überwältigen kann. »Verschwindet aus Amerika!«, brüllt der am Boden liegende José Gomez. Dem FBI würde der 19-Jährige später erzählen, er habe seine Opfer als »Bedrohung« gesehen, weil sie »aus dem Land kommen, das die Seuche verbreitet hat«. Gomez hielt Bawi Cung und seine Söhne für Chinesen, obwohl der Lastwagenfahrer in Wirklichkeit aus Myanmar stammt. Die Familie und der mutige Supermarktangestellte überleben, aber äußere und innere Narben sind geblieben. Der damals sechsjährige Sohn kann bis heute nicht allein einschlafen. Was ihnen widerfuhr, ist Teil eines schrecklichen Trends in den USA.

»Ihr seid Chinesen! Gott hasst China! Ihr sterbt zuerst, und Ihr werdet nicht zu Gott kommen!«, schreit ein Radfahrer am 3. September 2020 ein asiatisches Ehepaar in New York an. Er bespuckt die beiden und wirft dann sein Fahrrad auf seine Opfer.

Noch dramatischer sind die Bilder einer Überwachungskamera in Manhattan vom 29. März 2021. Eine kleine ältere Frau geht den Bürgersteig entlang, als sie frontal von einem großen, kräftigen Mann im weißen T-Shirt attackiert wird. Er rammt sein rechtes Bein in ihren Oberkörper, die 65-jährige Vilma Kari fällt zu Boden, der Täter tritt mit dem Fuß mit aller Kraft gegen ihren Kopf – einmal, zweimal, dreimal. Dabei beschimpft der 38-jährige Brandon Elliott sein Opfer und ruft: »Du gehörst nicht hierher!« Türsteher des Hauses mit der Überwachungskamera sehen tatenlos zu. Die gebürtige Philippinin Kari lebt seit über 40 Jahren in den USA. Ihre körperlichen Wunden sind verheilt, die seelischen noch lange nicht.

Seit dem Ausbruch der Coronapandemie sind Übergriffe und Straftaten gegen Amerikaner asiatischer Abstammung massiv in die Höhe geschnellt. Die Fälle reichen von Beschimpfungen und Spuckattacken über Geschäftsboykotte, Zutrittsverbote und Vandalismus gegen Ladenlokale bis zu körperlichen Attacken, einige sogar mit Todesfolge, wie bei dem 84-jährigen Vicha Ratanapakdee. Der Amerikaner thailändischer Abstammung wurde am 28. Januar 2021 in San Francisco so heftig zu Boden gestoßen, dass er an seinen schweren Kopfverletzungen starb.

Die Universität von Michigan dokumentiert in ihren *Virulent Hate Reports* allein für das Jahr 2020 insgesamt 1023 rassistische Vorfälle, die sich gegen Menschen asiatischer Abstammung in den USA richteten, 112 davon beinhalteten Gewalttätigkeiten.[2] Die Zahl solcher Hassverbrechen in Amerikas Großstädten lag um 145 Prozent über dem Niveau des Jahres 2019. Bei Verbalattacken nahmen nicht wenige Täter Bezug auf den damaligen amerikanischen Präsidenten Donald Trump, z. B. mit Äußerungen wie »Trump wird dich fertigmachen, du asiatisches Stück Scheiße«.

Tatsächlich hatten der US-Präsident und seine Büchsenspanner öffentlich immer wieder China die Schuld an der Pandemie gegeben und dabei auch rassistische Worte gewählt. Bei einem Wahlkampfauftritt in Tulsa, Oklahoma, am 20. Juni 2020 redete er vom »chinesischen Virus« (»China-Virus«) und nannte die Erkrankung »Kung Flu« – »Flu« ist das englische Wort für Grippe. Sein Sohn Donald Trump Jr. hatte zuvor per Instagram eine manipulierte Kampfszene aus dem Film *Karate Kid* mit der Bezeichnung »Kung Flu Kid« gepostet. Bei einer Pressekonferenz im Weißen Haus im Mai 2020 fuhr

Trump meine asiatischstämmige Kollegin Weijia Jiang vom US-Fernsehsender CBS nach einer kritischen Frage mit den Worten an, sie solle das gefälligst in China fragen.

Die Wissenschaftler der Universität von Michigan halten Donald Trump mit seinen Handelskriegen und seiner chinafeindlichen, teilweise rassistischen Rhetorik für den Hauptschuldigen dieser Entwicklung, die es ähnlich in der amerikanischen Geschichte aber auch schon in der Vergangenheit gegeben habe: »Der jüngste Anstieg antiasiatischer Feindseligkeit muss auch vor dem Hintergrund der eskalierenden Spannungen zwischen den Vereinigten Staaten und China interpretiert werden. Historisch gesehen haben Momente des Konflikts und des Wettbewerbs zwischen den USA und asiatischen Ländern die Verletzlichkeit der asiatisch-amerikanischen Bevölkerung verstärkt, deren Angehörige oft als Ausländer wahrgenommen werden, selbst wenn sie die US-Staatsbürgerschaft angenommen haben oder in den Vereinigten Staaten geboren sind.«

Zweifellos rollt mit den Verdächtigungen um den Ursprung des Coronavirus eine Welle der Stigmatisierung von Menschen aus Asien durch die USA, die bis heute vor allem von Politikern und medialen Stimmungsmachern im rechten politischen Spektrum befeuert wird. Die Studie weist aus, dass 96,82 Prozent solcher Äußerungen von Politikern der Republikanischen Partei stammten, nur 3,18 Prozent aus den Reihen der Demokraten. Fast 50 Prozent der Zitate konnten direkt Mitarbeitern der US-Regierung zugeordnet werden, 20 Prozent amerikanischen Kongressabgeordneten. Den absoluten Spitzenwert mit insgesamt 55 Verbalattacken hielt Donald Trump.

Im Ergebnis, das belegen die auch nach Geschlecht und Ethnie aufgeschlüsselten Zahlen sehr eindrucksvoll, handelt es sich bei der Rhetorik von der »gelben Gefahr«, wie die Forscher es in ihrer Untersuchung nennen, in erster Linie um nichts anderes als die einfältige, blanke Angst vor allem konservativer weißer Männer. Diese sorgen mit aller Macht dafür, dass die Vorbehalte gegenüber allem Chinesischen quer durch alle Bevölkerungsschichten in den USA geschürt werden. Sie sind dabei erfolgreich, weil sie die Ängste der Amerikaner vor dem wirtschaftlichen Abstieg und ihre nationalistischen Träume von amerikanischer Größe und Unbesiegbarkeit mit dem Narrativ verbinden, China sei schuld an allem, was in den USA schlecht läuft.

Die rechten Stimmungsmacher

Tucker Carlson redet sich gerade wieder in Rage bei seiner allabendlichen Talkshow im rechtskonservativen Fernsehsender FOX News. Hinter dem populistischen Eiferer – oder besser Hetzer – prangt ein großes Foto mit Beuteln voller Fentanyl aus einem Drogenfund der amerikanischen Behörden, im Vordergrund die Schlagzeile »Ernste langfristige Probleme in Amerika«. Carlson tönt: »Es mag alles so aussehen, als gebe es zwischen den Problemen keinen Zusammenhang, aber sie alle eint ein Thema – die systematische Entscheidung durch die mächtigsten Anführer unseres Landes zum Ausverkauf Amerikas an China.« An dieser Stelle wechselt die Schlagzeile zu »Viele unserer größten Probleme liegen an China«, das Bild im Hintergrund verwandelt sich in eine fette Druckschrift: »DIE CHINA-BEDROHUNG«, und Tucker Carlson fährt fort: »Die outgesourcten Jobs? Sind nach China abgewandert. Die steigenden Hauspreise? Chinesische Käufer, die alles bar zahlen, tragen dazu bei. Das Fentanyl? Made in China, mit dem Wissen und der stillschweigenden Zustimmung der Kommunistischen Partei Chinas. China ist nicht länger nur ein wirtschaftlicher Rivale der Vereinigten Staaten – es wird zu einem gefährlichen Feind.«

An einem anderen Abend darf Carlsons Studiogast, der damalige Koordinator aller amerikanischen Geheimdienste John Ratcliffe, diese Gefahr genauer definieren. »Da gibt es Leute, die aus politischen Gründen nicht wollen, dass China unsere größte Bedrohung ist; aber die nachrichtendienstlichen Erkenntnisse lügen nicht – China ist unsere größte Bedrohung.« Auch hier wechselt die Schlagzeile, jetzt steht da: »China beabsichtigt, die Vereinigten Staaten wirtschaftlich, militärisch und technologisch zu dominieren.« Der Geheimdienstchef holt die ganz große Keule raus, mit der er jeden Amerikaner unmittelbar ansprechen will: »Kein anderes Land hat die Fähigkeit, im Kern den Amerikanischen Traum zu rauben. China hat sogar einen konkreten Plan dafür.«

Für Sean Hannity, einen weiteren rechten Stimmungsmacher, ist die Coronapandemie Teil dieses Plans. Auf dem Bildschirm ist hinter ihm in Sperrschrift die Schlagzeile »CORONAVIRUS COVER-UP« auf einer dunkelroten Flagge mit den Umrissen Chinas eingeblendet. »In Zeiten der Unsicherheit zählen die Fakten«, so Hannity. »Das Virus startete in China, in der Provinz Wuhan […] und die chinesische Regierung versuchte, es zu vertuschen.«

Tatsächlich hatten die chinesischen Behörden in den Wochen nach den ersten Erkrankungen alles getan, um das Ausmaß der Bedrohung durch das Virus herunterzuspielen. Gleiches kann man allerdings auch von Donald Trump sagen, der noch im März und April 2020 trotz eindringlicher Warnungen der Weltgesundheitsorganisation und seiner eigenen Experten die Gefahr dieser Pandemie verharmloste. Aber Sean Hannity und seinen KollegInnen bei FOX News ging es darum, China allein die Schuld für all das zu geben. »Wegen Chinas Taten sind weltweit Tausende tot, Millionen leiden«, so Hannity. »China muss zur Verantwortung gezogen werden.« Laura Ingraham proklamierte in ihrer Talkshow »China hat Blut an den Händen«, und Experte Gordon Chang behauptete auf FOX News, China nutze das Virus als Biowaffe im Kampf um die Vorherrschaft in der Welt; es habe mit allen Mitteln dafür gesorgt, dass sich Sars-CoV-2 rund um den Erdball verbreitet.

Es ist eine wilde Verschwörungstheorie, die ein ehemaliger Berater Donald Trumps ebenfalls gern in Umlauf setzte. Sebastian Gorka sagte mir in einem Interview im Frühjahr 2020: »Am ungeheuerlichsten ist, und das wirft die Frage nach einem kriminellen Verschulden von Hunderttausenden von Toten rund um den Globus auf: Nachdem die chinesischen Behörden wussten, dass es den Ausbruch eines neuen Virus in der Provinz Wuhan gegeben hat, haben sie den inländischen Reiseverkehr eingeschränkt, aber vier Millionen Chinesen aus dieser Provinz erlaubt, während des chinesischen Neujahrsfests international zu reisen. Wenn diese Entscheidung wissentlich gefällt wurde, dann wäre das eine absichtliche weltweite Verbreitung des Virus.«

Es ist eine glatte Lüge, denn mit der Sperrung Wuhans am 23. Januar wurden auch alle Passagierflüge von dort eingestellt. Aber die Trump-Administration und ihre willfährigen Helfer in den rechtskonservativen Medien befeuerten die Welle der Empörung gegen China. Bei großen Demonstrationen gegen die Coronamaßnahmen zahlreicher demokratisch regierter Bundesstaaten tauchte der Vorwurf immer wieder auf. Alex Jones, rechtsextremistischer Radiotalker, fuhr bei solchen Protesten häufig mit einem schwarzen Panzerwagen, geschmückt mit US-Flaggen, herum und tönte aus den

Lautsprechern: »Das ist eine chinesisch-kommunistisch-globalistische Biowaffe, um unsere Wirtschaft lahmzulegen.«

Abneigung in der Bevölkerung

Sie mögen noch so weit hergeholt sein, aber solche Thesen treffen in den USA auf eine Stimmung gegenüber China, die in den vergangenen Jahrzehnten immer negativer geworden ist. Im März 2021 veröffentlichte das Meinungsforschungsinstitut Pew Research Center eine bedrückende repräsentative Studie zur Wahrnehmung Chinas in der amerikanischen Bevölkerung.[3] Auf einer Thermometer-Skala von 0 bis 100 sollten die Befragten die Temperatur ihrer Gefühle gegenüber China markieren. 47 Prozent der Amerikaner wählten Werte unter 25 und damit eine »sehr kalte« Einstellung. Addiert man die Befragten hinzu, die China »kalt« gegenüberstehen (Wert zwischen 25 und 50), landet man bei 67 Prozent. Das ist eine dramatische Verschlechterung zu einer vergleichbaren Studie aus dem Jahr 2018, als 45 Prozent ihre Einstellung als »kalt« bis »sehr kalt« (23 Prozent) bewerteten.

Die Wissenschaftler fragten auch ab, was den Menschen als Erstes einfiel, wenn sie an China denken würden. Bei der Auswertung wird auf den ersten Blick klar, dass die nationale und internationale Politik des Regimes in Peking und der wirtschaftliche Wettbewerb zwischen den beiden Supermächten die Einschätzungen prägen. Die jahrtausendealte chinesische Geschichte und Kultur spielen dabei fast keine Rolle. 20 Prozent der Befragten denken im Zusammenhang mit China zuallererst an das Thema Menschenrechte, 19 Prozent an die Wirtschaft, 17 Prozent an das politische System, 13 Prozent sehen in dem Rivalen Amerikas eine Bedrohung, 12 Prozent verbinden ihr erstes Urteil mit negativen Adjektiven wie »gierig«, »eigennützig«, »beängstigend«, vier Prozent mit positiven Beschreibungen wie »schön«, »reich an Kultur«, »Heimat der Pandas«. Nur drei Prozent der Teilnehmer der Studie erwähnen die Menschen in China, also die Bevölkerung. In fast all diesen Punkten sind sich republikanisch und demokratisch orientierte Amerikaner, so das Ergebnis der Untersuchung, weitgehend einig.

Die detailliertere Analyse zum Thema Wirtschaft könnte unter der Schlagzeile »Alles ist heute ›Made in China‹« zusammengefasst werden. In den Antworten schwingen ein Stück Bewunderung für die chinesischen Erfolge und gleichzeitig auch tiefes Bedauern über den Verfall amerikanischer Wirtschaftskraft mit. China sei ein »Kraftpaket der industriellen Produktion« und eine »führende Wirtschaftsmacht«. Ein 28-Jähriger wird mit den Worten zitiert: »Chinas Erfolge kann man nicht leugnen. Die Lebensqualität für das chinesische Volk hat sich über die letzten fünf Jahrzehnte dramatisch verbessert.« Dennoch seien, so die Einschätzung der Befragten, viele Produkte »qualitativ minderwertig« und würden mit »Sklaven- und Kinderarbeit« hergestellt, der Schutz des geistigen Eigentums werde missachtet. 53 Prozent der Befragten bezeichnen den Verlust amerikanischer Arbeitsplätze an China als ein »sehr ernstes Problem«, eben dieses ist für 43 Prozent auch das ewige Handelsdefizit.

Bedrohung für die Weltordnung

Viele Amerikaner sehen China als Bedrohung. Fast jeder zehnte benutzt zur Beschreibung des politischen Systems Worte wie »totalitär«, »autokratisch« oder »Diktatur«. Ebenso viele nennen explizit die »Kommunistische Partei« oder den »Kommunismus«. »Es ist ein Ort, der seine Bevölkerung in furchterregender Weise überwacht«, so gibt ein 57-jähriger Mann zu Protokoll, »das Leben dort ist großartig, wenn du als Maschine für den Staat arbeiten willst. Ansonsten ist es eine korrupte, Luft abschnürende, totalitäre Gesellschaft.«

Anders als bei anderen Themenfeldern ist die Wahrnehmung Chinas als Bedrohung je nach politischer Orientierung unterschiedlich ausgeprägt – 18 Prozent der befragten Republikaner sehen eine Gefahr, bei den Demokraten sind es nur zehn Prozent. Hier einige Beispiele. Eine über 65-jährige Republikanerin meint: »Die Vereinigten Staaten stehen der chinesischen Weltherrschaft im Weg. China will die technologischen und biomedizinischen Geheimnisse der USA um jeden Preis stehlen. Es versucht mit allen Mitteln, unserer Wirtschaft zu schaden, und wird jeden schmutzigen Trick gegen uns anwenden.« »China ist ein furchterregendes Land, das schreckliche Menschenrechtsverletzungen und Völkermord begeht«, so eine Demokratin im Alter zwischen 30 und 49 Jahren. »Es ist derzeit die größte Bedrohung für den Weltfrieden und hat zu viel Wirtschaftsmacht.« Ein Republikaner in der Altersspanne zwischen 50 und

64 Jahren findet: »Unfaire Handelspraktiken, spioniert gegen die USA, Menschenrechtsverletzungen, Umweltverschmutzung, Kommunismus, Feind der Vereinigten Staaten.« Ein Parteifreund im Alter zwischen 30 und 49 Jahren meint: »Atheistische Regierung, die Kontrolle über alles schätzt. Ein Land, das vorrangig seine Menschen zum Schweigen bringt und tötet, um willfährige Loyalität durch Angst zu erzeugen. Ein Weltführer bei Umweltverschmutzung und CO_2-Emissionen, dem man nicht trauen und auch keine Expansion erlauben darf.« »China ist ein faschistisches Land, das eine religiöse Minderheit als Sklaven missbraucht, um Textilien herzustellen«, so eine Demokratin im Alter zwischen 18 und 29 Jahren. Ein Parteifreund im Alter zwischen 30 und 49 Jahren geht noch einen Schritt weiter: »China ist bei Weitem die größte Bedrohung für die Weltordnung seit den Nazis in den 1930er-Jahren. Es hat eine langfristige Strategie, den Westen zu destabilisieren und seine Wirtschaft lahmzulegen, indem es andere Länder von sich abhängig macht. So will es sich die Macht verschaffen, die Welt auf kurze Vorwarnung einfach abzuschalten.«

Interessanterweise finden sich in der Befragung von Pew nur Spurenelemente der pandemiebezogenen Stimmungsmache. Gerade mal sieben Prozent der Amerikaner erwähnen Covid-19, wenn sie nach China gefragt werden, zwei Prozent geben dem Land unabhängig vom genauen Herkunftsort die Schuld an der Pandemie, weil es die Welt nicht früher gewarnt habe. Lediglich ein Prozent der Befragten glauben, dass das Virus absichtlich in einem chinesischen Labor erschaffen wurde, um es als Biowaffe einzusetzen. Im Kontrast dazu äußern einige Amerikaner sogar Bewunderung für den Umgang Chinas mit der Coronakrise: »Trotz der Ausbreitung des Virus war ich beeindruckt, wie schnell sie vorgegangen sind, um es zu stoppen«, so ein über 74 Jahre alter Mann. »Sie haben große Städte dichtgemacht, in nur wenigen Tagen Krankenhäuser gebaut und sind den Regeln gefolgt, die wir hier in den USA haben sollten, z. B. Masken tragen, Abstand halten. Sie sind schneller aus der Krise rausgekommen.«

Hang zum Autoritarismus

Woran liegt diese seltsame Mischung aus tiefer Abneigung gegenüber China und verschämter Bewunderung für vermeintliche Problemlösungsfähigkeiten durch einen autoritären Führungsstil? Sie spiegelt sich auch im Verhalten Donald Trumps und seiner Administration. An Fehlentwicklungen in den USA gab der Präsident schnell der Kommunistischen Partei Chinas die Schuld und stempelte auch seine innenpolitischen Widersacher im Wahlkampf gern als Kommunisten und Chinafreunde ab. Gleichzeitig aber klang aus seinen Worten immer wieder auch Bewunderung für den chinesischen Amtskollegen Xi Jinping.

Trumps Hang zum Autoritarismus findet sich – wie die Ereignisse nach der Wahl 2020 zeigten – auch in weiten Teilen der US-Bevölkerung. Das hat sicher vor allem mit Amerikas Abstiegsangst zu tun, die dem amerikanischen Selbstverständnis von Größe und Unbesiegbarkeit diametral entgegensteht. Auch wenn viele Amerikaner es nicht offen zugeben wollen, haben doch die Traumata der vergangenen 20 Jahre Spuren hinterlassen und Selbstzweifel geschürt. Mit den Terroranschlägen vom 11. September 2001 hatten die USA erstmals seit dem Debakel des Vietnamkriegs eine katastrophale Niederlage erlitten.[4] Bis dahin war Amerika die einzige verbleibende Supermacht in der Welt, die in der Zeit seit dem Ende der Sowjetunion am 25. Dezember 1991 so viel Kraft gesammelt hatte wie keine andere Nation vor ihr. Die USA trugen nahezu ein Drittel zum globalen Bruttosozialprodukt bei; sie verzeichneten einen historischen Haushaltsüberschuss und waren von einer Supermacht zur Hypermacht geworden, wie es der damalige französische Außenminister Hubert Védrine bezeichnete. Dann griffen islamistische Terroristen New York und Washington an.

Katalytische oder kathartische Ereignisse der Weltgeschichte – in diese Kategorie fällt Nine Eleven sicher – können manchmal ein komplettes Umdenken bewirken. Der Erste Weltkrieg beispielsweise veränderte die Regeln der Interaktion zwischen den Nationalstaaten. Unter dem Eindruck des Krieges und seiner zahllosen Opfer schufen die USA und ihre Verbündeten den Völkerbund, der allerdings scheiterte und später von den Vereinten Nationen abgelöst wurde. Ein alter Satz Regeln aus einem alten System sollte durch neue Standards ersetzt werden. Genau das Gleiche geschah auch nach dem Ende des Zweiten Weltkriegs in einem zerstörten und mit Schande beladenen Deutschland. Aus einer militaristischen Diktatur ging eine starke und verlässliche Demokratie hervor. Der Schrecken wurde als Chance und das Chaos als Gelegenheit begriffen, um die Welt im Fluss der Ereignisse zu verändern, zum Besseren zu formen. Denn dramatische Vorkommnisse bieten den Akteuren der Politik, aber auch den betroffenen Menschen Möglichkeiten, sich für einen neuen Weg zu entscheiden. Der nächstliegende ist dabei nicht immer der beste – und schon gar nicht der einzige –, um zum Ziel zu gelangen. Wer im dichten Wald an einer Lichtung steht, mag auf den ersten Blick nur die angelegten Wege erkennen, obwohl noch weitere von dort wegführen, die vielleicht nicht so bequem zu begehen und weniger augenfällig sind.

Amerika am Scheideweg

Nun befanden sich die USA unter der Führung von Präsident George W. Bush also nach den Terrorangriffen von Nine Eleven an einem »römischen Moment«, wie es der amerikanische Politikwissenschaftler und Journalist Fareed Zakaria nannte. Ähnlich wie einst das Imperium Romanum in seiner Blütezeit standen die Vereinigten Staaten ohne jeden ernsthaften militärischen Widersacher da. Sie erklärten dem globalen Terrorismus den Krieg, und zahlreiche Länder schlossen sich ihnen widerspruchslos an. Nach einem siegreichen Blitzkrieg in Afghanistan, nach der Aufstockung des Militärhaushalts um mehr als 50 Milliarden Dollar und mit einer, wie erwähnt, bärenstarken Wirtschaft und einem andauernden Höhenflug des Dollarkurses hätte Amerika gelassen in die Zukunft blicken können.

In diesem historischen Moment entschied sich die US-Regierung mit ihrer Doktrin des präventiven Alleingangs jedoch dagegen, Führungsstärke und Verantwortung zu zeigen. Mit dem Angriffskrieg gegen den Irak, basierend auf der Lüge von den angeblichen Massenvernichtungswaffen in den Händen Saddam Husseins, setzte Bush auf das Diktat des Herrschenden ohne jede Rücksichtnahme auf die eigene Verfassung, internationale Standards und die politischen Ratschläge befreundeter Nationen. Die US-Regierung ignorierte, dass andere Länder auch Interessen haben, und behandelte jeden Abweichler als Hochverräter.

Ideologie machte die Reaktion Amerikas auf Nine Eleven zur Selbstüberhebung einer Großmacht, die an ihrem Wesen die Welt genesen lassen wollte. Die Arroganz des Weißen Hauses ließ alle Befürchtungen wahr werden. Nach Abschluss des Irak-Abenteuers war Amerika zwar immer noch eine Supermacht, aber nicht mehr die einzige. Der Antiamerikanismus hatte zugenommen, die Terrorgefahr auch. Dank der USA war der Iran nun seinen größten regionalen Gegner los – Saddam Husseins Irak und den afghanischen Gottesstaat der Taliban. Das Wiedererwachen Russlands unter seinem Präsidenten Wladimir Putin mit Haushaltsüberschüssen und einer Reautokratisierung, der Wandel Asiens zum Finanzier amerikanischer und europäischer Schulden und der Aufstieg Chinas zur neuen Supermacht signalisierten den Beginn einer neuen multipolaren Weltordnung, in der die USA – trotz ihrer ungebrochenen militärischen Macht – nicht mehr die alleinige Hauptrolle spielten und der Westen ernsthaft um seine Überlegenheit fürchten musste.

Erosion der Werte

Schlimmer noch: George Bush hob den Gegensatz zwischen der amerikanischen Demokratie und den autoritären Regimen in Peking und Moskau zumindest partiell auf, denn Nine Eleven war ein Lackmustest, wie wir es eigentlich selbst mit genau dieser Freiheit halten, die westliche Demokratien von totalitären Systemen und Weltanschauungen – und zu denen zählt der Kommunismus ebenso wie der radikale Islamismus – unterscheidet. Schrecklicherweise entschieden wir uns in diesem Test ebenfalls für Ideologie und nicht für die Freiheit. Denn die Bush-Administration definierte Freiheit als etwas Kollektives: Die ganze Erde wollte sie befreien vom Terrorismus und der Bedrohung durch das Böse. Mit der UN-Resolution vom 12. September 2001 und der Berufung auf die Beistandsklausel des NATO-Vertrags erhielt Bush dafür einen Blankoscheck. Der wahre Preis war die Einschränkung der Freiheit des Einzelnen, des Bürgers, des Soldaten, der Andersdenkenden, der politischen Gegner und Kritiker. Es ist das gleiche Prinzip, nach dem das kommunistische Regime in Peking handelt und das auch die Taliban und Al-Qaida zur Rechtfertigung ihres brutalen Terrors und für die Errichtung eines absoluten Gottesstaats heranziehen. Amerikas angeblicher Kampf für die Freiheit stärkte die wahren Feinde der Freiheit, allen voran Russland und China.

Während Amerika mit seiner Terrorhysterie, zwei kostspieligen Kriegen und – ab 2008 – einer tief greifenden Finanz- und Wirtschaftskrise vollauf beschäftigt war, schickte China sich an, zur neuen Supermacht zu werden. Das Reich der Mitte drängte kraftvoll an den Platz, den lange Jahrzehnte die USA eingenommen hatten, und wollte damit den Beweis antreten, dass ein autoritäres kommunistisches System mit marktwirtschaftlicher Komponente erfolgreicher ist als jede Demokratie. Für wirkliche Freiheit blieb kein Raum. Die Regierung in Peking würde das natürlich anders formulieren, denn aus ihrer Sicht drückt sich die höchste Freiheit nicht in der Selbstbestimmung des Einzelnen, sondern nur in der des Kollektivs aus. Wenn alle frei sind von Hunger und Angst, so die Überlegung, ist individuelle Freiheit völlig überflüssig.

Die Zahlen schienen dem Politbüro auf den ersten Blick recht zu geben. Das Wachstum der chinesischen Wirtschaft war geradezu atemberaubend. China war in den Jahren 2010/11 die Exportnation Nummer eins sowie weltweit größter Autokäufer und Stahlproduzent. Am 16. August 2010 setzte sich das Land erstmals vor Japan auf Platz 2 in der Rangliste der größten Wirtschaftsnationen. Auch das Haushaltseinkommen stieg kontinuierlich von 16,5 Billionen Dollar 2011 auf mehr als 35 Billionen Dollar 2015.

Durch den unersättlichen Konsumhunger seiner Gesellschaft wurde das Land auch zum Konjunkturmotor krisengeschüttelter Staaten in Europa. Deutschland erlebte durch die chinesische Nachfrage nach Luxuslimousinen, Werkzeugmaschinen und Kraftwerksturbinen nach der Finanz- und Wirtschaftskrise einen unerwartet stabilen wirtschaftlichen Aufschwung. 2010 konnte die deutsche Wirtschaft das Finanzvolumen ihrer Exporte im Vergleich zum Vorjahr um mehr als 18 Prozent auf insgesamt fast eine Billion Euro steigern. Ein großer Teil der Waren ging an die Schwellenländer außerhalb der Europäischen Union und insbesondere in den Fernen Osten. Damit wuchs natürlich auch die Abhängigkeit der westlichen Demokratien von China. Ohne den chinesischen Markt würde die deutsche und europäische Wirtschaft wieder dramatisch einbrechen.

Auch die USA wurden immer mehr von China abhängig – 2011 standen sie mit mehr als einer Billion Dollar bei chinesischen Konzernen und der Regierung in der Kreide.

China kauft ein

Peking nutzte seine finanziellen Ressourcen, um seine wirtschaftliche und strategische Position weiter auszubauen. Im Oktober 2010 bot der damalige chinesische Premierminister Wen Jiabao bei einem Besuch in Athen an, griechische Staatsanleihen zu kaufen, um dem Land aus der Schuldenfalle zu helfen. Im Gegenzug sollte Griechenland seine Häfen für Einfuhren aus China öffnen und als eine Art Brückenkopf für den Ausbau der chinesischen Handelsbeziehungen zu den Balkanstaaten dienen.

In einer Zeit, in der Griechenland auf einen 110-Milliarden-Kredit der Europäischen Union angewiesen war und Anleihen nur für einen Zinssatz bekam, der mit zehn Prozent fast fünfmal so hoch lag wie beispielsweise für Deutschland, klang Wens Angebot unwiderstehlich. In einem ersten Schritt setzten sich die beiden Länder das Ziel, den bilateralen Handel bis zum Jahr 2015 auf acht Milliarden Euro jährlich zu verdoppeln. Außerdem steckte China rund fünf Milliarden Dollar in einen Fonds für die Unterstützung griechischer Reedereien, die mit diesem Geld vor allem chinesische Schiffe kaufen sollten.

Die chinesische Regierung nutzte für ihre Einkaufstouren vor allem Gelder aus der Währungsreserve und befeuerte die Exportwirtschaft des Landes durch den niedrigen Kurs des Yuan. Die USA und die EU warfen China schon damals vor, die Währung künstlich auf niedrigem Niveau zu halten, um sich damit einen Wettbewerbsvorteil auf den internationalen Märkten zu verschaffen. Außerdem hatte Peking mit anderen Schwellenländern wie Brasilien, Argentinien und Indonesien Währungsswaps vereinbart und seine Handelspartner verpflichtet, die Rechnungen in Yuan zu stellen, um ihn aufzuwerten und langfristig als alternative Weltwährung zu etablieren. Beim europäisch-chinesischen Gipfeltreffen Anfang Oktober 2010 wurde darum heftig gestritten – man sprach von einem »Währungskrieg« zwischen den EU-Ländern und China. Der chinesische Premierminister Wen Jiabao wies alle Vorwürfe empört zurück. Kurz danach ging die US-Notenbank mit einem Ankauf von Staatsanleihen im Wert von 600 Milliarden Dollar in die Gegenoffensive.

Während Europa und besonders die USA Mühe hatten, aus der globalen Krise herauszukommen, kaufte sich China weltweit die notwendigen Ressourcen für den kontinuierlichen Aufstieg zur Großmacht zusammen. Es ging um Kohle, Öl, Gas und Strom, Metall- und Landwirtschaft, Schiffs- und Schienenverkehr, Computer- und Kommunikationstechnologie. In den Jahren 2006 bis 2010 gab das Land dafür 266 Milliarden Dollar aus, davon fast 37 Milliarden in Europa, 31 Milliarden im Süden Afrikas, 33 Milliarden im arabischen Raum, 36 Milliarden in Zentralasien, 30 Milliarden in Südostasien, 33 Milliarden in Australien, fast 34 Milliarden in den USA und Kanada und rund 45 Milliarden Dollar in Mittel- und Südamerika.

Anfang Oktober 2010 übernahm der staatliche Ölkonzern Sinopec 40 Prozent von Repsol Brasil, einer Tochterfirma des spanischen Ölunternehmens Repsol. Mit der Investition von rund sieben Milliarden Dollar sicherte sich Sinopec damit einen weiteren Zugang zu den riesigen Vorkommen, die Brasilien besitzt. Bereits im Februar 2009 hatte China dem brasilianischen Staatskonzern Petrobras zehn Milliarden Dollar geliehen, im Austausch für garantierte Lieferungen in den folgenden zehn Jahren. Auf ähnliche Weise flossen allein im Jahr 2010 chinesische Investitionen in kanadische Ölsandregionen, in Ölfelder in Angola und Uganda, in eine argentinische Ölfirma, ein australisches Methangasunternehmen und eine Eisenerzmine in Guinea. Während die Staaten der Europäischen Union noch über den Bau einer Ölpipeline in die Kaukasusregion berieten, hatte China bereits für sieben Milliarden Dollar eine solche Pipeline von Turkmenistan bis in das Reich der Mitte gebaut. In Deutschland sah man das mit Neid, wie mir damals ein führendes Mitglied der Bundesregierung bestätigte: »Während wir über die Höhe des Rentenalters oder über eine Erhöhung von Hartz IV streiten, kaufen die einfach die Rohstoffe weg. In Europa haben wir keinen, der mal eben eine Milliarde ausgeben kann, um in Kasachstan seltene Erden einzukaufen. Der Emir von Katar kann so etwas bei einem Familienabend beschließen. Und in China macht das die Kommunistische Partei an einem Vormittag. Das ist das, was mich beunruhigt.«

Ablenkung von Problemen

Nach außen hin stapelte die chinesische Regierung tief, versuchte den Verdacht zu verwischen, dass es ihr langfristig darum ging, die Weltherrschaft an sich zu reißen. »Wenn wir es schaffen, China gut zu managen«, so erklärte mir ein chinesischer Diplomat, »dann ist das der größte Beitrag für die Sicherheit in der Welt.« Tatsächlich stand die Regierung in Peking unter dem Zwang, die notwendigen Ressourcen zu beschaffen, um das Land durch immer weiteres Wachstum stabil zu halten. Der Energiebedarf war schon damals immens. 2011 war China der zweitgrößte Ölkonsument der Welt. Und der Strombedarf wuchs jährlich um die Menge, die ganz Großbritannien im Durchschnitt pro Jahr verbraucht.

Das größte Problem des Landes aber war es, ausreichend Nahrungsmittel für die eigene Bevölkerung zu beschaffen, denn in China wurden immer mehr bewohnte und landwirtschaftlich genutzte Gebiete ein Opfer der sich ausdehnenden Wüsten. Aufgrund der Erosion der Böden, der Übernutzung von Äckern und des extrem hohen Wasserverbrauchs in den Städten mussten in den nördlich und westlich gelegenen Regionen Chinas in den ersten zehn Jahren nach der Jahrtausendwende mehr als 24 000 Dörfer aufgegeben werden. Also griff die Regierung in Peking zum Mittel des Landerwerbs. Im Kongo kaufte eine chinesische Firma die Nutzungsrechte für rund 2,8 Millionen Hektar Land zur Herstellung von Palmöl. In Sambia baute China auf zwei Millionen Hektar Fläche die ölhaltige Purgiernusspflanze an. Ähnliche Projekte gab es in Brasilien, Kasachstan, Russland, Australien, Mosambik und Myanmar. Solch eine Politik der Landnahme per Scheck warf eine Vielzahl von geostrategischen Fragen auf. Was geschieht, wenn die Verkäuferstaaten ihre Flächen wieder zurückhaben wollen, um den steigenden Bedarf der eigenen Bevölkerung zu decken? Wird es mittelfristig zu einem Krieg um Nahrungsmittel kommen – oder sind die Interessen der Länder so eng miteinander verwoben, dass eine Art Zwang zum Ausgleich besteht?

China rüstete sich gleichzeitig für mögliche militärische Konflikte. In seinem Jahresbericht 2010 an den amerikanischen Kongress warnte das US-Verteidigungsministerium vor einem möglichen Angriff auf das verbündete Taiwan. Peking investiere massiv in Nuklearwaffen, Langstreckenraketen, U-Boote, Flugzeugträger und Technologien für künftige Cyberkriege und trage zu einer Verschiebung der militärischen Balance in Ostasien bei. Der Verteidigungshaushalt des Landes belief sich nach eigenen Angaben auf umgerechnet 77,9 Milliarden Dollar für das Jahr 2010. Die USA schätzten aber, dass China in Wirklichkeit mehr als das Doppelte für sein Militär ausgab. Doch man könne beruhigt sein, erklärte mir damals ein chinesischer Diplomat: »Wir werden nicht in andere Länder einmarschieren, sondern nur unsere Interessen schützen.« Der Ausbau der Flotte sei etwa zum Schutz der 18 000 Kilometer langen Küste Chinas erforderlich.

Der Preis, den China für sein Streben zahlte, war dabei schrecklich. Die Kluft zwischen der armen Landbevölkerung und den reichen Städtern wurde immer größer. Das unglaubliche Bruttoinlandsprodukt von mehr als 5,3 Billionen Dollar 2010 relativiert sich, wenn man es pro Kopf darstellt. Dann beträgt es mit knapp 4000 Dollar nicht einmal ein Zehntel von dem der Wirtschaftsnationen USA, Japan und Deutschland.

Die Ausbeutung der Menschen hatte dramatische Ausmaße angenommen – und die der Natur stand dem in nichts nach. Flüsse, Luft, Pflanzen- und Tierwelt wurden zum Opfer eines beispiellosen Raubbaus zur Förderung des wirtschaftlichen Fortschritts. Auch Menschen starben aufgrund von Gesundheitsschäden, die durch die Umweltverschmutzung verursacht wurden. Mutige Chinesen, die all dies beklagten, wurden mundtot gemacht und ins Gefängnis gesteckt. Jede Kritik von außen sah Peking als schwere Beleidigung. »In der Diskussion um die Menschenrechte«, so sagte mir der chinesische Diplomat, »reden alle über die Rechte des Individuums. Wir reden über die Menschenrechte des Kollektivs. Eine einzelne Person kann die Menschenrechte des Kollektivs einschränken. Wenn Sie einen Einzelfall herausheben aus einem Fünftel der Weltbevölkerung, dann ist das zu einfach.«

Machtverlust für Amerika

Die neue Weltordnung nach Nine Eleven und der Finanz- und Wirtschaftskrise war also eine, in der die Supermacht jenseits des Atlantiks immer noch eine wichtige Rolle spielte, aber nicht mehr das Spielfeld uneingeschränkt dominierte. Es wurde immer mehr eine multipolare Welt – allein schon weil zahlreiche Länder lieber ihre ureigenen Interessen verfolgt haben, als sich unter Führung der USA in einen endlosen Krieg gegen den Terrorismus verstricken zu lassen. Einige dieser Staaten – neben China auch Russland, Indien und Brasilien – gewannen erheblich an Bedeutung und forderten nun wirtschaftlich und politisch selbst die USA heraus. Hinzu kamen weitere Schwellenländer, allen voran Indonesien, Südkorea und die Türkei, die alle gemeinsam auf Veränderungen bei den Strukturen internationaler Einrichtungen drängten.

Seit Mitte 2009 lösten die G-20-Gipfel Schritt für Schritt die hergebrachte Ordnung der sieben größten Wirtschaftsnationen und Russlands (G-7/G-8) ab. Bei der Weltbank stellten die Stimmen der Entwicklungs- und Schwellenländer 47 Prozent der Anteile, auch wenn Afrika weiter deutlich unterrepräsentiert blieb. China lag vor Deutschland und anderen europäischen Mächten. Beim Internationalen Währungsfonds (IWF) war das Stimmengewicht von China, Indien und Brasilien im Jahr 2001 noch um ein Fünftel niedriger als das von Belgien, Italien und der Niederlande, obwohl sie damals schon für ein viermal so großes Bruttoinlandsprodukt und 29-mal so viele Einwohner standen. Zehn Jahre danach verständigten sich die Mitgliedsstaaten des IWF auf eine Verlagerung des Stimmenschlüssels um fünf bis sechs Prozent von den bisher überrepräsentierten Staaten wie zum Beispiel Deutschland zu Staaten wie China, Indien, Brasilien und anderen Schwellenländern. Die USA behielten jedoch bei Weltbank und IWF ihre Sperrminorität.

Auch bei der UN-Klimakonferenz in Kopenhagen im Dezember 2009 wurden die Verschiebungen in den weltpolitischen Machtverhältnissen greifbar. Die europäischen Staats- und Regierungschefs und der US-Präsident mussten bei ihrer Runde am Nachmittag des 18. Dezember mit dem chinesischen Unterhändler He Yafei vorliebnehmen, weil Premierminister Wen Jiabao einfach im Hotelzimmer geblieben war. China und Indien weigerten sich, konkreten Zielen im Kampf gegen die Treibhausgase zuzustimmen. Bundeskanzlerin Angela Merkel und Frankreichs Präsident Nicolas Sarkozy lieferten sich Wortgefechte mit dem indischen Premierminister Manmohan Singh. Der Chinese He belehrte Barack Obama, dass er kein kleiner Unterhändler sei, sondern für China spreche. Die Gespräche scheiterten. Danach verhandelte Premierminister Wen Jiabao direkt mit den Entwicklungs- und Schwellenländern und ließ den amerikanischen Präsidenten dabei vor der Tür warten, bis dieser schließlich wütend in den Konferenzraum stürmte. Am Ende kam eine wachsweiche Abschlusserklärung heraus, die die Europäer bestenfalls abnicken durften. »Das ist gut so«, sagte mir damals ein Diplomat aus einem der mächtigen Schwellenländer. »Wir werden nicht akzeptieren, dass einer die Entscheidungen monopolisiert. Die Multipolarität hält die Welt im Gleichgewicht.«

Angekratztes Selbstbewusstsein

Angesichts all dessen mag man sich den Frust vergegenwärtigen, der die amerikanische Politik umtreiben musste. Die Hardliner der Republikanischen Partei hatten ja nach dem Ende des kalten Krieges und dem Sieg über die Sowjetunion von einer langwährenden Pax Americana geträumt, die die »Vorherrschaft der USA erhalten, den Aufstieg von Rivalen um die Macht verhindern und eine internationale Sicherheitsstruktur schaffen sollte, die amerikanischen Prinzipien und Interessen entspricht«. So wurde es in der Strategieschrift der neokonservativen Denkfabrik Project for a New American Century aus dem Jahr 2000 formuliert. Dass die Hardliner mit ihrer eigenen Politik die USA massiv geschwächt hatten und damit genau das Gegenteil erreichten, mussten sie als große Kränkung wahrnehmen. Auch die Demokraten und ihr Präsident Barack Obama sahen China als die große und entscheidende Herausforderung der Zukunft. Doch die wachsende wirtschaftliche Abhängigkeit von China, insbesondere nach der Finanzkrise 2008, sorgte zunächst für eine zurückhaltende Linie gegenüber dem Regime in Peking.

Die Schwäche Amerikas spiegelte sich in der Nationalen Sicherheitsstrategie der Vereinigten Staaten, die das Weiße Haus im Juni 2010 veröffentlichte. Sie war eine bewusste Abkehr von der angstgeleiteten Doktrin der Vorgängerregierung und basierte auf der Einsicht, dass Amerikas Führungsanspruch in der Welt von seiner Bereitschaft und Fähigkeit abhängt, den Aufstieg anderer Machtzentren zu akzeptieren und zu managen. Das 52-seitige Papier passte zu einer Regierung, die sich an den Herausforderungen des noch jungen Jahrhunderts nicht verheben wollte und diese Absicht auch nicht als »Schwäche« bezeichnete, sondern als »Realismus«. »Tatsächlich«, so schrieb Präsident Obama in der Einleitung, »würden unsere Gegner gern erleben, dass Amerika seine Kräfte erschöpft, indem es sich übernimmt.« Militärisch habe Amerika zwar keinen wirklichen Gegner, aber insgesamt sei die Welt komplizierter geworden. »Um erfolgreich zu sein, müssen wir die Welt akzeptieren, wie sie ist«, schlussfolgerte Obama.

Kritiker warfen dem Präsidenten deshalb vor, er setze zu sehr auf das Prinzip Hoffnung. Für sie war sein Angebot zur Kooperation nichts anderes als Appeasement, ein Kuschelkurs mit Schurkenstaaten und auch mit autoritären Regimen, die Amerikas Vorherrschaft infrage stellten und ihre eigene Bevölkerung unterdrückten. Ein enger Berater Obamas, mit dem ich 2011 sprach, sah jedoch gerade in der unbeirrbaren Offenheit zum Dialog eine große Chance, Amerikas Ziele zu erreichen. Vertrauen und nicht Misstrauen sollte das Leitprinzip des Umgangs der US-Regierung mit anderen Staaten sein, und dazu gehöre auch eine gewisse Risikobereitschaft. Man könne nicht auf jede Gefahr mit Konflikt und Krieg antworten, das hätten die Jahre nach Nine Eleven gezeigt: »Wenn sie jedes Problem als Nagel betrachten, dann greifen sie auch immer zum Hammer. Aber nicht jedes Problem kann militärisch gelöst werden. Wir müssen den Herausforderungen im Rahmen der internationalen Gemeinschaft begegnen.«

Der gleiche Präsidentenberater glaubt auch heute noch, dass sich Amerika nicht voreilig in militärische Konflikte stürzen sollte, aber er hält die Chinapolitik in den ersten Jahren der Obama-Administration für einen großen Fehler. Im Jahr 2021 sagte er mir, China sei die größte Bedrohung für die Demokratien dieser Welt: »Warum ist es so gefährlich? Sehen Sie sich die Geschichte Europas an – diese Art von Nationalismus, gepaart mit einem Autoritarismus ohne irgendwelche demokratischen Elemente, die ihn zurückhalten, führt an einen sehr dunklen Ort. Das macht mir Sorge, weil wir genau das in der Welt sehen, allem voran in China.« Das habe die Obama-Regierung erst nach und nach in ihrer zweiten Amtszeit 2013–2017 erkannt. Die Ursachen dafür will ich im nächsten Kapitel genauer darlegen.

Amerika auf Gegenkurs

Hätte die Demokratin Hillary Clinton im Jahr 2017 das Amt von Barack übernommen, hätte sie einen deutlich härteren Kurs gegen Peking eingeschlagen als ihr Vorgänger. Immer wieder hatte sie als US-Außenministerin die Menschenrechtsverletzungen Chinas angeprangert, einmal – im Jahr 2012 – sogar die Flucht eines Kritikers der chinesischen Regierung in die USA ermöglicht. Clinton forderte eine deutliche Aufstockung der amerikanischen Streitkräfte und eine Eindämmungsstrategie gegen die chinesischen Machtansprüche im Indopazifik. Aber sie traf im Präsidentschaftswahlkampf 2016 auf einen Widersacher, der das Gefühl vom wirtschaftlichen Niedergang Amerikas, die Selbstzweifel der großspurigen Supermacht, den Neid auf und die Angst vor dem aufstrebenden Rivalen für populistische Stimmungsmache nutzte. »Wir können China nicht weiter erlauben, unser Land zu vergewaltigen«, tönte Donald Trump bei einem Wahlkampfauftritt in Indiana im Mai 2016. China sei verantwortlich für den »größten Diebstahl der Weltgeschichte«.

Weil der milliardenschwere Geschäftsmann und Showstar so anders daherkam als die Politiker beider Parteien, weil er unverblümt redete und Konventionen missachtete, hörten ihm die Leute zu – aber auch, weil seine Worte Balsam für das angeknackste Selbstwertgefühl der Nation waren. »Wir werden das alles rumdrehen, wir haben das Blatt in der Hand«, so Trump, als handelte es sich um ein Pokerspiel. »Wir haben eine Menge Macht gegenüber China.« Schon damals forderte Trump hohe Strafzölle für chinesische Waren, weil er einen »besseren Deal mit China für die amerikanischen Firmen und Arbeiter herausschlagen« wollte.

Tatsächlich erreichte das Handelsdefizit der USA gegenüber China im Jahr 2016 mit 365,7 Milliarden Dollar ein neues Rekordhoch. »Die allergrößte Waffe gegen uns und zur Zerstörung unserer Unternehmen ist die künstliche Abwertung der eigenen Währungen«, wetterte Trump bei einer weiteren Wahlkundgebung im Juni 2016, »China ist dabei an der Spitze. Sehr smart, wie Schachgroßmeister. Und wir sind wie Damespieler – und zwar schlechte.« Gegen all das könne nur einer wirklich helfen: er selbst.

Der Narzisst Donald Trump, der sich selbst gern als Universalgenie bezeichnete, pries sich bei einem Auftritt im Juli 2016 als Allzweckwaffe gegen die kommunistische Regierung in Peking an: »Ich schlage die Menschen aus China, ich gewinne gegen China. Du kannst gegen China gewinnen, wenn du klug bist. Aber unsere Leute haben keine Ahnung. Wir geben Staatsempfänge für die Anführer Chinas. Warum geben wir Galadinners für sie, frage ich. Sie zocken uns ab, links und rechts. Geht mit ihnen zu McDonald's und dann zurück an den Verhandlungstisch.«

Auch bei der Präsidentschaftsdebatte mit Hillary Clinton Ende September 2016 spielte Trump mit dem Frust der Zuschauer über den Verfall amerikanischer Größe. »Schaut euch an, was China unserem Land antut. Es benutzt unser Land als Sparbüchse, um China wiederaufzubauen.« Man müsse sich ja nur die brandneuen chinesischen Flughäfen anschauen, während China den Amerikanern die Jobs stehle. »Wir sind zu einem Drittweltland geworden«, so Trump.

Der Wahlkampf des selbst erklärten Außenseiters folgte dem klassischen Muster, mit dem Trump immer schon versucht hatte, Menschen zu beeindrucken. Seine geschäftlichen Rivalen wurden zu formidablen Widersachern stilisiert, um seine eigenen Deals dann als überragende Siege in schweren Schlachten darstellen zu können. Ein Hauch Rassismus zog durch das Studio des US-Fernsehsenders ABC, als Trump wenige Tage vor seiner Wahl sagte: »Wenn man sich die Chinesen ansieht, das sind aggressive Leute. Bei Verhandlungen wollen sie dir den Hals umdrehen, dich in Stücke schneiden. Das sind harte Leute, mit denen ich mein Leben lang zu tun hatte.« Der Moderator hakt nach: »Sie bezeichnen China ja als einen Feind. Warum ist es o.k., mit einem Feind Geschäfte zu machen?« Trump entgegnet: »Weil China ein wirtschaftlicher Feind ist. Es hat uns übervorteilt wie niemand zuvor in der Geschichte. Es ist der größte Diebstahl in der Weltgeschichte, was sie mit den Vereinigten Staaten gemacht haben.«

Am 8. November 2016 entschieden sich fast 66 Millionen Amerikaner für Hillary Clinton. Aber wegen des amerikanischen Wahlsystems reichten für Trump seine knapp 63 Millionen Stimmen aus, um ihn ins Weiße Haus zu befördern – nicht zuletzt, weil er »Make America Great Again« versprochen hatte und China den Kampf ansagen wollte.

Die handelspolitischen Motive Donald Trumps, das sei an dieser Stelle gesagt, waren nicht nur nachvollziehbar, sondern überaus überzeugend und wurden sogar von der Europäischen Union geteilt. China hatte sich in seiner Wirtschafts- und Handelspolitik über Jahre nicht an die Regeln des fairen Handelns gehalten. Der Diebstahl geistigen Eigentums, die massive Subventionierung von Exportgütern und eine intensive weltweite Wirtschaftsspionage sorgten für massive Verzerrungen im Wettbewerb und schadeten der amerikanischen und der europäischen Industrie gleichermaßen.

Während die europäischen Regierungen dank guter Geschäfte mit China die Probleme lieber auf sich beruhen ließen, war der US-Präsident wild entschlossen, Amerikas Wirtschaftskraft als Waffe einzusetzen, um das Regime in Peking zu einer Neuausrichtung seiner Handelspraktiken zu zwingen. Der erste Schuss dieses Krieges war die Verhängung von Strafzöllen auf Stahl und Aluminium im März 2018. Im April antwortete China mit Importabgaben auf 128 amerikanische Produkte, darunter auch Sojabohnen, im Wert von drei Milliarden Dollar. Von da an ging es in einer Spirale von Maßnahmen weiter, von der bald fast die Hälfte des amerikanischen Importhandels aus China betroffen war und rund 80 Prozent der chinesischen Importe aus den USA.

Keine Medikamente ohne China

Es ist kein Zufall, dass sich mitten in diesem großen Handelskonflikt zwischen den Supermächten das amerikanische Bewusstsein für die Abhängigkeit vom Rivalen weiter verschärfte. Bis dahin galt das breite Outsourcing der industriellen Herstellung nach China als clevere Unternehmensstrategie, um die amerikanischen Kunden mit Niedrigstpreisen anzulocken. Angesichts des wachsenden chinesischen Selbstbewusstseins auf der internationalen Bühne wird diese Abhängigkeit – wie im weiteren Verlauf noch genauer beschrieben wird – immer mehr als Bedrohung für die nationale Sicherheit wahrgenommen. Beispielhaft greife ich hier aber schon ein Thema heraus, das in den Jahren 2019/20 erstmals auf breiter Ebene in Medien und Politik diskutiert wurde – die Abhängigkeit der amerikanischen Gesundheitsbranche von China.

»Wir sind auf die Gnade anderer angewiesen, wenn es um Computerchips geht, aber unser Land ist der weltgrößte Exporteur von Rohmaterialien für Vitaminpräparate und Antibiotika. Sollten wir diese Exporte reduzieren, werden die Gesundheitssysteme einiger westlicher Länder nicht mehr gut funktionieren.« Die Sätze klingen recht harmlos, aber der Mann, der sie spricht, will sie durchaus als Drohung verstanden wissen. Li Daokui, Professor für Finanzen und Wirtschaft an der Tsinghua-Universität in Peking, ist wütend auf Donald Trumps Strafzölle und sein Exportverbot für amerikanische Hochtechnologie. Damit schade Amerika der chinesischen Wirtschaft massiv, so sagt Li vor der politischen Beraterkonferenz des Nationalen Volkskongresses im März 2019. In einem Interview wird er später noch einmal nachlegen: »90 Prozent ihrer Rohmaterialien werden in China produziert. Und die USA sind definitiv nicht in der Lage, sie kurzfristig selbst herzustellen. Natürlich werden wir nicht damit anfangen, aber wenn die Vereinigten Staaten schmutzige Tricks anwenden, haben wir diese Gegenmaßnahmen.«

Der Zugang zu lebenswichtigen Medikamenten soll also als Waffe dienen im Kampf zwischen den Systemen. Li meint das durchaus ernst, weil er durch die Wirtschaftssanktionen der USA das Überleben der chinesischen Nation und ihres Volkes gefährdet sieht, wie seine dramatische Wortwahl zeigt. Als »nukleare Option«, also einen Atomschlag, bezeichnet er die Möglichkeit, dass die USA alle Lieferungen für Halbleitertechnologie an China stoppen. »Die chinesische Wirtschaft so zu stören ist vergleichbar mit einem Angriff auf die Nahrungsversorgung des chinesischen Volkes. Dann kann China auch die medizinische Versorgung für die Vereinigten Staaten angreifen.«

Tatsächlich sitzt die chinesische Regierung in diesem Punkt am längeren Hebel. Seit 2004 produziert Amerika nicht einmal mehr Penicillin. Auch die Herstellung vieler anderer Antibiotika ist längst ins Ausland verlagert oder ohne die entsprechenden Vorläuferzutaten aus China gar nicht mehr möglich. 80 Prozent der »active pharmaceutical ingredients« (API), also der Wirkstoffe für die gesamte Medikamentenproduktion in den USA, kommen aus anderen Ländern, vor allem aus China und Indien. Selbst das für den Schutz von US-Soldaten bei ihren Einsätzen wichtige Arzneimittel Doxycyclin, das vor den Folgen eines Angriffs mit dem biologischen Kampfstoff Anthrax schützt, können US-Firmen nicht mehr herstellen, sie sind auf chemische Ausgangsstoffe aus China angewiesen.

»Die Sicherheit der nationalen Gesundheit und die nationale

Sicherheit werden durch die Abhängigkeit der Vereinigten Staaten von China bei Tausenden von Zutaten und Rohstoffen für die Herstellung unserer Medikamente bedroht.« Mit diesem Satz alarmierte die Gesundheitsexpertin Rosemary Gibson im Juli 2019 die Abgeordneten des US-Kongresses bei einer Anhörung in Washington.[5] Gibson arbeitet für das Hastings Center, Amerikas führendes Forschungsinstitut für Bioethik. Sie zeichnete ein düsteres Szenario von den dramatischen Folgen, falls China einen Exportstopp für alle pharmazeutischen Stoffe verhängt. Innerhalb weniger Wochen würden in den Arztpraxen, Krankenhäusern und Drogerien die Medikamente ausgehen. Ohne Antibiotika wären Superviren, Entzündungen von Ohren, Hals, Lunge und anderer Organe, Borreliose und viele andere Erkrankungen nicht mehr behandelbar. 90 Prozent der Medikamente, die Amerikaner einnehmen, gehören zum Generikabereich – von Antidepressiva über Babypillen bis zu Mitteln gegen Alzheimer, Aids, Parkinson, Epilepsie und viele mehr. Auch hier wären die Vorräte ohne die Lieferungen aus China schnell erschöpft.

Medikamente als Waffen

Nach Gibsons Recherchen, die von den US-Behörden bestätigt werden, hatten chinesische Firmen durch ihre Geschäftspraktiken die Abhängigkeit der USA im Bereich der Antibiotika gezielt ausgebaut: »Die Unternehmen bildeten ein Kartell, boten ihre Produkte in gegenseitiger Absprache auf dem Weltmarkt unter dem Marktpreis an und sorgten so dafür, dass die Hersteller in den USA, Europa und Indien pleitegingen. Sobald sie dann den Weltmarkt dominierten, erhöhten sie die Preise.« Nach demselben Muster versuchten chinesische Firmen nun auch, die indische Konkurrenz zu verdrängen, indem sie die Preise für APIs aus Indien um 35 bis 40 Prozent unterbieten würden. Deshalb warnten Rosemary Gibson und zahlreiche weitere Experten, China könne die Medikamentenversorgung als »strategische und taktische Waffe gegen die USA einsetzen«. Die Regierung in Peking könne »Lieferungen zurückhalten; Medikamente mit tödlichen Inhaltsstoffen verseuchen« oder »ohne funktionierende Wirkstoffe« herstellen, sodass sie gefährlich oder wirkungslos seien. Solche Attacken könne man gezielt ausführen, sie seien nur schwer rechtzeitig zu entdecken. Sogar die »Einsatzfähigkeit« von

Tausenden Soldaten auf den »US-Flugzeugträgern im Südchinesischen Meer« sei in höchstem Maße gefährdet.

Im Weißen Haus läuteten die Alarmglocken. Donald Trumps Wirtschaftsberater Gary Cohn warnte den US-Präsidenten ausdrücklich vor einem Handelskrieg mit China, weil 97 Prozent aller Antibiotika in den USA – so bestätigte es eine Untersuchung des US-Wirtschaftsministeriums – in China produziert würden. »Wenn Sie China wären«, so Cohn, »und wenn Sie uns wirklich zerstören wollten, dann müssen Sie nur die Lieferung von Antibiotika einstellen.« Trump verhängte die Strafzölle damals dennoch, verfügte aber Ausnahmen für pharmazeutische Produkte, Vorläuferstoffe und andere medizinische Güter.

Natürlich, das sollte nicht vergessen werden, ist China auch auf fertige Medikamente aus den USA angewiesen, insbesondere für Patienten von Diabetes, Herzstörungen und Krebs. In diesen Feldern kommen die wirksamsten Arzneimittel aufgrund der führenden Stellung der amerikanischen Forschung immer noch aus den USA. Aber chinesische Unternehmen holen auch in diesem Sektor auf. Die Zahl der Anträge für klinische Studien von neu entwickelten Medikamenten stieg jährlich durchschnittlich um 33 Prozent, von 21 solchen Verfahren im Jahr 2011 auf 88 im Jahr 2016.

Natürlich kann man das alles als natürliche Marktentwicklung in einem von vielen Wirtschaftssektoren sehen und die aufgeregten Reaktionen im Jahr 2019 als amerikanische Paranoia abtun. Fakt bleibt, dass die Medikamentenversorgung – ebenso wie die Versorgung mit Energie und Nahrungsmitteln – zur kritischen Infrastruktur eines Landes zählt und dass ein führender Experte aus dem Beratergremium des chinesischen Nationalen Volkskongresses offen damit drohte, die Abhängigkeit der Amerikaner und Europäer in diesem Bereich als Werkzeug zur Nötigung oder gar als Waffe einzusetzen. Finanzprofessor Li Daokui warf der US-Regierung im Handelskrieg »wirtschaftlichen Terrorismus« vor und fügte eine düstere Drohung hinzu. China sei bereit zu Verhandlungen, »aber wenn ihr uneinsichtig seid«, so Li in seinem Interview im Sommer 2020, »dann werden wir euch bekämpfen, bis zum Ende und um jeden Preis.«

Hm, wirtschaftliche Abhängigkeit als Waffe in der Auseinandersetzung? Daran hatte ja auch die Biden-Administration großen Gefallen gefunden, wie mir die Berater des Präsidenten in Warschau am Vorabend seiner großen Rede zur Ukraine-Krise gesagt hatten. Warum also der Aufschrei in den USA, wenn China seinen wirtschaftlichen Einfluss nutzen will, um seine politischen Ziele voranzutreiben? Darüber empört sich die amerikanische Politik eigentlich weniger als über ihre eigene Naivität. Über Jahrzehnte hatten amerikanische Regierungen den Marsch in die Abhängigkeit von China zugelassen. Donald Trump versuchte, sein Land per Brechstange aus diesem Korsett zu befreien, allerdings ohne ein stimmiges Gesamtkonzept für den Umgang mit dem autoritären Regime in Peking zu entwickeln.

Trumps gemischte Signale

Nicht einmal in ihrer Stimmungsmache gegen China gab die Trump-Administration ein einheitliches Bild ab. Der US-Präsident bewunderte Xi, weil er in China schalten und walten konnte, wie er wollte, und sich anschickte, Präsident auf Lebenszeit zu werden. In den ersten Monaten der Coronakrise pries Trump seinen chinesischen Amtskollegen sogar per Tweet: »China hat sehr hart gearbeitet, um das Coronavirus einzudämmen. Die Vereinigten Staaten schätzen seine Bemühungen und seine Transparenz. Es wird alles gut ausgehen. Ganz besonders will ich mich im Namen des amerikanischen Volkes bei Präsident Xi bedanken.« Im Februar 2020 legte Trump auf Twitter noch einmal nach: »Hatte gerade ein langes und gutes Telefonat mit dem chinesischen Präsidenten Xi. Er ist stark, klug und machtvoll fokussiert und führt den Gegenangriff auf das Coronavirus. [...] Nichts ist einfach, aber er wird erfolgreich sein, besonders wenn das Wetter warm wird & das Virus hoffentlich schwächer wird und dann verschwindet.«

Wenige Wochen danach begann Trump damit, China die Schuld an der Pandemie zuzuschieben, aber eher um vom eigenen Versagen abzulenken und um seine politischen Widersacher im Wahlkampf als Kommunisten und Chinafreunde abzustempeln. Trumps Chinapolitik war von Beginn an erratisch und ichbezogen. Bei seinem ersten Besuch in Peking am 17. November 2017 hörte er sich trotz seiner Wahlkampfrhetorik zuvor recht zahm an, als er über das riesige Handelsdefizit sprach: »Ich gebe China nicht die Schuld dafür«, so

Trump. »Wer kann schließlich einem Land die Schuld dafür geben, dass es zum Wohl seiner eigenen Bürger ein anderes übervorteilt?« Für den Präsidenten bemaß sich die Größe einer Supermacht ausschließlich daran, ob sie ein anderes Land übervorteilen könnte, ohne selbst über den Tisch gezogen zu werden. Trump ging es um den Sieg im Geschäftemachen, nicht um die Überlegenheit und Durchsetzung von Werten.

Am Rande eines Dinners der Staats- und Regierungschefs beim G-20-Gipfel im japanischen Osaka 2019 bat Donald Trump den chinesischen Präsidenten Xi sogar um Hilfe für seine Wiederwahl. »Dann richtete er das Gespräch auf die bevorstehenden US-Präsidentschaftswahlen, was verblüffend war, machte Anspielungen auf Chinas wirtschaftliche Fähigkeit, die laufenden Kampagnen zu beeinflussen, und bat Xi eindringlich darum, dafür zu sorgen, dass er gewinnen würde«, so beschreibt es Trumps damaliger Nationaler Sicherheitsberater John Bolton in seinem Buch über Trumps Wesen und Treiben.[6] China sollte – trotz des noch andauernden Handelskrieges – ganz viele Agrarprodukte kaufen, um Trump die Stimmen der Farmer zu sichern: »Er betonte die Bedeutung von Landwirten und höheren chinesischen Käufen von Sojabohnen und Weizen für den Ausgang der Wahl.« Trump, so Bolton, habe Xi in diesem ungewöhnlichen Gespräch auch signalisiert, dass er Angehörige der muslimischen Minderheit der Uiguren ruhig in Umerziehungslager sperren könne: »Nach Angaben unseres Dolmetschers sagte Trump, dass Xi mit dem Bau der Lager fortfahren solle. Trump hielt das für richtig.« Eine werteorientierte Außenpolitik? Fehlanzeige.

Die »gelbe Gefahr«

Für die wachsende Zahl der Chinakritiker in Politik und Medien war Donald Trump letztlich eine Enttäuschung, weil die Kommunistische Partei Chinas seine wechselnden Attitüden als Schwäche auslegen konnte. Deshalb gründete sich im April 2019 ein Verein neu, den es schon einmal in den USA gegeben hatte.[7] Das Committee on the Present Danger (Komitee zur gegenwärtigen Gefahr) war bereits in den 1950er-Jahren und dann noch einmal in den 1970er- und 1980er-Jahren aktiv. Die Mitglieder der ersten Generation, darunter Politiker, Ex-Militärs und Experten, hatten angesichts der Bedrohung durch die Sowjetunion eine massive Aufrüstung der Vereinigten Staaten gefordert. Ab Mitte der 1970er-Jahre warnte eine neue Gruppe vor einem Regime in Moskau, das seinen Einfluss weltweit ausdehnte und damit Amerikas wirtschaftliche Vormachtstellung infrage stellte. »Is America Becoming Number 2?« (Wird Amerika zur Nummer 2) lautete die Überschrift einer der Veröffentlichungen. Die Mitglieder – unter ihnen der spätere Präsident Ronald Reagan – forderten eine härtere Linie gegen die Sowjetunion. Reagan holte einige seiner Mitstreiter in die Regierung, machte einen zum Nationalen Sicherheitsberater, einen anderen zum CIA-Chef. Ihre Politik der Unnachgiebigkeit läutete das Ende des kalten Krieges ein.

2019 sammelten sich also in einem Washingtoner Hotel wieder erzkonservative Politiker, Ex-Militärs und andere Chinagegner um den ehemaligen Trump-Berater Stephen Bannon und den republikanischen Senator Ted Cruz, um nach dem »roten Schrecken« der 1970er nun die »gelbe Gefahr« als existenzielle Bedrohung für die Vereinigten Staaten und die gesamte freie Welt zu postulieren. Ihr Committee on the Present Danger forderte wie einst Ronald Reagan »Frieden durch Stärke« und sah einen Krieg mit China als unvermeidlich an. Die Politik des »Engagements« – also der Glaube, man könne durch Handel eine Öffnung Chinas und Hinwendung zu demokratischen Strukturen erreichen – sei endgültig gescheitert. Aber anders als die Sowjetunion könne man den Gegner nicht durch eigene militärische und wirtschaftliche Stärke in die Knie zwingen, solange die wirtschaftlichen Verflechtungen beider Staaten so eng seien. Eine Entflechtung, die das Komitee forderte, riskiert jedoch auch eine Schwächung der amerikanischen Wirtschaft. Die sachliche Diskussion über das Vorgehen geht in der Propaganda der Chinakritiker ein Stück weit unter, denn die konzentriert sich vor allem darauf, die schon bestehenden Ängste in der amerikanischen Bevölkerung weiter zu schüren: Angst vor dem Absturz der US-Wirtschaft und Angst vor einem Krieg mit China. Es ist eine Angst, die missbraucht werden könnte, um jede Art von Anti-China-Politik und Anti-Chinesen-Ressentiment zu rechtfertigen, statt die Suche nach einer Strategie für den Umgang mit dem Rivalen zu befeuern.

Der Grat zwischen berechtigter Kritik und willkürlicher Hetze ist schmal, meint Randall Schriver, der als Staatssekretär im US-Verteidigungsministerium 2018/19 für den Indopazifik zuständig war. Ein kritischer Blick auf das Regime in Peking, so sagte er mir in unserem Gespräch im November 2021, dürfe auf keinen Fall in Hass gegen alle Chinesen umschlagen: »Wir sollten nicht anti-China sein. Wir sollten gegen die Kommunistische Partei Chinas sein, wenn sie bestimmte Dinge tut. Das sehe ich, offen gestanden, sogar als pro-China an, für das chinesische Volk. Schließlich ist es ein Regime, das sein eigenes Volk unterdrückt. Wenn man wirklich den Aufstieg Chinas will, dann sollte man die Kreativität, den Geschäftssinn und die akademische Freiheit entfesseln. Dann sehen wir, wie bedeutsam das Land sein kann, schließlich ist auch der Rest Asiens durch jene politische Liberalisierung gegangen, die China nicht hatte. Wir können pro-China sein, für das chinesische Volk und trotzdem die Kommunistische Partei Chinas für ihre Schandtaten anprangern.«

Schriver sieht sich als Republikaner in der Tradition von Ronald Reagan, hat aber viele Freunde unter den Demokraten, die, wie er, eine viel offensivere und weniger naive Haltung gegenüber dem chinesischen Präsidenten und seiner Partei fordern. Deren gefährliche Ziele seien offensichtlich, da man sie in den Veröffentlichungen der chinesischen Regierung, der Behörden, der Parteigliederungen, der akademischen Kaderschmieden und der Volksbefreiungsarmee nachlesen könne. »Wenn ich mir Material in chinesischer Sprache ansehe, das meist viel zutreffender ist als das, was sie für westliche Medien veröffentlichen, dann sind ihre Ambitionen sehr großspurig. Es geht nicht nur um eine regionale Vormachtstellung, sondern um eine globale, mindestens gleichauf mit den USA, wenn nicht darüber. Xi Jinping steht für diese Idee und glaubt, dass es einen rechtmäßigen Platz für China gibt, bei dem die anderen Länder in der Region unterwürfiger sein sollten – ein System tributpflichtiger Staaten.«

Diesen »rechtmäßigen Platz« will der chinesische Präsident bis 2049 zum 100. Jahrestag der Proklamation der Volksrepublik China einnehmen. Folgerichtig hat Schriver seine chinakritische Denkfabrik in Washington Project 2049 genannt. Der ehemalige Staatssekretär gehört zu den Experten, die eine Eskalation mit China nicht deshalb erwarten, weil es eine aufstrebende Supermacht ist, sondern weil interne Probleme wie das Abflauen des Wirtschaftswachstums in der Pandemie, die weiter grassierende Korruption und die massive Überalterung der Gesellschaft so sehr zunehmen, dass Xi Jinping unter diesem Druck zu außenpolitischen und militärischen Eskalationen greifen könnte. Wohlgemerkt, unser Gespräch fand einige Monate vor Russlands Krieg gegen die Ukraine in einer Zeit statt, in der China sich in der Werbung für die Olympischen Spiele als freundliche Supermacht präsentierte.

China als Weltversöhner

Dynamische, knallbunte Bilder von Wintersportarten, jubelnde Zuschauer, darunter ein Mann mit amerikanischer Flagge auf dem Pullover, fröhlich strahlende Athleten – im offiziellen Videoclip der chinesischen Organisatoren werden alle kritischen Aspekte der Spiele mit Heile-Welt-Rhetorik im beschwingten Olympiasong einfach weggedudelt. »Zusammen für eine gemeinsame Zukunft« trällert die Popband. Dass die uigurische Skilangläuferin Dinigeer Yilamujiang bei der Eröffnungsfeier der Spiele strahlend die Fackel durchs Stadion trägt, darf man wohl getrost als ausgestreckten Mittelfinger gegen all jene ansehen, die in Chinas Vorgehen gegen die Uiguren einen kulturellen Völkermord sehen.

Das Internationale Olympische Komitee unter Führung seines deutschen Präsidenten Thomas Bach dient als willfähriges Propagandawerkzeug, indem es jede Kritik ausblendet und Chinas Vorgehen gegen die chinesische Tennisspielerin Peng Shuai verharmlost. Peng hatte einem hohen Funktionär der Kommunistischen Partei vorgeworfen, sie vergewaltigt zu haben, und war danach für Monate von der Bildfläche verschwunden. Für Randall Schriver ein Beleg, wie sehr Xi Jinping und seine GenossInnen einen Gesichts- und Machtverlust fürchten: »China ist ein verrottendes System, das sehen wir doch in Xinjiang, Tibet, Hongkong. Das sind nicht Zeichen der Stärke, sondern Zeichen der Verunsicherung, Sorge und Angst. Ich schaue auf Xi Jinping und sehe einen, der Angst vor seinem eigenen Volk hat. Er fürchtet sich vor einer 35-jährigen Tennisspielerin. Das zeugt nicht von Selbstvertrauen. Ich glaube, er ringt mit diesen Herausforderungen und mit einem Staat im Niedergang. Das bedeutet nicht, dass China nicht gefährlich ist; in solch einer Zeit könnte es sogar besonders gefährlich sein.«

Wie gefährlich, das beschreiben die amerikanischen Geheimdienste in ihrem alljährlichen Bericht zur Bedrohungslage in der Welt. Die Kernsätze haben sich in den letzten Jahren trotz des Regierungswechsels in Washington nicht verändert: »Die Kommunistische Partei Chinas wird mit dem gesamten Regierungsapparat Chinas Einfluss weiterverbreiten, den Einfluss der Vereinigten Staaten untergraben und Keile zwischen Washington und seine Verbündeten treiben.«[8] Gleichzeitig werde Peking »taktische Gelegenheiten suchen«, um die Spannungen mit den USA zu reduzieren, sofern es in seinem Interesse liege, im Übrigen aber alles tun, damit der chinesische Autoritarismus sich weiter ausbreitet.

Die Kommunistische Partei Chinas ist eine Gefahr, das ist – fern von Stimmungsmache, Angst und Hetze – die sachlich fundierte Arbeitshypothese der Biden-Administration. Sie entspricht einer Grundstimmung im Land gegenüber dem großen Rivalen. Im März 2021 waren 53 Prozent der Amerikaner zuversichtlich, dass der neue Präsident wirkungsvoll mit China umgehen würde, dies ergab die schon zitierte Studie des Pew Research Centers. Aber es zeigte sich in diesem Punkt auch die größte Abweichung zwischen den Befragten unterschiedlicher politischer Gesinnung. 83 Prozent der Demokraten vertrauten auf Biden, nur 19 Prozent der Republikaner – ein Nachhall der trumpschen Schimpftiraden gegen seine politischen Gegner, die er gern als »Volksfeinde« und »Kommunisten« bezeichnet hatte.

Aber anders als Trump sehen Biden und seine Berater in China keinen Gegner, den man im Ringen um das bessere Geschäft über den Tisch ziehen will. »Immer nur auf Konfrontation setzen, immer im Alleingang handeln, das ist nicht effektiv«, so kommentierte Bidens wichtigster Chinaexperte Ely Ratner im Jahr 2020 Trumps Eskalationspolitik, »Du musst dich mit deinen Verbündeten absprechen und gleichzeitig die notwendigen Investitionen in die Vereinigten Staaten machen, um Amerikas Wettbewerbsfähigkeit zu erhalten und eine Alternative zu China anzubieten. Und das machen sie nicht.«[9]

Ratner ist der Nachfolger von Randall Schriver als Staatssekretär im US-Verteidigungsministerium. Inhaltlich liegen beide auf einer Linie, auch weil die neue Regierung, so sieht es Schriver, endlich das hat, was der erratischen Chinapolitik Trumps fehlte – ein Gesamtkonzept: Ausbau der wirtschaftlichen und militärischen Stärke Amerikas, Befreiung aus der Abhängigkeit von China, Stabilisierung der eigenen, angeschlagenen Demokratie, Zusammenarbeit mit Peking, wo immer es der Menschheit dient, aber gleichzeitig auch knallharte Worte und Taten, wenn das kommunistische Regime Nachbarn bedroht, den Frieden in der Region gefährdet, Verbündete erpresst und Bürger- und Menschenrechte mit Füßen tritt.

Showdown in Alaska

Mit dieser Absicht fahren US-Außenminister Antony Blinken und der Nationale Sicherheitsberater Jake Sullivan im März 2021 zum ersten amerikanisch-chinesischen Gipfeltreffen mit dem Direktor des Büros für auswärtige Angelegenheiten des Zentralkomitees der Kommunistischen Partei Chinas Yang Jiechi, der für Chinas Präsidenten Xi Jinping die Außenpolitik steuert, und dem chinesischen Außenminister Wang Yi. Die Begegnung in Anchorage gerät zum Donnergrollen, das den mächtigsten Sturm des 21. Jahrhunderts ankündigt.[10] China schaltet beim Schlagabtausch in Alaska auf Angriff gegen ein Amerika, das wirtschaftlich angeschlagen, innen- und außenpolitisch geschwächt und militärisch verwundbar ist.

Die Verhandlungsspitzen beider Seiten sollten jeweils zwei Minuten für ihre einführenden Statements haben, bevor die Kamerateams den Raum verlassen müssten. Normalerweise tauschen die Gesprächspartner bei solchen Anlässen eher Freundlichkeiten aus.

Antony Blinken sagt zunächst geradeheraus, dass es den Vereinigten Staaten im Dialog mit China nicht nur um ihre eigenen Interessen geht, sondern insbesondere um die Stärkung der regelbasierten Weltordnung: »Dieses System ist nichts Abstraktes. Es hilft den Ländern, ihre Differenzen friedlich beizulegen, multilaterale Anstrengungen wirksam zu koordinieren und am Welthandel in der Gewissheit teilzunehmen, dass jeder dieselben Regeln befolgt. Die Alternative dazu ist eine Welt, in der Macht Recht setzt und die Sieger alles an sich reißen. Das wäre eine viel gewalttätigere und instabilere Welt für uns alle.«

Eigentlich dürfte die chinesische Delegation diese Worte nicht als Affront verstehen, da sie selbst ja immer behauptet, sich an alle Regeln zu halten und glühender Verfechter des Multilateralismus zu sein. Aber Blinken fügt noch ein paar kritische Anmerkungen hinzu: »Wir werden auch unsere tiefsten Sorgen über Chinas Verhalten diskutieren, in Bezug auf Xinjiang, Hongkong, Taiwan, Cyberangriffe auf die USA und die wirtschaftliche Nötigung unserer Verbündeten. All das bedroht die regelbasierte Ordnung, die die globale Stabilität erhält. Das sind keine inneren Angelegenheiten, deshalb sehen wir uns in der Pflicht, dies heute anzusprechen.«

Der Nationale Sicherheitsberater Jake Sullivan legt noch einmal nach: »Außenminister Blinken hat viele Probleme angesprochen, von der wirtschaftlichen und militärischen Nötigung bis zu den Angriffen auf grundlegende Werte, die wir mit Ihnen heute und in den kommenden Tagen diskutieren wollen. Wir tun dies unverbrämt, direkt und klar. [...] Wir suchen nicht den Konflikt, aber wir begrüßen den harten Wettbewerb und werden uns immer für unsere Prinzipien, für unser Volk und für unsere Freunde starkmachen.«

Der chinesische Konter

Daraufhin ergreift Yang Jiechi das Wort. Der Dialog werde hoffentlich »ernsthaft und ehrlich« sein, denn »China und die Vereinigten Staaten sind große Länder dieser Welt. Gemeinsam sollten wir die wichtige Verantwortung für Frieden, Stabilität und Fortschritt in der Welt und in unserer Region schultern.« Es folgt eine Lobrede auf die Errungenschaften seines Landes, die in den Worten gipfelt: »Das ganze chinesische Volk schart sich um die Kommunistische Partei Chinas. Unsere Werte sind dieselben wie die gemeinsamen Werte der Menschheit, also Frieden, Entwicklung, Fairness, Gerechtigkeit, Freiheit und Demokratie.«

Was zunächst wie eine Übereinstimmung mit amerikanischen Wertvorstellungen klingt, entlarvt sich gleich darauf als chinesische Uminterpretation der regelbasierten internationalen Ordnung. Yang fährt fort: »Was China und die internationale Gemeinschaft verfolgen, ist ein auf die Vereinten Nationen konzentriertes internationales System und eine internationale Ordnung, die auf internationalem Recht basiert, nicht was von einer kleinen Anzahl von Ländern als sogenannte regelbasierte internationale Ordnung vertreten wird. Die Vereinigten Staaten haben ihre Demokratie amerikanischer Prägung, China hat eine Demokratie chinesischer Prägung. Es liegt nicht allein beim amerikanischen Volk, sondern bei den Völkern der Welt, zu bewerten, wie die Vereinigten Staaten bei der Stärkung der eigenen Demokratie abschneiden.«

Sein Land, so Yang, habe unermüdlich zum Frieden und zur Entwicklung der Welt beigetragen und die Prinzipien der Charta der Vereinten Nationen hochgehalten, während »einige andere Länder Kriege geführt« hätten, mit »massiven Opferzahlen«. China setze nicht auf Invasionen, Gewalt, Umsturzversuche, »Massaker an der Bevölkerung anderer Länder«, weil dies die Welt nur in Aufruhr stürzen würde. »Wir glauben, es ist wichtig, dass die Vereinigten Staaten ihr Image verändern und damit aufhören, ihre Demokratie im Rest der Welt zu verbreiten. Viele Menschen in den Vereinigten Staaten haben wenig Vertrauen in die Demokratie der Vereinigten Staaten«, so Yang, »aber viele Menschen haben sehr unterschiedliche Ansichten über die Regierung der Vereinigten Staaten. In China, das zeigen Meinungsumfragen, haben die Anführer die breite Zustimmung des chinesischen Volkes.«

Mit seiner Kritik an der »Demokratie amerikanischer Prägung« zielt Yang offensichtlich auf die turbulente Überganszeit nach der amerikanischen Präsidentschaftswahl und auf die Aufständischen, die am 6. Januar 2021 das Parlament stürmten und die Demokratie ins Wanken brachten. Von einer Regierung, die den Frieden im eigenen Land nicht garantieren kann, will Peking sich nichts sagen lassen. Auch beim Thema Bürger- und Menschenrechtsverletzungen hält Yang den Amerikanern den Spiegel vor: »Xinjiang, Tibet und Taiwan sind untrennbare Teile des chinesischen Territoriums. China lehnt entschieden jede Einmischung der USA in seine inneren Angelegenheiten ab. [...] Und was die Menschenrechte angeht, hoffen wir, dass die Vereinigten Staaten sich in Sachen Menschenrechte bessern. China hat stetigen Fortschritt bei den Menschenrechten erzielt. Tatsache ist, dass es viele Probleme mit den Menschenrechten in den Vereinigten Staaten gibt. [...] Die Herausforderungen für sie haben tiefe Wurzeln, sie sind nicht erst in den letzten vier Jahren aufgetaucht, wie mit der *Black Lives Matter*-Bewegung.«

Der Chinese bezieht sich wohl auch auf dramatische Bilder von der Grenze zwischen den USA und Mexiko und das harte Vorgehen der amerikanischen Behörden, die Menschen in Käfige sperrten und Kinder von ihren Eltern trennten – unleugbar Menschenrechtsverletzungen, wenn auch nicht im gleichen Ausmaß wie die Unterdrückung von Minderheiten und Regimekritikern in China.

Unverhohlene Drohungen

Yang fährt fort mit einem Plädoyer für einen weiteren Ausbau der Wirtschaftsbeziehungen, droht aber auch indirekt mit Konsequenzen, wenn die US-Regierung den Streit suche: »Wir hatten Konfrontationen zwischen unseren beiden Ländern, und das Ergebnis hat den USA nicht gutgetan. Was hatten die Vereinigten Staaten von dieser Konfrontation? Ich sehe nichts, außer Schaden für die USA.«

Dann wendet er sich noch einmal dem amerikanischen Führungsanspruch und ihrer Verteidigung einer regel- und wertebasierten Ordnung zu. »Die USA repräsentieren nicht die Welt, sie repräsentieren nur die Regierung der Vereinigten Staaten. Ich glaube nicht, dass die überwältigende Mehrheit der Länder in der Welt die universalen Werte akzeptiert, für die die Vereinigten Staaten eintreten, oder dass die Meinung der Vereinigten Staaten für die Meinung der Weltöffentlichkeit stehen könnte. Und diese Länder werden auch nicht akzeptieren, dass die Regeln, die eine kleine Zahl von Menschen gemacht hat, als Grundlage für die internationale Ordnung dienen.« Yang schließt seine 16-minütige Tirade mit der Bemerkung ab, Blinken und Sullivan hätten »ein so anderes Eingangsstatement abgegeben, dass meines auch ein wenig anders ausgefallen ist«.

Die Luft im Saal brennt mit moralischem Überlegenheitsdenken und kraftstrotzendem Imponiergehabe. Der chinesische Außenminister Wang Yi ergreift ebenfalls das Wort: »China hat in der Vergangenheit keine ungerechtfertigten Vorwürfe der USA akzeptiert und wird das auch in Zukunft nicht tun.« Wang kritisiert, dass die US-Regierung erst kurz vor dem Treffen Sanktionen gegen 24 chinesische Funktionäre verhängt hat. »Das ist nicht die Art, mit der man seine Gäste willkommen heißt«, so der Außenminister. Die amerikanische Regierung hatte die Strafmaßnahmen gegen kommunistische Parteikader in Hongkong verfügt, weil sie wesentlich zur Unterdrückung der Demokratiebewegung beigetragen hatten.

Eine ganz andere Sicht

Nach dem kurzen Statement Wangs müssten die Medien eigentlich absprachegemäß den Saal verlassen, aber der US-Außenminister kann die chinesischen Vorwürfe nicht so im Raum stehen lassen. In seiner kurzen Zeit im Amt, so Blinken, höre er in aller Welt ganz andere Töne: »Tiefe Befriedigung, dass die Vereinigten Staaten zurück sind, dass sie wieder mit Verbündeten und Partnern zusammenarbeiten. Und tiefe Sorge über das, was Ihre Regierung getan hat.« Ein Markenzeichen amerikanischer Führungsstärke seien die Bündnisse, die im Übrigen freiwillige Bündnisse seien. Und es gebe ein weiteres Markenzeichen: »Das ständige Streben, eine noch bessere Nation [Union] zu schaffen. Dieses Streben gibt unsere Fehler zu, gibt zu, dass wir nicht perfekt sind. Wir machen Fehler, wir müssen uns korrigieren, wir gehen Schritte zurück. Aber in unserer ganzen Geschichte haben wir uns diesen Herausforderungen gestellt, offen, öffentlich, transparent, nicht versucht, sie zu ignorieren, nicht versucht, so zu tun, als gäbe es sie nicht, nicht versucht, sie unter den Teppich zu kehren. Manchmal ist das schmerzhaft, sogar hässlich, aber jedes Mal waren wir hinterher stärker, besser und geeinter als Land.«

Sicherheitsberater Jake Sullivan ergänzt: »Ein selbstbewusstes Land kann einen harten Blick auf seine eigenen Defizite werfen und dann konstant versuchen, es besser zu machen. Das ist das geheime Rezept Amerikas.«

Wieder sollen die Kameras den Raum verlassen. Doch diesmal hält Yang Jiechi sie auf, er ist offenbar erbost und glaubt, die Amerikaner hätten von Beginn an geplant, die chinesische Delegation herablassend zu behandeln. »Lassen Sie mich für die chinesische Seite sagen: Die Vereinigten Staaten sind nicht qualifiziert, mit China aus einer Position der Stärke heraus zu sprechen. Die USA waren auch in den letzten 20, 30 Jahren nicht qualifiziert, so etwas zu sagen, weil es keine Art ist, mit dem chinesischen Volk umzugehen. Wenn Sie angemessen mit der chinesischen Seite sprechen wollen, dann sollten wir den nötigen Regeln folgen. Zusammenarbeit kommt beiden Seiten zugute, vor allem das erwarten die Menschen dieser Welt.«

Außenminister Wang setzt noch einen drauf, die US-Seite habe China ja beschuldigt, andere Länder zu nötigen: »Wir glauben, niemand sollte so unwirsch sein, ein anderes Land der Nötigung zu beschuldigen. Wer erpresst wen? Ich glaube, die Geschichte und die internationale Gemeinschaft werden ihre eigenen Schlüsse ziehen.«

Ehrlich währt am längsten?

Als die Kamerateams nach dem rund einstündigen Wortgefecht schließlich doch den Saal verlassen können, hätten sich beide Seiten »an die Arbeit gemacht«, mit »substanziellen, ernsten und unverblümten« Diskussionen, die »weit über die vorher vereinbarte Zeit von zwei Stunden« hinaus gedauert hätten – so beschrieb es hinterher ein Vertreter der amerikanischen Seite in einem Hintergrundgespräch. Man mag das Treffen von Anchorage – wie es viele Medien getan haben – als Debakel bezeichnen, als PR-Schlappe, als politischen Reinfall oder gar als Vorboten für einen Krieg, der aus dem Konflikt der beiden Supermächte entstehen könnte.

So mancher Kommentator kritisierte die amerikanische Seite, sie sei zu weit gegangen, habe sich davontragen lassen und den chinesischen Gastgebern eine Gelegenheit geschenkt, sich als besseren Weltenführer zu präsentieren. Von diplomatischer Dummheit und Desaster für die friedliche Koexistenz rivalisierender Systeme war die Rede. Geht's noch? Die Eingangsbemerkungen von Antony Blinken und Jake Sullivan waren ehrlich, klar und kantig, nicht rundgelutscht und abgeschliffen. Mit Friede-Freude-Eierkuchen-Rhetorik und dem Werfen von Wattebäuschen lassen sich Freiheit und Menschenrechte nicht gegen einen gefährlichen und teils menschenverachtenden Autoritarismus verteidigen, wie allerspätestens seit Russlands Einmarsch in der Ukraine klar sein sollte.

»Jetzt hat sich der Autor ja auf eine Seite geschlagen«, könnten Kritiker sagen. Ja, das habe ich, denn wenn Yang Jiechi die Worte Frieden, Entwicklung, Fairness, Gerechtigkeit, Freiheit und Menschenrechte in den Mund nimmt, dann meint er nicht das Gleiche wie wir. Klarer als in seiner Wutrede kann man es eigentlich gar nicht machen: Yang meint eben nicht die »Demokratie amerikanischer Prägung«, sondern eine vermeintliche »Demokratie chinesischer Prägung« – und die hat mit demokratischen Werten wirklich nichts zu tun, denn sie steht für Gleichschaltung, Überwachungsstaat, Einparteienherrschaft, Machtmissbrauch, Unterdrückung Andersdenkender, politische und wirtschaftliche Nötigung, Bürger- und Menschenrechtsverletzungen, Menschenverachtung – wie ich in den folgenden Kapiteln zeigen werde.

Eben weil das so ist, war der Schlagabtausch von Anchorage kein

Debakel, sondern ein dringend notwendiger Moment der Wahrheit: Yang hat zugegeben, dass es diese große Auseinandersetzung zwischen dem Autoritarismus und der liberalen Demokratie gibt, weil sie nicht miteinander vereinbar sind. Wir können uns nicht nur nicht vor diesem Konflikt drücken, wir müssen uns auch entscheiden, auf welcher Seite wir stehen. Peking und Moskau haben entschieden, dass die regelbasierte Weltordnung vorbei ist, weil die Liberalisierung der Welt durch die Globalisierung eine Bedrohung für ihren Autoritarismus und für ihre persönliche Macht ist. Umgekehrt sind auch sie deshalb eine Bedrohung – für die gesamte Menschheit.

2

Des Pudels Kern: Wie China die Welt täuscht

Die Sonne geht auf an diesem kühlen Herbstmorgen in Muscatine, einer Kleinstadt im US-Bundesstaat Iowa, die einst den Spitznamen »Perle des Mississippi« trug. 1884 hatte ein deutscher Einwanderer hier eine Fabrik gegründet, in der Muscheln aus dem mächtigen Fluss zu Perlmuttknöpfen verarbeitet wurden. Der amerikanische Schriftsteller Mark Twain schrieb Mitte des 19. Jahrhunderts für die Lokalzeitung *Muscatine Journal*. Seine Bücher über die Abenteuer von Tom Sawyer und Huckleberry Finn hatte auch ein junger Mann aus China gelesen. Im Jahr 1985 kam er selbst hierher. Es war jene Zeit, in der die kommunistische Führung in Peking das Land für westliche Einflüsse öffnete. Die USA kurbelten die Wirtschaftsbeziehungen zwischen beiden Ländern massiv an. Und so kam der junge Chinese nach Muscatine, eine Familie nahm ihn in ihrem Haus auf, aus dem mittlerweile ein Museum geworden ist, das Sinoamerikanische Freundschaftshaus.

So nennt es der chinesische Milliardär und Eigentümer des Hauses Glad Cheng, der uns Anfang Oktober 2021 herumführt. Vor der Eingangstür sehen wir Kürbisse und bunte Herbstblumen, innen hängen überall an den Wänden Fotos mit dem damaligen Gast. Xi Jinping im dunklen, etwas zu großen Anzug, weißes Hemd, braunweiß gestreifte Krawatte. Er und die anderen Teilnehmer der kleinen Delegation lachen fröhlich in die Kamera. Die jungen Parteifunktionäre sollten sich die neuesten Entwicklungen in der Landwirtschaft anschauen und den American Way of Life kennenlernen.

Xi und ein Freund teilten sich das Eckzimmer des Hauses mit Blick auf die Straße und die Schule gegenüber. »Er mochte den Lebensstil sehr. In dieser Zeit fehlte es in China an Nahrungsmitteln, an allen möglichen Waren«, sagt Herr Glad und deutet aus dem Fenster. »Da draußen sah Xi die Kinder, die mit Autos zur Schule gebracht wurden, die so ein gutes Leben haben konnten.« In China ging man zu Fuß zur Schule, nur wenige konnten sich wenigstens ein Fahrrad leisten.

Auf dem Kaminsims im Wohnzimmer stehen zwei Fähnchen, ein amerikanisches, ein chinesisches. Erinnerung an bessere Zeiten in den Beziehungen zwischen den zwei Ländern. Die Frau von Herrn Glad hat weißen Tee aus der Provinz Hunan für uns vorbereitet. Während wir, wie es sich in China gehört, aus den winzigen Tassen schlürfen, sagt Herr Glad, der Tee sei recht teuer, aber sehr gut für den Blutkreislauf; er gebe viel Energie.

Genau die ist im chinesisch-amerikanischen Verhältnis verloren gegangen. Vor einigen Jahren wollte Chinas Logistikkonzern Cosco noch einen großen Binnenhafen am Ufer des Mississippi bauen, aber Donald Trumps Handelskrieg ließ das Milliardenprojekt platzen. Beim Tee reflektieren wir, was schiefgelaufen ist, aber Herr Glad ist vorsichtig bei seinen Antworten; kein Wunder, denn als Geschäftsmann pendelt er weiter zwischen den USA und China. »Xi will, dass die Chinesen das gleiche Leben haben wie die Amerikaner. Dass sie eine gute Umwelt und den Frieden genießen können. Was er für China getan hat, tat er aus guter Absicht für das chinesische Volk. Aber all das Politische jetzt? Wir wissen nicht, warum das so ist. Beide Seiten verbreiten in Zeitungen und im Fernsehen nur schlechte Dinge über das andere Land. Sie wollen offenbar nicht von den guten Dingen erzählen, nur von den schlechten. Ich weiß nicht warum.«

1985 blieb Xi Jinping nur ein paar Tage, aber die Bekanntschaften von damals haben bis in die jüngste Zeit gehalten. Eine der Gastgeberinnen war Sarah Lande, mit der ich auf dem Sofa im Wohnzimmer des Freundschaftshauses über ihre Eindrücke von Xi spreche. »Er war fröhlich und jung«, meint die 82-jährige Sarah, »glücklich, in Amerika zu sein. Er sagte: ›Ihr seid die ersten Menschen, die ich hier in Amerika getroffen habe. Ihr seid Amerika.‹ Er hatte Mark Twain gelesen und vom Mississippi gehört, deshalb kam er gern hierher.

Mein Gott, er und die vier anderen waren albern und vergnügt, locker und freundlich. Jetzt ist er viel zurückhaltender.« Die Enttäuschung schwingt in ihrer Stimme mit. Dabei war Xi im Jahr 2012 noch einmal da gewesen. Damals war er schon Vizepräsident Chinas, machte von Washington aus einen Abstecher nach Muscatine, um alte Freunde wiederzusehen, wie er sagte.

»Es war überhaupt nicht seltsam. Er kam zur Tür rein wie ein alter Freund und war froh, uns zu sehen. Und wir freuten uns genauso«, erinnert sich Sarah. Für gerade mal eine Stunde Beisammensein hatte Xi einen mehrstündigen Umweg in Kauf genommen, und als er mit seinem Begleittross wieder abfuhr, hoffte Sarah, dass die Freundschaft zwischen den USA und China mit seinem möglichen Aufstieg ins Präsidentenamt einen weiteren Schub bekommen würde. Heute wundert sie sich, wie verschlossen und abweisend Xi wirkt, obwohl sich China unter seiner Führung zunächst ja positiv entwickelt habe. »Wenn man drüben ihre Straßen, Flughäfen und alles andere sieht, das funktioniert viel besser als hier, weil wir das irgendwie nicht mehr hinkriegen. Sie geben ein gutes Beispiel, wie es klappen kann, die Bevölkerung zu ernähren, den Menschen Arbeit zu geben. Aber wenn sie jetzt das Internet einschränken, gegen Geschäftsleute vorgehen, gegen die Religion der Menschen; wenn sie versuchen, den Menschen alle Werte für ihr Leben vorzuschreiben, dann werden die sich dagegen auflehnen. Dann werden die Chinesen zu ihrem eigenen, schlimmsten Feind werden. Ich wünschte mir, dass wir zusammenarbeiten, um Xi Jinping und China das Gefühl zu geben, dass sie die Welt mit anführen können, ohne andere zu unterjochen. Aber ich fürchte, Xi lässt sich davon nicht abbringen.«

Enttäuschte Hoffnungen

Wunschdenken hat Amerikas Umgang mit China über Jahrzehnte bestimmt. Heute sieht es so aus, als wäre es nicht nur enttäuscht worden, sondern als hätte die kommunistische Führung den Westen bewusst getäuscht und auf die Gelegenheit gewartet, die Vorherrschaft in der Welt zu übernehmen. So jedenfalls sehen es zahlreiche Wissenschaftler, die Chinas Weg seit den 1970er-Jahren analysiert haben. Von einer Naivität der USA ist da die Rede, von Selbsttäuschung und Verharmlosung, während andere Experten die These vertreten, dass es nicht zu spät sei, damit das Reich der Mitte doch noch zu einem verantwortungsvollen Partner auf der Weltbühne wird.

Obwohl man die Hoffnung ja nie aufgeben sollte, schließe ich mich den Skeptikern an und stütze mich dabei auf die Einschätzung einer Insiderin, die ein scharfes Urteil über die Haltung der Vereinigten Staaten fällt: »Seit den 1970er-Jahren hatten beide politische Parteien und die Regierung in den USA immer unrealistische, gute Wünsche in Bezug auf das kommunistische Regime Chinas. Sie hofften inständig, dass die Volksrepublik unter der kommunistischen Führung liberaler wird, sogar demokratisch, und eine ›verantwortliche‹ Macht in der Welt. Aber diese Herangehensweise Amerikas basierte auf einem fundamentalen Missverständnis über die wahre Natur und die langfristigen strategischen Ziele der Kommunistischen Partei Chinas.«[11]

Diese Worte stammen von Cai Xia, ehemalige Professorin an der Zentralen Parteihochschule Chinas, der kommunistischen Kaderschmiede in Peking. Über Jahrzehnte hatte sie über die marxistisch-leninistische Ideologie gelehrt, bevor sie im Jahr 2020 zur Dissidentin wurde. Seitdem bekommt die Siebzigjährige, die mittlerweile in den USA lebt, Drohanrufe, ihre Pensionszahlungen hat das chinesische Regime eingestellt. Cai ist überzeugt, dass die amerikanische »Politik des Engagements« neben positiven Effekten auch eine finstere Kehrseite hatte. Das chinesische Volk sei durch die immer engeren Wirtschaftsbeziehungen zwar weitgehend aus Armut und Isolation befreit worden, auch eine Zivilgesellschaft habe sich schrittweise entwickelt, aber gleichzeitig habe man das neototalitäre Regime der Kommunistischen Partei befeuert, das nun die internationale Ordnung angreife, um die Welt von der Demokratie in den Autoritarismus zu führen. Die These der Professorin, die auch von ehemaligen Mitarbeitern der US-Regierungen von Nixon bis Biden geteilt wird, lässt sich im Blick auf die vergangenen Jahrzehnte detailliert belegen.

Wandel durch Handel?

Es ließ sich gut an, an jenem 21. Februar 1972. US-Präsident Richard Nixon stieg die letzten Stufen aus der Air Force One hinab, da standen auch schon Chinas Spitzenfunktionäre Schlange, um ihm die Hand zu schütteln, allen voran Premierminister Zhou Enlai. Eigentlich war für den Abend der erste Programmpunkt vorgesehen, ein Dinner; aber kaum hatten sich Nixon und sein Team – darunter der Nationale Sicherheitsberater Henry Kissinger – in ihrer Unterkunft eingerichtet, da erreichte sie die Nachricht, dass der Große Vorsitzende Mao Präsident Nixon zu sehen wünsche.

Es folgten historische Bilder, der Kommunist Mao Zedong und der Anführer der freien Welt schütteln sich die Hände, dann reden und lachen die beiden miteinander im Gespräch, der eine in der grauen Uniform der Kulturrevolution, der andere im blauen Anzug, weißem Hemd mit Manschettenknöpfen und blauer Krawatte; zwischen den übergroßen weißen Sesseln türmen sich Schriftstücke auf – vielleicht ja Maos Gedanken in Schriftform, denn in China sind die Überlegungen des großen Vorsitzenden des Zentralkomitees Gesetz. Es begann gewissermaßen als Zweckbündnis, denn Washington und Peking sahen die Sowjetunion als ihren gemeinsamen Feind. Was den chinesischen Kommunismus anging, hofften die Amerikaner auf »Wandel durch Handel«. Letzteren brauchte China auch dringend, denn das Land stand nach den blutigen Revolutionsjahren vor dem wirtschaftlichen Kollaps. Doch über den ersten Teil der Formel – den Wandel – hatten beide Seiten von Beginn an unterschiedliche Vorstellungen.

Richard Nixon schrieb einmal, man könne es sich nicht leisten, China dauerhaft aus der Familie der Nationen herauszuhalten, weil es dann zur Gefahr für seine Nachbarn werden könnte: »Auf diesem kleinen Planeten ist kein Platz, dass eine Milliarde Menschen des potenziell fähigsten Volkes in wütender Isolation leben. Die Welt kann nicht sicher sein, bis China sich verändert. Deshalb ist unser Ziel, soweit wir die Ereignisse beeinflussen können, Veränderungen anzustoßen.«

Daraus war das Konzept der »Politik des Engagements« entstanden. Die Beziehungen beider Länder sollten China den wirtschaftlichen Fortschritt bringen, flankiert von der Hoffnung, dass sich das chinesische Volk mit besseren Lebensbedingungen und höherem Bildungsstand den Weg zu Freiheit und Demokratie bahnen würde – auch gegen den Willen der Kommunistischen Partei. Es war wohl eine der größten Selbsttäuschungen des 20. Jahrhunderts, denn die Partei von Mao Zedong und Xi Jinping hatte nie die Absicht, sich die Macht aus den Händen nehmen zu lassen. In der Euphorie des

Nixon-Besuchs mit wunderbaren Bildern vom Spaziergang auf der Chinesischen Mauer, von gemeinsamen Galadinnern und Opernveranstaltungen waren die USA bereit für politisches Entgegenkommen in einer besonders heiklen Frage.

Am Ende der Woche unterzeichneten der US-Präsident und Chinas Premier Zhou Enlai das sogenannte Shanghai-Kommuniqué, das Amerika auf eine »Ein-China-Politik« verpflichtete – die Anerkennung, dass die Menschen auf dem chinesischen Festland und auf der Insel Taiwan sich als Teile eines ganzen China fühlten und dass der US-Regierung an einer friedlichen Einigung in dieser Frage liege. Kissinger nannte das damals »konstruktive Uneindeutigkeit«. Im Gegenzug vereinbarten beide Staaten die Normalisierung ihrer Beziehungen und versprachen, dass keiner von ihnen die »Vorherrschaft im Indopazifik« anstreben werde.

Schöne Worte, die aber erst nach zehn Jahren gegenseitigen Kennenlernens und eingehender Prüfung zur Aufnahme diplomatischer Beziehungen führten. Am 1. Januar 1979 begann die sogenannte Honeymoon-Periode, in der Maos Nachfolger Deng Xiaoping die Öffnung Chinas vorantrieb. 14 Städte an der Küste wurden zu Sonderwirtschaftszonen erklärt, in denen US-Firmen investieren konnten. Es gab chinesisch-amerikanische Austauschprogramme für Studenten, Wissenschaftler und Künstler. Sogar der Parteinachwuchs durfte in die USA reisen, eben auch jener Xi Jinping, der 1985 aus der Provinz Hubei nach Muscatine, Iowa, geschickt wurde.

Deng Xiaoping wollte sein Land unter dem Motto »Reformen und Öffnung« zu einer modernen Großmacht entwickeln, Zieldatum 2049, 100 Jahre nach der Gründung der Volksrepublik China. Die Macht der Kommunistischen Partei, so die wichtigste Vorgabe von Deng, durfte durch all das nicht gefährdet werden. Politische Reformen waren gewünscht, auch mehr Transparenz innerhalb der Partei und ein entschiedener Kampf gegen Korruption – aber westliche, demokratische Ideen wollte der Vorsitzende nicht dulden. 1986 ließ er die Proteste einer studentischen Demokratiebewegung von Sicherheitskräften zerschlagen. Die US-Regierung sah über die Härte des Regimes in Peking hinweg, glaubte an eine weitere Liberalisierung, bis zum schrecklichen Erwachen am 4. Juni 1989.

Ende des Honeymoons

»Zwischenfall« nannte die Regierung die blutige Niederschlagung der Demonstrationen auf dem Platz des Himmlischen Friedens und in anderen Städten des Landes. Auf dem Tian'anmen-Platz gab es zwar trotz dramatischer Bilder keine Todesopfer, aber nach Schätzungen des Internationalen Roten Kreuzes sollen insgesamt einige Tausend Menschen getötet und viele Tausende verletzt worden sein.

Die sieben größten Industrienationen der Welt (G-7) verurteilten das brutale Vorgehen der Staatsmacht und verhängten Sanktionen. Deng Xiaoping ließ sich davon wenig beeindrucken, er sah in der Freiheitsbewegung, die in Osteuropa ein kommunistisches Regime nach dem anderen kollabieren ließ oder hinwegfegte, eine viel größere Bedrohung für die Macht seiner Partei als in den Strafmaßnahmen des Westens.

Die damals linientreue Professorin und heutige Dissidentin Cai Xia erinnert sich an eine interne Rede Dengs vor Parteifunktionären. Man müsse sich wegen der Sanktionen keine Sorgen machen. China sei ein Riesenmarkt, und »wir müssen die Ausländer nicht anflehen, damit sie zurückkommen, sie werden das aus freien Stücken tun, weil sie uns brauchen«. Nach außen hin schob er die Schuld an dem »Zwischenfall« der »westlichen Welt« zu, die unter der Führung der USA einen »Weltkrieg ohne Pulverdampf« führe, um den Sozialismus zu vernichten.

Bei einem Treffen mit dem Präsidenten von Tansania Julius Nyerere sagte Deng: »Nachdem wir die Rebellion niedergeschlagen hatten, hat der G-7-Gipfel Sanktionen gegen China verhängt. Was qualifiziert sie, das zu tun? Wer hat ihnen die Autorität gegeben? Ihr Gerede von Menschenrechten, Freiheit und Demokratie ist nur dafür gedacht, die Interessen der starken, reichen Länder zu schützen, die Vorherrschaft anstreben und Machtpolitik ausüben. Wir hören nicht auf solchen Kram.« Die Formulierungen haben große Ähnlichkeit mit den Worten, die der Chef der chinesischen Außenpolitik Yang Jiechi im März 2021 in Anchorage bei seinem verbalen Schlagabtausch mit US-Außenminister Antony Blinken gebrauchte: »Die Vereinigten Staaten sind nicht qualifiziert, mit China aus einer Position der Stärke heraus zu sprechen.«

Am 31. Oktober 1989 kombinierte Deng Xiaoping die Vorwürfe an die USA mit einem verlockenden Angebot. Bei einem Besuch des ehemaligen US-Präsidenten Richard Nixon begann er das Gespräch mit einem Frontalangriff: »Offen gesagt, die jüngsten Störungen und die gegenrevolutionäre Rebellion in Peking wurden angefacht von den Kräften des internationalen Antikommunismus und Antisozialismus. Es ist schade, dass die USA darin so tief verwickelt waren und China weiterhin kritisieren. In Wirklichkeit ist China das wahre Opfer. China hat nichts getan, um den Vereinigten Staaten zu schaden.«

Eine Dreistigkeit, der brutale Täter erklärt sich selbst zum unschuldigen Opfer. Und dann erläutert der autoritäre Machthaber dem Mann, der durch seine eigenen autoritären Methoden zu Fall kam, wie Amerika das angeblich selbst zerschlagene Porzellan in den Beziehungen der beiden Länder wieder kitten könne: »Erwartet nicht, dass China die USA anbettelt, die Sanktionen aufzuheben. Selbst wenn es 100 Jahre dauerte, würde China das nicht tun. [...] Aber wir wären glücklich, wenn amerikanische Geschäftsleute weiter Geschäfte mit China machten. Das könnte ein wichtiger Weg sein, um die Vergangenheit hinter uns zu lassen.«

Ähnliches ließ Deng den amtierenden US-Präsidenten George Bush über seinen Sicherheitsberater Brent Scowcroft wissen. Die amerikanische Regierung schluckte den Köder und bemühte sich, die Wirtschaftsbeziehungen zu China schnell wieder zu normalisieren, weiter in der Hoffnung, das chinesische Volk werde – wie die Völker Osteuropas – den Weg zur Demokratie schon noch finden. Die Hoffnung Washingtons wurde genährt vom überraschenden Rückzug Deng Xiaopings aus der Führung der Kommunistischen Partei im November 1989.

Chinas neue Linie

Was die US-Regierung damals nicht ahnte: Deng hatte zwei Monate zuvor seinen Abschied in einer Rede vor Führungskadern angekündigt und ihnen dabei einen Leitfaden für die außenpolitische Strategie Chinas in den folgenden Jahren vorgezeichnet. Bei seinem Auftritt am 4. September 1989 scherzte der damals 85-Jährige noch über die Gründe seines Rücktritts: »Wenn ein Mann alt wird, tendiert er zu Starrsinn und Kraftlosigkeit. Das kann man auch nicht mit eigener Willenskraft verhindern. Ich bin jetzt alt, mein Gehirn arbeitet zwar, aber in der Zukunft sage ich vielleicht verrückte Sachen.«

Ganz und gar nicht verrückt, sondern analytisch brillant klingen dann die entscheidenden Sätze, die Professorin Cai Xia dank ihres Zugangs zu den internen Protokollen der Kommunistischen Partei dokumentiert: »Die Unruhen in Ostereuropa und in der Sowjetunion waren unvermeidbar. Zweifellos wollen die Imperialisten, dass die sozialistischen Länder ihre Natur verändern. Das Problem ist nicht, ob das Banner der Sowjetunion fällt – das ist unvermeidlich –, sondern ob das Banner Chinas fällt. Solange China nicht kollabiert, wird ein Fünftel der Weltbevölkerung den Sozialismus erhalten. Meine Ansichten zur internationalen Situation lassen sich in drei kurzen Sätzen zusammenfassen. Erstens: Wir sollten die Lage kühl beobachten. Zweitens: Wir sollten die Stellung halten. Drittens: Wir sollten in aller Ruhe handeln. Seid nicht ungeduldig. Ungeduld ist nicht gut. Wir sollten ruhig bleiben, ruhig und noch mal ruhig.«

In einem kleineren Kreis konkretisierte Deng Xiaoping seine Empfehlung noch einmal: »Stabilisiere deine Position, beobachte in Ruhe, gehe alles schrittweise an, übernimm nie die Führung.« Und dann kommt der Teil, für den die zwei chinesischen Worte »taoguang yanghui« stehen: »Versteckt unsere Fähigkeiten, um auf unsere Zeit zu warten.« Dieser Rat wurde für zwei Jahrzehnte zur Maxime der chinesischen Außenpolitik, einer Politik der Täuschung, wie Cai Xia schreibt, die seit 1986 im Schulsystem der Kommunistischen Partei lehrte und dabei die internen Diskussionen hochrangiger Funktionäre verfolgte.

»China konnte nur Teil der internationalen Wirtschaftsgemeinschaft werden und den Weltmarkt nutzen, um seine nationale Macht zu stärken, indem es leise auftrat, sich ein Stück kleiner machte und im Umgang mit den Vereinigten Staaten und der westlichen Welt zurückhaltend war. Mit anderen Worten: China musste den Westen täuschen, indem es seine langfristigen strategischen Ziele verschleierte, sich als schwach und harmlos gab, um von den Märkten, der Technologie, dem Kapital und den Talenten des Westens zu profitieren, während es nur auf die Gelegenheit wartete, um zurückzuschlagen und den ultimativen Krieg zu gewinnen.« Genauso kam es, und die USA und ihre europäischen Verbündeten ließen sich täuschen.

Während die chinesische Führung eine Wende in ihrer Öffnungspolitik vollzog, blieb die Haltung der jeweiligen US-Regierungen immer die gleiche – voller Naivität über die Chance auf Demokratisierung Chinas. Der damalige Präsident George H. W. Bush sagte: »Keine Nation der Erde hat einen Weg gefunden, die Waren und Dienstleistungen der Welt zu importieren und gleichzeitig die Ideen des Auslands an ihren Grenzen zu stoppen.«

Sein Nachfolger Bill Clinton engagierte sich mit aller Macht für die Aufnahme Chinas in die Welthandelsorganisation WTO und sagte später über die damit verbundene Hoffnung: »Mit seinem Beitritt zur WTO wird China nicht nur mehr Produkte von uns importieren, es stimmt auch dem Import einer der größten Errungenschaften der Demokratie zu – der wirtschaftlichen Freiheit. Je mehr China seine Wirtschaft liberalisiert, desto mehr wird es auch das Potenzial seiner Menschen freisetzen, ihre Initiative, ihre Vorstellungskraft, ihren Geschäftsgeist.« Und Clinton verband dies mit der Erwartung, dass der »Geist der Freiheit« nicht mehr in die Flasche zurückkehren würde.

Sicherung der Macht

Dabei tat das kommunistische Regime in Peking alles, um den Korken auf dieser Flasche zu versiegeln. Während sich das Handelsvolumen zwischen China und den USA von acht Milliarden Dollar im Jahr 1986 auf 578 Milliarden im Jahr 2016 vervielfachte, zog die Partei intern die Lehren aus dem Untergang des Warschauer Paktes und der Sowjetunion. Der Machterhalt wurde zur Frage des persönlichen Überlebens hochstilisiert – kommunistische Funktionäre hätten ja in den Demokratisierungswellen in Osteuropa ihren Status, ihr Hab und Gut, manchmal sogar ihr Leben verloren.

Die ideologischen Vordenker postulierten die Unvereinbarkeit von Freiheit und Demokratie mit den sozialistischen Werten. Abweichler, die von schrittweisen politischen Reformen träumten, wurden verfolgt, die Kontrollen der Medien und öffentlichen Äußerungen in China massiv verschärft; die Möglichkeiten der Menschen, sich in Gruppen zu organisieren, wurden eingeschränkt, und der Einfluss von Nichtregierungsorganisationen aus anderen Ländern wurde gestoppt. Um die blutige Niederschlagung der Studentenproteste von 1989 zu rechtfertigen, erfand die Kommunistische Partei eine neue Rangfolge für den Umgang mit den Menschenrechten, die ja eigentlich nach der Charta der Vereinten Nationen über allen anderen Werten stehen müssten. Stattdessen galt fortan, dass »das Recht auf auskömmliches Leben und Weiterentwicklung vor den Menschenrechten Vorrang« hat.

Die Demonstranten vom Platz des Himmlischen Friedens hatten nach dieser Lesart also das Lebens- und Entwicklungsrecht des chinesischen Volkes verletzt. Genau diese Formel wendet Präsident Xi Jinping heute gegen alle politisch Andersdenkenden und alle religiösen und ethnischen Minderheiten in China an. Der kulturelle Völkermord an den Uiguren, auf den ich noch zurückkommen werde, dient also dem Wohlergehen des ganzen Volkes.

Nach außen hin baute China seine Handelsbeziehungen aus, weil die Führung in Peking davon ausging, dass ihr Machterhalt auch von den wirtschaftlichen Perspektiven für die Menschen in ihrem Land abhing. Um dieses Ziel zu erreichen, musste das Regime in der Weltpolitik »leise auftreten«, wie Deng Xiaoping empfohlen hatte. Die Zurückhaltung wurde bei einer Reihe von politisch-militärischen Zwischenfällen deutlich. 1993 blockierten die USA ein chinesisches Containerschiff, weil es angeblich chemische Waffen in den Iran bringen wollte. 1996 beorderte US-Präsident Clinton einen riesigen Flottenverband in die Straße von Taiwan, nachdem Peking mit Raketentests die Bevölkerung der Republik China eingeschüchtert hatte. 1999 starben im Zuge des Jugoslawienkrieges drei Chinesen, als Tarnkappenbomber der amerikanischen Luftwaffe die chinesische Botschaft in Belgrad bombardierten – angeblich aus Versehen, obwohl es Hinweise gibt, dass die jugoslawische Armeeführung damals über die Botschaft mit ihren Truppen kommunizierte. In allen Fällen legten beide Seiten ihren Streit schnell bei, um die wirtschaftlichen Beziehungen nicht weiter zu belasten. Gleichzeitig arbeitete China mit anderen Mitteln an einer langfristigen Revanche.

Chinas »friedliche Entwicklung«

Unter dem Deckmantel des kulturellen und wirtschaftlichen Austauschs setzte die Regierung alles daran, westliches Know-how zu stehlen, sei es durch den Zwang für europäische und amerikanische Investoren, ihre Technologien mit den chinesischen Partnern zu teilen, sei es durch Spionageaktivitäten mithilfe von Wissenschaftlern, Studenten und Künstlern, aber auch Wirtschaftsmanagern und Offizieren, die China an Bildungseinrichtungen, in Unternehmen und Militärakademien in Europa und den USA geschickt hatte.

Die westlichen Regierungen verschlossen die Augen vor dieser Entwicklung, weil das kommunistische Regime gleichzeitig auf dem Weg schien, in einer eng vernetzten Welt mehr Verantwortung in multilateralen Organisationen zu übernehmen. 1991 trat China dem Wirtschaftsbündnis der asiatischen Staaten APEC bei. 1992 unterzeichnete es den Vertrag über die Nichtweiterverbreitung von Nuklearttechnologie. 2001 wurde es Mitglied der Welthandelsorganisation WTO.

China beteiligte sich an zahlreichen Friedensmissionen der Vereinten Nationen und spielt bis heute eine wichtige Rolle in den Atomverhandlungen mit Nordkorea und Iran. All das diente der chinesischen Politik der »friedlichen Entwicklung«, von der sich niemand bedroht fühlen sollte. Wie sehr Peking daran lag, wird daran deutlich, dass die Kaderschmiede der Kommunistischen Partei ursprünglich den Begriff »friedlicher Aufstieg« vorgeschlagen hatte. Aber das klang der Parteiführung zu ambitioniert, denn es könnte ja von anderen Staaten – allen voran den USA – als potenzielle Bedrohung für ihre Vormachtstellung gewertet werden. Das Prinzip »taoguang yanghui« durfte auf keinen Fall beschädigt werden. Es galt, die Fähigkeiten zu verbergen, bis die Zeit reif war. Im Sommer 2008 gab es erste Anzeichen, dass es schon bald so weit sein könnte.

Ich stand damals im Vogelnest – so nannten wir das Olympiastadion in Peking, in dem an jenem Abend die Eröffnungsfeier der Olympischen Sommerspiele stattfinden sollte. Der monumentale Bau mit seinen kreuz und quer verlaufenden Streben an der Außenseite sah wirklich aus wie ein Nest. Ganz anders dagegen das rechteckige Aquatic Center gleich nebenan. Die Schwimmhalle hatte eine Verkleidung mit riesigen Luftblasen, vielleicht sollten es auch Bienenwaben sein. Alles in der olympischen Zone war futuristisch, avantgardistisch und – Verzeihung – protzig.

Die Kommunistische Partei wollte der Welt unbedingt den Reichtum und die Modernität Chinas vorführen. Die Show, die sie am 8.8.2008 im rot erleuchteten Vogelnest inszenierte, werde ich mein Leben lang nicht vergessen – viele der zwei Milliarden Fernsehzuschauer rund um den Erdball wohl auch nicht. Es beginnt mit einem Wasserfall aus Feuer, dem Einschlag eines Lichtstrahls im Inneren der Arena, mit Hunderten von leuchtenden Quadraten, die in Wahrheit riesige Trommeln sind; untermalt von lauten Schlägen und Trommelwirbeln, folgt der Countdown, 60 Sekunden, 50, 40, 30, 20, ab 10 die einzelnen Sekunden. Nach einem Feuerwerk und kurzer Begrüßung des IOC-Chefs und des chinesischen Präsidenten Hu Jintao gellen martialische Schreie aus 2000 Kehlen durch das Rund; die Trommler, in silbernen Roben mit rotem Saum, roter Kriegsbemalung auf ihren Stirnen, biegen ihre Körper und Arme, schlagen die Trommeln in absolutem Einklang; als das Licht ausgeht, sieht man nur noch ihre wirbelnden, rot leuchtenden Stöcke. Die Inszenierung beeindruckt, aber die Masse von Menschen in perfekter Synchronität ihrer Bewegungen wirkt auf mich unheimlich, bedrohlich. Der Begriff Gleichschaltung schießt mir durch den Kopf, die Aufgabe jeder Individualität zugunsten des Kollektivs.

Ein paar Minuten später bricht die Show diesen Eindruck. Ein kleines Mädchen im roten Kleid singt ein Lied über das wunderbare China. Jedenfalls denken wir das. Aber die Stimme, die wir hören, ist nicht die der neunjährigen Lin Miaoke, die uns mit ihrem fröhlichen Lächeln und den rot-weißen Schleifchen im Haar bezaubert. Die eigentliche Sängerin ist die siebenjährige Yang Peiyi, die den Regisseuren des Spektakels nicht perfekt genug aussieht – Peiyis Zähne stehen ein wenig schräg, also darf sie nur per Tonbandaufnahme den Gesang beisteuern.

Schein und Wirklichkeit – China täuscht die Weltöffentlichkeit nicht nur mit der Eröffnungsfeier. Denn die angeblich so unbeschwerten Spiele sind auch ein Testlauf dafür, wie das Regime sein Land und die Menschen unter Kontrolle halten kann – Fabriken rund um die Hauptstadt sind stillgelegt, damit kein Smog die Spiele stört, die olympische Zone ist isoliert vom Rest der Stadt, in der es von Sicherheitskräften wimmelt. Für das Wohlverhalten der Bürger sorgt ein flächendeckendes Überwachungssystem, das die Regierung später auf weite Teile Chinas ausdehnen wird.

Ich erinnere mich an eine surreale Szene in unserem Hotel. Ich will gerade zum Medienzentrum fahren, als mir auf dem Weg in die Lobby einfällt, dass ich einen Notizblock in meinem Zimmer vergessen habe. Ich öffne die Tür und stehe vier Herren in dunklen Anzügen gegenüber, die offenbar am Schreibtisch und am Kleiderschrank hantieren. Sie müssten die Klimaanlage überprüfen, sagt einer in gebrochenem Englisch, bevor alle vier eilig mein Zimmer verlassen. Handwerker im Anzug und, ach ja, mit Sonnenbrillen auf der Nase – wie seltsam, denke ich und fühle mich irgendwie eingeschüchtert bei dem Gedanken, dass sie meine Privatsachen durchsucht haben könnten.

Nationalistische Selbstgewissheit

Die Olympischen Spiele 2008 zeigen ein Regime voller Selbstbewusstsein, ja, sogar Arroganz. Während die Welt gerade in eine Finanz- und Wirtschaftskrise steuert, demonstriert ein überraschend modernes, aber nur scheinbar weltoffenes China seine Fähigkeiten, vom brandneuen Flughafen in Peking über das erstklassige Nahverkehrssystem bis zu den grandiosen Sportstätten und der perfektionistischen Organisation der Mammutveranstaltung.

Es ist der Startschuss für eine neue Ausrichtung der Kommunistischen Partei. Im Nationalstolz über die erfolgreiche Selbstdarstellung bei den Spielen entdeckt sie den Nationalismus als Werkzeug für die Festigung ihrer Macht im Land. Sie erlaubt weiterhin den ungehemmten Kapitalismus, nutzt die Schwäche des Weltwirtschaftssystems aus, um den globalen Einfluss Chinas auszudehnen, und zerschlägt jede politische Reformhoffnung im eigenen Land zugunsten staatlicher Kontrolle. China beschleicht – insbesondere angesichts der Pleite der amerikanischen Investmentbank Lehman Brothers und weiterer Geldinstitutionen im Herbst 2008 – das Gefühl, dass seine Zeit gekommen ist, dass sein Sozialismus unter autoritaristischer Führung den schwächelnden Marktwirtschaften der liberalen Demokratien überlegen ist. Mit seinen Rücklagen von mehr als 640 Milliarden Dollar federt China die Wirtschaftskrise ab und hilft dem globalen Finanzsystem.

Das Ende des amerikanischen Jahrhunderts hatte sich schon lange abgezeichnet. Die Militärinterventionen in Afghanistan und im Irak würden das Land militärisch und wirtschaftlich langfristig schwächen. Politisch sorgte vor allem der Einmarsch im Irak unter dem Vorwand der Lüge von angeblichen Massenvernichtungswaffen in den Händen des Diktators Saddam Hussein für einen massiven Ansehensverlust der USA in der Welt und – viel entscheidender – für tiefe Zerwürfnisse innerhalb der transatlantischen Allianz. Auch der russische Einmarsch in Georgien parallel zu den Olympischen Spielen fügt sich in das Gesamtbild der Schwächung der Europäer und Amerikaner in der Auseinandersetzung zwischen den Systemen ein. Infolge all dieser Entwicklungen wird in den Führungszirkeln der Kommunistischen Partei Chinas das Ende der Zurückhaltung, der Abschied vom »taoguang yanghui« diskutiert.

Ein neuer Anführer

Niemand steht für diese neuerliche Wende in den Beziehungen Chinas zum Rest der Welt mehr als der einst freundliche Gast der Menschen in Muscatine, Iowa – Xi Jinping. Und niemand hat sich wohl mehr in ihm getäuscht als der jetzige US-Präsident Joe Biden. Als Vizepräsidenten trafen sich die beiden im August 2011 in Peking. Dabei nannte der Amerikaner den Chinesen »offen und konstruktiv«.

Bei einem gemeinsamen Roundtable mit Geschäftsleuten sagte Xi: »China wird seinen Geist weiter befreien und verpflichtet sich auf Reformen und Öffnung. Wir werden das Land nach dem Gesetz führen und werden diese Gesetze und die Regeln für Geschäftsbeziehungen mit dem Ausland kontinuierlich verbessern. [...] Wir hoffen gleichzeitig darauf, dass die USA die Störungen durch den Protektionismus im Handel und bei den Investitionen eliminieren.« Dem chinesischen Vizepräsidenten ging es vor allem um die amerikanischen Exportbeschränkungen auf Hochtechnologien. Er fügte hinzu: »Ich glaube, solange wir uns als Gleichgestellte behandeln [...] werden wir sogar noch mehr Wachstum in unserer wirtschaftlichen Zusammenarbeit erleben.«

Joe Biden antwortete: »Nur Freunde und Gleichgestellte können sich gegenseig helfen, indem sie geradeheraus und ehrlich miteinander sind über die Ungerechtigkeiten oder die unfairen Rahmenbedingungen, die sie wahrnehmen. Sie sind besorgt über den Zugang zu Amerika, und wir haben Sorgen in umgekehrter Richtung. Aber die Entwicklungsbahn unserer Beziehungen ist ausschließlich positiv, vor allem das liegt im gegenseitigen Interesse unserer beiden Länder.«

Als Xi Jinping Ende 2012 Präsident wurde, hatte er offenbar eine genaue Vorstellung, wohin er die chinesisch-amerikanischen Beziehungen entwickeln wollte. Nach innen würde er den Aufschwung der chinesischen Wirtschaft ohne große Einschränkung vorantreiben, um das Ziel der »Verjüngung Chinas«, also der Wiederherstellung alter Stärke, zum 100. Jahrestag der Proklamation der Volksrepublik China 2049 zu erreichen.

Gleichzeitig sichert er die Macht der Partei im Land durch den Ausbau eines Überwachungssystems, das alle Chinesen zu gläsernen Bürgern macht, die mit Wohlverhalten Punkte sammeln und staatliche Vergünstigungen in Anspruch nehmen können, während missliebiges Verhalten hart bestraft wird. Xi lässt alle Daten ihrer privaten, sozialen, wirtschaftlichen und politischen Aktivitäten in einem zensierten Internet und in den sozialen Medien sammeln und mithilfe künstlicher Intelligenz auswerten. Kameranetze mit Gesichtserkennungstechnologie wecken Erinnerungen an George Orwells Roman *1984*. Innerhalb von Minuten kennt die Staatsmacht den Aufenthaltsort beliebiger Personen. Menschen- und Bürgerrechte müssen hinter dem »Recht der Menschen auf Leben und Entwicklung« zurückstehen.

Die totale Kontrolle

Bereits im Jahr 2017 war das Überwachungssystem erstaunlich weit ausgereift, wie es eine eindrucksvolle Recherche des *Wall Street Journal* beweist.[12] Der Artikel beginnt mit den Erlebnissen der Radfahrerin Gan Linping in der Millionenmetropole Shenzhen. In ihrer Eile überfährt Gan eine rote Ampel an einer Kreuzung, und schon erscheint auf riesigen Monitoren über der Straße ihr Gesicht mit der Schrift: »Rotsünder werden durch Gesichtserkennungstechnologie gefasst.«

Die 31-jährige Frau ist nicht zum ersten Mal aufgefallen, also wird sie auf den Monitoren auch als Wiederholungstäterin markiert. Was harmlos wirkt und im Prinzip Radarfallen und »Starenkästen« an Ampelanlagen und Straßen in Deutschland ähnelt, bekommt durch Gesichtserkennung eine bedrohliche Dimension, denn die Kameras sind in China überall und dienen in erster Linie zur Kontrolle der Menschen. Mithilfe künstlicher Intelligenz werden in Sekundenbruchteilen Gesichtsmaße, Augenabstände und Hauttöne mit den Referenzfotos des Ministeriums für öffentliche Sicherheit abgeglichen, das sich ein »allgegenwärtiges, komplett vernetztes, jederzeit aktiviertes und vollständig kontrolliertes« System für das ganze Land gewünscht hatte und dann auch bekam. In der staatlichen Datenbank sind Fotos aller Chinesen ab 16 Jahren gespeichert.

Auf der Insel Chongming nahe Shanghai ist eine Joggingroute im Park, die für Laufwettbewerbe genutzt wird, mit Kameras ausgestattet, damit keiner der Teilnehmer Abkürzungen nimmt. In einem Schnellrestaurant in Peking scannen Kameras die Gesichter der Kunden und geben auf der Basis von Alter und Geschlecht Essensempfehlungen. Gesichtserkennung wird beim Abheben von Geld und für das Öffnen von Eingangstüren verwendet. Auf öffentlichen Toiletten sorgen Kameras dafür, dass jeder Gast nur 60 Zentimeter Klopapier innerhalb von neun Minuten verwenden kann.

2016 ließ die chinesische Behörde für religiöse Angelegenheiten Überwachungssysteme vor und in Kirchen, Tempeln und Moscheen installieren. 2017 gab es in China bereits 176 Millionen solcher Kameras, mittlerweile sind es wohl weit über eine halbe Milliarde. Die Technik ist so ausgereift, dass auch Gesichter, die nur teilweise, verschwommen oder verzerrt gefilmt werden, mithilfe künstlicher Intelligenz identifiziert werden können. Natürlich werden auf diese Weise auch zahlreiche Kriminelle gefasst, aber die Totalüberwachung der Gesellschaft dient in erster Linie dazu, abweichendes Verhalten zu entdecken und zu bestrafen. Mit anderen Worten: Die Führung hat Angst vor ihrem Volk. Ganz besonders offenbar vor ethnischen Minderheiten, die aus Sicht Xi Jinpings eine Bedrohung für die »Entwicklung des Landes« darstellen.

Das Leid der Uiguren

Wenn er nicht in Amerika wäre, dann hätte Bahram Sintash seine Freiheit nicht mehr, vielleicht nicht einmal mehr sein Leben. Denn er gehört zu einer Gruppe Menschen, die in China als Volksfeinde eingestuft sind, die muslimische Minderheit der Uiguren. Wir treffen Sintash im November 2019 in seinem kleinen Apartment in der Nähe von Washington, wo er an seinem Computer gegen das kämpft, was die US-Regierung offiziell als kulturellen Völkermord bezeichnet.

Seit vielen Monaten durchsucht er auf Satellitenbildern von Google jeden Quadratmeter seiner Heimat und findet da, wo vorher Moscheen standen, wo Menschen jeden Freitag, manchmal auch täglich, beten gingen, nichts – genauer gesagt: Leere. »2017 wurden rund 5000 Moscheen zerstört, jetzt sind es mehr als 10 000«, sagt der damals 37-Jährige. »Es ist wichtig, dass die internationale Gemeinschaft das versteht und mehr Druck auf China ausübt, diese Kultur zu erhalten.«

Wir sehen die Beweisfotos – eine Satellitenaufnahme der Moschee in Artush vor 2018, auf dem nächsten Bild ist das Gotteshaus verschwunden. Dann die Gebetsstätte in Aksu, jetzt ist da nur noch ein Parkplatz. Die große Moschee von Wusu mit ihrer leuchtend blauen Kuppel, 2019 ist das nur noch ein einfacher Park; über das Verbrechen ist im wahrsten Sinne des Wortes Gras gewachsen.

Es sind Akte der Zerstörung. Bis zu 15 000 religiöse Stätten wurden einfach platt gewalzt; nicht nur Gotteshäuser, auch Friedhöfe wurden ausradiert. Auf einem Satellitenbild vom Dezember 2018 sieht man den Sultanim-Friedhof von Hotan, eine der heiligsten Stätte der Uiguren; im März 2019 ist alles eingeebnet zu einem staubigen Platz. Sintashs Stimme bebt: »Die Zerstörung bedeutet: keine Religion, kein Islam in dieser Gegend. Das ist ein Verbrechen. Ein Krieg gegen die Muslime.« Ein Krieg, den er dokumentiert. Seine Studie wird bestätigt durch die *New York Times,* die in diesen Tagen 2019 Hunderte von geheimen Dokumenten aus dem chinesischen Regierungsapparat veröffentlicht hat.[13] Es geht um die systematische Zerstörung der uigurischen Kultur vor allem durch Internierung all jener mit – Zitat – »ungesunden Gedanken«.

Der amerikanische Fernsehsender NBC hatte einige Wochen zuvor Zugang zu einem solchen Umerziehungslager für uigurische Kinder und Jugendliche, denen die eigene Kultur und Identität genommen wird. Auf den Bildern sind fröhliche Gesichter zu sehen; die Kollegen dürfen nur das filmen, was das Regime ihnen vorführt. Dabei werden in diesen Lagern, das geht aus den geheimen Dokumenten der chinesischen Regierung hervor, ältere Muslime, darunter auch 80-jährige Imame, in Fußfesseln gehalten – mit Haftstrafen bis zu 20 Jahren.

Junge Leute sollen ihren Glauben leugnen, während des Fastenmonats Ramadan müssen sie essen, trinken, rauchen – gegen die religiösen Vorschriften verstoßen. Das Beten und das Studium des Koran sind verboten. »Die Worte Salam aleikum sind ein Verbrechen«, sagt Sintash. »Jeder, der sie benutzt, wird zum Ziel und kann im Konzentrationslager landen.« Seine Familie weiß, wie das ist. Sein 69-jähriger Vater Qurban, Chefredakteur einer uigurischen Zeitung, wurde im Februar 2018 verhaftet und ist wohl in einem der Lager verschwunden, wie mittlerweile rund eine Million Menschen. Wenn er daran denke, meint Sintash, werde er unendlich traurig. »Mein Vater könnte im Lager sterben, ich muss kämpfen. Wenn ich schweige, sammelt sich so viel Schmerz in meinem Herzen. Wenn ich kämpfe, fühle ich mich etwas besser.«

Die chinesische Regierung rechtfertigt die Lager mit ihrem Kampf gegen islamistischen Terror. Einige Anschläge, die eine Terrorgruppe vor Jahren verübte, dienen der Kommunistischen Partei und ihrem Anführer Xi Jinping als Vorwand für Völkermord. Die *Washington Post* überschrieb einen Artikel zu Sintashs Studie mit den Worten »In China ist jeden Tag Kristallnacht«, weil jüdische Verbände in den USA Parallelen ziehen zu den Ereignissen im Deutschland der 1930er-Jahre, den Vorboten zu den Konzentrations- und Vernichtungslagern, zu einem Holocaust, in dem sechs Millionen Juden ermordet wurden. Und mit ihnen unzählige andere, Sinti und Roma, politisch Andersdenkende, körperlich und geistig Behinderte, deren Leben das totalitäre Naziregime für »unwert« erklärt hatte.

Der Zeitungsartikel zitiert eine uigurische Gelehrte, die vor ihrem Verschwinden im Jahr 2017 einmal gesagt hatte: »Wenn jemand diese Schreine entfernt, dann würde das uigurische Volk die Verbindung zur Erde verlieren. Sie hätten nicht länger eine eigene kulturelle und spirituelle Geschichte. Nach ein paar Jahren hätten wir keine Erinnerung daran, warum wir hier leben und wohin wir gehören.«

Genau das ist das Ziel von Xi Jinping, der die muslimische Religion als Hindernis für die Entwicklung der Nation ansieht. Weil die Entwicklung aber nach der geltenden Doktrin der Kommunistischen Partei über den Menschenrechten steht, ist das harte Vorgehen gerechtfertigt. Genau diese Lesart wird offenbar an der Kaderschmiede der Partei verbreitet.

Rassismus und Totalitarismus

Professorin Cai Xia hält den chinesischen Präsidenten für einen Rassisten: »Der Nationalsozialismus unter Hitlers Nazipartei basierte auf Rassismus. Xis extremer Nationalismus ist ebenso eng mit Rassismus verbunden. Seit langer Zeit schon ist die Kommunistische Partei von der Überlegenheit des Han-Chinesen besessen und verübt einen kulturellen Völkermord in verbrämter Form an den ethnischen Minderheiten in Xinjiang, Tibet und der Inneren Mongolei.«

Es sei eine folgenschwere Fehleinschätzung, das Regime in Peking nur für ein autoritäres System zu halten. Xi habe China mithilfe der modernen Überwachungstechnologie, die Menschen rund um die Uhr unter Kontrolle halte, zu einer neototalitären Diktatur entwickelt. »Ich charakterisiere Xis Regime als totalitaristisch, denn er praktiziert ›eine Doktrin, ein Führer, eine Partei und eine Nation‹. Er tritt in die Fußstapfen von Mao Zedong, hat einen Personenkult genährt, sich mit der Partei gleichgesetzt und die Verfassung verändert, um sich eine lebenslange Diktatur zu sichern. [...] Mit der Unterdrückung nach innen und der Expansion nach außen ist das Regime der Kommunistischen Partei in einen neostalinistischen Totalitarismus verfallen.«

Starker Tobak, mag man denken, aber wer solch ein System im Inneren und damit die eigene Macht erhalten will, der muss gleichzeitig alle Faktoren abschwächen oder ausschalten, die von außen die Herrschaft der Kommunistischen Partei untergraben könnten. Genau das war ja eine der Lehren aus der blutigen Niederschlagung der Demokratiebewegung von 1989, die aus Sicht der chinesischen Führung von den Vereinigten Staaten angestiftet wurde, um die angestrebte Verwandlung des autoritären Systems in eine Demokratie zu beschleunigen. Wie wäre es also, wenn man den Spieß einfach umdreht und die US-zentrierte Weltordnung ebenfalls untergräbt, ohne jedoch ihre Institutionen zu bekämpfen?

Im Gegenteil: China schwang sich unter Xi Jinping zu einem der vermeintlich glühendsten Verteidiger von Demokratie, Freiheit, Selbstbestimmung, Multilateralismus und Menschenrechten auf, nur dass Peking jeden dieser Begriffe anders verstand als die sogenannte westliche Wertegemeinschaft. Die Umdeutung der Definitionen und damit verbunden die kontinuierliche Verschiebung von roten Linien ist das wohl größte strategische Täuschungsmanöver seit dem Ende des Zweiten Weltkrieges. Wie genau das funktionierte, will ich auf den nächsten Seiten anhand einiger Beispiele darlegen. Sie sind eingebettet in Auszüge aus drei Reden von Xi Jinping, in denen er die neue Außenpolitik Chinas definiert hat. Zusammen genommen mit seinen innenpolitischen Ideen, stellen sie das dar, was seit 2018 unter dem Namen *Xi Jinpings Gedanken* gewissermaßen zur Bibel der Kommunistischen Partei Chinas und zum Leitfaden für das gesamte chinesische Volk – so jedenfalls der Wunsch der Partei – geworden ist.

Xis Doppelstrategie

Bei der Zentralkonferenz für die Arbeit bezüglich der äußeren Beziehung – so der etwas sperrige Name – postulierte Xi Ende November 2014[14]: »China muss auf einer Höhe bleiben mit der globalen Entwicklung, um seine eigenen Entwicklungs[ziele] zu erreichen. Es ist wichtig, eine globale Perspektive und ein tiefes Verständnis für den dahinterliegenden Zeitentrend zu haben [...] und eine tiefe Wertschätzung für die langfristigen Trends.«

Damit spielte Xi sicher auf die alte Formel von Deng Xiaoping an, das Fernziel angesichts kurzfristiger Entwicklungen nicht aus dem Auge zu verlieren, weil Chinas Zeit kommen werde. Explizit nennt Xi an einer Stelle auch das Ziel des 100. Jahrestages der Proklamation der Volksrepublik China im Jahr 2049, bis zu dem die »Verjüngung Chinas« zu einer reichen und mächtigen Nation erfolgreich abgeschlossen sein soll. Unter den Zuhörern waren nicht nur das gesamte Politbüro und hochrangige Funktionäre des Außenministeriums, sondern auch eine große Zahl von zivilen und militärischen Würdenträgern aus dem ganzen Land sowie fast jeder chinesische Botschafter und Generalkonsul aus aller Welt. Sie alle bekamen hier von höchster Stelle die Anleitung für eine »Großmachtdiplomatie chinesischer Prägung«, wie sie später genannt wurde.

China, so Xi, müsse eine »Doppelsieg-Strategie der Öffnung« vorantreiben, bei der also beide Seiten einen Nutzen aus den bilateralen Beziehungen ziehen können. Genau solch eine Herangehensweise des Win-win brauche es auch »in jedem Aspekt unserer Außenbeziehungen in den Feldern Politik, Wirtschaft, Sicherheit und Kultur«, so der Präsident. Dabei solle man alles daransetzen,

»das Verständnis und die Unterstützung anderer Länder für den Chinesischen Traum von Frieden, Entwicklung, Zusammenarbeit und Win-win-Ergebnissen zu finden«. Die Regierung müsse die »multilaterale Diplomatie vorantreiben, an der Reform des internationalen Systems und der globalen Führung arbeiten und die Repräsentanz und das Mitspracherecht Chinas und anderer Entwicklungsländer verstärken«.

Auf den ersten Blick scheint die Rede nicht aufsehenerregend, aber sie ist eine Abkehr von der früheren Zurückhaltung Chinas, denn Xi fordert eine offensivere, dynamischere und klügere Außenpolitik, die den Einfluss in internationalen Organisationen ausbauen und an den Regeln der Weltordnung mitschreiben soll. Die kommunistische Führung will auf Augenhöhe mit anderen »Großmächten« verhandeln und nur Ergebnisse akzeptieren, die sowohl dem Gegenüber als auch China im gleichen Ausmaß Vorteile bringen. Auch der Begriff »Chinesischer Traum« ist der Versuch, die Ambitionen Chinas mit dem American Dream des großen Rivalen USA gleichzusetzen. Xi ist ein scharfer Kritiker der von ihm so wahrgenommenen amerikanischen Doppelmoral, aufgrund derer die USA aus purem Eigennutz Konflikte vom Zaun brechen und mit ihrer militärischen Übermacht zu ihren Gunsten entscheiden.

Die Rede bietet Anhaltspunkte dafür, dass der chinesische Präsident sein Land auch militärisch so stärken will, dass er die Vormachtstellung der Vereinigten Staaten mindestens im Indopazifik, vielleicht sogar darüber hinaus infrage stellen kann. Pekings Außenpolitik soll »Chinas territoriale Souveränität, die maritimen Rechte und Interessen und die nationale Einheit sicherstellen«, so Xi. »Wir sollten Chinas Interessen in Übersee schützen und unsere Fähigkeit weiter ausbauen, diesen Schutz zu gewährleisten.«

Mit seiner Rede legte der Präsident die Grundlage für eine konfrontative und kämpferische Form der Diplomatie, die jede Kritik an der chinesischen Regierung zurückweist und Werkzeuge wie Drohung, Nötigung und Erpressung einsetzt, um den internationalen Diskurs zu beeinflussen und eigene Machtinteressen voranzutreiben. In Anlehnung an den chinesischen Kinofilm *Wolf Warrior* aus dem Jahr 2015 über eine Eliteeinheit der Volksbefreiungsarmee bekam die Abkehr von Deng Xiaopings Prinzip der Zurückhaltung den Namen »Wolfskrieger-Diplomatie« und wurde später offizielle Parteilinie.

Das Ende der Zurückhaltung

Als US-Präsident Barack Obama seinen chinesischen Amtskollegen im September 2015 im Weißen Haus empfing, konnte er erste Erfahrungen mit der Neuausrichtung der chinesischen Großmachtdiplomatie sammeln. Xi Jinping machte bei der anschließenden Pressekonferenz im Rosengarten sehr deutlich, dass die Zeit der Zurückhaltung, des »taoguang yanghui«, endgültig vorbei ist und China den Anspruch erhebt, sich die Macht in der Welt mit den USA zu teilen, beginnend mit dem indopazifischen Raum. »Der Pazifik ist groß genug für die zwei Großmächte China und die Vereinigten Staaten.«

Beobachter fragten sich, ob Xi dabei an eine regelrechte Aufteilung dachte – der Ostpazifik als amerikanisches Einflussgebiet, der Westpazifik mit China als Hegemonialmacht. Der chinesische Präsident versuchte den Verdacht zu entkräften: »Wir sind entschlossen, die Navigationsfreiheit und Überflugrechte, derer sich so viele Länder gemäß internationalem Recht erfreuen [sic], zu respektieren und zu erhalten. Wichtige bauliche Maßnahmen Chinas auf den Nansha-Inseln zielen nicht und haben auch keine Auswirkungen auf irgendein Land. China verfolgt nicht die Absicht einer Militarisierung.«

Xi spielte damit auf die Spratly-Inselgruppe im Südchinesischen Meer an, die in seiner Sprache Nansha Qundao genannt wird. Chinas Volksbefreiungsarmee hatte auf einem der Atolle mit dem Bau eines Stützpunkts begonnen, obwohl das Gebiet von mehreren Anrainerstaaten beansprucht wird. 2016 ignorierte China das Urteil eines Schiedsgerichts der Vereinten Nationen, das die umstrittenen Inseln auf der Basis der Seerechtskonvention zu einer Wirtschaftszone der Philippinen erklärte. Xi Jinpings Versprechen im Beisein des US-Präsidenten, den Indopazifik nicht zu militarisieren, war eine glatte Lüge, wie ich in der Folge noch zeigen werde. Aber Barack Obama verzichtete bei dieser Pressekonferenz auf harte Kritik an seinem Gast und betonte lieber weiter die Chancen einer Zusammenarbeit, immer noch in der Hoffnung auf demokratische Reformen im Reich der Mitte.

Für die Professorin Cai Xia ist es ein weiterer Beleg dafür, dass sich die USA über Chinas wahre Absichten viel zu lange täuschen ließen, weil sie die Kommunistische Partei und die traditionellen Grundlagen chinesischer Machtpolitik ihrer Ansicht nach nicht verstanden hatten. »Die Amerikaner sind zu naiv. Es gibt viele Unterschiede zwischen der amerikanischen und der chinesischen Kultur. Eine grundsätzliche kulturelle Tradition der Amerikaner ist, nicht zu lügen, Regeln zu befolgen, und den Geist von Verträgen zu respektieren. In der chinesischen Kultur steckt Täuschung in unserem Blut. Es gibt keinen Geist eines Vertrages, kein Gespür für Fairness, und die Menschen sagen unterschiedliche Worte, die dennoch dasselbe bedeuten je nach den jeweiligen Umständen. Was man heute sagt, kann sich morgen ändern. Das amerikanische Volk sollte sich nicht darum kümmern, was die Kommunistische Partei Chinas sagt, aber es sollte sehr sorgfältig verfolgen, was sie tut. Wenn die Amerikaner naiv die schönen Worte und leeren Propagandaphrasen glauben, die die Partei verbreitet, dann werden sie getäuscht und betrogen. Das ist chinesische Gerissenheit. Die Kommunistische Partei Chinas hält das nicht für moralisch verkommen. Im Gegenteil, sie hält es für eine Strategie, wie einst [der Militärphilosoph] Sun Tsu lehrte: ›Im Krieg kann es niemals zu viel Täuschung geben.‹«

In diese Kategorie fällt wohl auch die außenpolitische Rede, die Xi Jinping am 18. Januar 2017 bei einem Besuch der Genfer Zweigstelle der Vereinten Nationen hielt. »Chinas Vorschlag ist es, eine ›Gemeinschaft mit einer gemeinsamen Zukunft‹ für die Menschheit zu schaffen und eine gemeinsame Entwicklung zum gegenseitigen Nutzen [win-win development] zu erreichen«, so der chinesische Präsident, der dann – inspiriert vom Veranstaltungsort in der Schweiz – seine Vorstellung konkretisierte: »Das Schweizer Armeemesser steht für Schweizer Handwerkskunst. Als ich das erste Mal so eines bekam, war ich erstaunt über die vielen Funktionen. Ich kann mir den Gedanken nicht verkneifen, wie wundervoll es wäre, wenn man ein vorzügliches Schweizer Armeemesser für unsere Welt fertigen könnte. Wann immer es ein Problem gibt, könnten wir eines der Werkzeuge am Messer nutzen, um es zu lösen. Ich glaube, dass man mit unermüdlichen Anstrengungen der internationalen Gemeinschaft solch ein Messer herstellen kann.«

Es sind gefällige Worte, deren Zielrichtung sich nicht unterscheidet von den Überlegungen, die nach Ende des Zweiten Weltkriegs zur Gründung der Vereinten Nationen, des Weltwährungsfonds, der Weltbank und auch der NATO geführt hatten. Damals hatten die USA gemeinsam mit ihren Alliierten die Federführung bei der Schaffung einer neuen, friedlicheren und freieren Weltordnung, die den Menschen weltweit wirtschaftliche Perspektiven und Sicherheit bieten sollte. Sie war und ist eigentlich nichts anderes als das von Xi beschworene Wundermesser.

Chinas Schweizer Messer

Aber der Anführer eines autoritären kommunistischen Regimes will jetzt ein neues Schweizer Messer schmieden – Made in China. »Wir sollten die Demokratie in den internationalen Beziehungen voranbringen«, so Xi, »und die Dominanz durch nur ein oder mehrere Länder zurückweisen. Alle Länder sollen gemeinsam die Zukunft der Welt gestalten, die internationalen Regeln schreiben, die globalen Angelegenheiten managen und sicherstellen, dass die Ergebnisse der Entwicklung von allen geteilt werden.«

Mit Demokratie meint Xi allerdings nicht das Gleiche wie die sogenannte westliche Wertegemeinschaft. Es geht nicht um ein politisches System mit freien Wahlen, Gewaltenteilung, Rechtsstaatlichkeit, Bürger- und Menschenrechten, sondern um die Gleichstellung aller Regierungen, die den Alleinvertretungsanspruch für ihre jeweiligen Völker für sich reklamieren. »Die Essenz dieser souveränen Gleichheit ist es«, so Xi, »dass die Souveränität und Würde aller Länder, ob groß oder klein, stark oder schwach, reich oder arm, respektiert werden müssen. Eine Einmischung in ihre internen Angelegenheiten ist nicht erlaubt, und sie haben das Recht, unabhängig ihr soziales System und ihren Entwicklungsweg zu wählen.«

Die Beziehungen zwischen den Staaten sollen ausschließlich auf einem Partnerschaftsprinzip beruhen, das auf Dialog setzt und auf keinerlei Bündnisverpflichtungen Rücksicht nehmen muss. Die Partner treffen Vereinbarungen zum gegenseitigen Nutzen, ohne sie an irgendwelche Bedingungen wie die Einhaltung gemeinsamer oder universaler Werte zu knüpfen. Die Beteiligten an solchen Zweckgemeinschaften dürfen sich gegenseitig also auch niemals wegen der Verletzung von Menschenrechten kritisieren.[15]

Das Wort Menschenrechte taucht in Xi Jinpings Genfer Rede folgerichtig auch nur zweimal innerhalb eines kurzen Absatzes auf, verbunden mit der schon bekannten Umdeutung gemäß »chinesischer Prägung«: »China verfolgt einen Pfad der Entwicklung abhängig von seinen nationalen Bedingungen. Wir stellen immer die Rechte und Interessen des Volkes über alles andere und haben hart gearbeitet, um die Menschenrechte voranzubringen und zu erhalten. China hat die Grundbedürfnisse seiner 1,3 Milliarden Menschen erfüllt und über 700 Millionen Menschen aus der Armut gehoben. Das ist ein bedeutsamer Beitrag zum globalen Anliegen der Menschenrechte.«

Das Recht auf ein auskömmliches Leben und eine Entwicklungsperspektive ist also das einzig entscheidende Menschenrecht. Chinas neue Weltordnung würde das amerikanische System von Vertragsbündnissen durch ein Netzwerk von Partnerschaften ersetzen, die ausschließlich auf einen Nutzen für die Entwicklung der jeweilig Beteiligten ausgerichtet sind und gemeinsame Werte für verzichtbar halten. Wenn das Konzept des Anführers der Kommunistischen Partei Chinas auch anderen Ländern Frieden und Wohlstand ermöglicht, könnte die Weltgemeinschaft den Autoritarismus im Vergleich mit der liberalen Demokratie für überlegen halten. Um dieses Ziel zu erreichen, ließ Xi Jinping seinen vermeintlich schönen Worten von Genf Taten folgen, die auch erst bei genauerem Hinsehen die wahren Absichten Chinas erkennen lassen.

UN als Werkzeug

Das kommunistische Regime sieht die Vereinten Nationen in erster Linie als Werkzeug, um die überkommenen internationalen Normen zu schwächen und eigene Machtinteressen weltweit voranzutreiben, wie eine Studie des Center for a New American Security aus dem Jahr 2019 belegt.[16]

China zeigt sich gern als verantwortungsvolles Mitglied, ja sogar als Führungsmacht auf der Weltbühne. Allein sein Engagement bei den UN-Friedensmissionen ist beeindruckend, es stellt mit bis zu 3000 Soldaten in Regionen wie Mali, Südsudan, Kongo und Darfur das größte Kontingent von Blauhelmen aus dem Kreis der fünf dauerhaften Mitglieder des Weltsicherheitsrates und trug im Jahr 2018 mehr als zehn Prozent des Haushalts für die Friedenseinsätze. Xi Jinping versprach die kontinuierliche Verfügbarkeit einer Blauhelm-Reserve von 8000 Soldaten und etablierte einen Friedens- und Entwicklungsfonds in Höhe von einer Milliarde Dollar, damit Länder in Krisensituationen Militärhilfen bekommen können. So hilfreich die

Einsätze auch sind, dienen sie natürlich auch den außen- und sicherheitspolitischen Zielen der kommunistischen Regierung. Sie kann damit – vor allem in Afrika – chinesische Investitionen in Entwicklungsprojekte schützen, für Rüstungsgeschäfte mit den Regierungen der betroffenen Länder werben, ihren Einfluss auf diese ausdehnen und Sympathien für Chinas Interpretation von Souveränität und Menschenrechten gewinnen.

Besonders bedenklich ist der Versuch, über die Vereinten Nationen die universalen Menschenrechte zu relativieren. Nach außen hin engagiert sich das Land in der UNESCO, der Behörde für Bildung und Kultur der Vereinten Nationen, scheinbar für den Erhalt von kultureller Vielfalt, während es gleichzeitig die uigurische Sprache an den Schulen der Provinz Xinjiang verbietet, den Verkauf von Bibeln in China untersagt und religiöse Schriften zensiert. Als der Rat für Menschenrechte der Vereinten Nationen im Jahr 2018 deutliche Kritik am chinesischen Vorgehen gegen die ethnische und religiöse Minderheit der Uiguren übte, bestritt der damalige stellvertretende Außenminister Chinas Le Yucheng alle Vorwürfe mit Verweis auf das schon beschriebene Prinzip der Weiterentwicklung. Es gebe, so Le Yucheng, »mehr als einen Weg zur Modernisierung, und jedes Land darf seinen eigenen Weg wählen für die Entwicklung und für sein Modell zum Schutz der Menschenrechte im Zusammenhang mit den nationalen Umständen und den Bedürfnissen seines Volkes«. Mit der gleichen Begründung verhindert die chinesische Regierung im Rahmen der Vereinten Nationen seit vielen Jahren die Verurteilung von Bürger- und Menschenrechtsverletzungen in China selbst und in anderen Ländern der Welt.

Peking und andere autoritäre Regime geben sich gegenseitig Rückendeckung und hebeln damit einen der wichtigsten Pfeiler der UN aus, die Charta der Menschenrechte vom 10. Dezember 1948. Zur Erinnerung an dieser Stelle einige der wesentlichen Punkte: Nach Artikel 18 hat »jeder das Recht auf Gedanken-, Gewissens- und Religionsfreiheit« einschließlich von »Lehre, Ausübung, Gottesdienst und Kulthandlungen«. In Artikel 19 heißt es: »Jeder hat das Recht auf Meinungsfreiheit und freie Meinungsäußerung; dieses Recht schließt die Freiheit ein, Meinungen ungehindert anzuhängen sowie über Medien jeder Art und ohne Rücksicht auf Grenzen Informationen und Gedankengut zu suchen, zu empfangen und zu verbreiten.«

Nach Artikel 20 haben »alle Menschen das Recht, sich friedlich zu versammeln und zu Vereinigungen zusammenzuschließen. Niemand darf gezwungen werden, einer Vereinigung anzugehören.« All dies ist gemeinsam mit den übrigen 27 Regeln der Menschenrechtscharta die Grundlage für die Ordnung der Welt nach dem Ende des Zweiten Weltkriegs und steht in vielen Punkten der nationalen und internationalen Politik Chinas diametral entgegen. Auch wenn sich die Kommunistische Partei noch so sehr als Verfechterin von Menschenrechten und Multilateralismus darstellt, sie will doch durchsetzen, dass in einer neuen Ordnung Souveränität und Entwicklung eines Landes über der Religions-, Meinungs-, Presse- und Versammlungsfreiheit und über den Menschenrechten stehen.

Teile und herrsche

Eine wesentliche Taktik bei diesem Vorhaben ist die Schwächung der Rolle von Nichtregierungsorganisationen (NGOs) bei den UN bei gleichzeitiger Stärkung von Lobbygruppen, die unmittelbar vom chinesischen Staat beeinflusst oder gar gesteuert werden. Seit 1946 beteiligen die Vereinten Nationen NGOs aus aller Welt im Rahmen ihres Rats für Wirtschaft und Soziales (ECOSOC). Auf diese Weise haben möglicherweise benachteiligte Gruppen aus den Zivilgesellschaften aller Länder – Frauen, Ureinwohner, Behinderte ... – einen direkten Zugang zu den UN-Gremien, damit ihre Stimmen gehört und ihre Anliegen berücksichtigt werden können.

Damit die NGOs einen Beraterstatus bekommen, müssen sie ihre finanzielle Unabhängigkeit von staatlichen Institutionen belegen. Die chinesische UN-Delegation hat in den vergangenen Jahren ihren Einfluss genutzt, um Gruppen die Zulassung zum ECOSOC-Rat zu verweigern, wenn sie öffentlich Kritik an chinesischem Verhalten – im eigenen Land oder in anderen Ländern – geäußert haben. Gleichzeitig fördert China die Aufnahme von Organisationen, die auf den ersten Blick wirklich Gruppen aus der chinesischen Zivilgesellschaft vertreten, so zum Beispiel die China Association for Preservation and Development of Tibetan Culture.

Dem Namen nach müsste sich die CAPDTC also für die tibetische Kultur starkmachen, zu der unverbrüchlich auch die Religion des Lamaismus mit ihrem Oberhaupt, dem Dalai-Lama, gehört. Den aber sieht die chinesische Regierung als politischen Feind an. Tatsächlich waren oder sind führende Repräsentanten der vermeintlichen Nichtregierungsorganisation Funktionäre der Kommunistischen Partei Chinas, die Ehrenpräsidentin der CAPDTC Liu Yandong wurde später sogar Vizepremierministerin. In einer Eingabe an den UN-Menschenrechtsrat von 2015 unterlief der Gruppe ein schwerer Fehler. Sie schrieb: »[...] der Zweck und das Prinzip der Vereinigung ist das Befolgen der Verfassung, der Gesetze, Regeln und der Staatspolitik der Volksrepublik China. [...] Jedes Verhalten, dass die nationale Souveränität sowie die territoriale Einheit und Sicherheit gefährdet, [...] soll als Verbrechen angesehen werden.«

Die CAPDTC war also von der Regierung gesteuert, eine Government-organized non-governmental organization (GONGO). Die Betätigungsfelder dieser chinesischen GONGOs sind vielfältig – Umwelt, Kultur, Arbeit, Zuwanderung, Minderheiten, Recht und Bildung. Der Verband Genuine Love kümmert sich um die Entwicklung von Jugendlichen in Westchina, das Shenzhen Chunfeng Labor Disputes Service Center um Arbeiterrechte und das Dongjen Center for Human Rights Education and Action um Menschenrechte – natürlich sofern diese der »friedlichen Entwicklung« Chinas nicht hinderlich sind. Solche regierungsnahen Einrichtungen, auch wenn einige gute Arbeit machen, dienen der chinesischen Regierung auf internationaler Ebene als Feigenblatt, zumal Präsident Xi Jinping im April 2016 die Arbeit von ausländischen, unabhängigen NGOs durch ein neues Gesetz massiv einschränken ließ. Die wachsende Zahl der GONGOs bei den Vereinten Nationen bei gleichzeitiger Blockade kritischer Nichtregierungsorganisationen ermöglicht China, die Relativierung und Umdeutung der universalen Menschenrechte voranzutreiben.

Wettbewerbsvorteile für China

Peking missbraucht seine Position in der UN offenbar auch zu einer direkten Förderung der Belt and Road Initiative (BRI), mit der es seinen wirtschaftlichen und politischen Einfluss in Entwicklungsländern ausbaut. Der chinesische Leiter der Abteilung für wirtschaftliche und soziale Angelegenheiten der Vereinten Nationen (United Nations Department of Economic and Social Affairs; DESA) lässt keine Gelegenheit aus, die BRI öffentlich anzupreisen und mit den Entwicklungszielen der UN 2030 Agenda gleichzusetzen: »Beide dienen den Zwecken und Prinzipien der Charta der Vereinten Nationen und zielen darauf, Kooperationen zu beiderseitigem Vorteil, gemeinsame Entwicklung und Wohlstand, Frieden und Zusammenarbeit, Offenheit und Inklusivität sowie gegenseitiges Verständnis und Vertrauen zu fördern.«

Schöne Worte von Liu Zhenmin, dem vormals stellvertretenden Außenminister Chinas. Sie haben allerdings mit der Realität vieler Seidenstraßenprojekte wenig gemein, wie ich noch zeigen werde. Denn viele Vorhaben befeuern Korruption und Misswirtschaft, schleifen die Rechte von Arbeitern ab und führen Entwicklungsländer geradewegs in die Schuldenfalle.

Das hinderte UN-Generalsekretär António Guterres und seine Stellvertreter nicht daran, beim Belt and Road Forum 2017 und bei Gipfeltreffen der Afrikanischen Union die chinesische BRI ohne jede kritische Anmerkung weiterzuempfehlen. Beim Forum unterzeichnete der chinesische Generalsekretär der UN-Behörde für Internationale Telekommunikation (ITU) eine Vereinbarung, China mit Geldern der Vereinten Nationen beim Ausbau von Netzwerken und Dienstleistungen in Entwicklungsländern zu unterstützen.

Dabei stört es die UN offenbar wenig, dass chinesische Telekommunikationskonzerne wie Huawei und ZTE bei den Projekten der »Digitalen Seidenstraße« Überwachungstechnologien anbieten und Maßnahmen zum Schutz von Nutzerdaten vernachlässigen, sodass, wie ich noch darstellen werde, autoritäre Regierungen die Systeme zur Unterdrückung der politischen Opposition und zum Erhalt der eigenen Macht missbrauchen.

China ist mit mehreren staatsnahen Einrichtungen auch der einflussreichste Faktor jener ITU-Kommission, die neue technologische Standards und Nutzungsregeln für internationale Telekommunikation entwickelt. Die Dreistigkeit des chinesischen Regimes macht sogar vor historischen Dokumenten nicht halt, indem es offizielle Berichte der ITU im Nachhinein umfrisiert. In der Darstellung eines Workshops hieß es im Originaldokument vom 10. Oktober 2017: »GeoThing ist ein Projekt des Industrial Technology Research Instituts von Taiwan.« In der derzeitigen Fassung auf der ITU-Website ist der Name »Taiwan« mit den Worten »Provinz von China« ergänzt.

Die gleiche Ergänzung findet sich in einem Bericht über Auswirkungen von Erdbeben auf die Kommunikationsinfrastruktur; im Original vom November 2000 ist Taiwan ohne Zusatz enthalten. Die bürokratische Geschichtsklitterung ist nur eines von zahlreichen Beispielen für Chinas Manipulationen der UN, die der German Marschall Fund in einer Studie von März 2022 dokumentiert.[17]

Ganz offenbar will China in einer Art Salamitaktik die liberale internationale Weltordnung untergraben und ihre Regeln neu schreiben. Zu diesem Schluss kommt auch die Studie des Center for a New American Security. »Durch das Beisteuern von Geld, technischer Unterstützung und anderer Güter verschafft China sich Einfluss auf die Regeln der internationalen Politik. Es benutzt seinen Einfluss, um sein eigenes autoritäres politisch-wirtschaftliches Modell weiter aufzuwerten.« Zu diesem gehört, dass Menschenrechte von einer Regierung je nach den Erfordernissen der wirtschaftlichen und sozialen Lage relativiert und ignoriert werden können. Auf diese Weise sind dann nicht mehr politische und bürgerliche Rechte Markenzeichen und Grundvoraussetzung der Demokratie, sondern ausschließlich das wirtschaftliche und soziale Fortkommen der Menschen.

Der weltweite Export dieser Philosophie mit Hilfe der Belt and Road Initiative wird von den Vereinten Nationen auch noch direkt unterstützt. Folgerichtig stärkt China in den Vereinten Nationen den Alleinvertretungsanspruch von Regierungen: Nur sie und niemand sonst – auch keine zivilgesellschaftlichen oder internationalen Organisationen – dürfe die Menschen in ihren Ländern repräsentieren, und niemand von außen habe das Recht, sich in ihre Angelegenheiten einzumischen.

Dieser Ansatz gefällt autoritären Regimen – auch und vor allem in Entwicklungsländern – so gut, dass sie das chinesische Modell übernehmen und dem Erfinder Xi Jinping bei jeder Kritik den Rücken freihalten. Ohne Widerstand gegen diese Entwicklung werden die Regeln der Weltordnung neu geschrieben, oder wie es in der Studie heißt: »Statt dass China eher dem Rest der Welt ähnlicher wird, versucht die Kommunistische Partei, den Rest der Welt China ähnlich zu machen.«

Zu diesem Zweck schuf Xi Jinping auch neue multilaterale Einrichtungen, um Amerikas Einfluss weiter zu verringern und mit einer globalen Investitionsoffensive ein Netzwerk wohlgesonnener

Regierungen zu schaffen, das die chinesische Macht in den überkommenen Strukturen der Weltordnung verstärken konnte. Dies als echtes Bündnis zu bezeichnen ginge sicher zu weit; es ist eher eine Zweckgemeinschaft, in der kleinere Staaten durch eine wachsende wirtschaftliche Abhängigkeit sogar eine Art Vasallenstatus haben sollten.

China gründete die Asian Infrastructure Development Bank (AIIB) und – gemeinsam mit Russland, Indien, Südafrika und Brasilien – die New Development Bank (NDB), die Kredite für Infrastrukturprojekte in Entwicklungsländern vergeben, ohne im Gegenzug dafür politische Reformen und Korruptionsbekämpfung zu verlangen. Beide Banken sind Teil von Xi Jinpings Belt and Road Initiative, mit der er die wirtschaftliche Dominanz Amerikas weltweit brechen will. Nutzen und Risiken dieses Multimilliarden-Dollar-Plans werde ich noch analysieren, ebenso den Ausbau der chinesischen Militärmacht unter Xi Jinping, denn eines der wichtigsten Ziele des chinesischen Präsidenten ist es, auch militärisch mit den USA gleichzuziehen, um ihnen zunächst die Vorherrschaft im Indopazifik streitig zu machen und danach auch global die Stirn zu bieten.

Chinas aktive Führungsrolle

Im Juni 2018 versprach der chinesische Staatschef in einer weiteren Rede vor der Zentralkonferenz für die Arbeit bezüglich der äußeren Beziehungen, »Chinas Souveränität, Sicherheit und Entwicklungsinteressen entschlossen zu schützen, [...] eine aktive Führungsrolle bei der Reform des globalen Führungssystems zu übernehmen und ein noch vollständigeres Netz von weltweiten Partnerschaften zu knüpfen«.[18]

Mit den Worten »aktive Führungsrolle« geht Xi Jinping weiter als alle seine Vorgänger. Er stellt den Vormachtanspruch der Vereinigten Staaten offen infrage und preist das chinesische Erfolgsmodell als Vorbild für andere Staaten weltweit an. Xis Gedanken werden – wie einst die Gedanken von Mao Zedong – zur Richtlinie der chinesischen Politik. »Wir sollten das Denken von einer Diplomatie des Sozialismus chinesischer Prägung für ein neues Zeitalter sorgfältig umsetzen, kontinuierlich eine günstige äußere Umgebung für die

Verwirklichung des Chinesischen Traums von der nationalen Verjüngung schaffen und den Bau einer Gemeinschaft mit einer gemeinsamen Zukunft für die Menschheit fördern«, sagt der Parteichef und Präsident. Xi will, dass China bis zur Mitte des Jahrhunderts die dominierende Macht der Welt ist – wirtschaftlich, militärisch und politisch.

»Er wollte immer schon China wieder zu dem großen Land, zum Reich der Mitte früherer Zeiten machen«, erinnert sich Sarah Lande an ihren Gast aus dem Jahr 1985. Sie glaubt, dass Xis Aufenthalt in Muscatine, Iowa, seinen Willen bestärkt hat, den Amerikanischen Traum auch zum Traum für die Chinesen zu machen. Letztlich treibe die Menschen in den USA und in China doch dasselbe an. »Aber Xi will, dass die Kommunistische Partei als dominante Macht den Weg vorgibt. Er ist entschlossen, all seine Fähigkeiten und seine Macht einzusetzen, um sein Ziel zu erreichen«, meint die 82-Jährige bei unserem Gespräch auf dem Sofa im Sinoamerikanischen Freundschaftshaus. Mit trauriger Stimme fährt sie fort: »Ich gehöre zu den Menschen, denen es das Herz bricht. Wir müssen etwas finden, was für Xi Jinping und für die Vereinigten Staaten ein Gewinn wäre, ohne dass sie ständig umtreibt, wer die Nummer eins ist.«

3

Moment mal, ihr Amis! – eine Denkpause

»Nur die US-Regierung definiert, was das Beste ist – nicht nur für Amerika, sondern auch für den Rest der Welt. Dabei vermag der Präsident nicht zu unterscheiden zwischen gut genug und weniger schlecht, weil seine schablonenhafte Sicht der Dinge keine Abstufungen kennt, sondern nur schwarz und weiß, gut und böse. Es sind weniger die Ziele, an denen sich die Geister scheiden. Vielmehr ist es die Wahl der Mittel, unter denen von der Administration offenbar Gewalt und Zwang als die wirksamsten angesehen werden. Es sind dieselben Mittel, derer sich all jene bedienen, die zum Angriff auf die Demokratie und das westliche Wertesystem geblasen haben. […] Wenn die US-Regierung die Universalität der Menschenrechte, die Achtung internationaler Vereinbarungen und das Recht auf Selbstbestimmung der Völker als oberste Werte in ihrem Kampf gegen das Böse nach Bedarf und im Alleingang suspendiert, dann wird es diese Wertegemeinschaft bald nicht mehr geben.«

Diese Worte schrieb ich im Frühjahr 2004.[19] Sie beziehen sich auf den damaligen amerikanischen Präsidenten George W. Bush, der in seinem Kampf gegen den internationalen Terrorismus nationales und internationales Recht mit Füßen trat, Bürger- und Menschenrechtsverletzungen begehen ließ und – ähnlich wie Wladimir Putin – mit gefälschten und erlogenen Rechtfertigungen den Einmarsch in einen souveränen Staat befahl. Ist die Kritik, die Yang Jiechi beim turbulenten Treffen von Anchorage im März 2021 äußerte, also wohlbegründet? Hat Amerika sein Recht verwirkt, anderen die Leviten zu lesen?

Niemand hat all diese Vorwürfe einmal so treffend auf den Punkt gebracht wie die indische Schriftstellerin Arundhati Roy, die unter dem Titel »Wut ist der Schlüssel« die Terroranschläge von Nine Eleven aus einem dezidiert nicht amerikanischen Blickwinkel heraus in eine historische Perspektive zu bringen suchte. Die Botschaft der Anschläge von New York und Washington, so argumentierte Roy in einem Essay in der *Frankfurter Allgemeinen Zeitung* vom 28. September 2001, könnte »unterzeichnet sein von den Geistern der Opfer von Amerikas alten Kriegen«. Damit meinte sie die »Millionen von Toten in Korea, Vietnam und Kambodscha«, im Libanon und Irak, in Palästina, Jugoslawien, Somalia, Haiti, Chile, Nicaragua, El Salvador, Panama und der Dominikanischen Republik, die ermordet worden seien »von all den Terroristen, Diktatoren und Massenmördern, die amerikanische Regierungen unterstützt, ausgebildet, finanziert und mit Waffen versorgt haben«.

Die Schriftstellerin fuhr fort: Osama bin Laden sei »aus der Rippe einer Welt gemacht, die durch die amerikanische Außenpolitik verwüstet wurde, durch ihre Kanonenbootdiplomatie, ihr Atomwaffenarsenal, ihre unbekümmerte Politik der unumschränkten Vorherrschaft, ihre kühle Missachtung aller nicht amerikanischen Menschenleben, ihre barbarischen Militärinterventionen, ihre Unterstützung für despotische und diktatorische Regime, ihre wirtschaftlichen Bestrebungen, die sich gnadenlos wie ein Heuschreckenschwarm durch die Wirtschaft armer Länder gefressen haben. Ihre marodierenden Multis, die sich die Luft aneignen, die wir einatmen, die Erde, auf der wir stehen, das Wasser, das wir trinken, unsere Gedanken«.

Die vernichtende Kritik Roys spiegelte wider, wie Millionen von Menschen vornehmlich in ärmeren und islamischen Ländern die Politik der Vereinigten Staaten wahrnehmen. Leider finden sich im Verhalten der wechselnden US-Regierungen seit dem 11. September 2001 eine Reihe von Aktivitäten, die wenig geeignet sind, diesen Eindruck zu widerlegen.

Nicht zuletzt deshalb gibt es eine Reihe von Regierungen, die Joe Bidens Schwarz-Weiß-Malerei vom Konflikt zwischen Autoritarismus und liberaler Demokratie nur für eine Neuauflage des »monumentalen Kampfs des Guten gegen das Böse« halten, den George W. Bush am Tag nach den Terroranschlägen vom 11. September 2001 ausgerufen hatte. Amerika bewies in seinem Vorgehen damals doch selbst, so die Argumentation, dass es manchmal o.k. ist, geltendes Recht zu beugen oder gar zu brechen, wenn dafür wichtige Ziele erreicht werden können. Sicherheit, eine friedliche Entwicklung und wirtschaftlicher Fortschritt galten offenbar auch den amerikanischen Bürgern als wertvoller und existenzieller als die Rechte von politisch und religiös Andersdenkenden und das Selbstbestimmungsrecht anderer Völker. China hat ebenfalls die »friedliche Entwicklung« zur Maxime der Politik ernannt, hinter der die Bürger- und Menschenrechte halt zurückstehen müssen.

Wo liegt da also bitte der Unterschied? Das fragen insbesondere die Repräsentanten jener Länder, die in der wirtschaftlichen Entwicklung noch weit hinter den beiden Supermächten zurückliegen. Was bedeutet das für ein Land, in dem Armut herrscht, in dem Menschen nach Nahrung und Bildung hungern, in dem der gesellschaftliche Aufstieg kaum möglich ist? Wäre es da nicht erst recht in Ordnung, wenn man es zugunsten der Entwicklungsperspektiven nicht ganz so genau nimmt mit den individuellen Freiheiten?

Autoritarismus ist »erfolgreich«

Es ist eine Diskussion, der ein sehr guter Freund von mir immer wieder begegnet, wenn er in Afrika unterwegs ist – genauer gesagt: in Ruanda. Dort herrscht seit 1994 Paul Kagame.[20] Als Rebellenführer hatte er – interessanterweise nach einem militärischen Training im amerikanischen Fort Leavenworth – zum Ende des Völkermordes in seinem Land beigetragen. Seitdem führt er sein Volk objektiv gesehen recht erfolgreich: mit einem jährlichen Wirtschaftswachstum von rund acht Prozent, der Halbierung der Kindersterblichkeit, der Verdreifachung der Teilnahme am Grundschulunterricht, einer besseren Gesundheitsversorgung, dem Ausbau der Infrastruktur – auch mit chinesischer Hilfe – und einer massiven Verbesserung des Wohn- und Lebensstandards.

Präsident Kagame gilt allerdings auch als autoritärer Führer, nicht nur weil internationalen Beobachtern seine Wahlergebnisse von deutlich über 95 Prozent seltsam vorkommen. Nach Erkenntnissen der UN unterstützte Kagame im Nachbarland Kongo eine brutale Rebellengruppe – was er bestreitet –, er ging wiederholt gegen politische Oppositionelle in seinem Land vor und sicherte sich 2017 per

Volksentscheid durch eine Verfassungsänderung zusätzliche Amtszeiten.

Kagame orientiert sich am chinesischen Vorbild, dessen autoritäres Entwicklungsmodell aus seiner Sicht viel erfolgreicher ist als das der zerfallenden westlichen Demokratien. Natürlich gehört dazu auch ein Schuss Überwachungsstaat à la China, damit eventuelle Störer des gesellschaftlichen Fortschritts und des Wohlergehens der Bürger frühzeitig identifiziert und neutralisiert werden können. Kagame kaufte die entsprechende Technologie bei chinesischen Konzernen ein. China bildet auch Einheiten der ruandischen Armee aus, bei einer Militärparade in der Hauptstadt Kigali im Juli 2019 kommandierten die Offiziere ihre Truppen sogar in chinesischer Sprache. Kagame bestreitet entschieden, sich zum willfährigen Helfer Pekings zu machen. Ihm gehe es einzig und allein um die Freiheit, um das Recht afrikanischer Staaten, ihre eigenen Entscheidungen zu fällen und ihr Schicksal selbst zu gestalten.

»Die Zeit des Babysittings ist vorbei«, betonte Kagame in einem Interview im Juni 2018.[21] »Wir werden uns niemals entwickeln, solange wir glauben, dass wir ein nie endendes Bedürfnis für europäische, amerikanische oder asiatische Babysitter haben. Das gilt besonders, weil dieses Babysitting immer eine Form von Bevormundung beinhaltete.«

Der Journalist François Sudan vom Magazin *Jeune Afrique* (Junges Afrika) fragte daraufhin nach der Verfassungsänderung für weitere Amtszeiten, für die der ruandische Präsident ja kritisiert werde. Kagames Antwort: »Wenn die Ruander nicht gewollt hätten, dass ich für eine weitere Amtszeit bleibe, dann wäre mir doch das widerfahren, was anderen geschehen ist, die ihre Macht missbrauchen, die schlecht regieren, keine Erfolge haben und trotz alldem darauf bestehen, an der Macht zu bleiben. Dann hätte ich das auch erlebt: Instabilität, Gewalt, einen Umsturz.«

Der Kollege hakt nach. Kagame könne ja für zwei weitere Amtszeiten bis 2024 im Amt bleiben, wann es denn Zeit für einen Nachfolger sei. »Wenn die Ruander, die mich ums Weitermachen gebeten haben, dann sagen, dass die Probleme, die ich für sie lösen sollte, gelöst sind, also Sicherheit, Gesundheit, Armut, wirtschaftliches Wachstum«, so der Präsident. »Das sind die entscheidenden Faktoren, nicht irgendwelche Begrenzungen der Amtszeit, die willkürlich entschieden wurden, in den meisten Fällen von außen.« Mit anderen Worten: Wenn's gut läuft, sieht Kagame wie Xi, Putin und andere autoritäre Herrscher keinen Grund, die Macht abzugeben.

Aber ist die Theorie richtig, dass ein autoritäres System besser liefert für die Menschen als eine Demokratie, weil der Potentat einfacher Reformen durchsetzen und Korruption beseitigen kann? Empirisch gesehen ist die These falsch.[22] In den 1970/80er-Jahren gab es in Afrika vor allem autoritäre Regime und Militärdiktaturen, deren Machtmissbrauch ausuferte, die Oppositionsparteien verboten und Menschen unterdrückten. Die Staaten südlich der Sahara verzeichneten 1975–79 nur durchschnittlich 0,19 Prozent Wachstum des Bruttoinlandsprodukts pro Einwohner, 1980–84 schrumpfte es sogar um 1,7 Prozent. Keine Fortschritte in Nigeria und Tansania, Wechsel zwischen Wachstum und Rezession in Sambia, besser lief es in Kenia. Nur die beiden durchgehend demokratischen Länder Botswana und Mauritius verzeichneten kontinuierliches Wachstum. Offenbar befeuerte der Wettbewerb der Ideen und die Kontrolle durch andere Parteien eine positive Entwicklung, während die autoritären Regime in Misswirtschaft und Korruption versanken – keine wirtschaftlichen Perspektiven, keine friedliche Entwicklung, keine Sicherheit.

Auch heute gibt es in Afrika wenige bis keine wirklichen Demokratien, die meisten Staaten liegen irgendwo zwischen Demokratie und Autoritarismus; aber die Zahlen sprechen für sich: Die eher autoritären Länder haben größere Konflikte, geringeres Wirtschaftswachstum und größere Probleme, ihre Bevölkerung zu ernähren. Die zehn korruptesten Regime gehören zu den autoritärsten Staaten Afrikas – einzige Ausnahme ist Ruanda, das zu den zehn am wenigsten korrupten Ländern zählt.

Ist Kagames Land also der Beweis, dass Autoritarismus am Ende doch besser ist als die Demokratie? Experten an der Entwicklungsbehörde der Schweizer Regierung haben den »developmental approach«, also die »entwicklerische Herangehensweise« detailliert mit einem »liberalen Vorgehen« verglichen und dabei festgestellt, dass autoritäre Systeme dann erfolgreich sein könnten, wenn sie in Politik, Wirtschaft und Gesellschaft vor allem demokratische Praktiken und Strukturen nachahmen.[23] Dazu zählen eine Verfassung, Dienstleistungsbehörden, eine Börse, öffentliche Foren zur Bürgerbeteiligung. Im Wirtschaftsbereich müssen sie staatliche Kontrolle mit Transparenz, Rechenschaftspflicht und Korruptionsbekämpfung kombinieren sowie ein Stück ihrer Macht auf regionale und lokale Ebene delegieren. Das Regime gibt den Menschen damit zwar eine Stimme, aber keine Wahl. Im Gegenteil: Konsequente Überwachung sorgt für Disziplin und Wohlverhalten, Abweichler und Störer werden bestraft. In den meisten Fällen führt das fehlende Gegengewicht zu Korruption, die Eliten bereichern sich, individuelle Arbeiter-, Bürger-, Menschenrechte bleiben auf der Strecke. Die Forscher kommen zu dem Schluss: »Es ist unrealistisch, dass ambitionierte, disziplinierte, rechenschaftsbereite und nicht korrumpierbare Regierungsmitglieder aus Luft erschaffen werden können. Deshalb werden nicht erfolgreiche Versuche, effektive, autoritäre Entwicklungsstaaten zu schaffen, wahrscheinlich die Zahl der erfolgreichen übersteigen.«

Tatsächlich hat das finanzielle und ideologische Anschmiegen zahlreicher Staaten an den Autoritarismus der Kommunistischen Partei Chinas erhebliche negative Nebenwirkungen, wie ich noch zeigen werde. Selbst wenn es nicht so wäre – solange Bürger- und Menschenrechte, universale Werte, verletzt werden, ist jede Art von Verharmlosung im Namen einer angeblich besseren Zukunft Appeasement und damit Ermutigung für Menschenverachtung. Das gilt unabhängig davon, wer diese Werte verletzt – ob China, die Vereinigten Staaten oder irgendjemand anders.

Gefahr der Selbsttäuschung

Nun könnte man ja sagen, dass eine massive Konfrontation nicht der richtige Weg ist, um China zum Umdenken zu bewegen. Ich will hier eine Argumentationslinie darstellen, die auf den ersten Blick eine harte Linie der USA für kontraproduktiv hält. »China fordert den amerikanischen Wohlstand nicht heraus. Die Chinesen sind weit klüger. Sie sehen den amerikanischen Reichtum als einen Vorteil, der der chinesischen Wirtschaft zu Reichtum verholfen hat und ihr weiterhelfen wird«, schreibt Kishore Mahbubani.[24]

Der ehemalige Botschafter Singapurs bei den Vereinten Nationen listet in einem Artikel für die Zeitschrift *The National Interest* Punkt für Punkt auf, warum die USA diplomatischer mit dem Regime in Peking umgehen sollten. Wenn Joe Biden China einen Wirtschaftsdeal vorschlagen würde, von dem die amerikanische Wirtschaft und China profitierten, würde China diesen Deal begeistert annehmen, so Mahbubani. China sei auch keine Bedrohung für Amerikas Sicherheit: »China droht nicht mit einer militärischen Invasion in den USA – seine Streitkräfte sind einen Ozean entfernt – oder mit einem Atomschlag gegen Amerika.« China sei nirgendwo eine ernste Bedrohung für die Vereinigten Staaten, die zwanzigmal so viele Atomsprengköpfe hätten, eine viel stärkere Kriegsmarine mit elf atomgetriebenen Flugzeugträgern, mehr als dreimal so viele Kampfflugzeuge und einen dreimal größeren Militärhaushalt. Nein, meint Mahbubani, China sei glücklich, dass Amerika so viel Geld für unnötige Kriege verschwende, statt es in Bereiche wie Bildung, Forschung und Entwicklung zu stecken.

China sei auch keine Bedrohung für amerikanische Werte. »Das wäre es nur, wenn China androhte, seine Ideologie nach Amerika zu exportieren oder die Wahlen in den USA zu untergraben. Nichts davon geschieht. Trotzdem ist eine unglaubliche Zahl von Amerikanern – nachdenklichen, gut informierten Amerikanern – überzeugt, dass China eine Mission verfolgt, die amerikanischen Werte zu untergraben.« Das sei alles falsch, meint der ehemalige Diplomat. Die Amerikaner dächten, dass China allen beweisen wolle, dass der Kommunismus der Demokratie überlegen ist. Dabei gehe es Xi nur darum, die chinesische Zivilisation wiederzubeleben.

Die Amerikaner glauben Mahbubani zufolge auch, dass China, sobald es Amerika als größte Wirtschaftsmacht der Welt abgelöst habe, das »chinesische Modell« in alle Welt exportieren wolle – so wie Amerika das amerikanische Modell exportiert hat. Auch dieser Glaube sei ein Beispiel für die amerikanische Ignoranz gegenüber seinem Gegner. Was Mahbubani dann schreibt, will ich hier wörtlich wiedergeben: »Die grundlegende Tatsache, die Amerikaner über das chinesische Volk zur Kenntnis nehmen sollten, ist, dass sie nicht glauben, dass jeder ein Chinese sein kann, wie Amerikaner glauben, dass jeder ein Amerikaner sein kann. Die Chinesen glauben ganz einfach, dass nur Chinesen Chinesen sein können. Und sie wären verblüfft, wenn jemand anders versuchen würde, Chinese zu werden. Eine andere häufig gehörte Phrase im amerikanischen Diskurs ist, dass Chinas Ziel darin bestehe, die Welt für Autokraten sicher zu machen. Biden sagte: ›Es ist klar, absolut klar, dies ist ein Kampf zwischen der Nützlichkeit von Demokratien im 21. Jahrhundert und Autokratien. Darum geht es hier. Wir müssen beweisen, dass Demokratie funktioniert. Xi hat nichts Demokratisches [...] in seinem Körper, aber er ist ein kluger, kluger Kerl. Er ist einer von denen, die wie Putin denken, dass Autokratie die Welle der Zukunft ist.‹«

»Um ehrlich zu sein«, so Mahbubani weiter, »ist es Peking eigentlich egal, ob ein Land eine Demokratie oder eine Autokratie ist. Es kümmert sich nur darum, ob es mit einem bestimmten Land effektiv zusammenarbeiten kann. Wenn also der Geburtsort der westlichen Demokratie, Griechenland, beschließt, sich der Belt and Road Initiative anzuschließen und chinesische Investitionen in seinem Hafen von Piräus willkommen zu heißen, ist es China egal, ob Griechenland eine Demokratie ist oder nicht. Es wird mit jedem Land zum gegenseitigen Nutzen zusammenarbeiten. Aber seien wir ehrlich: Das tut Amerika auch. Es wird mit Saudi-Arabien zusammenarbeiten, obwohl es weit von einer Demokratie entfernt ist. Während die chinesische Wirtschaft weiter wächst und wächst, wird sie Amerikas Status als Wirtschaftsmacht Nummer eins in der Welt herausfordern. Biden hatte recht, als er sagte: ›China hat ein übergeordnetes Ziel, und ich kritisiere sie nicht für das Ziel, aber sie haben ein übergeordnetes Ziel, das führende Land der Welt zu werden, das reichste Land der Welt und das mächtigste Land in der Welt.‹ Tatsächlich besteht das eigentliche chinesische Ziel darin, die Lebensgrundlage des chinesischen Volkes zu verbessern. Derzeit beträgt das Pro-Kopf-Einkommen der 1,4 Milliarden Chinesen etwa 10 000 US-Dollar, verglichen mit 65 000 US-Dollar für die 380 Millionen Amerikaner. Wenn es den Chinesen gelingt, ihr Pro-Kopf-Einkommen auf 17 000 Dollar zu steigern, ein Viertel des amerikanischen, wird ihre Wirtschaft größer, da ihre Bevölkerung viermal so groß ist. Der wirkliche Wettbewerb ist zwangsläufig wirtschaftlicher Natur.«

Zweimal vertrat Kishore Mahbubani sein Land als UN-Botschafter (1984–89 und 1998–2004) und leitete das Präsidialbüro des Weltsicherheitsrates von Januar 2001 bis Mai 2002. Und doch klingt das, was er nach diesen Thesen vorschlägt, abenteuerlich. Amerika solle deshalb seinen Militärhaushalt halbieren und das Geld in Forschung und Entwicklung stecken; es solle seine Streitkräfte komplett aus dem Mittleren Osten abziehen und aufhören, unnötige Kriege zu führen, die den amerikanischen Steuerzahler seit Nine Eleven fünf

Billionen Dollar gekostet hätten; und es solle alle Strafzölle gegen China aus der Ära Trump aufheben, weil sie nicht China geschwächt hätten, sondern die amerikanische Wirtschaft.

Wow, empfiehlt hier einer also ein wirtschaftliches Wettrüsten zwischen den Supermächten zum gegenseitigen Nutzen? Glaubt dieser welterfahrene Diplomat tatsächlich weiter an Wandel durch Handel? Das Gegenteil ist der Fall. Mahbubani warnt vor einer »Dämonisierung Chinas« und vor dem Irrglauben, eine offene Gesellschaft wie Amerika habe so viele natürliche Vorteile gegenüber einem autokratischen System wie China, dass sie gar nicht verlieren könne. Der strategische Gegner sei aber nicht in erster Linie die Kommunistische Partei, sondern eine 4000 Jahre alte Zivilisation.

»Als Freund Amerikas«, so der Ex-Diplomat eher undiplomatisch, »kann ich mich nur wundern über die pure strategische Gleichgültigkeit, mit der es sich fröhlich in einen Wettbewerb stürzt, den es sehr wohl verlieren kann. Die älteste Regel in der Geopolitik – wie sie Sun Tsu und Carl von Clausewitz notierten – lautet: ›Kenne deinen Gegner.‹«

Ich stimme längst nicht mit allem überein, was Mahbubani schreibt. Vor allem werde ich in der Folge belegen, dass das kommunistische Regime in China die Welt nicht nur wirtschaftlich dominieren will, sondern auch militärisch und politisch – und dass sein Autoritarismus die größte Bedrohung für die universalen Werte darstellt. Gleiches gilt übrigens auch für jenen Autoritarismus, der sich mittlerweile innerhalb der demokratischen Gesellschaften ausbreitet, auch in den USA. Aber dazu später. All das ändert nichts daran, dass der Kern der Rivalität zwischen den Supermächten ihre wirtschaftliche Entwicklung ist. Beide ringen um Wachstum und Perspektiven ihrer Völker. Nach Ansicht vieler Experten – Historiker, Politikwissenschaftler, Diplomaten und Politiker – bringt sie das zwangsläufig auf Konfrontationskurs. Die einen glauben, dass ein Showdown, eine kriegerische Auseinandersetzung zwischen aufstrebenden Staaten, unvermeidlich ist. Die anderen sehen beide Länder angesichts ihrer wirtschaftlichen und politischen Schwierigkeiten auf dem absteigenden Ast, das mache sie umso unberechenbarer und den Kampf umso wahrscheinlicher.

Das glaubt auch Rush Doshi, der für China zuständige Direktor beim Nationalen Sicherheitsrat der Biden-Administration. Er gilt als einer der besten Kenner Chinas. Doshi erinnert gern an eine Begebenheit aus der Zeit vor dem Ersten Weltkrieg, als ein britischer Diplomat namens Eyre Crowe im Auftrag seiner Regierung analysieren sollte, ob das Deutsche Reich eine große Strategie verfolge, die Europa in einen Krieg stürzen könnte. Crowe war in Deutschland geboren und aufgewachsen, seine Erfahrungen dort und seine Sprachkenntnisse sollten ihm bei seiner Studie helfen, die er im Jahr 1907 abschloss. Sein Fazit: Berlin verfolge »die Etablierung einer deutschen Hegemonie, zunächst in Europa und schließlich in der Welt«. Allerdings hielt er es nicht für ausgeschlossen, dass Deutschlands Absichten auch enger begrenzt und gutartig sein könnten. Vielleicht wolle Berlin nur »seinen ausländischen Handel fördern, die Vorzüge der deutschen Kultur verbreiten, seine nationalen Energien [Energievorräte, Anm. d. Autors] erweitern und frische deutsche Interessengebiete in der ganzen Welt erschließen, wo immer und wann immer sich eine friedliche Gelegenheit dazu ergab.«

Crowe gestand Deutschland zu, eine große Nation zu sein, aber er warnte eindringlich davor, zu viele Zugeständnisse zu machen. Das sei gefährlich. Sein Urteil galt jahrzehntelang als Linie des britischen Außenministeriums, über die sich Premierminister Neville Chamberlain vor dem Zweiten Weltkrieg hinwegsetzte. Seine Appeasementpolitik ermutigte das Hitler-Regime. Doshi sieht auch bei China eine »große Strategie«, nicht nur mit dem Ziel, die »Vereinigten Staaten bis 2049 als führende globale Nation abzulösen«, sondern die komplette Ordnung der Welt nach eigenen Prinzipien umzugestalten, ohne jede Rücksicht auf Bürger- und Menschenrechte und die individuellen Freiheiten.

Chinas Einflussoperationen in der Welt

Angesichts dessen, was ich bislang beschrieben habe und was noch folgen wird, schließe ich mich dem Urteil an. Peking will die Etablierung einer chinesischen Hegemonie, zunächst im Indopazifik und schließlich in der Welt. Zu diesem Zweck zieht Xi Jinping alle Register, die einem autoritären Regime in der Heimat und weltweit zur Verfügung stehen. Das Ausmaß dieser chinesischen Einflussoperationen wird in der wohl umfangreichsten Studie deutlich, die bisher zu diesem Thema angefertigt wurde, veröffentlicht im September

2021 vom Institut de Recherche Stratégique de l'École Militaire (IRSEM), einer Forschungseinrichtung des französischen Verteidigungsministeriums, die zu den führenden Denkfabriken der Welt in Fragen der Militär- und Sicherheitsstrategien gehört. Auf 650 Seiten analysieren die Autoren Chinas offene und verdeckte Aktivitäten der letzten Jahre und dokumentieren dabei einen Paradigmenwechsel, der mit der schon beschriebenen Neuausrichtung der politischen Strategie der Kommunistischen Partei unter Xi Jinping einhergeht.

Lange Zeit, so der Bericht, wollte China in der öffentlichen Wahrnehmung der Welt vor allem geliebt werden. Nun aber gehe es in »seinen Einflussoperationen erheblich härter vor; seine Methoden ähneln denen, die Moskau anwendet«. Bei dieser »Russifizierung« sei China an einen »Machiavelli-Moment« gelangt, so nennen es die Forscher in Anlehnung an das berühmte Zitat aus dem Werk *Der Fürst* des italienischen Philosophen Niccolò Machiavelli: »Es ist sicherer, gefürchtet zu werden als geliebt zu werden.« China entschied sich, dem Vorbild Wladimir Putins in Russland zu folgen.

Zu diesem Zweck hat das kommunistische Regime ein weltumspannendes Netzwerk geknüpft, das alle Bereiche der Gesellschaften anderer Länder einbindet: Politik, Wirtschaft, Forschung, Bildung, Kultur, Medien, Diplomatie und die chinesischstämmige Diaspora. Dabei verfolgt Peking vor allem zwei Ziele. Zum einen soll die Bevölkerung der Länder insbesondere in Europa und Nordamerika weiter durch eine positive Wahrnehmung von China als traditionsreiches, gutwilliges und starkes Land verführt und gefesselt werden. Zum anderen will man aber, so die Studie, die Gesellschaften »infiltrieren und nötigen, um jede Möglichkeit eines Handelns gegen die Interessen der Partei zu behindern«.

Deshalb führt Peking Krieg auf einer Reihe von Ebenen, um – ganz im Sinne von Sun Tsu – den echten materiellen Krieg zu vermeiden und doch den Sieg zu erringen. Die erste übergeordnete Ebene umfasst die Doktrin der »drei Kriegsarten«, wie sie von der chinesischen Volksbefreiungsarmee im Jahr 2003 in den *Political Work Guidelines of the People's Liberation Army* formuliert wurde. Gemeint sind: der Kampf um die öffentliche Meinung, die nach den Interessen Pekings geformt werden soll; die psychologische Kriegsführung, um die Entscheidungen des Gegners zu beeinflussen; der juristische Krieg, der die Regeln im internationalen Kontext zu Chinas Gunsten verändert.

Um jedem Missverständnis vorzubeugen: Die Volksbefreiungsarmee ist nicht die Streitmacht des chinesischen Staats, sondern der bewaffnete Arm der Kommunistischen Partei Chinas – so hat Mao Zedong es persönlich einmal beschrieben. »Die chinesische Rote Armee ist ein bewaffneter Körper, der die politischen Aufgaben der Revolution ausführt.«[25] In den Leitlinien der Streitkräfte für ihre politische Arbeit lautet der konkrete Auftrag, »die Kampffunktion der politischen Arbeit voll ins Spiel zu bringen« und mit den drei Kriegsarten »die Aktivitäten des Feindes zerfallen zu lassen« und »die feindlichen Anstrengungen zu vereiteln, Streit zu säen«. Auf der zweiten Ebene ergänzte die Armee das Prinzip der psychologischen Kriegsführung ab dem Jahr 2012 mit Konzepten für den Bereich der kognitiven Wahrnehmung. Mithilfe der psychologischen Kriegsführung sollen das Denken und Fühlen des Feindes so beeinflusst oder gar kontrolliert werden, dass er die gewünschten Entscheidungen trifft.

Einer der Verfasser der Leitlinien ist Professor Zeng Huafeng vom Institut für Sozialwissenschaften an der Nationalen Universität für Verteidigungstechnologie (NUDT), einer Hochschule, die Teil des chinesischen Militärapparats ist. Nach den Worten von Zeng erringt man die Macht, das Denken anderer zu kontrollieren, indem man »spirituelle, psychologische Informationen über Propagandaplattformen, die nationale Sprache und kulturelle Produkte verbreitet, um mit diesen Werkzeugen die Öffentlichkeit einer Nation und das Wissen, die Emotionen und das Bewusstsein ihrer Eliten zu infiltrieren, zu beeinflussen und sogar zu lenken«. Das Ziel ist, »die Werte eines Landes, seinen Nationalgeist, seine Moral, seine Ideologien, seine kulturellen Traditionen und seine geschichtlichen Überzeugungen zu manipulieren und es zu ermutigen, sein theoretisches Verständnis, sein Sozialsystem und seinen Entwicklungspfad aufzugeben«. Auf diese Weise erreicht man Zeng zufolge die strategischen Ziele ohne einen Kampf.

Chinas ganzheitlicher Ansatz

Klarer könnte die Philosophie der Kommunistischen Partei Chinas für den Umgang mit anderen Ländern kaum beschrieben werden. Tatsächlich ist sie eine Reaktion auf die Diskussion in den USA über die Ernsthaftigkeit der chinesischen Regierung, sich dem Westen gegenüber zu öffnen. Die Debatte beeinflusste die Wahrnehmung Chinas im Rest der Welt als undankbarer Partner, der nicht bereit war, im Zuge des wirtschaftlichen Fortschritts den Weg des erhofften Wandels einzuschlagen und den Menschen im eigenen Land mehr individuelle Freiheiten zu geben. Peking ärgerte sich, dass die westlichen Großmächte den internationalen Diskurs dominierten, und wollte ihrem Narrativ nun ein chinesisches Narrativ machtvoll entgegensetzen, indem sie eigene Normen, Werte und Führungsstrukturen entwerfen und die Überzeugungen anderer Länder so beeinflussen würde, dass die chinesische Lesart am Ende den Diskurs der Nationen dominieren könnte.

Die Forscher der französischen Forschungseinrichtung IRSEM zählen die notwendigen Werkzeuge für solche Einflussoperationen auf, die China sich nach russischem Vorbild angeeignet habe: »Desinformation, Fälschung, Sabotage, die Diskreditierung von Menschen und Organisationen, die Destabilisierung fremder Regierungen – z.B. durch die Organisation von Protesten –, Provokationen, Täuschungsmanöver und Manipulationen zur Schwächung des gesellschaftlichen Zusammenhalts des Ziellandes, die Rekrutierung ›nützlicher Idioten‹, um falsche Narrative zu verbreiten, und die Schaffung von ›Fassaden‹, also Tarnorganisationen.« Nicht einmal Ermordungen und Terroranschläge habe man ausgeschlossen. Die Studie umfasst Dutzende von Fallbeispielen und basiert auf offen zugänglichen Quellen in aller Welt, Hunderten von Interviews und Hintergrundgesprächen sowie zahllosen Dokumenten auch aus dem chinesischen Staatsapparat.

Die französischen Wissenschaftler ziehen die Schlussfolgerung, dass China sich seitdem in einem tiefen ideologischen Kampf gegen die Vereinigten Staaten und ihre Verbündeten begeben hat. »Bei diesem Wettbewerb mit Washington geht es nicht nur um materielle Überlegenheit, sondern auch darum, dem Gegner Werte, Normen und Institutionen aufzuzwingen. In diesem Punkt unterscheidet sich der Kampf zwischen Peking und Washington vom kalten Krieg: Die Vereinigten Staaten und China teilen sich die gleiche Welt, können also nicht getrennt in zwei Welten mit voneinander abweichenden Normen existieren. Das Ziel der Kommunistischen Partei Chinas ist es deshalb, eine Globalisierung auf der Basis chinesischer Normen zu erzwingen. Das ist exakt die Essenz des Leitmotivs der Partei von einer ›gemeinsamen Bestimmung für die Menschheit‹.« Es gibt zahllose Beispiele für Chinas Versuche, die roten Linien zu verschieben und die Definitionshoheit über die Entwicklungen in der Welt zu erringen. Aber eines hat die demokratischen Regierungen ganz besonders veranlasst, ihre bisherige Wahrnehmung des Regimes und ihren Umgang mit diesem zu überdenken: die Niederschlagung der Freiheitsbewegung in Hongkong 2019/20.

Gebrochene Versprechen

Der Mann im dunklen Anzug, auf den Regentropfen fallen, schaut mit ernster Miene zu, wie der Union Jack zum Klang des Horns sinkt; wenig später nimmt Botschafter Chris Patten die britische Flagge zusammengefaltet entgegen. Nach 156 Jahren endet die britische Herrschaft über die Kronkolonie Hongkong. Es ist der 30. Juni 1997. Um Mitternacht schauen Premierministerin Margaret Thatcher und Chinas Präsident Jiang Zemin zu, wie die chinesische Flagge unter den Klängen der Nationalhymne emporsteigt. Beide Länder hatten einen Deal gemacht, unter der Überschrift »ein Land, zwei Systeme« – Hongkong sollte auch als Teil der Volksrepublik China mit seiner kapitalistischen Ausrichtung, seinem eigenen Rechtssystem und einem Großteil seiner politischen Freiheiten »ein hohes Maß an Autonomie« behalten.

Ebenfalls an einem 30. Juni, diesmal im Jahr 2019, brach die chinesische Regierung dieses Versprechen endgültig. Kurz vor Mitternacht wurde bekannt, dass ein neues Gesetz zur nationalen Sicherheit mit sofortiger Wirkung in Kraft treten würde.[26] Fortan drohten für Sezession, Subversion, Terrorismus und Kollaboration mit ausländischen Mächten lebenslängliche Haftstrafen. Die Straftatbestände waren so weit gefasst, dass jede Art von Opposition, abweichender Meinung, kritischer Äußerung als Anschlag auf den Staat gewertet werden konnte.

Bei den Protesten am Morgen des 1. Juli feuerte die Staatsmacht mit Gummigeschossen und Tränengas und nahm die ersten Demonstranten fest. Innerhalb eines Jahres verhafteten Polizei und Geheimdienste fast 120 Menschen, darunter Studenten, die ihre Kritik auf den Social Media gepostet hatten. Viele der Verhafteten konnten keine Kaution stellen, Prozesse fanden ohne Geschworene statt. Tong Ying-kit, der als Erster unter dem Sicherheitsgesetz verurteilt wurde, erhielt eine neunjährige Haftstrafe, weil er ein Plakat aus dem Auto hochgehalten hatte. Im August 2020 stürmten 200 Polizisten die Redaktion der chinakritischen Tageszeitung *Apple Daily* und nahmen den Eigentümer Jimmy Lai fest. Im Januar 2021 wurden 53 ehemalige Abgeordnete und Aktivisten wegen »Subversion« verhaftet. Im März veränderte Peking den Wahlprozess. Alle Kandidaten mussten sich einer Sicherheitsprüfung unterwerfen, Oppositionelle wurden ausgeschlossen, ein Drittel der Mitglieder des Legislativrates bestimmte die Wahlkommission. Um die öffentlichen Angelegenheiten sollten sich künftig nur noch »Patrioten« kümmern, wie Chinas Präsident Xi Jinping sagte. Am 17. Juni 2021 gab es eine weitere Razzia gegen den *Apple Daily*, die Zeitung musste dichtmachen. »Das Ziel ist es, langfristige Stabilität und Wohlstand in Hongkong zu erhalten«, so rechtfertigte die Chefin der chinesischen Gebietsverwaltung Carrie Lam das Vorgehen. »Die Durchsetzung und Anwendung des Nationalen Sicherheitsgesetzes dient der nationalen Sicherheit.«

Begonnen hatte alles schon Jahre zuvor mit den wiederholten Versuchen der Kommunistischen Partei Chinas unter Führung von Xi Jinping, den teildemokratischen Sonderstatus von Hongkong zu unterhöhlen. Im Herbst 2014 waren vor allem junge Menschen gegen den Einfluss der chinesischen Regierung auf die Straße gegangen und hatten eine demokratische Wahlreform gefordert. Die sogenannte Regenschirm-Revolution fiel unter dem Druck der Sicherheitsbehörden nach nicht einmal drei Monaten in sich zusammen, flammte aber in viel größerer Form wieder auf, als die Regierung von Hongkong im Juni 2019 einen Gesetzentwurf vorlegte, der die Auslieferung von Menschen an das Regime in Peking erlaubt hätte. Hunderttausende – allen voran wieder Studenten – demonstrierten dagegen auf den Straßen der Stadt. Was als friedlicher Massenprotest begann, entwickelte sich bald zu gewalttätigen Unruhen, zunächst provoziert von einem regierungsnahen Mob, der die Demonstranten am 21. Juli 2019 in einer U-Bahn-Station angriff. In den Folgemonaten kam es immer wieder zu schweren Auseinandersetzungen mit der Polizei, bei denen auch Menschen verletzt und getötet wurden.

Die Gleichschaltung Hongkongs schreitet seit Inkrafttreten des Nationalen Sicherheitsgesetzes voran. Die Versammlungsfreiheit ist massiv eingeschränkt, ebenso die Vereinigungsfreiheit. Einige Nichtregierungsorganisationen und Gewerkschaften haben sich nach massiver Bedrohung aufgelöst, darunter die Lehrergewerkschaft, die von einer regierungstreuen Zeitung als »bösartiger Tumor« bezeichnet worden war.[27]

Der hoch angesehene öffentliche Rundfunk Radio Television Hong Kong RTHK ist seit Februar 2021 staatlichen Zensoren unterstellt, zahlreiche Journalisten wurden entlassen. Im August gab die Regierung bekannt, dass RTHK nun mit der China Media Group ein Programm entwickeln werde, das »einen stärkeren Patriotismus« fördern soll. Andere Medien in Hongkong werden Stück für Stück durch Unternehmen vom chinesischen Festland übernommen, die Pressefreiheit weiter eingeschränkt, Internet und Social Media kontrolliert und begrenzt.

Im September 2021 erschien eine erste Analyse der Ereignisse, veröffentlicht von der Chinese University of Hongkong. Das Pamphlet liest sich wie eine propagandistische Erfolgsmeldung, verpackt in wissenschaftliche Rhetorik: »Die Anwendung dieses Gesetzes erlaubt Hongkong nicht nur, den lang währenden politischen Tumult seit der Rückkehr nach China 1997 zu beenden, sondern es wird auch günstige Bedingungen für langfristige Stabilität und ein effektives Regieren im Territorium ermöglichen.«[28] Die »Studie« feiert, dass viele der »Beteiligten an den Aufständen«, verhaftet, verurteilt, in Haft, geflohen oder verschwunden seien.

Durch das neue Schwursystem hätten die »radikalsten Mitglieder in den Gebietsräten« ihre Sitze verloren, die »Disziplin« der Verwaltungsangestellten habe sich verbessert, die Bürger seien nicht mehr bereit, sich an Protesten zu beteiligen. Das Sicherheitsgesetz habe »die ursprünglichen psychischen Erwartungen von der Reaktion der Zentralbehörden zerschmettert und ihnen deren große Entschlossenheit, den Mut und die Fähigkeit zum Schutz der nationalen Sicherheit klargemacht«. Die Opposition sei »tödlich getroffen«, während »Moral, Mut und Verantwortungsgefühl des patriotischen

Lagers« einen massiven Schub bekommen hätten. Die »ausländischen Kräfte« seien enttarnt, Exekutive und Legislative in Hongkong miteinander vereint, der »crackdown« gegen »antichinesische und antikommunistische Medien« gehe weiter, um »falsche Informationen zu eliminieren«, die »patriotischen Kräfte« könnten weiterwachsen und sich vereinen. »Alles in allem«, so das Papier, »hat das Nationale Sicherheitsgesetz eine solide politische und gesellschaftliche Grundlage für die langfristige Stabilität Hongkongs geschaffen.«

Viele der weltweiten Aktivitäten der chinesischen Führung fallen nur bei genauerem Hinsehen auf. Aber im Kern verfolgen sie genau das gleiche Ziel wie das, was in Hongkong für alle Welt sichtbar ist: ein autoritäres Regime, das Bürger- und Menschenrechte mit Füßen tritt, Versprechen bricht und seinen Machterhalt über alles andere stellt. Ja, Ähnliches haben auch die Vereinigten Staaten von Amerika in der Geschichte und an unterschiedlichsten Orten der Erde getan. Aber Unrecht bleibt Unrecht, das eine kann nicht das andere rechtfertigen; Menschenrechte sind universal, egal, von wem sie verletzt werden. Anders als die Vereinigten Staaten, in denen es Kontrollmechanismen, Wahlen, Presse- und Meinungsfreiheit gibt, ist all das dem autoritären Regime in Peking fremd.

Die ehemalige Professorin an der Kaderschmiede der Partei und jetzige Dissidentin Cai Xia kommt zu einem eindeutigen Urteil: »Das neototalitäre System und Xis negative Charaktereigenschaften zwingen die USA, einem Gegner entgegenzutreten, der nicht der Vernunft oder den Regeln folgt, der keine Integrität hat und unberechenbar ist. Dies wird das Risiko für die Vereinigten Staaten und die Welt weiter erhöhen. Gleichzeitig hat das langfristige und tiefe Eindringen der Kommunistischen Partei in die amerikanische Gesellschaft, insbesondere die Eliten, die US-Politik gegenüber China wesentlich beeinflusst. Washington ist nicht fähig, die wahren strategischen Intentionen, Ziele und Motive der Partei zu erkennen, und deshalb auch unfähig, auf die Bedrohung zu antworten und sie zu eliminieren. Kurz gesagt: Die Kommunistische Partei Chinas ist die größte Bedrohung für Amerikas Sicherheit und den Weltfrieden.« Auch wenn die Erkenntnis über die wahren Absichten der chinesischen Führung noch weiter reifen muss, das Ausmaß und die Reichweite ihrer Methoden werden Stück für Stück sichtbar – sie sind erschreckend.

4

Verdeckte Einflussnahme: Wie China die Amerikaner manipuliert

»Die chinesischen Kommunisten sind eigentlich viel gefährlicher«, sagt mein Sitznachbar, »die tarnen die Manipulation viel geschickter als die Russen.« Ich bin abgelenkt, denn eigentlich geht es in diesem Moment ja um Russland. Der amerikanische CIA-Chef Mike Pompeo sitzt auf der Bühne und hat gerade einen Satz gesagt, der seinem Präsidenten eigentlich nicht gefallen dürfte: »Ich bin überzeugt – wie all unsere Nachrichtendienste –, dass die Russen sich in unsere Wahl eingemischt haben.«

Hm, denke ich, das gibt Ärger mit Donald Trump, der per Twitter immer wieder bestreitet, was mir in jenen Tagen auch Michael Hayden, ehemals Direktor der NSA und der CIA, bestätigt hatte: »Putin betreibt eine klassische und vollumfängliche Subversionskampagne, deren Ziel es ist, die bereits vorhandenen Friktionen in einer Gesellschaft zu vertiefen.« Er wolle damit den Keil noch tiefer treiben, um westliche Länder durch eine dauerhafte Spaltung in der Bevölkerung zu schwächen.

Darum geht es eigentlich bei diesem Aspen Security Forum im Juli 2017. Denn viele der Teilnehmer aus Regierung, Militär, Geheimdiensten und großen Wirtschaftsunternehmen sind empört, dass US-Präsident Trump beim G-20-Gipfel kurz zuvor auf Kuschelkurs mit Wladimir Putin gegangen war. Sie machen sich Sorgen, was der neue Mann im Weißen Haus noch so alles plant, sei es im Kampf gegen den IS, beim Atomdeal mit dem Iran, im Umgang mit Nordkorea und den Konflikten in Syrien und der Ukraine. Heute wissen wir, dass Trumps Beschwichtigungskurs gegenüber dem russischen Präsidenten den Krieg gegen die Ukraine befeuert hat. Insofern bekommt noch einmal besonderes Gewicht, dass der Mann neben mir vor China warnt. Xi Jinping sei langfristig noch gefährlicher als Putin. Denn Xi, so sagt Evan Anderson, habe seit seinem Amtsantritt 2012 Chinas verdeckte Einflussnahme in den USA und in Europa massiv ausgebaut, flankiert von einer Spionageoffensive, wie sie die Welt noch nie gesehen habe.

Ich bin neugierig, und in der Kaffeepause auf der Terrasse erzählt Anderson mir vom »wahren Plan Chinas«, nach dem die Kommunistische Partei amerikanische und europäische Universitäten, Forschungsinstitute, Medien, Kultureinrichtungen, ja, sogar Kinoketten manipuliert und gleichzeitig Know-how zur Weiterentwicklung ihrer eigenen Wirtschaft klaut. Bei unserem Gespräch im verschlafenen Aspen vor der atemberaubenden Kulisse der Rocky Mountains klingt alles ein wenig weit hergeholt. Aber Evan Anderson arbeitet für den Strategic News Service, einen Informationsdienst oder Thinktank, der von US-Konzernen finanziert wird und bestens in der Welt der Nachrichtendienste verdrahtet ist.[29] Seine Worte reflektieren die große Sorge der amerikanischen Wirtschaft und der Sicherheitsbehörden, dass die engen Beziehungen zwar kurzfristig Profite bringen, langfristig aber nur Mittel zum Zweck sind, um Amerikas Vormachtstellung zu brechen, wirtschaftlich, technologisch, politisch und – ja sogar – kulturell.

Ich gehe gern ins Kino, meistens ins AMC Theatre in Georgetown, der Washingtoner Altstadt. Seit 2012 gehört die Kette AMC Entertainment mit knapp 400 Lichtspielhäusern in allen US-Bundesstaaten mit einer jährlichen Zuschauerzahl (vor Corona) von rund 200 Millionen Amerikanern der chinesischen Wanda Group – Kaufpreis damals 2,6 Milliarden Dollar. Die Wanda Group entwickelte sich ursprünglich aus einer staatlichen Immobilienfirma in der Küstenmetropole Dalian und investiert auch in riesige Bauprojekte in Europa und den USA. Der Chef des Konzerns ist Chinas reichster Mann, Wang Jianlin, der im Jahr 2016 mit einem einzigartigen Einkaufsfeldzug seinen Einfluss auf die globale Filmindustrie massiv ausbaute. Für rund 3,5 Milliarden Dollar übernahm Wanda die Produktionsfirma Legendary Entertainment, bekannt für ihre Kassenschlager *The Dark Knight, Hangover, Godzilla* und *Jurassic World.*

Danach kaufte AMC die Kinoketten Carmike in den USA für 1,2 Milliarden Dollar und Odeon & UCI in Großbritannien für 650 Millionen Dollar. Odeon wiederum übernahm Anfang 2017 Nordic Cinema, das größte Kinounternehmen in Skandinavien und im Baltikum, für 929 Millionen Dollar. Hinzu kam noch eine Koproduktionsvereinbarung mit Sony Pictures. Einen Hinweis auf den Zweck des chinesischen Milliardenengagements findet man in einer Äußerung von Konzernchef Wang Jianlin, der beim Kauf der Produktionsfirma Legendary Films von einer »kulturellen und finanziellen Angleichung zwischen der Hollywood-Filmindustrie und dem rasant wachsenden chinesischen Markt« sprach.

Unter »kultureller Angleichung« ist wohl zu verstehen, dass die Inhalte der Kassenschlager in keiner Weise China in ein schlechtes Licht rücken oder kritisieren dürfen – schon gar nicht, wenn diese Filme auch einem chinesischen Publikum gezeigt werden, dessen Einstellungen und Gefühle die Kommunistische Partei unter Kontrolle halten will. Deshalb stehen bereits eine ganze Reihe von bekannten Hollywoodfilmen auf der Verbotsliste des Landes, die einen guten Eindruck davon vermittelt, welche Art von Unterhaltung im Reich der Mitte unerwünscht ist: James Camerons *Avatar: Aufbruch nach Pandora* beispielsweise zeigt ja die Revolte eines Volkes gegen ein unterdrückerisches Regime. *Django Unchained* ist offenbar zu gewalttätig, *Noah* und *Ben Hur* sind zu christlich; der Klassiker mit Charlton Heston enthält außerdem ebenfalls revolutionäre Elemente. *Brokeback Mountain*, die Geschichte von zwei homosexuellen Cowboys scheint dem Regime in Peking moralisch verwerflich. *Zurück in die Zukunft* schaffte es nicht durch die Zensur, weil der Anschein erweckt wurde, man könne die Realität durch Eingriffe in die Vergangenheit verändern. In *Lara Croft: Tomb Raider – Wiege des Lebens* wird China zu negativ dargestellt. *Departed* kam nie in chinesische Kinos, weil sich die Produzenten geweigert hatten, eine Szene umzuschreiben, in der China versucht, sensible Militärtechnologie zu kaufen.

Nur nichts Negatives

Eine Anpassung von Filmen für den jeweiligen Markt gab es auch schon in anderen Ländern, z. B. was die Darstellung von Gewalt oder Sex angeht, aber in China ist die Zensur durch ein Nationales Filmgesetz vom März 2017 geregelt. Im Artikel 16 ist säuberlich aufgelistet, was in chinesischen Kinos eigentlich nicht gezeigt werden darf, darunter die »Aufstachelung zum Widerstand oder zum Untergraben der Verfassung«, die »Gefährdung der nationalen Einheit, Souveränität und territorialen Integrität«, die »Beschädigung der nationalen Würde und Ehre«, das »Untergraben der nationalen Religionspolitik«, die »Störung der Sozialmoral und Untergrabung der sozialen Ordnung«. Natürlich sind nach Absatz 5 auch die Darstellung von »Pornografie, Spielsucht, Drogenmissbrauch, Gewalt und Terror« verboten. Obwohl all das eigentlich die Zulassung eines Hollywoodthrillers unmöglich machen würde, erlaubt China dennoch genau 34 ausländische Filme pro Jahr. Eine Behörde entscheidet, in wie vielen und welchen Kinos die Streifen gezeigt werden, wann sie herauskommen und wie sie beworben werden dürfen.

Im Sommer 2021 waren Filme aus dem Ausland über mehrere Monate komplett verboten, um nicht von den Feierlichkeiten zum 100. Jahrestag der Gründung der Kommunistischen Partei abzulenken. Kein Zufall, denn seit 2018 untersteht die gesamte Filmindustrie und -aufsicht Chinas der Zentralen Propagandaabteilung der Partei. Es ist eine knallharte Zensur, dank derer die Chinesen *Fluch der Karibik* wegen der Darstellung von Geistern und kannibalischen Ritualen nie sehen durften; aus *Bohemian Rhapsody* mussten die Filmemacher einige explizite Szenen herausschneiden, bevor das Werk doch in ausgewählten Kinos zur Aufführung kam. Ein Glücksfall für den Film, denn der chinesische Kinomarkt ist riesig – 2020 gab es mehr als 75 000 Großleinwände im Land, in den USA waren es nur 44 000. 2023, so die Prognose damals – also vor der Pandemie –, würden die Kinoeinnahmen in China bei 15,5 Milliarden Dollar liegen, deutlich über dem amerikanischen Rekordjahr 2019 mit 11,4 Milliarden. Und hier liegt ein Riesenproblem für Hollywood: Der Erfolg oder Misserfolg einer Kinoproduktion hängt auch davon ab, ob sie in China zugelassen wird. Denn die Einnahmen aus dem Reich der Mitte – z. B. 340 Millionen Dollar für *Transformers: Ära des Untergangs* oder

614 Millionen Dollar für *Avengers: Endgame* – könnten mühelos mögliche Verluste ausgleichen, sollte der Film in Nordamerika floppen. Dieser Umstand treibt seltsame Blüten.

»Hua Ping« – Blumenvase nennen die Chinesen es, wenn in Hollywoodstreifen chinesische Schauspieler vor allem deshalb Rollen bekommen, um die Zensoren in Peking wohlwollend zu stimmen, so geschehen in *Star Wars: Rogue One* mit Jiang Wen und Donnie Yen. In der neunten Folge von *Fast & Furious,* einer Kooperation von Universal Pictures mit der staatlichen China Film Group Corporation, übernahm der gebürtige Chinese John Cena die Rolle eines Bösewichts. Dafür durfte der Film schon einen Monat vor dem offiziellen Kinostart in den USA dem chinesischen Publikum gezeigt werden. Am ersten Wochenende spielte er mit 136 Millionen Dollar doppelt so viel ein wie später in ganz Nordamerika. Beinahe hätte Cena es noch vermasselt.

Freiwillige Unterwürfigkeit

»Ich muss sagen, es ist sehr, sehr, sehr, sehr, sehr, sehr wichtig.« Mit diesen Worten wandte sich der Darsteller im Mai 2021 mit einem Video auf der Plattform des chinesischen Betreibers Weibo an die Öffentlichkeit. In Mandarin – und fast flehentlich – sagte er vor der Kamera: »Ich liebe und respektiere China und das chinesische Volk. Mein Fehler tut mir sehr, sehr leid.«

An keiner Stelle des rund einminütigen Clips erklärte Cena, was er mit »Fehler« meinte. Zwei Wochen zuvor hatte er in einem Interview mit dem taiwanesischen Fernsehen die Insel als »Land« bezeichnet. Ohne die wortreiche Entschuldigung in China hätten die chinesischen Zensoren bei *Fast & Furious* wohl den Stecker gezogen, auch wenn weder Cena noch die beteiligten Produktionsfirmen öffentlich bestätigen, dass sie entsprechendem Druck ausgesetzt waren. Es ist sogar gut möglich, dass es solchen Druck nie gab, denn die Filmindustrie übt sich schon seit Jahren in peinlicher Selbstzensur, um sich die Chancen auf Verkaufserfolge in China nicht zu verbauen.

Zu diesem Schluss kommt auch eine eindrucksvolle Studie der amerikanischen Abteilung des angesehenen Autorenverbands PEN International aus dem Jahr 2020: »Die Entscheidungen, die [Hollywood] fällt, welche Geschichten es erzählt und wie, werden immer mehr beeinflusst durch eine autokratische Regierung, die das umfassendste staatliche Zensursystem der Welt hat. [...] Neue Sitten haben sich in Hollywood eingeschlichen, nach denen die Beschwichtigung von chinesischen Investoren und Aufpassern zur normalen Geschäftspraxis geworden ist.«[30]

Der Bericht mit dem Titel »Made in Hollywood, Censored by Beijing« ist eine 71-seitige Anklageschrift an die amerikanische Filmindustrie mit zahlreichen Beispielen. Große Filmstudios änderten Inhalte ihrer Filme auf Wunsch chinesischer Zensoren, die sogar als Berater an die Drehorte eingeladen würden, um schon während der Produktion mögliche Hindernisse für eine Freigabe des Films in China zu vermeiden. Insbesondere Filmfirmen wie Disney und Universal sind anfällig für solche Praktiken, da sie weitere Geschäftsinteressen im Land haben, z. B. ihre großen Vergnügungsparks in Schanghai und Peking.

Hier einige Beispiele für Veränderungen, mit denen Hollywoodstudios den chinesischen Zensoren entgegenkamen: In *Mission: Impossible* fehlen die Szenen, in denen Ethan Hunt alias Tom Cruise einen chinesischen Bösewicht tötet. Auch die flatternde Unterwäsche auf einer Wäscheleine in Schanghai gefiel den Sittenwächtern nicht. Im Bond-Thriller *Skyfall* verschwand der Tod eines chinesischen Wärters, in *Casino Royal* musste Judi Dench alias M eine Zeile neu sprechen, um das Wort »Christ« gegen »Gott« auszutauschen. In einer Reihe von Filmen wurden Szenen mit Homosexuellen entfernt. Die PEN-Studie zitiert aus E-Mails von Managern der amerikanischen Produktionsfirmen, die aus Angst vor der chinesischen Zensur die Drehpläne veränderten, sodass ihre Filme auch für den gesamten Weltmarkt in der chinafreundlichen Abwandlung verbreitet wurden. Ein Mitarbeiter von Sony beschrieb die Überlegung dahinter: »Wenn wir nur die Version für China verändern, ermöglichen wir damit nur die Kritik der Presse. Denn Blogger würden die Versionen vergleichen und dabei feststellen, dass wir die China-Variante nur verändert haben, um den Markt dort ruhigzustellen.«

Zu den berühmtesten Beispielen für solche Selbstzensur zählt das Remake des Kalte-Krieg-Klassikers *Red Dawn*. Im Original ging es um eine sowjetische Invasion Amerikas. In der Neuauflage des amerikanischen MGM-Studios von 2012 sollte es eine chinesische Invasion sein. Als alles abgedreht war, ging MGM pleite. Sony übernahm den Film und ließ in der Weltversion die chinesischen Angreifer digital in nordkoreanische Soldaten inklusive entsprechende Uniformen und Abzeichen verwandeln, um den Film auch in China zu zeigen. In *Top Gun: Maverick* aus dem Jahr 2022 entdeckten Fans, dass das Taiwan-Abzeichen auf der Lederjacke von Tom Cruise im Originalfilm von 1986 digital durch einen neutralen Aufnäher ersetzt worden war, weil die Produktionsfirma Paramount den Ärger der chinesischen Zensoren fürchtete. Auch die deutsche Anthologie *Berlin, I Love You* von Rheingold Films und Walk on Water Films wurde ein Opfer von Selbstzensur. Die Produzenten schnitten eine Sequenz heraus, bei der der chinesische Dissident und Künstler Ai Weiwei Regie geführt hatte, weil die Filmverleihfirmen die Originalfassung nicht nehmen wollten. »Als ich davon erfuhr, war ich sehr wütend«, so Ai Weiwei, »es war frustrierend zu sehen, dass westliche Künstler und Einrichtungen mit der chinesischen Zensur so offensichtlich kollaborieren.«[31]

Die Schwarze Liste

Jede Anspielung auf Themen wie Taiwan oder Menschen- und Bürgerrechtsverletzungen in Xinjiang, Tibet und Hongkong zieht Konsequenzen nach sich. Nach Angaben von PEN gibt es wohl auch eine Schwarze Liste mit den Namen von SchauspielerInnen, die sich kritisch über China geäußert oder irgendwann einmal mit dem Dalai-Lama in der Öffentlichkeit gezeigt haben, z. B. Richard Gere, Selena Gomez, Sharon Stone und Harrison Ford.

Als 2021 die in Peking geborene Regisseurin Chloe Zhao den Oscar für ihre Dokumentation *Nomadland* gewann, wurde sie von chinesischen Medien als »Stolz Chinas« gefeiert, sicher auch weil der Film über die schwierigen Lebensbedingungen von Menschen, die in ihren Wohnwagen durchs Land ziehen, ein Stück des amerikanischen Niedergangs der letzten Jahre zeigt. Wenige Monate später sollte eigentlich Zhaos neuer von Disney produzierter Actionfilm *Eternals* in den chinesischen Kinos anlaufen. Kurz zuvor tauchte jedoch ein acht Jahre altes Interview der Regisseurin auf, in dem sie China als Ort bezeichnet hatte, »an dem es überall Lügen gibt«. Daraufhin verweigerten die Zensoren der Kommunistischen Partei die Zulassung von *Eternals* für den chinesischen Markt, ein schwerer

Schlag für den Filmkonzern Disney. Auch Chloe Zhao dürfte jetzt auf der Schwarzen Liste stehen.

Die Studie von PEN nennt Dutzende weiterer Beispiele, listet die tiefe Vernetzung chinesischer Investoren mit der amerikanischen Filmindustrie auf und zitiert den ehemaligen Präsidenten der amerikanischen Schriftstellergilde Howard Rodman mit den Worten: »Ich würde die Zahl der amerikanischen Autoren und Produzenten nicht unterschätzen, für die die Aussicht sehr verlockend ist, chinesisches Geld zu bekommen und einen Film für den chinesischen Markt zu machen. Es geht hier um mehr als Kleckerbeträge. Wir sind im Geschäft der Deckenmalerei«, so Rodman in Anspielung auf das Mäzenatentum der Renaissancezeit. »Wenn du in der Deckenmalerei bist, arbeitest du für Päpste.«

Besser kann man es kaum auf den Punkt bringen. Die Kommunistische Partei Chinas benutzt den Kapitalismus als Waffe, um Kritik zum Schweigen zu bringen. Und ein korruptes, rückgratloses Hollywood macht sich zum willfährigen Helfer eines menschenverachtenden Regimes. Ausgerechnet jene, die mit ihrer Arbeit Hunderte von Millionen Menschen aufklären, inspirieren und begeistern könnten, schauen und ducken sich weg. Es gebe unzählige Geschichten, die man aus China erzählen könne, so PEN America, viele davon sicher ohne Kontroversen. Aber es gebe eben auch »die Verbrechen gegen die Menschlichkeit in Xinjiang«, den »Kampf der Tibeter« um den Erhalt ihrer Kultur und die »Demokratiebewegung in Hongkong« – Storys, denen immer weniger Platz geboten würde, weil den Hollywoodstudios die Einspielerlöse wichtiger seien als die Interessen ihres Publikums. »Geschichten können Veränderungen auslösen, sie können Menschen motivieren und sie können der Macht die Wahrheit vorhalten. Aber sie können das nicht, wenn sie zu politischen Zwecken zensiert, gesäubert oder gekapert werden. Und erst recht nicht, wenn sie von vornherein niemals erzählt werden.«

Globale Medienkampagne

Nicht nur Hollywood hilft der Kommunistischen Partei, China als mächtiges, freundliches, fortschrittliches Land unter der wohlmeinenden Führung Xi Jinpings darzustellen. In seiner großen außenpolitischen Rede im November 2014 hatte der chinesische Präsident gefordert: »Wir sollten Chinas Softpower verstärken, ein gutes chinesisches Narrativ verbreiten und Chinas Botschaft an die Welt besser kommunizieren.«

Xis Strategie der Informationskriegsführung dient dazu, die öffentliche Meinung rund um den Globus so zu beeinflussen, dass die jeweiligen Regierungen politische Entscheidungen fällen, die auch im Interesse der chinesischen Führung liegen. »Zu ihrem Blick auf die nationale Sicherheit gehört die Vorbeugung in der Welt der Ideen«, so sagte es der ehemalige CIA-Mitarbeiter und Chinaexperte der Denkfabrik Jamestown Foundation, Peter Mattis, dem britischen *Guardian*. »Das einzige Ziel für die Verbreitung dieser Propaganda ist es, Entscheidungen vorzubeugen und auszuschließen, die den Interessen der Volksrepublik China widersprechen.«[32]

Der *Guardian* und die Nachrichtenagentur Reuters haben in intensiven Recherchen nachverfolgt, wie die chinesische Führung auch im Bereich der Nachrichtenmedien die weltweite Verbreitung von Propaganda befeuert. Hauptwerkzeuge sind das Staatsfernsehen CCTV und das staatliche China Radio International (CRI), die beide seit 2018 ebenfalls der Zentralen Propagandaabteilung der Kommunistischen Partei Chinas unterstehen. CRI arbeitet – anders als die Deutsche Welle – nicht nach journalistischen Kriterien, sondern verbreitet unverhohlen die Positionen des chinesischen Regimes und verfügt dafür über ein weltweites Netzwerk von Sendern, deren wahre Besitzverhältnisse die Mutterfirma geschickt verschleiert.

Mein Lieblingsradiosender hier in Washington ist WAMU, die Lokalstation der American University, an der ich vor langer Zeit einmal Journalismus und Internationale Politik studierte. WAMU gehört zum Netzwerk von National Public Radio, dem öffentlichen Rundfunk in den USA, der unabhängig und kritisch über Politik berichtet, egal, wer gerade die Macht hat im Weißen Haus und im Kongress.

Wer es lieber einseitiger hat und am allerliebsten auf chinesischer Regierungslinie, der konnte bis vor Kurzem auf Mittelwelle bei 1190 kHz Erfüllung finden – sogar ohne zu wissen, dass WCRW Xi Jinpings Sprachrohr in der amerikanischen Hauptstadt war. Denn an keiner Stelle wird erwähnt, dass fast die komplette Sendezeit von einer amerikanischen Firma gekauft ist. Deren größter Anteilseigner mit rund 60 Prozent ist China Radio International.[33] Kein Wunder, dass die Station 2015 im Streit um die Spratly-Inseln im Indopazifik einen Kommentar sendete, der die Schuld an den Spannungen »externen Mächten« in die Schuhe schob, die »mit falschen Behauptungen« versuchten, sich »in diesen Teil der Welt hineinzudrängen«. Damit war wohl die damalige Obama-Administration gemeint, die an der Seite der Weltgemeinschaft Chinas dreistes Vorgehen kritisiert hatte. Im Oktober 2015 berichteten die *City News*, amerikanische Sicherheitsbehörden seien besorgt über eine Hackerattacke, bei der die persönlichen Daten von 20 Millionen Regierungsangestellten gestohlen wurden. Kein Wort darüber, dass die CIA China öffentlich als mutmaßlichen Täter benannt hatte.

WCRW ist nur eine von mindestens 33 separaten Radiostationen in 14 Ländern der Welt – darunter Finnland, Australien, Nepal und die USA –, hinter denen sich Chinas Staatssender CRI verbirgt. Und das funktioniert so: CRI ist über ein hundertprozentiges Tochterunternehmen Eigentümer der Guoguang Century Media Consultancy; diese hält jeweils 60 Prozent an drei Medienunternehmen, die von drei chinesischen Geschäftsleuten gegründet wurden. Die erste Firma – GB Times – mit Sitz im finnischen Tampere versorgt neun Radiostationen in Europa mit Propaganda, unter anderem in Budapest, Bukarest, Belgrad, Rom und Istanbul. Die Global CAMG Media Group in Melbourne beliefert acht Stationen im Pazifikraum, z. B. Kathmandu, Bangkok und Canberra. Und die G&E Studio Inc. in Los Angeles verteilt Inhalte an 15 Stationen in den USA (unter anderem Houston, Dallas, San Francisco und Boston) und eine im kanadischen Vancouver. Das Konzept der verschachtelten Besitzverhältnisse wird vom Regime in Peking als »Strategie des geliehenen Bootes« bezeichnet, weil man sich gewissermaßen ein Transportmittel ausborgt, um die eigene Botschaft zu verbreiten. Die Urenkelsender von CRI senden in Englisch und anderen Sprachen, mischen Musik und Kultur mit Nachrichten und lassen das Publikum über den wahren Absender mit wenigen Ausnahmen im Unklaren. Darin unterscheidet sich das Vorgehen auch von der Praxis des amerikanischen Regierungssenders Voice of America.

Eine schillernde Persönlichkeit ist der Chef der nordamerikanischen G&E Studio Inc. James Yantao Su stammt aus Schanghai, ist aber jetzt amerikanischer Staatsbürger. Der Multimillionär besitzt Anteile an mehreren englisch- und chinesischsprachigen Radiosendern und Zeitschriften, an mehreren Apartmentgebäuden sowie Wohnungen im Trump Hotel in Las Vegas. Im Jahr 2003 hatte er bei einer Rede in China von seinem Plan gesprochen, eine Firma in den USA zu gründen, die »Chinas Ideologie« unterstütze. 2008 beklagte er bei einer Veranstaltung, über die CRI berichtete, dass die amerikanischen Medien zu viel über die Menschenrechte in China bringen würden, damit täuschten sie »das objektive Verständnis der amerikanischen Massen für China und fachen damit sogar feindselige Gefühle an«. 2009 gründete Su die G&E Studio Inc., 2013 wurde er für sein Engagement von der chinesischen Regierung ausgezeichnet. Mit welchem Geld er die Sendezeit bei den Radiostationen bezahlt, wollte er den Kollegen von Reuters nicht sagen. Die US-Behörden wurden übrigens erst durch die Recherchen der Nachrichtenagentur auf den chinesischen Propagandasender in Washington und eine Schwesterstation in Philadelphia aufmerksam. Im Januar 2022 beendete WCRW die Zusammenarbeit mit China Radio International, nachdem über sechs Monate keine Zahlungen mehr aus Peking eingegangen waren.

Stars für die Propaganda

Eigentlich seltsam, denn China investiert Milliarden in den Ausbau seines globalen Medienimperialismus. Ein weiteres Beispiel ist das China Global Television Network, der internationale Arm des chinesischen Staatsfernsehens CCTV, das weltweit außerhalb Chinas in mehr als 200 Millionen Haushalten gesehen wird.

Die Offensive begann im Jahr 2011 mit der Eröffnung großer Nachrichtenbüros in Washington und Nairobi, gefolgt von der Europazentrale in London. Wer bereit war, die Nachrichten aus der chinesischen Perspektive zu erzählen, konnte mit lukrativen Jobangeboten rechnen; namhafte Journalisten von BBC, Al Jazeera und anderen Medien wechselten zu CGTN. Auf die 90 angebotenen Stellen in London bewarben sich mehr als 6000 Interessenten. CGTN Afrika versuchte sogar, chinakritische Reporter einzukaufen. Der nigerianische Journalist Dayo Aiyetan hatte enthüllt, wie chinesische Geschäftsleute in Nigeria illegal Wälder abholzen ließen. Das Jobangebot von CGTN mit doppeltem Einkommen sah er als Versuch, ihn zum Schweigen zu bringen und die Glaubwürdigkeit des neuen Senders zu erhöhen. Er lehnte ab. Viele andere nahmen an und unterwarfen sich den Regeln, nach denen sie vor allem Geschichten über Chinas Großzügigkeit und Stärke in aller Welt erzählen sollten. Themen wie Menschen- und Bürgerrechte waren tabu. Im Februar 2021 entzogen die Aufsichtsbehörden in Großbritannien CGTN die Lizenz und verhängten Geldstrafen in einer Gesamthöhe von 630 000 Dollar, weil der Sender wiederholt Propagandavideos mit den erzwungenen Geständnissen von Angeklagten in China gezeigt hatte.

Wie wenig die Berichterstattung mit einem freien, unabhängigen und kritischen Journalismus zu tun hat, wird in einem Videoclip deutlich, den CGTN Anfang April 2017 auf YouTube stellte.[34] Unter der Überschrift »My Life, My China – solche freien Medien will ich nicht« philosophieren Redakteure chinesischer Staatsmedien über ihren Auftrag. Ein CGTN-Moderator sagt: »Wenn wir über Gehirnwäsche reden: Ich glaube, dass viele Journalisten eine Gehirnwäsche mit diesen westlichen Werten von Journalismus bekommen haben.« Sein Kollege vom französischsprachigen Programm bemüht ein interessantes Bild: »Ein Flugdrachen ist wunderschön, wenn er an einer Schnur hängt; dann fliegt er frei am Himmel. Aber wenn du die Schnur durchschneidest, fällt der Drachen zu Boden. Das Gleiche gilt für Journalismus. Er ist verbunden mit sozialen Verpflichtungen. Er soll den öffentlichen Diskurs lenken in Richtung einer positiven und konstruktiven Aussicht und muss im Einklang stehen mit den fundamentalen Interessen der Nation und ihres Volkes.«

Auch die chinesische Nachrichtenagentur Xinhua hat sich an dem vermeintlichen Lehrvideo beteiligt. »Die soziale Ordnung hat Vorrang vor allem«, meint einer ihrer politischen Korrespondenten. »Man kann ja unterschiedliche politische Meinungen haben, aber Frieden und Stabilität haben Vorrang vor allem.« Seine Kollegin Luo Yun fügt hinzu: »Wir müssen Verantwortung übernehmen für das, was wir berichten. Wenn das Zensur ist, dann ist es eine gute Zensur.«

Ganz offenbar haben die Angestellten der chinesischen Staatsmedien verinnerlicht, dass die Entwicklung des Volkes über den Menschen- und Bürgerrechten steht. Die Agentur Xinhua, die mit ihren Angeboten aus rund 200 Büros weltweit Hunderte von Millionen

Menschen erreicht, wünscht sich dabei von Mitarbeitern eine Kombination aus Journalismus und kreativem Schreiben. Was damit gemeint ist, erklärt Christan Clay Edwards, der von 2010 bis 2014 für Xinhua aus Sydney berichtete: »Ihr Ziel war laut und deutlich: eine chinesische Agenda voranzutreiben. Es ging einzig darum, die Brüche im System zu finden und die auszuschlachten.« Edwards sollte vor allem kritische Geschichten über die australische Regierung verbreiten.

Bezahlte Beilagen

Auch Zeitungen sind im Visier der chinesischen Investitions- und Propagandaoffensive. Nachdem der australische Verlag Fairfax Media 2016 eine Kooperationsvereinbarung mit der staatlichen Tageszeitung *China Daily* unterzeichnet hatte, fanden die Leser des *Sydney Morning Herald*, der *Australian Financial Review* und der Zeitschrift *The Age* in ihrem Blatt einmal monatlich eine mehrseitige Einlage aus der chinesischen Partnerzeitung. Unter dem Titel »China Watch« enthielt sie Lobpreisungen für die Handelsbeziehungen zwischen China und Australien und fadenscheinige Argumente für Chinas Anspruch auf die Spratly-Inseln im Südchinesischen Meer, den das internationale Schiedsgericht ja abgelehnt hatte. Auf den Fotos der Vertragsunterzeichnung war neben den Vertretern der beiden Verlagshäuser auch der Chef der Propagandaabteilung der Kommunistischen Partei zu sehen. Ähnliche Vereinbarungen hatten offenbar auch die *Washington Post* und das *Wall Street Journal* in den USA, *Le Figaro* in Frankreich und der *Daily Telegraph* in Großbritannien getroffen. Letzterer erhielt für zwölf monatliche Beilagen pro Jahr rund 750 000 Pfund von *China Daily*. Die chinesische Zeitung gab in den USA allein in den Jahren 2017/18 fast 21 Millionen Dollar aus, um mithilfe der angesehenen US-Zeitungen Glaubwürdigkeit für ihre Propagandaeinlage zu kaufen. Erst 2020 stiegen zahlreiche Verlagshäuser aus den lukrativen Deals aus, gefolgt vom australischen Medienunternehmen Nine Entertainment, das Fairfax Media aufgekauft hatte. Offenbar hatte die chinesische Propaganda in der Coronakrise das Fass zum Überlaufen gebracht, in der Februarausgabe von *China Watch* hatte gestanden: »China hat die umfassendsten und strengsten Eindämmungs- und Abmilderungsmaßnahmen ergriffen, weit über das hinaus, was internationale Gesundheitsvorschriften verlangen.«[35]

2014 kaufte eine Firma namens Integrated Whale Media Investments das US-Magazin *Forbes* inklusive der Verlagseinrichtungen für rund 415 Millionen Dollar. Die neuen Eigentümer waren drei Geschäftsleute, einer aus Hongkong mit engen Beziehungen zur chinesischen Regierung in Peking. 2016 übernahmen chinesische Investoren die Fernsehproduktionsfirma Dick Clark Productions (dcp), im Januar 2017 ging die International Data Group (IDG) aus Chicago, eines der größten Medienhäuser der Welt, an die China Oceanwide Holding Group. Damit sind nun Computerzeitschriften wie *Macworld, Computerworld,* PC*World*, *Greenbot* und *TechHive* sowie die Produktion von Konferenzschaltungen und Videos für Kunden in fast hundert Ländern in chinesischer Hand – genauer gesagt: in der Hand von Lu Zhiquiang. Lu war damals mit einem geschätzten Vermögen von 13 Milliarden Dollar der neuntreichste Mann Chinas und saß in einem Beratungsgremium für die chinesische Regierung. Bis zu seinem Ruhestand 2020 finanzierte er mit Oceanside Prestigebauprojekte, z. B. das Park Hyatt Hotel in San Francisco, kaufte eine der größten amerikanischen Pflegeversicherungen und hielt Anteile an der Firma, die den weltgrößten Computerhersteller Lenovo kontrolliert.

Das chinesische Milliardenengagement auf dem globalen Medienmarkt – bei Radio, Fernsehen und Print – lässt nur einen Schluss zu: Die Kommunistische Partei ist einsame Weltspitze bei der Verbreitung all jener Information und Desinformation, die ihren internationalen Machtanspruch befeuern und ihren nationalen Machterhalt zementieren. Genau diesen Zwecken dienen auch Chinas Aktivitäten an Kultur- und Bildungseinrichtungen in den USA und Europa.

Manipulation à la Konfuzius

Im Studienjahr 2017/18 gab es an amerikanischen Hochschulen rund eine Million Studenten aus dem Ausland, unter ihnen allein 350 000 aus China, sowie 80 000 Schüler an amerikanischen Schulen. Da die Studiengebühren in den USA hoch sind, trugen die chinesischen Studenten mit rund zwölf Milliarden Dollar pro Jahr erheblich zur

Finanzierung des Bildungssystems in den USA bei. Ein Beispiel: An der University of Illinois kommen rund elf Prozent der Studenten aus China. Anders als für Amerikaner gibt es für sie keine Gebührennachlässe, also nutzt die Universität die eingenommenen Gelder, um US-Bürgern entsprechende Nachlässe zu gewähren. Einige amerikanische Elitehochschulen hatten sogar einen eigenen Campus in China etabliert, so die Johns Hopkins University in Nanjing, die New York University in Schanghai und die Duke University in Kunshan.

Vor diesem Hintergrund ist eines der wichtigsten Werkzeuge für die Einflussnahme Chinas in den USA und in Europa das Netzwerk von Konfuzius-Instituten, die meist enge Kontakte zu den Hochschulen der jeweiligen Länder pflegen. Finanziert werden die Konfuzius-Institute durch die Organisation Hanban, der Chinesischen Staatlichen Lenkungsgruppe für Chinesisch als Fremdsprache, die direkt der chinesischen Regierung untersteht. Der Chef ist in der Regel ein hochrangiger Funktionär der Kommunistischen Partei. Die Mission von Hanban liest sich auf der Website des Programms zunächst einmal harmlos: »Hanban als öffentliche Einrichtung mit Beziehung zum chinesischem Bildungsministerium widmet sich dem Angebot von Ressourcen für die Lehre der chinesischen Sprache und Kultur in aller Welt. Es tut alles, um die Bedürfnisse von ausländischen Schülern beim Erlernen der chinesischen Sprache zu befriedigen und zur Entwicklung von Multikulturalismus und der Errichtung einer harmonischen Welt beizutragen.«[36]

Eine Täuschung, hatte doch im Februar 2010 der damalige chinesische Präsident Hu Jintao bei einer Veranstaltung das wichtigste Ziel der Konfuzius-Institute offen ausgesprochen: »Die Etablierung und Weiterverbreitung von unterschiedlichen Spracheinrichtungen wie den Konfuzius-Instituten rund um die Erde sollen den Einfluss unserer Partei weltweit vergrößern.«

Im Jahr 2017 gab es mehr als 500 solcher Einrichtungen in der Welt, davon 157 in Nord- und Südamerika, 169 in Europa, 110 in Asien und 46 in Afrika. Allein in den USA sind über 100 Konfuzius-Institute an den Universitäten und Colleges etabliert, an mehr als 500 amerikanischen Schulen boten sie unter der Bezeichnung »Konfuzius-Klassen« chinesischen Sprachunterricht an.

Oft sind die Institute auf der Grundlage von Verträgen mit den jeweiligen Hochschulen offizieller Teil des Universitätscampus, so zum

Beispiel an der angesehenen Stanford University nahe San Francisco. Hanban bietet den amerikanischen Unis ein Startkapital von 150 000 Dollar pro Jahr, jeweils 100 000 Dollar in den Jahren danach. Schulen bekommen zunächst 50 000 Dollar. Dann sorgt die Zentrale in Peking dafür, dass eine chinesische Universität Unterrichtsmaterialien – jeweils 3000 Bücher und audiovisuelle Lehrmittel – und Lehrkräfte zur Verfügung stellt, die auch direkt aus China bezahlt werden. Die Etablierung eines Konfuzius-Instituts ist an zwei Bedingungen geknüpft: Die Details der Verträge mit den amerikanischen Universitäten müssen geheim bleiben, und die Einrichtungen dürfen keinerlei Aktivitäten entwickeln, die gegen chinesische Gesetze verstoßen.

Die angebotenen Programme – von Kunstausstellungen über Literaturvorlesungen bis zu Konzerten – müssen deshalb mit der Zentrale in Peking abgestimmt werden, sodass sensible Themen wie Taiwan oder die Menschenrechtsverletzungen gegen die Uiguren einfach nicht vorkommen. Offenbar ist nicht einmal eine Diskussion über den chinesischen Präsidenten Xi Jinping erlaubt. Die Konfuzius-Institute in Hannover und Duisburg mussten im Herbst 2021 eine geplante Diskussion über die neue Xi-Biografie von Stefan Aust und Adrian Geiges kurzfristig absagen – offenbar auf Druck aus Peking.

Im Jahr 2017 veröffentlichte der amerikanische Gelehrtenverband National Association of Scholars (NAS) eine 185-seitige Untersuchung zu den Praktiken und Lehrinhalten der Konfuzius-Institute.[37] Die Experten kritisieren vor allem die Einschränkung der intellektuellen Freiheit bei der Themenauswahl und den Diskussionen im Unterricht, die fehlende Transparenz über mögliche Vorgaben von und enge Vernetzungen mit der Kommunistischen Partei in Peking und die Beeinflussung der Studenten und Schüler durch Chinas Staatspropaganda. Eine Reihe von Universitäten hatten für die Teilnahme an Kursen der Konfuzius-Institute sogenannte Credits vergeben, die im Rahmen der Pflichtveranstaltungen des Studiums anerkannt wurden, ohne jedoch irgendeine Kontrolle über die gelehrten Inhalte zu haben. Mit anderen Worten: Die betreffenden Hochschulen hatten einen Teil ihres Lehrauftrags gegen üppige Bezahlung aus China einfach outgesourced und dadurch bei den Ausgaben für eigene Programmangebote gespart, ohne die Studenten bei den horrenden Studiengebühren zu entlasten. Schlimmer noch: Einige Konfuzius-Institute kassierten sogar zusätzliche Kursgebühren von den Studenten.

Die Kunst des Weglassens

Das Lehrmaterial an den Instituten ist weniger problematisch durch das, was in ihnen steht, als durch das, was fehlt. Bei Büchern über Tibet wird beispielsweise ausschließlich die staatliche chinesische Sicht dargestellt, ohne den teils diskriminierenden Umgang mit den Menschen in dieser Region zu erwähnen. Vom Tian'anmen-»Zwischenfall« fehlt in den Lehrbüchern jede Spur; Taiwan wird ausschließlich als Teil Chinas dargestellt, ohne die politischen Differenzen zu problematisieren.

Hanban empfahl auch eine Reihe von propagandistischen Videos für den Unterricht. Eines davon trägt den Titel »Der Krieg gegen die US-Aggression und die Hilfe für Korea« und gibt den USA die Schuld am Koreakrieg. In den Untertiteln unter den Bildern von Fallschirmspringern heißt es: »Die Vereinigten Staaten manipulierten den UN-Sicherheitsrat«, um die Zustimmung für einen militärischen Einsatz »vor allem aus US-Truppen« zu bekommen, die dann alles taten, »um die Aggression gegen Korea zu vergrößern.« China habe sich dann aufgemacht, »den USA zu widerstehen, Korea zu helfen und unser Mutterland zu beschützen«. Im Film fällt kein Wort über den vorherigen Einmarsch nordkoreanischer Truppen in den Süden und die grausame Behandlung westlicher Soldaten in chinesischen Gefangenenlagern. In einem anderen Video wird der chinesisch-japanische Krieg von 1894/95 extrem einseitig dargestellt.

Man mag einwenden, dass ja auch andere Staaten wie Frankreich und Deutschland weltweite Netzwerke von Kultur- und Sprachinstituten betreiben und natürlich dabei die Sicht ihrer jeweiligen Länder promoten. Die Alliance Française unterhält 850 Zentren in 136 Ländern, das deutsche Goethe-Institut ist mit 158 Büros in 98 Ländern vertreten. Aber all diese Einrichtungen sind nicht unmittelbar mit Hochschulen und Schulen verbandelt und befinden sich auch nicht auf deren Gelände. Alliance Française und Goethe-Institut sind weder einer einzigen Partei verpflichtet, noch unterstehen sie den Regierungen. Das Goethe-Institut ist seit 1976 eine »unabhängige kulturelle Organisation«, die allerdings größtenteils aus dem Bundeshaushalt finanziert wird. Eines tun diese Organisationen gewiss nicht – eine Art Selbstzensur auslösen oder gar Druck ausüben bei Kooperationspartnern in den jeweiligen Ländern, in denen sie tätig sind. Genau das aber geschieht an Hochschulen, denen die Einnahmen aus dem Vertrag mit Hanban offenbar wichtiger sind als die Verteidigung der akademischen Freiheiten, wie zahlreiche Beispiele belegen. Ich will einige von ihnen kurz benennen.

Im Jahr 2008 entfernte die Tel Aviv University das Kunstprojekt eines Studenten über die Behandlung von Anhängern der Bewegung Falun Gong in China. Die Universität verstieß damit gegen die Meinungsfreiheit, weil sie – so urteilte später ein Gericht – die Beziehung zum Konfuzius-Institut nicht belasten wollte. Aus den gleichen Beweggründen lud die North Carolina State University 2009 den Dalai-Lama wieder aus, 2013 verbannte die Sydney University in Australien eine Veranstaltung mit dem Dalai-Lama von ihrem Campus. 2014 legte die Direktorin von Hanban, Xu Li, selbst Hand an. Bei der Tagung der Europäischen Vereinigung für Chinastudien in Portugal entfernte sie aus allen Programmheften zwei Seiten, auf denen eine taiwanesische Stiftung und die taiwanesische Nationalbibliothek mit Anzeigen für ihre Programme warben. Sowohl die Stiftung als auch Hanban waren Sponsoren der Veranstaltung, aber die Hanban-Chefin fühlte sich offenbar ein wenig gleicher als alle anderen Unterstützer der Konferenz. Ihr Handeln ist wenig überraschend; der eigentliche Skandal ist, dass die Veranstalter nichts gegen die Zensur unternahmen.

Einige, vielleicht auch viele Hochschulen, die Verträge mit Hanban geschlossen haben, vermeiden in vorauseilendem Gehorsam grundsätzlich chinakritische Veranstaltungen auf ihrem Gelände. Einige üben sogar Druck auf ihre Lehrkräfte aus, sich Äußerungen zu verkneifen, die den Vertragspartnern – mit anderen Worten der Kommunistischen Partei Chinas – nicht genehm sein könnten. Auch solche Fälle dokumentiert die NAS-Studie und zitiert unter anderem einen langjährigen Professor einer britischen Universität, gegen den China ein Einreiseverbot verhängte. Der Mann fürchtete, wie eine Reihe von KollegInnen in verschiedenen Ländern, einen Karriereknick aufgrund chinakritischer Anmerkungen. Das Problem sei vor allem, dass sich die Hochschulleitungen zu willfährigen Helfern des chinesischen Regimes machten – aus purer Profitgier, freiwillig, ohne jeden Zwang: »Wenn jemand dir eine Waffe an den Kopf hält, dann gibst du auf, oder du gibst nicht auf. Du hast die Wahl. Aber die halten dir nicht die Waffe an den Kopf, sondern winken mit einer Riesensumme Geld, obwohl es meist gar nicht so viel Geld ist.«

Nur Freunde dürfen rein

Die chinesische Regierung nutzt einen weiteren Hebel, um die Hochschulen und ihre Lehrkräfte von chinakritischen Aktivitäten abzuhalten – eine Art Belohnungs- und Bestrafungssystem durch Zugangskontrolle. Wissenschaftler, die durch nicht genehmes Verhalten aufgefallen sind, landen auf einer Schwarzen Liste. Ihnen wird die Einreise nach China für Forschungsarbeit verweigert. Wer doch ein Visum bekommt, darf möglicherweise bestimmte Bibliotheken und Institute nicht betreten, muss seine Vorträge der chinesischen Zensur unterwerfen, darf weder Internet noch E-Mail benutzen und muss mit ständiger Überwachung durch »Minder« rechnen.

China begrenzt auch den Zugang amerikanischer Universitäten zu elektronischen Datenbanken mit Büchern, wissenschaftlichen Veröffentlichungen, Konferenzprotokollen, Zeitungen und Zeitschriften. Was die Amerikaner nicht sehen sollen, bekommen sie und der Rest der Welt nicht zu sehen. Wenn US-Hochschulen die Einschränkungen vermeiden wollen, dürfen sie der chinesischen Regierung und ihren Konfuzius-Instituten nicht auf die Zehen treten. Aus alldem zog der nationale Gelehrtenverband NAS 2017 eine klare Schlussfolgerung: »Eine ausländische Regierung sollte sich nicht in eine Universität einmischen können, ihre Glaubwürdigkeit und ihren Ruf ausnutzen. […] Unsere vordringlichste Empfehlung ist, dass alle amerikanischen Universitäten und Schuldistrikte die Konfuzius-Institute und -Klassen schließen und alle Verträge mit Hanban beenden. Bis dahin fordern wir Reformen [Einschränkungen, Anm. d. Autors], um die Integrität der amerikanischen Erziehung und die intellektuelle Freiheit zu beschützen.«

Eine noch größere Bedrohung sehen die nordamerikanischen Geheimdienste. Sie gehen davon aus, dass die chinesische Regierung die Institute nutzt, um die Studentenschaft zu infiltrieren, kritische Einstellungen unter den chinesischen Studenten frühzeitig zu erkennen und besonders linientreue Personen für mögliche Spionagetätigkeiten anzuwerben. Der ehemalige Abteilungsleiter Asien des kanadischen Geheimdienstes CSIS warnte im Oktober 2014: »Die Konfuzius-Institute haben ein System entwickelt, mit dem sie Menschen rekrutieren, sie in sehr, sehr jungen Jahren identifizieren, dann lange warten, bevor sie dann deren Liebe für die chinesische Kultur« für ihre Zwecke nutzen. Wenn die Studenten also im Berufsleben herausgehobene Funktionen erreicht haben, so der Gedanke, könnten die chinesischen Geheimdienste Gefallen einfordern, um die Interessen des Mutterlandes zu befördern.

Die Kommunistische Partei hat auch ein System entwickelt, mit dem sie frühzeitig auf chinesische Studierende in den USA aufmerksam wird, die von der Linientreue zum Regime abweichen. Die Chinese Students and Scholars Association (CSSA) ist nichts anderes als eine Hochschulgruppe mit einem direkten Draht in die Konsulate und die Botschaft Chinas in den Vereinigten Staaten. Es gibt sie an 150 amerikanischen Universitäten, an einigen hat sie sogar Parteizellen gegründet. Sie sammelt Informationen über chinakritische Veranstaltungen. In Washington drohte die Botschaft einer Universität mit der Schließung des Konfuzius-Instituts, falls sie eine geplante Veranstaltung zur Lage der Uiguren in Xinjiang nicht absagte.

Die CSSA meldet auch auffälliges Verhalten der Studierenden, die dann von chinesischen Regierungsvertretern unter Druck gesetzt werden. In einer Reihe von Fällen bekamen auch ihre Verwandten in China Besuch von Beamten des Ministeriums für Staatssicherheit, die sie aufforderten, das »subversive Verhalten« ihrer studierenden Sprösslinge in den USA zu unterbinden. Angesichts solcher Vorfälle bezeichneten mehrere Politiker, darunter der republikanische Senator Marco Rubio aus Florida und die texanischen Kongressabgeordneten Michael McCaul und Henry Cuellar die chinesische Einflussnahme durch die CSSA und die Konfuzius-Institute als »Bedrohung für unsere nationale Sicherheit, weil sie als Plattform für die nachrichtendienstliche Aufklärung und die politische Agenda Chinas dienen«.

Offenbar wurden einigen amerikanischen Hochschulen die problematischen Aspekte ihrer Kooperation mit dem chinesischen Staat bewusst. 2014 kündigte die University of Chicago ihren Vertrag mit Hanban. Später folgten die Pennsylvania State University, die University of West Florida, die University of North Florida und die Texas

A&M University. Weitere Hochschulen – die Dickinson State University in Pennsylvania, die University of Pennsylvania und die Princeton University – stellten ihre Pläne für eine Zusammenarbeit mit Hanban ein, sicher auch, weil der jährliche Militärhaushalt der Vereinigten Staaten seit 2019 eine Klausel enthält, nach der Universitäten mit Verbindungen zum Konfuzius-Netzwerk keine Zuschüsse mehr für ihre Chinesisch-Sprachprogramme bekommen. Das Pentagon will sicherstellen, dass Militärangehörige und ihre Familien ihre Sprachkenntnisse nicht an Instituten erweitern, die einer staatlichen Einflussnahme Chinas unterliegen und bei der Rekrutierung von Spionen hilfreich sein könnten. 2020 erklärte die US-Regierung Hanban, ihre damals gerade neue gegründete Nachfolgeorganisation Zentrum für Sprachbildung und Kooperation und deren Ableger in den USA zu offiziellen Vertretungen der Volksrepublik China. Mittlerweile haben auch in Deutschland eine Reihe von Hochschulen ihre Zusammenarbeit mit den Brückenköpfen der Kommunistischen Partei beendet.

Ein Heer von Handlangern?

Die für China wohl wichtigste Gruppe von Menschen in den USA sind Amerikaner chinesischer Abstammung oder Chinesen, die in den Vereinigten Staaten leben. 2015 kamen mehr Zuwanderer aus China in die USA als beispielsweise aus Mexiko. Nach Schätzungen der neuen Volkszählung von 2020 leben in den USA insgesamt 5,4 Millionen Menschen chinesischer Abstammung, darunter 5,1 Millionen vom chinesischen Festland. Mehr als die Hälfte von ihnen haben die amerikanische Staatsbürgerschaft. Die amerikanischen Sicherheitsbehörden beobachten seit Jahren, dass die Kommunistische Partei Chinas alles daransetzt, diesen Teil der Bevölkerung zu beeinflussen und zu manipulieren, um ihre weltpolitischen Machtinteressen voranzutreiben. Dabei setzt das Regime auch auf Einschüchterungsmethoden gegen jene chinesischstämmigen Menschen in den USA, die Chinas teils menschenverachtendes Vorgehen im eigenen Land und sein Vormachtstreben in aller Welt kritisieren. Für Präsident Xi Jinping und seine Genossen gelten sie als Verräter, weil sie aus Sicht der Partei gar nicht Bürger eines fremden Landes sind, sondern die »Söhne und Töchter des Gelben Kaisers« und »Landsleute in Übersee«, die zur Unterstützung der Kommunistischen Partei und des Chinesischen Traums von der »Verjüngung [Erneuerung] der chinesischen Nation« verpflichtet sind, wie Xi es 2014 in einer Rede vor der Konferenz der chinesischen Überseeorganisationen sagte.[38]

Das System der Einflussnahme in anderen Ländern ist breit gefächert und streng organisiert, mithilfe von Organisationen wie der China Overseas Friendship Association (COFA) oder dem China Council for the Promotion of Peaceful National Reunification (CCPPNR), die selbstverständlich von hochrangigen Parteifunktionären geleitet werden. Sie sind Teil eines gleichgeschalteten Netzwerks, mit dem die Kommunistische Partei ihre Macht im In- und Ausland sichern will.

Zu dieser sogenannten United Front, also Einheitsfront, gehören acht chinesische Parteien sowie weitere politische und wirtschaftliche Beratergremien und Organisationen, die in China und rund um den Erdball aktiv sind, unter ihnen die CCPPNR. Gegründet 1988, hat sie mehr als 200 Ableger in aller Welt, einen davon in Washington. Dem Büro dort sind 32 Filialen in ganz Amerika nachgeordnet, die mit regelmäßigen Versammlungen, sowie Konzerten und Demonstrationen den chinesischstämmigen Menschen in den USA beibringen sollen, dass die Regierung in Peking ganz China vertritt und dass Taiwans vermeintliche Regierung illegitim ist. Die Leiter der Zweigstellen sind chinesische US-Bürger. Sie und andere Mitglieder der Gruppen werden von der Kommunistischen Partei gehätschelt, auf kostenlose Reisen nach China eingeladen und für ihre gute Propagandaarbeit in Amerika – darunter Protestaktionen gegen Taiwan und gegen eine tibetische Autonomie – mit Posten in den chinesischen Mutterorganisationen belohnt.

Eine von ihnen ist die Chinese People's Political Consultative Conference (CPPCC), ein Beratungsgremium der Kommunistischen Partei. 2018 wurden vier amerikanische Wissenschaftler und Geschäftsleute in die CPPCC berufen, für die sie die Erfolge ihres prochinesischen Engagements in den USA in Berichten darstellen müssen. Das lässt an ihrer Loyalität zum eigenen Staat – den USA – zweifeln, zumal sie chinesische Regierungspositionen vertreten müssen und sich auch schon mal an der Einschüchterung von Kritikern beteiligen. 2013 wurde ein gebürtiger Chinese mit amerikanischem

Pass zum Vizepräsidenten der COFA ernannt. Er organisierte eine Kampagne gegen den chinesischen Dissidenten Guo Wengui und postete ein Video mit einer Schimpftirade auf YouTube. Er werde »nicht ruhen«, bis Guo zur Verantwortung gezogen werde.

Chinesische Behörden sammeln mithilfe ihrer Überseeorganisationen auch Informationen über kritische Einstellungen in der amerikanischen Bevölkerung und nehmen dabei insbesondere jene ins Visier, die sich für die Rechte von Minderheiten in China einsetzen. Die Regierung ließ eine Datenbank über alle Angehörigen der uigurischen Minderheit im Ausland erstellen. Mit Drohungen erpresste die Polizei von Familienmitgliedern in China die Namen und Kontaktdaten ihrer Verwandten in den USA. Diese wurden dann in Amerika bedroht – in einigen Fällen schickte Peking sogar eigene Agenten getarnt als Touristen, wie das amerikanische FBI feststellte. Nach Erkenntnissen der US-Sicherheitsbehörden betreibt das chinesische Ministerium für Staatssicherheit unter dem Titel »1000 Sandkörner« auch ein Rekrutierungsprogramm für mögliche Spione innerhalb der chinesischstämmigen Bevölkerung in den USA.

Bedrohung der nationalen Sicherheit

Keith Alexander neigt eigentlich nicht zu Übertreibungen. Mehrfach hatte ich Gelegenheit, dem ehemaligen Direktor der National Security Agency (NSA) beim alljährlichen Aspen Security Forum und anderen Veranstaltungen zuzuhören. Alexander wählt seine Worte immer sehr vorsichtig. Aber in einem Fall griff der Chef des Geheimdienstes, der für Amerikas Abhöroperationen in aller Welt zuständig ist, doch einmal zu einem Superlativ, der zu einer Art Schlagzeile für Chinas Spionageaktivitäten geworden ist: »Es ist der größte Transfer von Reichtum in der Geschichte der Menschheit.« Damit beschrieb Alexander den Diebstahl geistigen Eigentums, der die Kernaufgabe der chinesischen Auslandsaufklärung ist. Jedes Jahr entstehen den Vereinigten Staaten dadurch Schäden in Höhe von bis zu 600 Milliarden Dollar.

Ich erinnere mich noch gut an den Auftritt von FBI-Direktor Christopher Wray vor dem amerikanischen Kongress im Juli 2020, bei dem er China »als größte Bedrohung« für die nationale Sicherheit der USA beschrieb. Im Schnitt eröffnete das FBI damals alle zehn Stunden Ermittlungen in einem neuen Fall von Spionage, hinter dem China vermutet wurde. Fast die Hälfte der insgesamt 5000 mutmaßlichen Spionagefälle in jenem Jahr wiesen Verbindungen zum Reich der Mitte auf, ein Anstieg von 1300 Prozent innerhalb von zehn Jahren. Das Pentagon beschrieb in einem Bericht detailliert die »Anstrengungen der Volksrepublik China, sensible, für zivilen und militärischen Gebrauch geeignete oder unmittelbar militärische Ausrüstungen zu beschaffen«, von Computerschaltkreisen und Halbleitertechnik über Lenksysteme und Robotikentwicklungen bis zu künstlicher Intelligenz und See-, Luft- und Raumfahrttechnologien.

Drahtzieher hinter alldem ist, wie erwähnt, das chinesische Ministerium für Staatssicherheit Guoanbu, das eng mit der Volksbefreiungsarmee und mit den schon genannten wirtschaftlichen, kulturellen und medialen Auslandsorganisationen vernetzt ist. Alles, was China durch Spionageaktivitäten im Hochtechnologiebereich sammelt, wird möglichst schnell für die Herstellung von Waren und Waffensystemen genutzt. Ein Heer von Wissenschaftlern und Ingenieuren arbeitet in einem dichten Geflecht von Forschungseinrichtungen, darunter 276 nationale Modelltransfer-Organisationen, 180 Pionierparks für chinesische Gelehrte in Übersee, 160 Innovations & Service Center und eine Vielzahl von kleinen staatlichen Unternehmen im Hightech-Sektor. Wichtigstes Werkzeug der chinesischen Spionage sind die menschlichen Quellen, die Chinas Geheimdiensten meist die wertvollsten Informationen liefern. Hier einige Fälle aus den letzten Jahren.

Im Juni 2020 wurde der chinesische Staatsbürger Qingshan Li zu drei Jahren Haft verurteilt, weil er versucht hatte, ein Funkgerät, das der Exportkontrolle unterlag, nach China zu schicken. Im September 2020 bekannte sich ein anderer Chinese schuldig; er wollte ein Schnellboot und spezielle Antriebe nach China exportieren, die für die Produktion von Unterwasserdrohnen geeignet sind. Der chinesische Agent Xu Yanjun wurde in den USA festgenommen und verurteilt, weil er geplant hatte, geheime Technologien von amerikanischen Flugzeugherstellern zu stehlen. Im August 2020 wurde ein Professor der Texas A&M University unter dem Verdacht festgenommen, insgeheim der chinesischen Regierung Informationen geliefert zu haben. Der 53-jährige Ingenieur Zhengdong Cheng hatte seine Kontakte zu einer chinesischen Universität und einem Unternehmen in China verschleiert und damit gegen seinen Forschungsauftrag für die amerikanische Weltraumbehörde NASA verstoßen. Cheng arbeitete offenbar nicht nur seit 2004 für die A&E University sondern von 2012 bis 2018 auch für die University of Technology in Guangdong, ohne die Behörden darüber zu informieren.

Im Dezember 2020 bekannte sich der chinesische Professor Bo Mao schuldig, sensible amerikanische Technologie an China verraten zu haben.[39] Bo hatte von einer US-Firma im kalifornischen Silicon Valley eine Computerplatine für seine Forschungsarbeit an der Universität in Arlington Texas erhalten und dann an Chinas größten Telekommunikationskonzern Huawei weitergereicht. Er kam mit einer geringen Strafe davon und kehrte an die chinesische Xiamen University zurück.

Ganz offenbar rekrutiert China aber auch Quellen nicht chinesischer Abstammung mithilfe seines sogenannten Tausend-Talente-Plans oder des Rekrutierungsprogramms für globale Experten. Dem US-Justizministerium zufolge handelt es sich dabei um ein Werkzeug der Kommunistischen Partei, »hochrangige wissenschaftliche Talente anzulocken, zu rekrutieren und zu kultivieren, um Chinas wissenschaftliche Entwicklung, wirtschaftlichen Wohlstand und nationale Sicherheit voranzutreiben«. Vielversprechende Personen, insbesondere aus Industrie und Wissenschaft, werden gezielt für Besichtigungs- und Forschungsreisen mit luxuriösem Begleitprogramm nach China eingeladen. Dort schöpfen vermeintliche Kollegen ihr Wissen ab, bitten sie um weitere Informationen, die sie in den USA beschaffen sollen, bevor sie dann zur nächsten Reise eingeladen werden. Sind sie einmal dazu bereit, hat der Geheimdienst sie in der Hand und erpresst weitere wertvolle Informationen. Eines der bekanntesten Beispiele ist Professor Charles Lieber.[40] Der ehemalige Chef des Instituts für Chemie und Biochemie an der Harvard University stand in ständigem Austausch mit der chinesischen University of Technology in Wuhan und hatte sich vertraglich für drei Jahre zur Zusammenarbeit im Rahmen des Tausend-Talente-Plans verpflichtet. Im Juni 2020 erhob das US-Justizministerium Anklage wegen Falschaussagen gegenüber dem FBI.

Natürlich hat auch der amerikanische Geheimdienst CIA ein Netzwerk von Quellen in China, aber die chinesische Spionageabwehr konnte einen Teil der Operationen in den vergangenen Jahren unterlaufen. Der langjährige CIA-Agent Jerry Chun Shing Lee in Hongkong verriet nämlich in den Jahren 2010–12 die Namen amerikanischer Informanten, bevor er vom FBI verhaftet und 2019 verurteilt wurde. Im gleichen Jahr erhielten auch Kevin Mallory vom Nachrichtendienst des US-Außenministeriums und der ehemalige Geheimagent Ron Rockwell Hansen lange Haftstrafen, weil sie Regierungsgeheimnisse an China verraten hatten. Die Zahl der belegbaren Spionagefälle, kombiniert mit der veränderten Wahrnehmung von einem Regime, das offen auf Konfrontationskurs zu den USA ging, erzeugte in den Trump-Jahren aber auch eine Paranoia, die weit über das Ziel einer vernünftigen Spionageabwehr hinausschoss. Auch das will ich anhand einiger Fälle darstellen, in denen Chinesen oder Amerikaner chinesischer Abstammung zu Opfern der ideologischen Stimmungsmache wurden.

Opfer einer Hexenjagd?

An einem Morgen im Mai 2020 klopfte das FBI an die Tür von Professor Qing Wang, der zu den angesehensten Herzforschern in den USA zählt. Nun mussten seine Frau und seine beiden Töchter erleben, wie Qing in Handschellen abgeführt und später angeklagt wurde, weil er bei einem Antrag für staatliche Forschungsgelder angeblich seine Verbindung zum kommunistischen Regime in China verheimlicht hatte.[41] Der Experte leitete damals ein Forschungsprojekt zu den genetischen Ursachen von Herzerkrankungen, das mit 3,6 Millionen Dollar vom Nationalen Gesundheitsinstitut NIH finanziert wurde. Qing war zu diesem Zeitpunkt auch Teil des Tausend-Talente-Plans und erhielt von der chinesischen Regierung rund 480 000 Dollar für eine ähnlich gelagerte Studie an der Huazhong Universität für Wissenschaft und Technik. Qing, der aus China stammt, aber 2005 die amerikanische Staatsbürgerschaft bekam, hatte mehr als 21 Jahre an der renommierten Cleveland Clinic gearbeitet. Er war federführend bei der Entdeckung des Gens, das das sogenannte Brugada-Syndrom auslöst, ein Herzflimmern, das tödlich enden kann. Trotzdem feuerte ihn sein Arbeitgeber kurz nach seiner Festnahme.

Qings Fall, wie die bereits dargestellten anderen Fälle, beruhte auf der sogenannten China-Initiative des US-Justizministeriums, mithilfe derer Spione in amerikanischen Forschungseinrichtungen und Unternehmen ausfindig gemacht werden sollten. Seit der Etablierung des Programms im Jahr 2018 ermittelten die Behörden gegen mehr als 85 Verdächtige, durchsuchten ihre Wohnungen und beschlagnahmten ihre elektronischen Geräte.

Im Juli 2021 ließ die Staatsanwaltschaft alle Anklagepunkte gegen Qing Wang fallen, ebenso wie in fünf weiteren Fällen, bei denen chinesischstämmige Forscher wegen angeblicher Gefährdung der nationalen Sicherheit der USA angeklagt worden waren. Jedes Mal lautete der Kernvorwurf, dass die Betroffenen ihre Verbindungen zu staatlichen Einrichtungen in China verschwiegen hatten. Doch Qing hatte nachweislich die Cleveland Clinic über seine Teilnahme am Tausend-Talente-Plan informiert und in den ergänzenden Unterlagen zu seinem Antrag für die Forschungsgelder auch seine Verbindungen zu der Universität in China offengelegt. Der Professor glaubt, dass er vor allem wegen seiner chinesischen Abstammung ins Visier der Behörden geriet. Tatsächlich ergab eine Untersuchung des US-Senats, dass rassistische Vorurteile beim Vorgehen zumindest einer amerikanischen Behörde gegen MitarbeiterInnen von Bundeseinrichtungen eine Rolle spielten.

»Ich habe immer noch Schwierigkeiten zu schlafen wegen des Traumas, das die US-Regierung mir angetan hat«, sagt Sherry Chen unter Tränen, »mein jahrzehntelanger Dienst an der Nation wurde komplett ignoriert und ist jetzt ausgelöscht.« Die 66-jährige Chen arbeitete als Hydrologin für den staatlichen amerikanischen Wetterdienst (National Weather Service) im Regionalbüro in Ohio und trug dort erheblich zur Verbesserung des Frühwarnsystems bei drohenden Überflutungen bei. Eine Kollegin der *New York Times* hat Chens Geschichte im April 2022 aufgeschrieben.[42] Acht Jahre zuvor war die Amerikanerin mit chinesischen Wurzeln verhaftet worden. Die Ermittler beschuldigten sie der Wirtschaftsspionage, gaben ihr Papier und Stift und verlangten, ein Geständnis niederzuschreiben, das sie selbst vorher verfasst hatten. Einen Anwalt brauche sie erst gar nicht zu rufen, 25 Jahre Haft und eine Geldstrafe in Höhe von einer Million Dollar seien ihr schon sicher. Chen hatte zwei Jahre zuvor ihre Eltern in China besucht. Bei Gesprächen mit chinesischen Wissenschaftlern soll sie angeblich geschützte Informationen über Talsperren und Dämme in den USA weitergegeben haben. Nach ihrer Festnahme 2014 wurde Chen vom Dienst suspendiert. Aber kurz vor ihrem Prozess im Folgejahr ließ die Staatsanwaltschaft alle Vorwürfe fallen. Die vermeintlich verratenen Daten über die amerikanische Wasserversorgung unterlagen gar keiner Geheimhaltung.

Hinter dem perfiden Vorgehen gegen die Wissenschaftlerin steckte der Investigations and Threat Management Service, also der Ermittlungs- und Bedrohungsmanagement-Dienst, eine kleine Einheit innerhalb des US-Wirtschaftsministeriums, die ab 2014 Behördenmitarbeiter mit chinesischem und nahöstlichem Hintergrund ins Visier nahm. Die Ermittler wählten gezielt Personen mit chinesischen Namen aus, durchsuchten ihre E-Mails nach bestimmten Wörtern in chinesischer Sprache und brachen in einer Reihe von Fällen in ihre Büros ein, um nach Beweismaterial zu suchen. Der langjährige Leiter der Taskforce George Lee wurde nach Bekanntwerden der Vorwürfe suspendiert. Im Abschlussbericht des Senats vom Juli 2021 wird die Einheit als »niederträchtige, unkontrollierbare Polizeimacht« bezeichnet. In einem Pressestatement sagte der federführende Senator im Wirtschaftsausschuss Roger Wicker: »Die Bedrohungen der nationalen Sicherheit durch China zu bekämpfen sollte eine Priorität für alle Behörden sein, aber das gibt der Bundesregierung nicht das Recht, das Gesetz zu missachten. Der Missbrauch von Macht und die Verfolgung auf der Grundlage von Rasse sind inakzeptabel, insbesondere bei der Strafverfolgung.«[43] Sherry Chen war bei Veröffentlichung des Artikels in der *New York Times* im April 2022 immer noch vom Dienst suspendiert und kämpfte vor Gericht um Schadensersatz von der US-Regierung. »Ich hoffe«, so Chen, »dass niemand das erleben muss, was mir widerfahren ist.«

Hacken für das Regime

Die rechtswidrigen Praktiken im Wirtschaftsministerium und die sogenannte China-Initiative sind eingestellt, aber auch die Biden-Regierung kämpft weiter gegen chinesische Spionageaktivitäten gegen die Vereinigten Staaten. Ihre größte Sorge gilt dabei den Cyberangriffen auf amerikanische Behörden und Unternehmen. Im Bericht der US-Geheimdienste zur Bedrohungslage in der Welt im Jahr 2022 heißt es: »Unserer Einschätzung nach stellt China die breiteste, aktivste und nachhaltigste Cyberspionage-Bedrohung gegen die US-

Regierung und die Netzwerke des Privatsektors da. Chinas Cyberaktivitäten und der Export der entsprechenden Technologien erhöhen die Gefahr von Angriffen gegen die USA, verstärken die Unterdrückung amerikanischer Internetinhalte, die Peking als Bedrohung für sein Kontrollsystem sieht und verbreiten den technologiegetriebenen Autoritarismus weltweit.«

Über die chinesischen Hackerattacken werden meist nur wenige Details bekannt, einige der größten Fälle seien hier erwähnt. 2015 drangen Angreifer in das Büro für Personalmanagement der US-Regierung ein und entwendeten die personenbezogenen Datensätze von mehr als vier Millionen aktiven und ehemaligen Regierungsmitarbeitern. 2020 gelang den chinesischen Hackern ein weiterer Coup. Sie nutzten einen Fehler in der Software der Firma Solar Winds, um in die Datenbanken des National Finance Center vorzustoßen, das für die Gehaltsabrechnungen von 600 000 Bundesangestellten in 160 Behörden, unter anderem dem Finanz-, dem Außen- und dem Heimatschutzministerium zuständig ist. Die Angreifer erbeuteten dabei unter anderem persönliche Versicherungs- und Bankdaten. Die chinesische Regierung bestritt den Vorwurf, hinter der Attacke zu stecken. Das FBI wollte sich nicht öffentlich äußern.[44]

Die Spionagetaktiken der Geheimdienste Chinas in den USA sind legendär. In einem Fall platzierten Cyberkriminelle im mutmaßlichen Regierungsauftrag sogar ein Virus in der Online-Speisekarte eines Chinarestaurants, bei dem die Mitarbeiter einer amerikanischen Ölfirma gern bestellten. Wer mit seinem Computer Hühnchen à la General Tsao auswählte, infizierte damit das gesamte Firmennetzwerk. Im März 2021 beschuldigte der Microsoft-Konzern China, zahlreichen Hackern aus aller Welt das Eindringen in den E-Mail-Client MS-Exchange ermöglicht zu haben. Kurz danach warnte die Firma Pulse Secure ihre Nutzer, dass chinesische Hacker ihre Software kompromittiert hatten, mit der Unternehmen und Behörden weltweit die Arbeit ihrer Angestellten im Homeoffice möglich machen. Ziel des Angriffs waren insbesondere Mitarbeiter von Regierungseinrichtungen und Firmen, die in der kritischen Infrastruktur der USA, z. B. der Energieversorgung, eine wichtige Rolle spielen.[45]

Im Juli 2021 veröffentlichte das US-Justizministerium eine Spionage-Anklage gegen drei Offiziere des chinesischen Ministeriums für Staatssicherheit und einen von ihnen gesteuerten Hacker, die gemeinsam mit weiteren Hackern über einen Zeitraum von sieben Jahren in Computersysteme von Regierungen, Firmen und Universitäten in den USA, Australien, Deutschland, Österreich und weiteren Ländern eingedrungen waren. Dabei erbeuteten sie wichtige Daten über medizinische Forschung an Ebola, HIV und MERS-Viren. Zahlreiche chinesische Universitäten mit Verbindung zur Volksbefreiungsarmee waren an der Operation beteiligt. Die Anklage zeige, so die stellvertretende US-Justizministerin Lisa Monaco, dass »China weiterhin Cyberangriffe nutzt, um andere Länder zu bestehlen – ein eklatanter Bruch seiner bilateralen und multilateralen Verpflichtungen«.[46] Während dieses Buch entsteht, führen staatlich gesteuerte Hacker mit dem Codenamen APT 41 eine Kampagne weiter, mit der sie bereits geistiges Eigentum im Gesamtwert von mehreren Billionen Dollar von rund 30 weltweit operierenden Unternehmen gestohlen haben. Die sogenannte Operation CuckooBees, also Kuckucksbienen, hat bisher mehrere Hundert Gigabyte an Daten erbeutet, darunter Blaupausen von Kampfflugzeugen, Hubschraubern und Raketen sowie Forschungsdaten zu neuartigen Medikamenten.[47]

Während China mit seinen Spionageaktivitäten amerikanischen Unternehmen schwere Schäden zufügte, nutzte es seine Wirtschaftsbeziehungen auch dazu, politisches Wohlverhalten von US-Konzernen zu erpressen. Nicht einmal Präsident Xi Jinping war sich zu schade, bei dieser Kampagne selbst mitzumachen. Im Juni 2018 drohte er den Vorstandsvorsitzenden amerikanischer Firmen bei einer eigens anberaumten Telefonkonferenz mit Vergeltungsmaßnahmen, wenn die US-Regierung die Strafzölle im Handelskrieg nicht zurücknehme. Die Firmenchefs hatten tatsächlich eine Menge zu verlieren, schließlich kamen zu dieser Zeit für rund 50 amerikanische Konzerne 20 Prozent der Einnahmen aus Tochterunternehmen in China, bei denen mehr als 1,7 Millionen Chinesen arbeiteten.

Ein Netzwerk von Freunden

Chinas Einfluss in den USA reicht bis auf die lokale Ebene hinunter. Selbst Städtepartnerschaften und Austauschprogramme werden politisiert, denn die kommunistische Regierung in Peking besteht darauf, dass die entsprechenden schriftlichen Vereinbarungen immer »in Übereinstimmung mit den Prinzipien für die Etablierung von diplomatischen Beziehungen zwischen den Vereinigten Staaten und der Volksrepublik China« geschlossen werden. Es ist eine Referenz an die einst vereinbarte »Ein-China-Politik« und bedeutet im Umkehrschluss, dass die beteiligten Kommunen keinerlei Verbindungen zu Taiwan pflegen dürfen. Auch die »Vereinigung für die Völkerfreundschaft zwischen den USA und China« mit mehr als 30 Regionalverbänden besteht gemäß ihrer Leitlinien darauf, dass »die Freundschaft zwischen unseren beiden Völkern auf gegenseitigem Wissen und Respekt für die Souveränität jedes Landes beruht; deshalb respektieren wir die Erklärung der Vereinigten Staaten von Amerika und der Volksrepublik China, dass die Lösung für den Status von Taiwan eine interne Angelegenheit der Chinesen auf beiden Seiten der Straße von Taiwan ist«.

Was auf regionaler und lokaler Ebene funktionierte, versuchte China auch auf nationaler politischer Bühne in den USA mithilfe der Chinesischen Vereinigung für internationale Verständigung (CAIFU) und der Chinesischen Vereinigung für internationale freundschaftliche Kontakte (CAIFC). Beide Organisationen gehören ebenfalls zum United-Front-Netzwerk der Kommunistischen Partei Chinas und bieten intensive Besuchsprogramme für amerikanische Politiker an. CAIFC ist eng verbunden mit der Abteilung für politische Kriegsführung der chinesischen Volksbefreiungsarmee, die offenbar eine Reihe von Gegeneinladungen durch Mitarbeiter des US-Kongresses für militärische Spionageaktivitäten nutzte. Wichtigstes Ziel der Arbeit von CAIFU und CAIFC ist jedoch die Beeinflussung von US-Parlamentariern, damit sie chinakritische Resolutionen und Gesetzesvorhaben verhindern. Im Gegenzug konnte der eine oder andere Abgeordnete wichtige Wirtschaftsprojekte chinesischer Unternehmen für seinen Wahlkreis an Land ziehen.

Über viele Jahre lief diese Art von Kooperation reibungslos, bis sich ab dem Jahr 2015 im amerikanischen Kongress eine kritischere Haltung gegen China durchsetzte. Beide Parteien – Republikaner und Demokraten – hatten erkannt, wie intensiv die unterschiedlichen Bereiche der US-Gesellschaft durch das Regime in Peking manipuliert wurden. Eine Entwicklung, die Donald Trump im Weißen Haus massiv befeuern würde. Er stützte sich dabei auch auf den Rat eines Mannes, der den Autoritarismus des chinesischen Regimes aus nächster Nähe erlebt hatte – als Journalist.

Gleichgültigkeit ist gefährlich

»Gegen Ende des 18. Jahrhunderts, jenseits des Meeres und viele Meilen von England entfernt entwarf eine Gruppe von visionären Männern eine Verfassung. Das Dokument, das sie erschufen, war darauf angelegt, die Macht der Regierung zu begrenzen, die Rechte des Volkes zu bestätigen und einen Pfad zu dem zu beschreiben, was sie zu erreichen hofften, eine dauerhafte Demokratie.« In diesem Moment denken wohl alle Zuhörer der Videokonferenz, dass Matthew Pottinger über die Vereinigten Staaten von Amerika Ende des 18. Jahrhunderts spricht, doch dann fügt er trocken hinzu: »Ich spreche natürlich von – Polen.«[48]

Der virtuelle Auftritt von Pottinger vor außenpolitischen Experten in London am 23. Oktober 2020 ist in vielerlei Hinsicht bemerkenswert – nicht nur, weil er seine Rede in fließendem Mandarin vorträgt. Er ist der stellvertretende Nationale Sicherheitsberater der USA, und er hält in Manier eines Staatsanwalts eine feurige Anklagerede gegen die Kommunistische Partei Chinas, in der er die dramatische Verschlechterung der Beziehungen zwischen den beiden Ländern rechtfertigt, mit seiner überraschenden Referenz an die polnische Verfassung. Diese wurde nur wenige Jahre nach der amerikanischen geschrieben, aber anders als diese ging sie kurz danach bereits »wegen ausländischer Einflussnahme« unter, wie Pottinger darlegt. Ein Teil des polnischen Adels sah seine Macht gefährdet und rief die russische Zarin Katharina die Große zu Hilfe. Ihre Truppen marschierten in Polen ein, in den Folgejahren teilten Russland, Preußen und Österreich die polnischen Gebiete untereinander auf. Die Lehre: »Es ist eine Mahnung, dass Demokratie – auch wenn ihre Legitimität und ihre Erfolge unerreicht sind – weder unbesiegbar noch unverzichtbar ist«, so Pottinger, »und dass die Einmischung in die Angelegenheiten freier Gesellschaften durch autokratische Regime kein abnehmendes, sondern ein zunehmendes Phänomen ist.«

Der Sicherheitsberater erinnert seine Zuhörer daran, dass die autokratischen Regierungen im Cyber-Zeitalter beliebig Desinformationen fabrizieren, in den öffentlichen Diskurs von Staaten injizieren und vom anderen Ende der Erde mithilfe von selbstlernenden Algorithmen verstärken können. Angesichts dieser Taktiken hätten freie und souveräne Nationen nur dann eine Chance, wenn sich ihre Bürger nicht der Gleichgültigkeit ergäben: »Viele Staaten, darunter auch Demokratien, erleben gerade in einer ersten Stufe einen ›Stresstest‹ im wahren Leben, ob sie fähig sind, der verdeckten, nötigenden und korrupten Einflussnahme der Hightech-Autokratien zu widerstehen. Das erscheint seltsam, weil die Autokratien so in der Unterzahl sind. Aber sie kompensieren es, indem sie die gesamten Ressourcen ihrer Staaten einsetzen, untereinander aus ihren Erfolgen und Niederlagen zu lernen und sich manchmal miteinander abzusprechen.«

Pottinger weiß, wovon er redet. Als Journalist hatte er Ende der 1990er-, Anfang der 2000er-Jahre für die Nachrichtenagentur Reuters und das *Wall Street Journal* aus China berichtet. Dabei wurde er wie wohl alle ausländischen Journalisten in Peking von chinesischen Sicherheitsbehörden überwacht und mindestens einmal auch körperlich angegriffen.[49] Im Jahr 2005 entschloss er sich, als Marine in den US-Streitkräften zu dienen, eine Entscheidung, ausgelöst durch ein Video von der Enthauptung eines Amerikaners durch Terroristen im Irak. Nach seiner Ausbildung arbeitete Pottinger als Geheimdienstoffizier im Irak und in Afghanistan. Aufgrund seiner intensiven Erfahrungen in China und seiner hervorragenden Sprachkenntnisse wurde er 2017 Direktor in der Asienabteilung des Nationalen Sicherheitsrates und 2019 dann stellvertretender Nationaler Sicherheitsberater des Präsidenten. Pottinger war es übrigens, der Donald Trump empfohlen hatte, das Coronavirus aufgrund seiner Herkunft öffentlich als »Wuhan-Virus« zu bezeichnen, um Chinas Verantwortung für die anfänglich unkontrollierte Ausbreitung der Pandemie deutlich zu machen.

In seiner Rede vom Oktober 2020 warnt Pottinger vor den Aktivitäten der United-Front-Organisationen, denn mit ihrer Hilfe stelle die Kommunistische Partei Dossiers zusammen, psychische Profile von Millionen von Bürgern anderer Länder, darunter Politiker, Richter, Anwälte, Wissenschaftler, Experten, hochrangige Militärs, Besatzungen von Kriegsschiffen, Konzernchefs, Geschäftsleute, Mediziner, Gewerkschafter, Journalisten, Lobbyisten, Aktivisten, Beamte und Funktionsträger, ja sogar Mitglieder von Königsfamilien. Die chinesische Regierung verbinde dabei traditionelle leninistische Techniken mit den neuen Werkzeugen der digitalen Überwachung.

Tatsächlich wird die Datenflut nach Erkenntnissen der amerikanischen Geheimdienste von der Firma Zhenhua Data Information

Technology Co. im chinesischen Shenzhen geordnet, analysiert und für psychologische Kriegsführung aufbereitet, um damit, wie Pottinger sagt, »zu beeinflussen und einzuschüchtern, zu belohnen und zu erpressen, zu schmeicheln und zu erniedrigen, zu spalten und zu erobern«. All das sei möglich, weil wir es dem Regime so einfach machten, indem wir unser geistiges Eigentum, offizielle Dokumente und private Daten offen liegen lassen oder gar aktiv verbreiten – per Computer und Mobiltelefon.

Die Sammelwut des Regimes hat den gleichen Zweck, den einst auch das Ministerium für Staatssicherheit in der DDR verfolgte. »Das Ziel der Partei ist es«, so Pottinger, »Menschen und sogar Nationen zu vereinnahmen oder hineinzudrängen in eine besondere Geisteshaltung, die den großen Ambitionen Pekings dient. Es ist eine paradoxe Einstellung, ein Zustand kognitiver Dissonanz, gleichzeitig leichtgläubig und ängstlich, selbstzufrieden und defätistisch. Es ist eine Geisteshaltung, die am Montag sagt: ›Es ist zu früh, um zu beurteilen, ob Peking eine Bedrohung darstellt‹, und am Freitag dann meint: ›Es ist eine Bedrohung, in Ordnung, aber jetzt ist es zu spät, um irgendetwas dagegen zu unternehmen.‹« Aus genau diesem Grund unternehmen die USA etwas dagegen – nicht erst seit Trump.

5

Strategie des Säuberns: Wie Amerika seine Wirtschaft entkoppelt

Um unsere Füße herum liegen Patronenhülsen, blaue, rote, gelbe – Hunderte von ihnen. Wir stehen auf einem Schotterplatz, weil wir von hier aus den kleinen Ort Sierra Blanca überschauen können. Aber selbst mit unserer Kamera haben wir Schwierigkeiten, ein schönes Bild einzufangen; zu grau und staubig ist die karge Landschaft, durchschnitten vom Highway, auf beiden Seiten Häuser, viele einfach, heruntergekommen und so niedrig, dass auch unsere erhöhte Position keine interessanten Kontraste liefert. Deshalb kommt wohl auch niemand hier hoch, um die Aussicht zu genießen. Stattdessen wird auf dem Platz geschossen, eine Konstruktion aus schmalen Stahlträgern dient als Abstellfläche für Blechbüchsen und andere Ziele – Zeitvertreib in einer Gegend mit mäßigem Freizeitangebot. Wir sind mitten in der Wüste von Texas nahe der mexikanischen Grenze, um uns noch einmal anzuschauen, was hier bald verschwinden wird.

Aus der Landschaft ragen drei Felsrücken empor. Bei einem von ihnen wird 2023 die Kuppe abgesprengt und das Gestein nach und nach abgetragen werden, bis es den Round Top Mountain nicht mehr geben wird – und alles wegen China, sagen die Menschen hier.

Ihr Berg ist wichtig für die Zukunft Amerikas, denn er ist, das haben Messungen ergeben, reich an Beryllium, Thallium und anderen Metallen, die für die Produktion von Halbleitern, Mikrochips und Batterien dringend gebraucht werden. Mehr als 300 000 Tonnen dieser Seltenen Erden sollen hier abgebaut werden. Das wären 17 Prozent des amerikanischen Bedarfs mit einem Wert von 140 Millionen Dollar pro Jahr. In den USA gibt es nur wenige solcher Vorkommen, die jetzt erstmals erschlossen werden, um die Abhängigkeit von China zu beenden. Aber die 764 Einwohner von Sierra Blanca wissen noch nicht recht, was sie davon halten sollen. Hoffen, weil man ihnen rund 200 neue Jobs versprochen hat? Oder Bangen, weil der Tagebau die Luft und ihr Trinkwasser verseuchen könnte?

»Wir reden hier über 20 000 Tonnen pro Tag, die zermalmt werden«, meint Bill Guerra Addington, den wir in einem kleinen Restaurant getroffen haben, »Beryllium in sehr kleinen Partikeln kann tief in deine Lunge eindringen. Und die nationale Gesundheitsbehörde sagt, dass 40 Prozent der Menschen, die in solchen Unternehmen arbeiten und in der Nähe wohnen, ein erhöhtes Krebsrisiko haben.« Aber Addington hofft trotzdem, dass die Mine kommen wird, mit entsprechenden Sicherheitsmaßnahmen und Umweltauflagen. Der notwendige Strom soll aus Solarenergie stammen, und dank der neuen Jobs könnte es wieder aufwärtsgehen in Sierra Blanca. 26 Millionen Dollar pro Jahr Einnahmen für das Schulsystem erwartet der Landkreis. Außerdem sei das Projekt ja wichtig im Wettlauf mit China, meint Addington; viel zu lange hätten sich amerikanische Firmen auf Billiglohnländer in Asien verlassen. »Ich sehe China nicht als Bedrohung, aber wir tun nicht genug. Wir verlassen uns zu sehr auf China. All die Firmen, die Seltene Erden für Halbleitertechnik benutzen, haben nur eine Quelle. Warum? Weil sie Geld sparen wollen, es vom billigsten Anbieter kaufen. Deshalb sind die Lieferketten zusammengebrochen, weil sie keine Alternativen haben und alles nur in Übersee hergestellt wird. Daran sind die Vereinigten Staaten selbst schuld, nicht China.« Ob er also keinen Grund sehe, mit China um die Seltenen Erden zu streiten, frage ich. »Nein, ich finde, wir sollten unser eigenes Material fördern und produzieren, statt darum zu kämpfen.«

Aus eigener Kraft

Genau das ist Amerikas wichtigste Strategie im Umgang mit seinem größten Rivalen: jede Abhängigkeit von China zu verringern, wenn möglich ganz aufzugeben, um im Fall eines Konflikts nicht erpressbar zu sein. Gleichzeitig geht es um das Wiedererlangen amerikanischer Stärke, denn nur mit den notwendigen Rohstoffen und mit der entsprechenden Industriebasis können die USA ihre Vormachtstellung bei Spitzentechnologien erhalten.

Beim Abbau von Seltenen Erden liegt China um Längen vorn. Nach einer Aufstellung der amerikanischen Behörde für Bodenforschung (United States Geological Survey; USGS) aus dem Jahr 2015 hatte China einen Anteil von 82,8 Prozent beim Abbau von Seltenen Erden, vor allem Metalle, die für die Produktion von Hochtechnologien wie Halbleiter und Mikrochips benötigt werden. Auf Platz 2 lag Australien mit knapp 7,9 Prozent, dann die USA mit 3,2 Prozent, gefolgt von Indien (2,4 Prozent), Russland (2 Prozent) und Thailand (1,6 Prozent). China war damals auch der größte Stahlhersteller der Welt, mit fast 50 Prozent der Weltproduktion. Zum Vergleich: Der Anteil der Europäischen Union lag bei rund zehn Prozent, der der USA nur bei fünf Prozent. Auch 60 Prozent des Aluminiums kamen aus China, nur drei Prozent aus den USA. 48 Prozent aller Lieferungen von Solartechnologie stammten aus China, das auch fast 36 Prozent der globalen Containerschiffflotte stellte; nur Südkorea hatte mit über 53 Prozent einen größeren Anteil.

»Es ist traurig. Wir waren einst ein großes Industrieland, wo wir alles produziert haben, was wir wollten«, meint David Bush. Wir sind auf dem Dach eines Unternehmens, das auf Sonnenenergie umstellt. David leitet die Installation der Solarpaneele, die allesamt von asiatischen Firmen produziert wurden. »Wir sind jetzt auf Übersee – China, Asien und all diese Länder – angewiesen für alles, was wir brauchen. All unsere Ressourcen befeuern ihren Fortschritt, dabei sollten sie doch unseren Fortschritt antreiben.«

David hofft, dass die Technologien für seine Arbeit bald wieder mehr in den USA produziert werden und dass Amerika seine Führungsposition im globalen Wettbewerb in allen Bereichen zurückerobert, damit die jungen Leute, mit denen er zusammenarbeitet, ihre Träume von Heim und Familie verwirklichen können. David hat erlebt, was der Verlust des Arbeitsplatzes bedeutet, als der Autokonzern General Motors ein großes Werk in Ohio schloss und Zulieferbetriebe pleitegingen, weil die amerikanischen Arbeiter im Vergleich mit der Konkurrenz in Asien zu teuer waren. Der gelernte Elektriker musste sich und seine Familie mit Gelegenheitsjobs über Wasser halten. Am Ende hat sich sein Amerikanischer Traum doch noch erfüllt.

Der Amerikanische Traum

Wir sind in Cortland, einem kleinen Ort im US-Bundesstaat Ohio, ein Wohngebiet mit hübschen kleinen Häuern, gepflegten Gärten, vielen amerikanischen Fähnchen; Kürbisse liegen an den Treppenaufgängen. An diesem strahlenden Morgen im Herbst 2021 wartet Mesa Bush auf ihren achtjährigen Sohn Maxton. Er springt aus dem orangegelben Schulbus, läuft zu seiner Mutter, die ihm übers Haar streicht und den Ranzen abnimmt. Es ist eine Szene, wie sie sich überall in Amerika abspielt. Aber ihre heile Welt hat die kleine Familie große Entbehrungen gekostet, denn noch vor der Geburt von Maxton hatte David Bush seinen Job verloren. Er fand nur Arbeit auf Zeit, Hunderte Meilen entfernt in anderen Bundesstaaten. »Es war extrem hart. Wir mussten viele Opfer bringen, waren viel getrennt«, erinnert sich Mesa. »So viele Monate, in denen ich ihn nur einmal gesehen habe – manchmal auch nur jeden zweiten Monat. Und dann auch nur ein, zwei Tage, das war's. Wenn du ein kleines Kind hast, ist das noch zehnmal schwieriger, weil Daddy geht und du dich um alles kümmern musst.«

Nach einer Weiterbildung hat Mesas Mann David jetzt wieder eine dauerhafte Stelle in einer Zukunftsbranche, denn die US-Regierung will den Ausbau der erneuerbaren Energien in den kommenden Jahren massiv fördern und vorantreiben.

Das kleine Haus, seine Familie, die Chance, weiter voranzukommen – das bezeichnet man hier als den American Dream, der sich über viele Jahre für immer weniger Menschen erfüllte. »Der Amerikanische Traum ist für mich, wenn meine Frau und mein Sohn glücklich sind, gesund«, meint David. »Wenn wir nicht von einem Gehaltsscheck zum nächsten leben müssen mit der ständigen Angst im Nacken, dass ich meine Rechnungen nicht bezahlen kann, wenn ich arbeitslos werde. Mein eigenes Haus zu besitzen, meinen eigenen Platz auf dem Planeten, wo mir niemand sagen kann, was ich tun soll. Und die Möglichkeit für meinen Sohn, es besser zu haben als ich.«

Dieser Traum platzte in den 2000er-Jahren für viele, denn die Gegend um Youngstown und Warren in Ohio war einst eine Hochburg der Stahl- und Autoindustrie. Auch große Elektronikkonzerne wie Hewlett Packard hatten hier Produktionsstätten – jetzt zeugen

Ruinen von dieser besseren Zeit. Die Schuld an alldem gaben die Menschen der Gewinngier der Unternehmen, den Billigstlöhnen in Asien – ganz besonders in China – und der Politik, die zuließ, dass Amerikas Industriebasis verrottete. Während Chinas Wirtschaft in den vergangenen drei Jahrzehnten rasant wuchs, war Amerika auf dem absteigenden Ast. Das hat Spuren in der Bevölkerung hinterlassen.

Amerikas Bruttoinlandsprodukt ist seit 1980 um 79 Prozent gestiegen – dabei sind das Bevölkerungswachstum und die Inflation mit berücksichtigt. Im gleichen Zeitraum wuchs das Einkommen der unteren Hälfte der arbeitenden Bevölkerung in den USA nach Steuern nur um 40 Prozent. Für die Gruppe der mittleren Einkommen betrug die Steigerung 50 Prozent. Gleichzeitig schoss aber das Einkommen der reichsten 0,01 Prozent der arbeitenden Bevölkerung um 420 Prozent in die Höhe.

Die *New York Times* hat die Folgen dieser Entwicklung am 10. April 2020 in einem Artikel an konkreten Zahlen anschaulich gemacht. Wenn sich von 1980 bis heute die Verteilung des Bruttoinlandsprodukts auf die Einkommensgruppen nicht wesentlich verändert hätte, also der Anstieg in allen Gruppen parallel verlaufen wäre, dann hätte jeder amerikanische Haushalt der unteren 90 Prozent der Verdienenden heute und in jedem Jahr 12 000 Dollar mehr zur Verfügung. Fragt man die Menschen, die 1980 geboren wurden, ob sie heute, mit 40 Jahren, mehr verdienen als ihre Eltern im gleichen Alter, könnten nur 50 Prozent dies bestätigen. Zum Vergleich: Von denen, die im Jahr 1940 geboren wurden, konnten im Jahr 1980 insgesamt 92 Prozent sagen, dass sie mehr verdienen als ihre Eltern damals.

Amerika am Abgrund

Bei den Reichen in Amerika sieht das ganz anders aus. Die oberen 0,1 Prozent in der Einkommensskala besitzen fast 20 Prozent des Privatvermögens in den USA und haben damit so viel wie die unteren 85 Prozent der Amerikaner. Besonders hart ist es für die junge Generation unter 35 Jahren. Der Nettowert ihres gesamten Vermögens heute liegt um 40 Prozent niedriger als für die gleiche Altersgruppe im Jahr 2004. Auch im Vergleich zwischen der weißen und der schwarzen Bevölkerungsgruppe hat sich der Graben vertieft. Während der mittlere Wert des Privatvermögens von Weißen im Jahr

1992 etwa siebenmal so hoch war wie der von Schwarzen, ist er heute zehnmal so hoch.

Die durchschnittliche Lebenserwartung der Amerikaner ist in den vergangenen zehn Jahren deutlich gefallen, insbesondere bei Menschen aus niedrigen Einkommensgruppen. In den USA liegt der Wert deutlich unter 79 Jahren. Zum Vergleich: In Frankreich und Kanada liegt er bei fast 82 Jahren. Wesentliche Gründe dafür sind ein völlig überteuertes Gesundheitssystem, fehlende Krankenversicherung besonders bei Geringverdienern und die sogenannten »Tode aus Verzweiflung«, wie die *New York Times* schreibt. Die Zahl der Menschen, die sich das Leben nehmen, an Alkohol- oder Drogensucht sterben, hat sich bei Erwachsenen ohne Hochschulabschluss seit Anfang der 1990er-Jahre verdreifacht.

Schrumpfende Einkommen und Existenzängste haben auch Auswirkung auf die sozialen Strukturen. Nur 29 Prozent der Amerikaner mit niedrigem Einkommen sind verheiratet, gegenüber 77 Prozent Verheirateten in den oberen Einkommensgruppen. 23 Prozent der Kinder in den USA wachsen mit nur einem Elternteil im gleichen Haushalt auf. Im Bildungsbereich ist die gute Nachricht, dass in den vergangenen Jahren immer mehr Kinder aus Haushalten mit mittlerem und niedrigem Einkommen eine weiterführende Schule, ein College oder eine Universität besuchen. Aber die Zahl der Hochschulabschlüsse ist nicht im gleichen Maß angestiegen. Das bedeutet, dass viele ihren Abschluss nicht schaffen oder sich nach einiger Zeit die wachsenden Studiengebühren nicht mehr leisten können. Wenn sie abbrechen oder scheitern, müssen sie dennoch ihre Kredite für die teure Ausbildung abzahlen. Da ist es kein Wunder, wenn eine deutliche Mehrheit der Amerikaner – 56 Prozent – der Meinung ist, dass das Land sich in die falsche Richtung bewegt. Nur 37 Prozent sind mit den Perspektiven zufrieden.

Die tiefe ökonomische und damit auch soziale Ungerechtigkeit hat die politische Landschaft der Vereinigten Staaten in den vergangenen Jahren schon massiv beeinflusst und den Aufstieg populistischer Strömungen ermöglicht. Donald Trump war die logische Folge dieser Entwicklung. Er schürte Emotionen, die längst vorhanden waren und die der Politik beider Parteien die Schuld gaben an einem Ausverkauf amerikanischer Wirtschaftsstärke an China.

Wie konnte es sein, dass ein so vermeintlich großartiges Land, das sich selbst oft genug als Retter der Welt verstand und Werte wie Freiheit und Demokratie wie Monstranzen vor sich hertrug, gegenüber einem autoritären, teils diktatorischen und menschenverachtenden System wie China so ins Hintertreffen geriet? Dass fleißige Menschen wie David Bush ihren Job verloren?

David hegt eine tiefe Abneigung – nicht gegenüber der chinesischen Bevölkerung, aber gegenüber dem kommunistischen Regime, das aus seiner Sicht Menschen im eigenen Land unterdrückt und die Welt über seine wahren Absichten täuscht. »Einige Ideen der chinesischen Regierung sind das absolute Gegenteil vom American Way of Life – einige Dinge, gegen die Menschen in China protestieren. Es gibt eine lange Geschichte von abweichenden Ansichten, die unterdrückt werden, genau wie Menschen, die anders sind. Wen du lieben darfst, welche Hautfarbe du hast, das ist alles reguliert in China. In den USA ist es mir egal, wen du liebst, wen du heiratest. Mir ist egal, welche Hautfarbe du hast. Wenn du ein guter Mensch bist, bist du ein guter Mensch.«

Natürlich hatten David und seine Frau Mesa 2016 Donald Trump gewählt, weil er schon im Wahlkampf damals erwartungsgemäß auftrat. Er gab China und natürlich auch den politischen Eliten beider Parteien in den USA die Schuld an der Misere und befeuerte einen arroganten Nationalismus, einen Traum von der Wiedergeburt amerikanischer Stärke und Unbesiegbarkeit. Das unterscheidet sich keinen Deut von dem, was die Kommunistische Partei in Peking seit den Olympischen Spielen 2008 anstrebte und was Xi Jinping mit seinem Amtsantritt 2012 zum obersten Staatsziel erklärte: die Erneuerung Chinas bis zum 100. Jubiläum der Gründung der Volksrepublik China.

Xi will China wieder groß machen, Donald Trump trat an mit »Make America Great Again«. Eine wesentliche Grundlage dafür war eine Wirtschafts-, Außen- und Sicherheitspolitik des »America first«, die Trump aber ausschließlich aus der Sicht eines profitgierigen Geschäftsmanns betrachtete. Die amerikanische Truppenpräsenz in Europa, Japan und Südkorea? Nur gegen saftige Bezahlung. Den Menschen in Syrien und den Kurden gegen den Islamischen Staat helfen? Nur gegen Zugriff auf die syrischen und irakischen Ölfelder. Unterstützung für die von ihm als »Shithole countries« beschimpften Länder Afrikas? Nur gegen Zugriff auf ihre Rohstoffe.

Die Wende nach Asien

Trump befeuerte eine Opfermentalität, aus der heraus alle Welt ihre Schulden bei Amerika begleichen sollte. Er war der festen Überzeugung, bei seinen Verhandlungen mit Putin, Xi und Kim einen Deal herauszuschlagen, der vor allem Amerika Wohlstand und Fortschritt ermöglichen würde. Nicht falsch verstehen: Aus Trumps Abzockermentalität entsprang auch eine Politik, die den Vereinigten Staaten in einer künftigen Auseinandersetzung mit China eine bessere Ausgangsposition verschaffte, da sie einen weniger naiven und viel realistischeren Blick auf die Absichten des kommunistischen Regimes ermöglichte als in den Jahrzehnten zuvor. Das lag freilich nicht an den analytischen Fähigkeiten des selbst ernannten Genies im Weißen Haus, sondern an den Erkenntnissen von Politikern beider Parteien sowie von wirtschafts-, außen- und sicherheitspolitischen Experten, die sich seit Barack Obamas angekündigter Wende zum Pazifik intensiver mit den Worten und Taten der chinesischen Regierung beschäftigt hatten und nun mit ihren Warnungen im Weißen Haus, den Ministerien und dem Kongress gehört wurden.

Wie bereits ausgeführt, hatte Barack Obama beim Besuch Xi Jinpings im Weißen Haus im September 2015 im Rosengarten des Weißen Hauses erlebt, dass China sich vom Prinzip des »taoguang yanghui« verabschiedete. Die chinesische Führung wollte nicht mehr die eigenen Fähigkeiten verstecken und auf die richtige Zeit warten, wie Deng Xiaoping es einst empfohlen hatte. Die Erfahrung deckte sich mit der Analyse der Obama-Administration nach der Finanz- und Wirtschaftskrise 2008/09, in der Amerikas Abhängigkeit von China aufgrund des massiven Kaufs von US-Staatsanleihen und das Selbstbewusstsein der kommunistischen Führung in Peking gewachsen waren. Unter diesem Eindruck hatte der amerikanische Präsident den Aufstieg Chinas zwar zunächst als positiv bewertet und gesagt: »Das Verhältnis zwischen den Vereinigten Staaten und China ist das wichtigste bilaterale Verhältnis des 21. Jahrhunderts.« Aber mit wachsenden Differenzen – insbesondere über Chinas völkerrechtswidrigen Ansprüche im Indopazifik, über sein autoritarismusförderndes Engagement in anderen Teilen der Welt und über seinen Versuch, die Regeln der Weltordnung umzuschreiben, weg von universalen Werten – fuhr die Obama-Administration in ihrer zweiten Amtszeit ab

2013 zweigleisig: Sie bemühte sich zwar weiter um enge Wirtschaftsbeziehungen mit Peking und einen Ausbau des kulturellen Austauschs, gleichzeitig aber trieb sie einen neuen Freihandelspakt für den pazifischen Raum voran. Die Trans-Pacific Partnership (TPP), mit der Zollbarrieren abgebaut, Konfliktlösungsmechanismen eingeführt und Arbeiterrechte garantiert würden, sollte den Anrainerstaaten des Pazifiks eine Alternative zum Handel mit China bieten und damit ein wirtschafts- und machtpolitisches Gegengewicht schaffen. Je weniger die Länder abhängig von den guten Beziehungen mit der aufstrebenden Macht waren, desto weniger anfällig würden sie auch gegenüber allen Erpressungsversuchen sein.

Japan, Australien, Neuseeland, Vietnam, Malaysia, Singapur, Brunei, Chile, Peru, Mexiko, Kanada und die USA unterzeichneten den Pakt im Februar 2016. Dass Donald Trump aus der Vereinbarung ein Jahr später ausstieg, belegt eindrucksvoll, dass er den langfristigen strategischen Nutzen des TPP nicht erkannte. Vielleicht erschien ihm der kurzfristige Profit zu gering, obwohl die Weltbank, die amerikanische Handelskommission und die Mehrzahl von internationalen Instituten zu dem Schluss gekommen waren, dass alle beteiligten Länder von der Vereinbarung profitieren würden.

Ich glaube, Donald Trump wollte einfach nur alles rückgängig machen, was die Unterschrift seine geschmähten Vorgängers Barack Obama trug. Ein dummer Schachzug, denn er machte damit den Weg frei für Chinas Gegenangebot – die sogenannte Regional Comprehensive Economic Partnership. Die RCEP von 2020 ist ein Freihandelsabkommen der zehn ASEAN-Staaten sowie Australien, Japan, Neuseeland, Südkorea und China, in dem der Abbau der Handelsbarrieren nicht an Prinzipien wie den Schutz von Arbeiterrechten geknüpft ist.

Das Decoupling beginnt

Die Erkenntnis, dass weniger Abhängigkeit von China eine größere Handlungsfreiheit im Umgang mit dem aufstrebenden Rivalen bedeutet und dass eine zu enge Verzahnung amerikanischer Unternehmen mit China Amerikas Vormachtstellung gefährden könnte, wirkte sich auch auf die wirtschaftspolitischen Maßnahmen der Obama-Administration innerhalb der USA aus.

Das Konzept des Decoupling wird fälschlicherweise der Regierung von Donald Trump zugeschrieben, obwohl die Entkoppelung der amerikanischen Wirtschaft von der chinesischen unter Verweis auf die nationale Sicherheit der Vereinigten Staaten bereits deutlich vor 2017 begann. Beide US-Regierungen nutzten dabei vor allem zwei Werkzeuge – das Committee on Foreign Investment in the United States (CFIUS) und das Team Telecom – nicht zu verwechseln mit dem fast gleichnamigen Rad-Rennstall Team Telekom des deutschen Telekommunikationskonzerns.

Das CFIUS ist ein gemeinsamer Ausschuss unterschiedlicher Regierungsbehörden unter der Leitung des Finanzministeriums, der überprüft, inwieweit ausländische Investitionen in den USA ein Risiko für die nationale Sicherheit darstellen. Wenn das Gremium eine Bedrohung sieht, kann es dem Investor Bedingungen aufzwingen, um das Risiko zu mindern, oder dem Präsidenten empfehlen, die Investition zu verbieten. Solch ein Verbot ist auch Jahre nach dem ursprünglichen finanziellen Engagement möglich. Ein US-Unternehmen kann also gezwungen werden, einen Geldgeber und Anteilseigener auszuzahlen. Es wäre ein vom Präsidenten per Exekutivbefehl angeordneter Rausschmiss aus der amerikanischen Wirtschaft, der noch nicht einmal rechtlich legitimiert werden muss. Die Regierung ist nicht verpflichtet, Beweise für die angebliche Bedrohung vorzulegen, da Angelegenheiten der nationalen Sicherheit striktester Geheimhaltung unterliegen. Deshalb werden die Entscheidungen und die jeweiligen Gründe nicht formell veröffentlicht, auch wenn die Fälle aufgrund ihrer wirtschaftlichen Auswirkungen natürlich bekannt werden. Zwei Trends zeichneten sich dabei in den Amtszeiten von Barack Obama und Donald Trump ab: Im Visier sind einerseits chinesische Investitionen in die amerikanische Hightech-Industrie, allen voran die Herstellung von Halbleitern und Mikrochips. Andererseits geht es auch gegen mögliche Beteiligungen an US-Firmen, die China den Zugriff auf persönliche Daten amerikanischer Bürger ermöglichen könnten.

2016 verbot Präsident Obama den Kauf der US-Tochterfirma des deutschen Halbleiterherstellers Aixtron durch den chinesischen Fujian Grand Chip Investment Fund, weil die Vereinbarung »die nationale Sicherheit der Vereinigten Staaten beeinträchtigt«. Im gleichen Jahr stoppte die US-Regierung auch die Übernahme des amerikanischen Versicherungskonzerns Genworth durch die China Oceanside Holdings Group. Zwei Jahre lang lag der Verkauf danach auf Eis, bis beide Seiten einem Kompromiss zustimmten, nach dem die persönlichen Daten der US-Kunden bei einer unabhängigen Drittfirma gespeichert würden. Kurz vor dem Ende seiner Präsidentschaft verhinderte Obama im Januar 2017 auch den Verkauf der amerikanischen Halbleiterfirma Lattice Semiconductor Corp. an die Canyon Bridge Capital Partners Inc. aus China. Lattice ist einer der wichtigsten Zulieferer von Mikrochiptechnologie für die US-Streitkräfte.

Donald Trump setzte das harte Vorgehen seines Vorgängers fort, als er im November 2017 die Bedingungen für die Übernahme der amerikanischen Werbefirma AppLovin durch die Orient Hontai Capital ein Jahr nach Vertragsabschluss so verändern ließ, dass der chinesische Investor zwar einen Kredit geben, aber nicht die Mehrheit der Anteile an der US-Firma erwerben durfte. Das Aufsichtsgremium CFIUS wollte verhindern, dass China Zugriff auf die Kundendaten von AppLovin bekam. Im Januar 2018 verbot Trump den Verkauf der amerikanischen Geldtransfer-Firma Money Gram International an den chinesischen Investor Ant Financial, um die Daten der Kunden in den USA zu schützen. Ebenfalls 2018 stoppte der US-Präsident den feindlichen Übernahmeversuch von Qualcomm, einem der führenden Halbleiterhersteller der USA, durch die Firma Broadcom aus Singapur. Die hatte zwar keinerlei direkte Verbindung zu chinesischen Unternehmen, aber die US-Regierung sah in dem möglichen Verkauf ein Risiko für die nationale Sicherheit. Qualcomm sollte als Zulieferer für das US-Militär und als unverzichtbarer Faktor im Wettbewerb der amerikanischen Telekommunikationsunternehmen mit dem chinesischen Huawei-Konzern nicht in fremde Hände gelangen.

Wie wichtig China der Zugang zu amerikanischer Hochtechnologie ist, wird durch seine Anstrengungen deutlich, trotz der Investitionsverbote an die gewünschten Daten zu kommen. Nach dem Stopp für die Übernahme von Lattice Semiconductor Corp. durch Präsident Obama dauerte es kein Jahr, bis China zwei führende Ingenieure des US-Unternehmens abgeworben hatte und mit ihrer Hilfe aus der kleinen Start-up-Firma Gowin Semiconductor in Guangzhou den härtesten Konkurrenten für die amerikanischen Spitzenunternehmen im Bereich der Halbleitertechnologie Lattice, Altera und

Xilinx machen konnte. Wie sie produziert Gowin einen sogenannten FPGA-Chip, der noch nach der Herstellung gezielt und flexibel auf die Bedürfnisse des jeweiligen Kunden angepasst werden kann.

Auch Chinas Kommunikationsgigant Huawei trickste die amerikanischen Aufsichtsbehörden aus. Er beteiligte sich mit zwei Millionen Dollar an der US-Firma 3Leaf, um damit Zugriff auf ein wichtiges Patent für Servertechnologie zu bekommen, meldete den Vorgang aber wegen angeblicher Geringfügigkeit nicht an. Als CFIUS den Deal dann doch verbot, waren die sensiblen Daten bereits in den Händen von Huawei.

Ein schärferes Schwert

Aus dieser Erfahrung heraus schärfte der amerikanische Kongress im Sommer 2018 mit dem Foreign Investment Risk Review Modernization Act (FIRRMA) die Werkzeuge der US-Behörden zum Schutz der nationalen Sicherheit. Die Abgeordneten warfen China vor, Investitionen in den USA in »Waffen zu verwandeln«, die dazu dienten, »sensible US-Technologien zu beschaffen, von denen viele militärische Einsatzmöglichkeiten hätten«. Dadurch sei der »historische, militärische Vorsprung der USA gefährdet« und werde »unsere Verteidigungsindustrie geschwächt«.

FIRRMA erlaubt eine extrem weitreichende Interpretation des Begriffs »nationale Sicherheit«. Selbst Minderheitsbeteiligungen an Unternehmen, die »kritische Technologien produzieren, entwerfen, testen, zusammenbauen oder entwickeln«, sowie Firmen, die »kritische Infrastruktur besitzen, betreiben, bauen, beliefern oder warten« oder die »sensible personenbezogene Daten sammeln und verwalten«, müssen an CFIUS gemeldet werden. Auch der Zugang zu nicht öffentlichen technischen Informationen, Teilnahme an Sitzungen des Managements und Beteiligung an wichtigen Entscheidungen stehen unter Vorbehalt. Auch alle »in Entwicklung befindlichen und grundlegenden Technologien« gelten nach dem Gesetz als »kritisch«.

Seit dem Inkrafttreten verhindert FIRRMA vor allem Investitionen aus China. Gab es im Jahr 2016 noch chinesische Direktinvestitionen in den USA in Höhe von insgesamt 45 Milliarden Dollar, fiel der Durchschnittswert in den nachfolgenden drei Jahren auf gerade mal sieben Milliarden Dollar. Allein im Jahr 2020 überprüfte CFIUS 117 alte Vorgänge und verlangte in vielen Fällen nachträglich Vertragsveränderungen oder den »Rauswurf« der chinesischen Geldgeber. Im März 2019 forderte die US-Regierung von der Spiele-Firma Beijing Kunlun Tech Co. den Verkauf der 2016 übernommenen amerikanischen Dating-App Grindr, die besonders in der LGBTQ-Gemeinschaft beliebt ist. China sollte keinen Zugriff mehr auf sensible Daten von mehreren Millionen Amerikanern haben. Aus Datenschutzgründen musste auch die chinesische iCarbonX ihre Anteilsmehrheit an der US-Gesundheitsdatenbank PatientsLikeMe aufgeben. Im März 2020 befahl Donald Trump der Beijing Shiji Information Technology Co. den sofortigen Ausstieg aus der Firma StayNTouch, mit deren Softwareprogrammen große Hotelketten die persönlichen und finanziellen Daten ihrer Kunden managen.

Team Telecom

Auch das zweite Werkzeug zum Schutz der nationalen Sicherheit der Vereinigten Staaten wird immer häufiger angewendet, insbesondere gegen chinesische Vorhaben. Team Telecom ist eine Arbeitsgruppe aus dem Verteidigungs-, dem Heimatschutz- und dem Justizministerium unter Leitung der jeweiligen Minister. Sie überprüft die Vergabe von Lizenzen an ausländische Firmen für den möglichen Bau oder Betrieb von Kommunikationsnetzwerken innerhalb der Vereinigten Staaten oder zwischen den USA und anderen Ländern.

Im Zuge der extrem chinakritischen Haltung der Trump-Administration hatte Team Telecom vor allem frühere Anträge bei der letztlich für die Genehmigung zuständigen US-Telekommunikationsbehörde FCC ins Visier genommen. Im Sommer 2018 empfahlen die Ministerien, einen Antrag des staatlichen Mobilfunkkonzerns China Mobile für die Errichtung eines Mobilfunknetzes in den USA von 2011 abzulehnen, weil das Unternehmen »unter dem Einfluss und der Kontrolle der chinesischen Regierung« stehe und deshalb deren Verlangen nach »Informationen, Netzwerkzugang und anderen Hilfsleistungen wie Cyberattacken« nachgeben könnte. Die US-Regierung verwies auf Dokumente der Strafverfolgungsbehörden und auf geheime Erkenntnisse der Nachrichtendienste über die zunehmenden Cyberangriffe und die Wirtschaftsspionage durch den chinesischen Staat. Die Genehmigungsbehörde wies einen Einspruch von China Mobile ab und verweigerte die Zulassung.

Im April 2020 erneuerte Präsident Trump die Befugnisse des Team Telecom, das weiter so genannt wird, weil selbst die Abkürzung für den neuen Namen des Ausschusses viel zu kompliziert wäre – CFAFPUSTSS für Committee for the Assessment of Foreign Participation in the United States Telecommunication Services Sector. Wenige Tage danach hob die FCC auf Empfehlung des Gremiums erstmals eine alte Genehmigung auf, in diesem Fall für den amerikanischen Ableger der China Telecom, die ihre Dienste seit 2007 in den USA anbieten durfte. Aber die Umstände, so hieß es in der Begründung, hätten sich verändert. Die von Xi Jinping verhängte Verpflichtung für alle chinesischen Unternehmen, den staatlichen Behörden und der Kommunistischen Partei jedwede Unterstützung zu geben, gefährde die nationale Sicherheit der USA durch die Weitergabe von Kundendaten, Spionageaktivitäten und Cyberangriffe. Mit der gleichen Begründung leitete die FCC auch gegen die staatliche China Unicom und die Unternehmen Pacific Networks und ComNet, an denen die chinesische CITIC Group beteiligt ist, Verfahren zur Aufhebung ihrer Lizenzen ein.

Im Jahr 2020 fiel eines der größten Bauprojekte von neuen Unterseekabeln für Telekommunikation und Internet den Bedenken der Aufseher zum Opfer. Google und Facebook hatten gemeinsam mit der in Hongkong ansässigen Pacific Light Data Communication Co. ein Kabelnetzwerk geplant, das die USA mit zahlreichen Anrainerstaaten im Indopazifik verbinden sollte. Doch das sogenannte Pacific Light Cable Network (PLCN) hätte einen Knotenpunkt in Hongkong vorgesehen, der Millionenmetropole, die China über 20 Jahre nach der Rückgabe durch Großbritannien entgegen allen Absprachen der strikten Kontrolle des kommunistischen Regimes unterworfen hatte, das wiederum mit aller Macht auch gegen die Proteste der Bevölkerung vorging. Außerdem war der größte Anteilseigner der Pacific Light Data Communication Co. die chinesische Telekommunikationsfirma Dr. Peng Group, die wie alle Unternehmen Chinas zur Zusammenarbeit mit den Geheimdiensten verpflichtet werden konnte. Nach entsprechenden Warnungen durch die US-Regierung stiegen Google und Facebook aus dem PLCN-Projekt aus, um ein kleineres Netz von Unterseekabeln mit anderen – nicht chinesischen – Partnerunternehmen umzusetzen, das die USA mit Singapur, Indonesien, Guam, Philippinen, Japan und Taiwan verbinden soll – ohne einen Datenknoten in Hongkong.

Kampf gegen Huawei

Paradebeispiel für das harte Vorgehen der US-Behörden und wohl größter Verlierer des wachsenden Konflikts zwischen den Supermächten ist der chinesische Telekommunikationskonzern Huawei, in dessen globalem Engagement die US-Regierungen von Donald Trump und Joe Biden ein Einfallstor für Spionageaktivitäten und damit eine Bedrohung für die nationale Sicherheit der Vereinigten Staaten und für die Sicherheit ihrer Verbündeten sahen und sehen. Mit Gesamteinkünften von fast 100 Milliarden Dollar im Jahr 2021 gehört Huawei zwar weiterhin zu den erfolgreichsten Konzernen der Welt, aber erstmals seit Gründung der Firma im Jahr 1987 verzeichnete das Unternehmen aus Shenzhen einen Einnahmerückgang, und das auch noch um satte 28,5 Prozent im Vergleich zum Jahr 2020. Die Schuld daran gibt China vor allem dem Amerikaner Keith Krach. Der ehemalige Vizepräsident des Autokonzerns General Motors und spätere Vorstandschef der Softwarefirma DocuSign wechselte nämlich im März 2019 in den Dienst der US-Regierung, als Staatssekretär für Wirtschaftsangelegenheiten im amerikanischen Außenministerium. »Ich hatte den Auftrag, eine globale Strategie für Wirtschaftssicherheit zu entwickeln, damit globales Wirtschaftswachstum voranzutreiben, die nationale Sicherheit zu maximieren und Chinas wirtschaftliche Aggression zu bekämpfen«, so erzählte Krach dem US-Regierungssender Voice of America im Juni 2021.[50]

Huawei, so der Eindruck im State Department, war eines der wichtigsten Werkzeuge Chinas, um mit dem Ausbau von 5G-Mobilfunknetzen in aller Welt auch politischen Einfluss zu gewinnen. Nach gemeinsamer Einschätzung aller US-Geheimdienste hätte das chinesische Militär über versteckte Hintertüren in den Huawei-Knotenpunkten auch Zugang zu kritischer Infrastruktur erlangen können, die mit den Kommunikationssystemen verbunden war. Der Konzern habe zu Beginn des Jahres 2020 bereits »92 Verträge in aller Welt« gehabt, so Krach, »47 davon allein in Europa«, und fügte hinzu, dass es so aussah, »als wären sie nicht mehr zu stoppen«.

Genau das aber sollte der ehemalige Manager schaffen. Er ging auf eine globale Anti-Huawei-Tour, warnte die Verbündeten der USA vor einer Zusammenarbeit mit der chinesischen Firma und teilte die Erkenntnisse der amerikanischen Sicherheitsbehörden mit Regierungsvertretern befreundeter Staaten in Europa, auch in Deutschland. Seine Frage war immer die gleiche: Wollten sie wirklich riskieren, dass die Daten und Inhalte von Telefonaten, Internet- und Social-Media-Aktivitäten ihrer Bürger in die Hände der Kommunistischen Partei Chinas und ihrer Geheimdienste gerieten?

Ein Stück weit war es für Krach auch ein persönlicher Feldzug. Er stammt aus einer kleinen Stadt in Ohio, seine Mutter war Lehrerin, sein Vater Maschinenbauer, der für Zulieferbetriebe der Autoindustrie arbeitete. Als Topmanager bei General Motors musste Krach selbst harte Entscheidungen fällen, weil Amerika mit der Konkurrenz aus Asien nicht mehr mithalten konnte. Umso mehr freut er sich, dass er mit seiner Kampagne zum Wiedererstarken der amerikanischen Wirtschaft beitragen konnte. Dutzende von Ländern und nationalen Telekommunikationskonzernen insbesondere aus demokratischen Staaten schlossen sich dem sogenannten Clean Network (sauberes Netzwerk) an, das auf jede Zusammenarbeit mit Huawei verzichtete und auch den Kauf von technischen Komponenten aus China massiv einschränkte. Am Ende blieben von den über 90 Verträgen weniger als 20 übrig, obwohl die chinesische Regierung in vielen Fällen intervenierte und mit Vergeltungsmaßnahmen für den Ausstieg aus den Vereinbarungen drohte. Immer wieder merkte auch Keith Krach, dass seine Gesprächspartner die möglichen Konsequenzen fürchteten: »Es war ziemlich klar, dass sie bei unseren bilateralen Treffen Angst hatten, über China oder Huawei zu reden. [...] Deshalb ist es so wichtig, dass das Clean Network auch so eine Art Schutzschild ist, weil die Zahl der Mitglieder Stärke bedeutet; Einigkeit und Solidarität bedeuten Macht.«

Deutschland steigt aus

Vielleicht konnte sich am Ende auch deshalb die Bundesrepublik Deutschland trotz ihrer engen Wirtschaftsbeziehungen zu China zu einer härteren Linie durchringen. Im April 2021 rief Chinas Außenminister Wang Yi bei seinem deutschen Amtskollegen Heiko Maas an, weil die Bundesregierung ihre ursprünglich geplante Kooperation mit Huawei immer noch nicht formell beschlossen hatte. »Beide Seiten«, so Wang, »sollten gemeinsam das sogenannte Decoupling ablehnen und gemeinsam die globalen industriellen Lieferketten geschmeidig und stabil halten.«

Wenige Tage danach verabschiedete der Deutsche Bundestag das neue IT-Sicherheitsgesetz 2.0, nach dem alle Telekommunikationsunternehmen verpflichtet sind, die Behörden über geplante Verträge für den Kauf von 5G-Komponenten zu informieren. Die Regierung kann dann die Zusammenarbeit mit »nicht vertrauenswürdigen« Herstellern und Zulieferern solcher Technologien verbieten. Damit schloss sich die Bundesrepublik den Regeln an, die zuvor bereits die EU und die NATO aus Sorge vor chinesischen Ausspähoperationen für sich festgelegt hatten.

Die US-Regierung flankierte die diplomatische Offensive gegen Huawei, indem sie die Halbleiterproduktion innerhalb der USA massiv stärkte, um den Zugriff auf die Spitzentechnologie für sich und die Verbündeten zu gewährleisten. Der taiwanesische Weltmarktführer TSMC versprach den Bau einer brandneuen Fertigungsstätte für Halbleiter und Mikrochips in Arizona für 12 Milliarden Dollar. Gleichzeitig verboten die USA die Lieferung von modernsten Computerbauteilen und -technologien an Huawei und andere chinesische Hightech-Firmen, um deren Position im Weltmarkt weiter zu schwächen.

Als Keith Krach sein Amt im Januar 2021 verließ, landete er wenige Minuten nach dem Amtsantritt von Joe Biden auf einer Sanktionsliste der chinesischen Regierung, als Nummer drei gleich hinter dem ehemaligen US-Außenminister Mike Pompeo und Peter Navarro, dem Handelsberater von Donald Trump. Krach und seine Familie dürfen nie wieder nach China reisen oder Geschäfte mit chinesischen Firmen machen. Ein letzter Einschüchterungsversuch aus Peking, der wohl auch ein Warnschuss für die Biden-Regierung sein sollte.

Biden macht weiter

Der neue Präsident liegt jedoch beim Schutz der nationalen Sicherheit gegenüber einem zunehmend aggressiven China auf einer Wellenlänge mit seinem Vorgänger Donald Trump. Im März 2021 erklärte die US-Telekommunikationsbehörde FCC neben Huawei und ZTE drei weitere chinesische Unternehmen – Hytera Communications Corp., Hangzhou Hikvision Digital Technology und Zhejiang Dahua Technology Co. – zur Bedrohung für die nationale Sicherheit der Vereinigten Staaten. Im Juni beantragte die FCC das Verbot von Technologien und technischen Komponenten der genannten Unternehmen in den amerikanischen Telekommunikationsnetzen. Ein entsprechendes Gesetz wurde von beiden Kammern des US-Kongresses im Oktober 2021 fast einstimmig verabschiedet und anschließend vom Präsidenten unterzeichnet.[51] Joe Bidens Umgang mit den Werkzeugen des Decoupling deutet darauf hin, dass er das Konzept des »sauberen Netzwerks« sogar massiv ausweiten will, allerdings in engster Abstimmung mit verbündeten Demokratien rund um den Globus.

Im Juni 2021 legte das Regierungsgremium CFIUS gegen die Übernahme des Halbleiterherstellers Magnachip Semiconductor durch die chinesische Investmentfirma Wise Road Capital Einspruch ein, obwohl es sich um ein südkoreanisches Unternehmen handelte. Man sehe in der Fusion »Risiken für die nationale Sicherheit der Vereinigten Staaten« und werde »die Angelegenheit dem Präsidenten zur Entscheidung vorlegen«.

Was nach einer Kompetenzüberschreitung der amerikanischen Behörde aussieht, da Magnachip fast ausschließlich in Asien und Deutschland aktiv ist, folgt der Logik des FIRRMA-Gesetzes, China den Zugang zu amerikanischer Spitzentechnologie zu verwehren, die von nicht amerikanischen Unternehmen für die Herstellung ihrer Produkte benutzt wird. Auch wenn die USA die Übernahme rechtlich nicht verhindern könnten, würden sie dem Nachfolgeunternehmen wohl die Lizenzen für die notwendige US-Software entziehen. Man mag es Nötigung nennen, doch die Vereinigten Staaten schließen aus ihrer Sicht nur ein Schlupfloch, mit dem das Embargo gegen chinesische Unternehmen sonst unterlaufen würde.

In diesem Vorgehen stimmt sich die Biden-Administration auch mit verbündeten Regierungen ab. »Die Regierungen Japans und der USA planen eine gemeinsame Überwachung des Onlinehandelsgiganten Rakuten Group Inc. aus Sorge, die Kundendaten könnten in die Hände der chinesischen Behörden fallen«, meldete die Nachrichtenwebsite *Kyodo News* im April 2021.[52] Hintergrund war eine Minderheitsbeteiligung des chinesischen Technologiekonzerns Tencent an Rakuten, die bei CFIUS auf gravierende Sicherheitsbedenken stieß, weil der kleine Anteil den Chinesen einen Zugang zu den Managemententscheidungen des Konzerns ermöglicht hätte.

Wenige Wochen später etablierten die USA und die EU mit dem sogenannten U. S. and European Union Trade and Technology Council ein gemeinsames Forum, in dem solche Fragen besprochen und entsprechende Maßnahmen koordiniert werden sollen. Einen ähnlichen Mechanismus schuf die US-Regierung auch mit ihren Partnern in der QUAD, der Vierergruppe aus USA, Japan, Indien und Australien. Hier liegt ein wesentlicher Unterschied zwischen der Politik Joe Bidens und der seines Vorgängers Donald Trump. Biden hat ein unerschütterliches Vertrauen in die Stärke von Bündnissen und glaubt, dass sich die großen Herausforderungen unserer Zeit nur durch die enge Zusammenarbeit mit Verbündeten meistern lassen. Donald Trump dagegen setzte auf die Zerstörung von alten Allianzen. Die westliche Wertegemeinschaft war zum Ende seiner Amtszeit so gespalten und geschwächt wie nie zuvor seit dem Ende des Zweiten Weltkriegs. Trump hielt die Bündnisse für einen Klotz am Bein der amerikanischen Supermacht, die nur ihre einstige Stärke zurückerlangen müsste, um auch im 21. Jahrhundert die unangefochtene Nr. 1 in der Welt zu sein. »America first« entsprang dem naiven Glauben, man könne das Rad der Globalisierung komplett zurückdrehen und trotz aller Vernetzung in der Welt immer einen besseren Deal rausholen als alle anderen Staaten.

Trumps Scherbenhaufen

Wie falsch diese Annahme ist, beweist Trumps verbissener und am Ende fast ergebnisloser Handelskrieg mit China. Er führte ihn nicht aus der Einsicht, dass der chinesische Präsident und der Autoritarismus der Kommunistischen Partei eine Bedrohung für die Demokratien dieser Welt darstellten; Trump ging es ausschließlich ums Geschäft. Amerika, so tönte er, werde von China ausgenutzt und abgezockt, wie das Handelsdefizit belege. Ein neuer Handelsdeal mit Peking sollte den amerikanischen Farmern Milliarden von Dollars für den Verkauf ihrer Produkte auf dem chinesischen Markt einbringen. Aber am Ende schlug der selbst ernannte größte Dealmaker aller Zeiten einen ziemlich schlechten Deal für sein Land heraus. Das sogenannte Phase-1-Abkommen (Phase One Agreement) vom Januar 2020 unterschied sich wenig von den Vereinbarungen vor dem massiven Konflikt zwischen den beiden Regierungen. China versprach, innerhalb von zwei Jahren Waren im Wert von 200 Milliarden Dollar zusätzlich im Vergleich zum Importniveau von 2017 aus den USA einzuführen. Firmen, die in der Volksrepublik investieren, sollten nicht mehr zum Transfer ihrer Technologien gezwungen werden. China wollte geistiges Eigentum besser schützen, den Finanzsektor transparenter machen. Ein Streitschlichtungsmechanismus war zumindest als Ziel vorgesehen. Der größte Streitpunkt aber, die massiven chinesischen Staatshilfen für die eigenen Unternehmen, wurde mit der Vereinbarung nicht gelöst.

Tatsächlich hat der Handelskrieg der amerikanischen Wirtschaft Schäden in Milliardenhöhe zugefügt, obendrein musste die US-Regierung rund 28 Milliarden Dollar pro Jahr an staatlichen Hilfen ausgeben, um die Folgen des Konflikts für die Farmer in den USA abzufedern. Im Jahr 2020, in dem es sogar 46 Milliarden Dollar waren, konnte ich mir das aus nächster Nähe ansehen. Bei einer Reportagereise über 7500 Kilometer durch 13 Bundesstaaten kamen wir auch durch Illinois. Hier gibt es über 70 000 Farmen, Haupterzeugnisse: Sojabohnen und Mais. Hunderte Farmen gingen jedes Jahr in den USA pleite; Amerikas Farmer hatten 2020 über 400 Milliarden Dollar Schulden. Als wir im September an den Maisfeldern vorbeifahren, ist es gerade die Zeit im Jahr, wenn die Landwirte so langsam den Überblick gewinnen, ob sich das Ganze wirklich lohnt.

Rechts neben der Straße zieht ein riesiger grüner Mähdrescher seine Bahnen. Wir halten an und filmen, wie die Scheren vorn die Maisstauden zermalmen; hinten fliegen die Reste in alle Richtungen, während die goldgelben Maiskörner im offenen Behälter gleich hinter der Fahrerkabine landen. In ihr sitzt AJ Mushrush – graues T-Shirt, blaue Jeanslatzhose, graue Haare, ein Zahnstocher steckt hinter seinem Ohr.

Während einer kurzen Pause erklärt uns AJ, warum er sauer ist auf Donald Trump. Er habe alle an der Nase herumgeführt. Wegen der Strafzölle sei alles, was er für seinen Betrieb brauche, teurer geworden – Saatgut, Werkzeuge, Ersatzteile, Benzin. Gleichzeitig seien die Preise für Mais und Sojabohnen weiter gesunken. Höchste Zeit, so AJ, Trump und seine Handelskriege abzuwählen: »Je schneller, desto besser, damit sich alles normalisiert.« Ich frage ihn nach dem Phase-1-Abkommen mit China vom Jahresanfang, war das nicht gut für die Farmer? »Nein, vor den Strafzöllen ging es uns besser«, sagt AJ. »China hat das alles für seinen Vorteil ausgenutzt.«

Tatsächlich sind bis heute wesentliche Bestandteile des Phase-1-Abkommens – natürlich auch wegen der Coronakrise – nicht erfüllt. Im Gegenteil: Von dem zusätzlich versprochenen Handelsvolumen über 200 Milliarden Dollar bis Ende 2021 hat China keinen einzigen Dollar realisiert, es blieb sogar hinter den Zahlen aus der Zeit vor dem Konflikt zurück.[53] Nicht zuletzt deshalb setzt die Biden-Administration auf eine Doppelstrategie, die den direkten Konflikt mit China meidet, aber die Rahmenbedingungen für künftige Auseinandersetzungen deutlich verbessert: Stärkung von demokratischen Bündnissen bei gleichzeitiger Stärkung der eigenen Wirtschaftskraft, die so wenig wie möglich von autoritären Staaten abhängig sein sollte. Letzteres konnte ich bei Reisen durch die USA aus nächster Nähe miterleben.

Investition in die Zukunft

Die Motoren heulen, in dichter Folge rumpeln drei schwere gelbe Baumaschinen in das Gelände gleich unmittelbar vor dem Gebäude, auf dem wir stehen. Als die Fahrzeuge wieder auftauchen, sind ihre Ladeflächen gefüllt mit Tonnen von Sand, den sie gerade vom Wüstenboden abgeschabt haben. Ein paar Hundert Meter weiter kippen sie ihre Fracht wieder ab und drehen die nächste Runde. Millionen von Kubikmetern Sand werden hier bewegt. Auf dem riesigen Areal nahe Phoenix im US-Bundesstaat Arizona entstehen brandneue Produktionsstätten für Halbleiter und Mikrochips, 60 000 Quadratmeter Hochtechnologie des amerikanischen Intel-Konzerns. Über 5000 Arbeiter und Ingenieure seien an dem Projekt beteiligt, erzählt der Bauleiter Dominic Green und fährt mit Stolz in der Stimme fort:

»Wir werden hier 15 000 Beschäftigte haben und endlos viele Chancen auf zusätzliche Jobs im Umfeld dieser Werke.«

Allein hier investiert Intel 20 Milliarden Dollar, noch einmal 20 Milliarden für ein weiteres Werk in Ohio. Auf Druck der US-Regierung baut, wie schon erwähnt, auch die Firma TSMC aus Taiwan für 12 Milliarden Dollar in Arizona, im benachbarten Texas der südkoreanische Samsung-Konzern für 17 Milliarden. Es ist eine Investition in die Zukunftsfähigkeit der US-Wirtschaft und gleichzeitig eine wirtschaftliche und politische Kampfansage an China, das gemeinsam mit Südkorea und Taiwan 80 Prozent des Weltmarktbedarfs für Halbleiter und Mikrochips bedient. Auch die amerikanische Technologiebranche, Computer- und Autokonzerne sind bisher auf die asiatischen Hersteller angewiesen.

»Die Lieferketten von allen sind sehr eng mit Taiwan und China verzahnt«, meint Bruce Andrews, der als Vizepräsident von Intel für die Kontakte zur US-Regierung zuständig ist. Bei unserem Gespräch in seinem Washingtoner Büro malt Andrews den Teufel an die Wand – einen möglichen militärischen Konflikt in Südostasien: »Wenn es irgendeine geopolitische Krise gäbe – hoffentlich natürlich nicht –, dann muss jeder darauf vorbereitet sein. Deshalb die Diversifizierung. Sie soll uns vor allen Problemen schützen, die in einer Region entstehen, in der die Produktionsstätten ziemlich konzentriert sind.«

Mit Diversifizierung meint Andrews den massiven Ausbau der Eigenproduktion im Hightech-Bereich. Über viele Jahre hatte Amerika das versäumt und sich auf die Zulieferer in Billiglohnländern verlassen. Jetzt wollen die Unternehmen das so schnell wie möglich nachholen. Im März kündigte Intel-Chef Pat Gelsinger den Bau eines weiteren Werks für insgesamt 19 Milliarden Dollar in der Nähe von Magdeburg in Deutschland an, denn auch Amerikas Verbündete in Europa sollen unmittelbar von der Produktionsoffensive für amerikanische Spitzentechnologie profitieren.

Es geht dabei nicht nur um die Bekämpfung von Engpässen, unter denen alle Industriezweige leiden, die Mikrochips für ihre Fertigungsanlagen, ihre Computersysteme und natürlich für ihre Produkte von Mobiltelefonen bis zu Autos brauchen. Intel will im Wettbewerb mit Firmen aus China und anderen Ländern auch qualitativ aufholen, denn asiatische Unternehmen sind den Amerikanern bei der Herstellung modernster Mikrochips und bei der Ausbildung von Fachkräften im Bereich künstliche Intelligenz weit voraus.

»In den USA haben wir zu langsam auf diese Veränderungen in unserer Gesellschaft reagiert«, erklärt mir Carlos Contreras. Der Direktor für künstliche Intelligenz bei Intel sieht die Schuld dafür sowohl bei seinem eigenen Konzern als auch bei den politischen Verantwortlichen in den USA. »Einige Länder sind viel offensiver bei politischen Rahmenbedingungen und Finanzierung, zentraler gesteuert und zielgerichteter, was auch künstliche Intelligenz und die Förderung dieser Fähigkeiten angeht.« Genau das will Contreras ändern mit einer engen Zusammenarbeit von Intel mit örtlichen Hochschulen, weil diese, so sagt er, »das reaktionsschnellste Bildungssystem in den Vereinigten Staaten sind«.

Investition in Menschen

Mit Millioneninvestitionen fördert Intel die Fachhochschule von Maricopa County, das erste lokale College, das in den USA das Fach künstliche Intelligenz anbietet. Für neue Jobs in der Technologiebranche braucht es Fachkräfte, die sich mit KI auskennen, aber dafür nicht unbedingt ein komplettes Studium für Computerwissenschaften an einer Universität durchlaufen müssen.

An diesem Morgen im Oktober 2021 sitze ich mitten zwischen den Studenten und spüre so etwas wie Aufbruchstimmung und Ehrgeiz, Amerikas Spitzenposition im Technologiesektor zu verteidigen. Für Olivia Thornburn ist die Unabhängigkeit Amerikas von China ein wichtiger Faktor: »Es ist immer ein Risiko, von einem anderen Land abhängig zu sein, deshalb sollten wir die notwendigen Ressourcen hier bei uns finden und genau wissen, woher sie kommen und unter welchen ethischen Rahmenbedingungen sie gewonnen werden.«

Olivia sieht künstliche Intelligenz aber auch als Chance für eine Verständigung zwischen den Völkern, weil mit ihrer Hilfe Probleme gelöst werden könnten, die alle Menschen angehen, »besonders in der Krebsforschung, beim Erstellen von Diagnosen, also im medizinischen Umfeld. Krankheiten betreffen alle, sie sind ein weltweites Thema. Also könnte künstliche Intelligenz die Menschen in diesem Gebiet zusammenbringen.«

Auch Wyatt Whitney geht es nicht um eine Auseinandersetzung mit China, sondern um das Ringen für den Fortschritt: »Je mehr Wettbewerb im Technologiesektor, desto besser. Alle können profitieren, wenn die klügsten Köpfe der Welt zusammenarbeiten«, meint Wyatt. Er ist fasziniert von der Verknüpfung zwischen künstlicher Intelligenz und Automation, wie beispielsweise bei selbstfahrenden Autos. »Dieses System in unserer Gesellschaft zu perfektionieren würde unsere Lebensqualität dramatisch verbessern«, meint er.

Gabriela Rosu ist die Geschäftsführerin der Fachhochschule und Erfinderin der Zukunftsprogramme. Sie zeigt uns die Drohnen, die hier mit künstlicher Intelligenz weiter automatisiert werden. Sie sollen im Lebensalltag eingesetzt werden, in der Landwirtschaft, im Straßenverkehr, in der Medizin, auch im Bereich der Sicherheit. Der Sheriff des Landkreises ist da, weil er die Drohnen für Polizeiarbeit nutzen will. Sie helfen, bei Verkehrsunfällen in unwegsamem Gelände die Opfer schneller zu finden, einen Überblick über Katastrophenlagen zu bekommen und natürlich auch Kriminelle aufzuspüren.

Rosu will mit den Ausbildungsgängen im Bereich künstlicher Intelligenz das Leben der Menschen verbessern. Es geht ihr nicht um Politik; meiner Frage nach der Rivalität zwischen den USA und China weicht sie aus: »Wir helfen mit dieser Partnerschaft der Industrie, ihre Augen zu öffnen für das, was wir an Fachkräften für künstliche Intelligenz brauchen. Die globale Wirtschaft verändert sich, und wir wollen daran teilhaben. Solche Bildungschancen sind meiner Meinung nach die Grundlage, die Welt zu erobern – durch Wissen und Bildung.«

Rohstoffe aus eigener Förderung

Noch kommt ein großer Teil der neuen Technologien dafür vor allem aus asiatischen Ländern. Wenn die Vereinigten Staaten sie selbst herstellen wollen, brauchen sie auch mehr eigene Rohstoffe – einen davon ganz besonders, der in einer der abgelegensten Gegenden des Landes gewonnen wird. Türkisblau strahlt eine große Wasserfläche an diesem Herbsttag in Silver Peak im US-Bundesstaat Nevada. Die weißgraue Substanz, die sich am Ufer abgesetzt hat, ist einer der wichtigsten Rohstoffe der Zukunft – Lithium. Das Metall, das hier unter Hochdruck aus den Felsen ausgespült wird, ist für die Herstellung von Batterien unverzichtbar. Wenn die Welt im Kampf gegen den Klimawandel immer mehr auf Elektroautos umstellt, soll die Nachfrage nach Lithium, so schätzt die US-Regierung, jährlich um 40 Prozent steigen. China verfügt als einziges Land der Erde über die komplette Herstellungskette von den Rohstoffen bis zur fertigen Batterie. 80 Prozent der Weltproduktion kommen aus China.

Diese Vormachtstellung will Amerika brechen, die Lithiumförderung wird deshalb vervierfacht. Es sei auch eine Frage der nationalen Sicherheit, erklärt mir der Strategische Direktor der Albemarle Corporation, einem der größten Lithiumlieferanten der Welt. Nichts fürchtet Eric Norris mehr als einen militärischen Konflikt mit China: »Eine militärische Eskalation würde wohl nicht nur die Lithiumproduktion treffen, sondern die gesamte Lieferkette für Batterien, die derzeit sehr von der Produktion in Asien abhängig ist.« Albemarle gehören mehrere Abbaugebiete für Lithium in Chile, Australien und sogar in China, die Firma sucht aber nach Ersatzmöglichkeiten vor allem in den USA. »Künftig wird sich das Risiko besser verteilen, wenn die Lieferketten lokaler sind und mehr Batteriekomponenten außerhalb von Asien hergestellt werden.« Norris verrät auch, dass sein Unternehmen daran forscht, wertvolles Lithium in möglichst reiner Form aus gebrauchten Batterien zurückzugewinnen. Aber bis diese Technologie tatsächlich zur Verfügung stehe, werde es wohl noch ein paar Jahre dauern.

Anstrengungen wie die von Albemarle sind ganz nach dem Geschmack von US-Präsident Biden, der beim Wiedererstarken der amerikanischen Wirtschaft auch darauf setzt, dass dabei neue Technologien gefunden werden, die eine Transformation des Landes weg von fossilen Brennstoffen, hin zu einer klimafreundlicheren Energiegewinnung ermöglichen. Biden kann es nicht schnell genug gehen, wenn man nach den Bildern urteilt, die das Weiße Haus im August 2021 inszeniert.

Auf einem großen Platz steht ein riesiger Humvee-Truck, schneeweiße Karosserie, nur das Dach ist schwarz, die Scheinwerfer aufgeblendet. Dann beschleunigt das Monster innerhalb von Sekunden auf 100 Stundenkilometer, die Reifen jaulen, aber der Motor ist kaum zu hören. Es ist ein Elektrohummer, und ein wenig Angst hat man schon beim Zuschauen, schließlich sitzt hinter dem Steuer, steif und schmal, ein älterer Herr namens Joe Biden. Der Präsident bremst rechtzeitig vor dem Zaun, wendet, streckt den erhobenen Daumen aus dem Fenster. Die rasante Vorführung war »fun«, sagt er.

Mit solchen Einlagen verspricht er der amerikanischen Bevölkerung, dass Elektroautos mindestens so viel Spaß machen wie die gewohnten Benzinschleudern und dass die Transformation des Landes trotz aller Schwierigkeiten gelingen wird. Bis 2050 sollen die USA klimaneutral sein. Auf dieses Ziel hat sich auch ein Großteil der amerikanischen Industrie verpflichtet, die Autohersteller wollen ihre Produktpaletten schon viel früher komplett auf Elektro umstellen – der Erfinder des summenden Humvee, General Motors, bis spätestens 2035, Ford sogar schon bis 2030. Millionen neuer Jobs sollen durch die Entwicklung neuer Technologien entstehen.

Ja, Joe Biden verkauft sein Klimaschutzprogramm als riesige Arbeitsbeschaffungsmaßnahme und als Konjunkturprogramm: »Der Plan wird umwälzende Fortschritte bringen im Kampf gegen den Klimawandel durch amerikanischen Einfallsreichtum. Das wird unsere Städte vor Milliardenschäden durch historische Superstürme, Überschwemmungen, Waldbrände und Dürren bewahren, unsere Infrastruktur sicherer und widerstandsfähiger machen. Es entstehen unglaubliche Chancen für amerikanische Arbeiter und Farmer in einer Zukunft der sauberen Energien.«

Ein klimaneutrales Amerika

Im Rahmen des Infrastrukturprogramms für über zwei Billionen Dollar will Biden mit 187 Milliarden Dollar die Elektrifizierung des Transportwesens vorantreiben und Hunderttausende von Ladestationen für Elektroautos finanzieren. Es klingt nach einem kühnen Plan, über dessen Erfolgsaussichten ich im Februar 2021 mit Professor Eric Larson vom Energie- und Umweltzentrum der Princeton University gesprochen habe. Gemeinsam mit Wissenschaftlern aus unterschiedlichen Bereichen hat er erforscht, wie ein Net Zero America 2050 aussehen könnte. »Das Energiesystem wird komplett anders sein, mit Windrädern und Solarfeldern im ganzen Land«, so Larson, »Elektroautos auf den meisten Straßen. Die Luft wird viel sauberer sein, weniger Verschmutzung durch fossile Brennstoffe. Unsere Gesellschaft wäre viel energieeffizienter.«

Die Forscher haben fünf mögliche Wege zu Net Zero detailliert beschrieben – mit Wind-, Solar-, Wasser-, aber auch Kernenergie; weniger bis keine fossilen Brennstoffe; eine weitgehende Elektrifizierung von Fahrzeugen und Gebäuden; neue Technologien zur CO_2-Reduzierung. Zahlreiche US-Unternehmen wollen zum Erfolg beitragen und haben sich wie die Autohersteller auf konkrete Zielwerte festgelegt. Die Wissenschaftler behaupten, dass US-Präsident Biden seine Versprechen halten kann und am Ende fast überall mehr neue Jobs entstehen, als durch die Abkehr von Öl, Gas und Kohle in einigen Bundesstaaten wegfallen. »Der Nettoanstieg liegt bei einer halben bis eine Million Jobs, neue Arbeitsplätze abzüglich der verlorenen, und das allein in den 2020er-Jahren«, so Larson. »Über die nächsten zehn Jahre hinaus wird die Zahl der neuen Arbeitsplätze noch weiter ansteigen.«

Eine Klimapolitik, die den Empfehlungen der Studie folgt, wird sich Larson zufolge nach der Anschubfinanzierung wirtschaftlich weitgehend selbst tragen. Allerdings müsse die Politik für einen Komplettumstieg auf erneuerbare Energien einen massiven Ausbau der amerikanischen Stromnetzkapazitäten durchsetzen und Speichertechnologien wie Batterien weiterentwickeln. »Wir brauchen weitreichende politische Vorgaben, um das zu erreichen«, meint Larson. »Solche Veränderungen hat es so noch nie gegeben. Bei der Stromversorgung zum Beispiel müssen wir unsere Netzwerke in der nächsten Dekade um 60 Prozent ausbauen. Bis 2050 müssen wir die Kapazität verdreifachen, um den Strom von den Solar- und Windparks dahin zu bringen, wo er verbraucht wird.«

Die Umsetzung der ambitionierten Pläne würde wohl tatsächlich Millionen neuer Arbeitsplätze schaffen, die Industriebasis erneuern und Amerika dabei helfen, seine Führungsstellung in der Welt zu verteidigen. Deshalb ist auch der Bundesstaat Ohio, so seltsam es klingt, eines der Schlachtfelder im Kampf zwischen Demokratie und Autoritarismus. Denn nahe der Kleinstadt Warren entsteht für mehr als zwei Milliarden Dollar eine Batteriefabrik. Ultium Cells ist Teil des Versuchs, genau wie China, die komplette Herstellungskette im eigenen Land zu haben. Es ist ein Joint Venture zwischen dem südkoreanischen Elektronikriesen LG und dem Autokonzern General Motors, der wie erwähnt voll auf Elektroautos setzt.

»Wir sind was ganz Neues, jeder schaut uns an und ist an uns interessiert«, erzählt mir Christopher Allen, Personalchef von Ultium Cells. »Niemand in den Vereinigten Staaten hat bisher Erfahrung bei der Herstellung von Batterien, also können wir Menschen hierherholen und sie für diese Tätigkeiten ausbilden – von Arbeitern für den Umgang mit dem Material bis zum Produktionsingenieur.«

Allen kommt ursprünglich aus der Stahlindustrie, die hier in der Gegend vor Jahren der Konkurrenz aus Südostasien zum Opfer fiel. Jetzt aber gehe es dank der Zukunftstechnologien endlich wieder aufwärts. Das Werk von Ultium Cells bringe 1300 neue Arbeitsplätze, eine weitere Batteriefabrik in Tennessee noch einmal 1300. »Das entzündet einen Funken«, so Allen, »der Stolz ist wieder da. Die Region hier nennt sich jetzt ›voltage valley‹. Gleich nebenan produzieren sie Elektrolastwagen, schräg gegenüber Strom aus Sonnenenergie. Es gibt so viel Potenzial. Das ist aufregend und schafft eine neue Identität für die Menschen hier.«

Eine neue Chance

Genau so sieht es auch Rick Stockburger. Mit seiner Firma BRITE soll er die passenden Fachkräfte für die neuen Werke möglichst in diesem Teil von Ohio beschaffen, der vom Niedergang der amerikanischen Industrie mit am härtesten getroffen wurde. Ricks Vater hatte wie Zehntausende andere in den Krisenjahren seinen Job verloren, aber viele gaben die Hoffnung nie auf, fanden neue Perspektiven. Und das, so meint sein Sohn, sei jetzt ein einzigartiger Wettbewerbsvorteil. »Es gibt bei den Menschen hier eine Widerstandsfähigkeit, die man sonst nirgendwo findet. Mein Vater stand nach 28 Jahren bei einer Firma auf der Straße, aber er gab nicht auf. Er suchte sich etwas Neues und machte weiter. Und genau das machen wir jetzt auch hier in der Region.« In einer Gegend mit so viel Erfahrung in der Industrieproduktion bei gleichzeitig immer noch niedrigen Lebenshaltungskosten sei die Umstellung auf saubere Energien und Elektroautos eine riesige Chance.

»Ich bin auch deshalb so begeistert, weil meine Kinder fünf und sieben Jahre alt sind«, meint Rick. »Ich will dafür sorgen, dass sie hier aufwachsen und Teil dieser Zukunft sein können.« Eine Zukunft, in der die Vereinigten Staaten von China unabhängig sein müssten. Die Batteriezulieferungen für Elektroautos stammten fast ausschließlich aus Asien, deshalb gehe es auch darum, sie nach Amerika und Europa zu verlagern. »Auch deshalb sind wir froh, dass wir mit diesen Firmen dazu beitragen können«, sagt Rick.

So viel Begeisterung und Aufbruchstimmung wie in Ohio im Herbst 2021 habe ich in den vergangenen Jahren in den USA nicht erlebt. Also fahren wir zu einem kleinen Restaurant unweit der Fabriken für Batterien und Elektroautos, um uns zu vergewissern, dass die Hoffnung auf ein Comeback der Industrie auch bei den Arbeitern in dieser Gegend ankommt.

Auf der Außenwand von Ross' Diner prangen in bunten Farben Humpen mit schäumendem Bier, Sandwiches und Pizzastücke. Drinnen ist alles in dunklem Holz gehalten. An der Wand hängen ein ausgestopfter Rehbock und eine große Tafel, auf der all jene Firmennamen stehen, die den Neuanfang symbolisieren: Ultium Cells, Lordstown Motors, Amazon und viele andere. In Zeiten der Krise kamen nur noch wenige Kunden, jetzt treffen wir Bauarbeiter, Tischler, Elektriker. Elektroautos finden sie gut hier.

»Mit den steigenden Benzinpreisen jetzt bin ich total dafür«, meint Sherawn Travis-Collier. »Es wird viel billiger als mit einem Benzinauto. Ich würde auch gern ein Elektroauto haben.« Auch Köchin Brenda Armstrong bestätigt, es gehe wieder aufwärts. »Ich höre eigentlich nur noch Beschwerden über das Wetter in Ohio. Aber sonst ist jeder glücklich hier, es läuft großartig.« Und in der Ecke kommen wir mit Thomas Garthway ins Gespräch. Der gelernte Ingenieur ist Projektmanager, kommt aus der Gegend, hat aber über lange Jahre bei der NASA an Raketen mitgebaut. Auch Garthway glaubt an das Comeback, die Politik habe Amerikas industrielle Basis zu lange vernachlässigt.

»In den 1970er-, 1980er-Jahren wurden wir wahrscheinlich zu übermütig, dachten, dass uns niemand wirklich herausfordern kann.« Deshalb habe man auch die Verlagerung all der Jobs ins Ausland zugelassen. Jetzt sorge der Wettbewerb dafür, dass Amerika wieder Ehrgeiz entwickle; das sei im Duell mit China auch dringend nötig: »Sie versuchen, ein Imperium zu schaffen, so wie unseres. Das ist die menschliche Natur. Jeder will so viel haben wie möglich«, meint Garthway. »Sehe ich sie als Bedrohung? Vielleicht, aber in den Achtzigern war Japan die Bedrohung – jetzt schon lange nicht mehr. Mit amerikanischem Einfallsreichtum und solange wir effizient und effektiv sind, werden wir weiterwachsen. Dann bleiben wir für immer die Nummer eins.«

Buy American

US-Präsident Biden befeuert den amerikanischen Nationalstolz wie sein Vorgänger Donald Trump. »Buy American« ist das Motto seiner Kampagne zur Stärkung der amerikanischen Wirtschaft. »Wir kaufen in Amerika«, so Biden in seiner Rede zur Lage der Nation im März 2022. »Alles vom Deck eines Flugzeugträgers bis zum Stahl der Leitplanken auf den Highways ist in Amerika gemacht – vom Anfang bis zum Ende.« Dafür erntet der Präsident tosenden Applaus von Demokraten und Republikanern. Und dann schiebt er das langfristige Ziel gleich hinterher: »Leute, wenn es um die Zukunftsjobs geht, brauchen wir gleiche Rahmenbedingungen wie China und andere Konkurrenten. Deshalb ist es so wichtig, das Innovationsgesetz mit Rekordinvestitionen in neue Technologien und in amerikanische Herstellung parteiübergreifend zu verabschieden. Früher haben wir zwei Prozent unseres Bruttoinlandsprodukts in Forschung und Entwicklung gesteckt. Jetzt nicht mehr. Aber China macht das.«

Der sogenannte Innovation Act soll die amerikanische Technologiebranche mit 250 Milliarden Dollar fördern. Hauptnutznießer wären die Hersteller von Halbleitern und Mikrochips und die US-Telekommunikationskonzerne, die den Ausbau des 5G-Netzes und die Digitalisierung des ganzen Landes vorantreiben sollen. Ein Großteil der Gelder soll vor allem in die Forschung fließen, um Amerikas Vorsprung auf lange Zeit zu sichern. In seiner Rede vor dem Kongress zählt Joe Biden Beispiele für den Aufbruch auf: »Wenn Sie 20 Meilen östlich von Columbus, Ohio, unterwegs sind, dann liegen da vier Quadratkilometer ödes Land, das nach nichts aussieht. Aber wenn Sie anhalten und hinschauen, sehen Sie ein ›Feld der Träume‹, den Boden, auf dem wir Amerikas Zukunft errichten.« Biden meint das Gelände, auf dem Intel eine weitere Halbleiterfabrik für 20 Milliarden Dollar bauen will. Der Präsident hat Konzernchef Pat Gelsinger ins Kapitol eingeladen, lässt ihn aufstehen, den Beifall genießen, weil er, so Biden, insgesamt 100 Milliarden Dollar in Amerikas Hochtechnologie investieren wolle.

Der Präsident feiert auch jedes neue »Feld der Träume«, jede Ankündigung einer Werkseröffnung für Elektroautos amerikanischer Firmen wie einen persönlichen Erfolg – Ford investiert landesweit elf Milliarden Dollar, schafft 11 000 neue Jobs, General Motors sieben Milliarden Dollar, um 4000 Jobs in Michigan zu schaffen. Ende März 2022 verkündet das Weiße Haus offiziell den Bau weiterer Fabriken für Elektroautos und Batterien im US-Bundesstaat North Carolina. Mit Investitionen von vier Milliarden Dollar will die Autofirma VinFast mehr als 7000 neue Arbeitsplätze schaffen. »Unsere Anstrengungen für eine saubere Energiewirtschaft spornen die Unternehmen an, wieder mehr in Amerika herzustellen, die Lieferketten wieder hier aufzubauen und letztendlich die Kosten für das amerikanische Volk zu senken«, so Biden in seiner Erfolgsmeldung.

Die Botschaft kommt an, auch bei David und Mesa Bush in Cortland, Ohio. Sie haben, wie viele andere hier, Amerikas Angst vor dem Abstieg in ihrem eigenen Leben erfahren und wünschen sich, dass die US-Wirtschaft sich weiter erholt. Aber das liege nicht nur in den Händen der Politiker, meint David. Die Menschen selbst müssten die neuen Chancen, die ihnen geboten würden, auch ergreifen und hart arbeiten, damit man gegen China mit den fleißigen Menschen dort mithalten könne. »Die gute amerikanische Arbeitsmoral, die meine Eltern und Großeltern hatten, ist nicht mehr, was sie mal war«, meint David. »Mir wurde noch beigebracht: ›Steh auf, geh zur Arbeit, gib dein Bestes, komm nach Hause, lebe dein Leben.‹ Heutzutage wollen viele lieber TikTok-Star sein, Social Influencer. Sie wollen nicht aufstehen und in Wind und Wetter arbeiten, 40 – 60 Stunden pro Wochen für Mindestlohn, wenn man Hunderttausende Dollars verdienen kann, indem man Schönheitscremes vorführt. Sie haben keine Wertschätzung für echtes Handwerk. Ich bin bis heute stolz auf jedes Haus, an dem ich mitgearbeitet habe.«

Tatsächlich unterscheidet sich der Traum der Bush-Familie um keinen Deut von dem, was sich wohl auch viele Chinesen – fern von den Muskelspielen ihres Anführers – für ihre Kinder wünschen. Die Bushs hoffen, dass ihr achtjähriger Sohn Maxton es mal besser haben wird als seine Eltern. »Er soll endlose Chancen haben, seinen Lebensweg auszuwählen, voranzukommen, etwas beizutragen für die Welt, egal wie groß oder klein«, sagt Mesa am Esstisch in ihrem kleinen Haus. Und David fügt hinzu: »Das ist der Amerikanische Traum, wo du mit nichts anfangen könntest und sich deine Träume am Ende doch erfüllen. Das ist harte Arbeit. Wir müssen dahin zurückkommen. Wenn wir das nicht schaffen, dann könnte der Amerikanische Traum verschwinden.«

6

Gekaufte Freundschaften: Wie Rivalen Verbündete sammeln

Mbaye Guye legt sich fest: »Ich finde es gut, wenn der Senegal mit den Amerikanern zusammenarbeitet.« Der freundliche ältere Herr im zartgrünen Gewand sitzt in einer Art Klappliegestuhl und erklärt uns, was den Menschen hier wichtig ist. Guye ist Bürgermeister in einem winzigen Ort rund zwei Stunden Autofahrt von der senegalesischen Hauptstadt Dakar entfernt.

Wir sind hierhergekommen, um einen Blick auf Amerikas Versuch zu werfen, China im Kampf um Sympathien in Afrika auszustechen. Erster Stopp ist der kleine Innenhof am Haus von Bürgermeister Guye. Wir sitzen auf bunten Plastikstühlen um ihn herum; Hühner laufen zwischen unseren Beinen, ein Baum spendet Schatten bei 30 Grad im November 2021. Mit dabei sind zwei Amerikaner, der Chef der Firma Weldy Lamont, Patrick Hennelly, und sein zuständiger Projektmanager Papa Sall. Die beiden sollen den Menschen hier den Fortschritt bringen, genauer, Strom, denn in dieser ländlichen Gegend gibt es keine Elektrizität. Das mittelständische Unternehmen aus Chicago ist auf Infrastrukturprojekte in Afrika spezialisiert. Es klingt verwegen: 50 000 Holzmasten, Kabel und Spannungsverteiler werden in den Vereinigten Staaten produziert, nach Senegal verschifft, von lokalen Arbeitskräften und Ingenieuren des staatlichen Energieversorgers installiert – angeleitet von den Amerikanern. Das Mammutprojekt kostet 100 Millionen Dollar.

Bürgermeister Guye schwärmt davon, was sich mit dem Anschluss seines Ortes an das senegalesische Stromnetz alles verbessern würde.

Endlich könnten die Bauern ihre landwirtschaftlichen Erzeugnisse kühl lagern, selbst weiterverarbeiten und dann zu besseren Preisen verkaufen. Neue Geschäfte und Betriebe, das Anbieten von Dienstleistungen über das Internet, aber vor allem eine Modernisierung der Schulen, um den Kindern das Lernen zu erleichtern und ihnen bessere Zukunftsperspektiven zu geben. Abends wären die Dorfbewohner auch nicht mehr auf Öllampen und Kerzen angewiesen.

Guye ruft den Segen Allahs auf uns herab, es ist gleichzeitig die Genehmigung für unsere Dreharbeiten in seinem Ort. Er kommt sogar mit uns, weil er Patrick Hennelly und Papa Sall von der amerikanischen Firma selbst zeigen will, wo die Strommasten hinsollen, damit möglichst viele Häuser und Hütten angeschlossen werden. Auf dem Weg zum Auto nimmt er Papa Sall an die Hand, ein Zeichen des Vertrauens, denn der Manager aus den USA ist gebürtiger Senegalese, seine Familie stammt aus dieser Gegend. Draußen am Haus des Bürgermeisters ein Zeichen, wie beliebt Guye bei den Menschen hier ist – »Merci, chef de village« hat jemand auf die Wand gesprüht.

Bei der Fahrt zur benachbarten Siedlung über eine staubige Piste – Asphalt gibt es hier nicht – werden uns die Herausforderungen für das Projekt klar. Wenn die Entfernungen zur Hauptleitung zu groß werden, reicht das Material am Ende nur für 300 Orte und nicht, wie geplant, für 500. Eine Lösung könnte Solarenergie sein, so erfahren wir; auch das ist Teil des Deals mit Weldy Lamont. Kleine Siedlungen im Senegal bekommen dann eben selbst produzierten Strom aus erneuerbaren Energien. Patrick Hennelly, erfahrener Geschäftsmann in den Sechzigern, und sein deutlich jüngerer Kollege Papa Sall hören aufmerksam zu, gehen auf die Bedürfnisse ein. Das kommt gut an. Bürgermeister Guye zeigt uns die Schule; im Ort sehen wir Dutzende von Kindern und Jugendlichen, zwei Szenen bleiben mir besonders in Erinnerung. Ein kleiner Junge, vielleicht zwei Jahre alt, schaut in den Himmel, deutet mit einem Finger auf unsere Kameradrohne; und ein Transporter, auf dessen Dach und Ladefläche strahlende Kinder sitzen. Fast alle tragen Fußballtrikots ihrer europäischen Lieblingsmannschaften, sie rufen und winken. Ihre Zukunft hängt ein Stück weit von der Elektrifizierung der Gegend ab.

Ein Kontinent im Aufbruch

Vor zehn Jahren hatten über die Hälfte der Menschen im Senegal Zugang zu Elektrizität. Mittlerweile sind es über drei Viertel, aber in ländlichen Gebieten liegt die Rate deutlich niedriger. Die Bevölkerung in ganz Afrika ist jung, Durchschnittsalter knapp 20 Jahre. Bis zum Ende des Jahrhunderts könnte sich die Zahl der Menschen – derzeit 1,4 Milliarden – verdreifachen. Sie brauchen Perspektiven, damit sich ihre Träume von einem besseren Leben erfüllen – Bildung, Infrastruktur, Jobs. Jeder, der die Regierungen ihrer Länder dabei unterstützt, trägt zur Stabilität des Kontinents bei, hilft bei der Wiedergeburt Afrikas – so heißt auch die Statue im Norden von Dakar. Ein Monumentalkunstwerk oberhalb einer pompösen Treppe: ein muskulöser Mann, hinter ihm, an seiner rechten Hand eine Frau mit wehendem Haar, auf seinem linken Arm ein Kleinkind, das mit dem Finger in der Ferne zeigt, in die auch seine Eltern blicken.

Wir sind zurück in der Hauptstadt des Senegal, in die schon jetzt Milliardeninvestitionen fließen. Geschäftspartner aus aller Welt – darunter die USA, China, Großbritannien, Frankreich, die Türkei – können hier gute Geschäfte machen, denn Afrika ist ein riesiger Markt. China hat das schneller erkannt als die USA und Europa. 2020 haben die USA Waren im Wert von 21 Milliarden Dollar nach Afrika exportiert, China hingegen schon mehr als das Fünffache. Amerikas Rivale ist auch bei der Modernisierung des Senegal wichtigste Triebfeder. Chinesische Firmen haben hier Wasserkraftwerke und Autobahnen gebaut, jetzt modernisieren sie den öffentlichen Nahverkehr in der Metropole Dakar.

Auf der Baustelle sehen wir vor allem senegalesische Arbeitskräfte. An diesem Morgen sind da nur eine Handvoll chinesischer Projektmanager, die den Senegalesen sagen, was sie machen sollen und wie. Bei früheren Projekten hatte China darauf bestanden, eigene Arbeiter einzufliegen, sehr zum Ärger der Auftraggeber. China diktierte auch gern die Vertragsbedingungen, forderte von den afrikanischen Regierungen politisches Wohlverhalten und Zugriff auf seltene Rohstoffe. Ein Beispiel: Im Jahr 2017 vereinbarte die Republik Guinea ein Tauschgeschäft mit China im Wert von 20 Milliarden Dollar. Chinesische Firmen sollten Infrastrukturprojekte verwirklichen, das Straßennetz ausbauen, das Abwassersystem, ein

Universitätsgebäude. Im Gegenzug bekamen drei Firmen mit engen Kontakten zur Regierung in Peking – China Henan International, Chalco und China Power & Investment – die Schürfrechte für zwei riesige Bauxitvorkommen. Bauxit ist der Rohstoff für die Herstellung von Aluminium.

Das chinesische Engagement in Infrastrukturprojekten rund um den Globus basiert auf dem Seidenstraßenprojekt, auch Belt and Road Initiative (BRI) genannt, die Präsident Xi Jinping im Herbst 2013 öffentlich verkündete. Ziel der BRI ist es, die chinesischen Handelsbeziehungen und mit ihnen den politischen Einfluss der aufstrebenden Supermacht auszubauen und dabei nicht nur die Entwicklung anderer Länder zu stärken, sondern vor allem zur »Verjüngung« – der Wiederherstellung der historischen Bedeutung Chinas – beizutragen, die zum 100. Jahrestag der Gründung der Volksrepublik China im Jahr 2049 abgeschlossen sein soll. Allein in den ersten fünf Jahren seit der Begründung der BRI hat China nach Angaben der Weltbank rund 500 Milliarden Dollar in rund 50 Entwicklungsländern investiert, einen Teil davon mit direkten Krediten an die jeweiligen Regierungen, einen Großteil aber mit Krediten an staatliche Unternehmen und Banken sowie an Privatunternehmen in den Partnerländern. Wie sehr manche Staaten sich dabei in die Abhängigkeit von China begeben haben, wird daran deutlich, dass in 40 Ländern der Anteil der öffentlichen Schulden bei den chinesischen Geldgebern bei über zehn Prozent des eigenen Bruttoinlandsprodukts liegt. Da die Kredite an Privatunternehmen schwer zu kontrollieren sind, dürfte die tatsächliche Verschuldung nach Einschätzung von Finanzexperten sogar bei etwa 15 Prozent des jeweiligen BIP liegen.

Hilfe mit Nebenwirkungen

Bei einer Anhörung des amerikanischen Kongresses vom 18. November 2021 ging es um die Frage, inwieweit es China gelingt, mithilfe seiner globalen Infrastrukturprojekte die Regeln und Normen der Weltwirtschaftsordnung zu beugen, um weltweit politischen Einfluss zu gewinnen. Über die Parteigrenzen hinweg teilten US-Politiker die Einschätzung von Elaine Dezenski, Chinaexpertin der Stiftung für die Verteidigung der Demokratien, die an jenem Morgen ein scharfes Urteil fällte. »Wo immer die BRI auftaucht, folgt ihr Korruption, weil sie Intransparenz befördert und zur Korruption ermutigt. Beides ignoriert China, weil es sich nicht in die inneren Angelegenheiten des jeweiligen Partnerlandes einmischen will. Die Infrastrukturprojekte, die aus diesem fehlgeleiteten Prozess hervorgehen, zeigen oft minimalen wirtschaftlichen Wert, während sie den Staaten massive Schulden aufbürden.«[54] Tatsächlich belegen mehrere Studien der vergangenen Jahre, dass es bei rund 35 Prozent der Projekte seit Etablierung der BRI im Jahr 2013 Probleme mit Korruption, mit der Verletzung von Arbeiterrechten und mit massiven Schäden für die Umwelt gab. Zwei Beispiele will ich hier basierend auf den Recherchen von Elaine Dezenski ein wenig ausführlicher erläutern – Malaysia und Kenia.

Als eines der ersten Projekte der BRI unterzeichnete China im Jahr 2014 einen Vertrag mit der kenianischen Regierung über den Bau einer knapp 500 Kilometer langen Eisenbahnlinie zwischen Mombasa, dem wichtigsten Handelshafen in Ostafrika, und Nairobi, der Hauptstadt Kenias. Es sollte das erste Teilstück eines riesigen Netzwerkes sein, über das auch Handelsgüter nach Uganda, Ruanda, Kongo, Burundi und Südsudan gelangen und umgekehrt aus diesen Ländern in alle Welt geliefert werden sollten. Bis dahin wurden die meisten Waren per Lkw transportiert, die Bahntrasse könnte die Lieferzeiten massiv verringern.

Anders als die Weltbank damals empfahl, entschied sich die kenianische Regierung ohne ein Ausschreibungsverfahren für die teuerste Variante, die von China favorisiert wurde, bei der Trasse und Bahnstationen komplett neu gebaut werden mussten, statt Teilstücke der alten Kolonialbahn zu modernisieren. Das Preisschild für das Mammutprojekt lag mit 3,8 Milliarden Dollar fast dreimal so hoch wie bei vergleichbaren Projekten weltweit. Im Nachbarland Tansania kostet eine fast gleich lange Strecke, gebaut von einer türkischen Firma, nur die Hälfte, nachdem die tansanische Regierung den ursprünglichen Vertrag mit einem chinesischen Unternehmen wegen Korruptionsverdacht gekündigt und den Auftrag nach klassischem Ausschreibungsverfahren neu vergeben hatte.

Wenn sich Kenia auch für solch eine günstigere, halb so teure Variante entschieden hätte, würde sich die Eisenbahnlinie rentieren, wenn sie mindestens 20 Millionen Tonnen Güter pro Jahr transportierte – so eine Berechnung der Weltbank. 2018 waren es allerdings nur fünf Millionen Tonnen, auch weil ein Großteil der Waren aufgrund niedrigerer Preise weiter per Lkw befördert wird. Aufgrund der wahren Kosten des Projekts – doppelt so teuer, als es hätte sein müssen – sind die Verluste für den kenianischen Staat gigantisch, 100 Millionen Dollar allein im ersten Jahr.

Wo so viel Geld im Spiel ist, ist die Korruption nicht weit. Der Chef des kenianischen Bahnunternehmens und der Leiter der Aufsichtsbehörde für den Verkauf von Grund und Boden mussten sich vor Gericht verantworten, weil sie sich bei der Landvergabe für die Trasse zwei Millionen Dollar in die eigenen Taschen abgezweigt hatten. Sieben Mitarbeiter der chinesischen Baufirma wurden wegen Verdachts auf Bestechung verhaftet. Nach Entdeckung weiterer Unregelmäßigkeiten wie den überteuerten Gebühren für die chinesische Betreiberfirma der Bahn und den Hinweisen auf eine angebliche Verpfändung von Teilen des Hafens von Mombasa als Sicherheit für chinesische Firmen, erhöhte der Internationale Währungsfonds Kenias Risikoeinstufung für die Rückzahlung von Schulden und strich der Regierung den Zugang zu Kreditreserven des IWF. Ob und wann das Land seine Schulden an China zurückzahlen kann, ist völlig offen.

Historischer Skandal

Noch krasser ist der Fall Malaysia. Das Land hatte bis 2018 mehrere Großprojekte über einen Gesamtwert von 100 Milliarden Dollar mit China vertraglich vereinbart, darunter eine Eisenbahnstrecke an der Ostküste des Landes für elf Milliarden und einen Hafen mit Tourismuszone an der Westküste für sieben Milliarden. Malaysias nationaler Entwicklungsfonds 1MDB wird seitdem von Skandalen erschüttert, es geht um Geldwäsche, Veruntreuung und Korruption. Bis zu 4,5 Milliarden Dollar verschwanden aus dem Fonds, rund eine Milliarde landete auf den Konten des früheren Premierministers Najib Razak, der das Geld gemeinsam mit Vertrauten in Jachten, Kunstwerke und Juwelen steckte.

Als der Entwicklungsfonds fast erschöpft war, halfen staatliche Unternehmen Chinas aus; im Gegenzug erhielten sie Aufträge für weitere Infrastrukturvorhaben und den Zugriff auf malaysische Immobilien und Energieprojekte. So kaufte die chinesische General

Nuclear Power Corp. den zweitgrößten Energiekonzern Malaysias, die Edra Global Energy Bhd, für 2,3 Milliarden Dollar. Die Regierung in Peking, so berichtete es 2019 das *Wall Street Journal*, soll bei den Gesprächen angeboten haben, amerikanische Ermittlungen gegen Razak zu sabotieren und Material aus der Überwachung von Journalisten im Hongkonger Büro des *Wall Street Journal* an die Geschäftspartner in Kuala Lumpur zu liefern.

Die Skandale führten nach den Wahlen 2018 erstmals in der Geschichte Malaysias zu einem Regierungswechsel. Der neue Premierminister Mahathir Mohamad ließ alle BRI-Projekte prüfen, einige neu verhandeln, andere platzen, darunter den 16-Milliarden-Deal für die Eisenbahnlinie. Nach einem neuen Ausschreibungsverfahren wurde das Projekt dann fortgeführt – für nur noch elf Milliarden Dollar. Der Ärger über die Machenschaften, die China mit seiner Seidenstraßeninitiative ermöglicht und teils befeuert hat, ist so groß, dass Malaysia dem chinesischen Regime und seinem Präsidenten Xi mittlerweile kritisch gegenübersteht und für künftige Wirtschaftsprojekte sowie Sicherheitsvereinbarungen eher die Nähe zu den Vereinigten Staaten sucht.

Beide Fälle – Kenia und Malaysia – belegen, dass China mit unlauteren Methoden versucht, weltweit an Einfluss zu gewinnen, und dabei mehr Schaden anrichtet, als eine positive Entwicklung in den Partnerländern zu fördern. »Die wahren Ziele hinter Chinas Investmentstrategie in Entwicklungsländern nach dem Motto ›hohes Risiko, hohe Belohnung‹ sind eine langfristige politische und wirtschaftliche Gefolgschaft gegenüber der Kommunistischen Partei Chinas und militärische Vorteile«, erläutert die Chinaexpertin Dezenski bei der Anhörung vor dem amerikanischen Kongress im November 2021. »China verfolgt diese Ziele, indem es eine hohe Verschuldung fördert und örtliche Anführer vereinnahmt, die genügend persönliche Zahlungen und Schmiergelder bekommen haben, um Peking nicht zur Verantwortung zu ziehen. Dass sie das alles unter der Tarnung der ›Nichteinmischung‹ tun, ermöglicht ein System von Investitionsnormen, das die jahrzehntelangen Bemühungen zur Korruptionsbekämpfung und zur Förderung von ›good governance‹ bei der Infrastrukturentwicklung weltweit zunichtemacht.«

Build Back Better World

Bei Politikern beider Parteien in den USA gibt es deshalb breite Unterstützung für ein Projekt, das der chinesischen Seidenstraßeninitiative Konkurrenz machen soll – statt BRI besser B3W, das steht für »Build Back Better World«. Die Absicht, die Welt wirtschaftlich voranzubringen, ist eigentlich nur die Verlängerung des »Build Back Better«-Programms, mit dem US-Präsident Joe Biden Amerikas Industriebasis und seine gesamte Wirtschaft wieder wettbewerbsfähig machen will. Kein schlechter Gedanke, geht es doch wie in den USA um den Beweis, dass Länder, die sich an demokratische Prinzipien und internationale Normen halten, den Menschen wirtschaftliche Perspektiven, individuelle Freiheit und Sicherheit bieten können und damit erfolgreicher sind als autoritäre Regime. Deshalb hatte Joe Biden eine Art Leitmotiv im Gepäck, als er 2021 zum G-7-Gipfel anreiste, um die anderen sechs großen Industrienationen für B3W zu begeistern.

Kaum war der amerikanische Präsident am 9. Juni in Cornwall aus dem Flieger gestiegen, sprach er vor den Kameras: »Wir müssen all jene diskreditieren, die glauben, dass das Zeitalter der Demokratien vorbei ist, wie selbst manche befreundete Staaten denken. Wir müssen die Lüge entlarven, dass Dekrete von Diktatoren den Herausforderungen des 21. Jahrhunderts gewachsen sind. Sie und ich wissen, dass sie falschliegen. Aber das bedeutet auch, dass wir härter als je zuvor arbeiten müssen, um zu beweisen, dass die Demokratie immer noch liefern kann für unsere Bevölkerung.«

Am Nachmittag des 10. Juni sitze ich an einem Holztisch hinter Tregenna Castle, einer Burg aus dem 18. Jahrhundert im Küstenort St. Ives, in der Joe Biden während des Gipfels untergebracht ist. Ich höre der Telefonkonferenz eines der engsten Berater des Präsidenten zu, der den amerikanischen Vorstoß für ein globales Infrastrukturprogramm erläutert.

»Es gibt einen Bedarf bei Ländern mit mittlerem und niedrigem Einkommen rund um die Welt für den Ausbau ihrer Infrastruktur. Die G-7+ [dazu gehören auch die Partnerländer Südafrika, Indien, Australien und Südkorea, Anm. des Autors] werden Investitionsmechanismen vorantreiben, die transparent, klimafreundlich und nicht korruptionsanfällig sind und allerhöchsten Standards entsprechen, um in die physische, digitale und gesundheitliche Infrastruktur dieser Länder zu investieren. Es wird eine Alternative zu den Angeboten anderer Länder sein, einschließlich Chinas.«

Joe Biden hat an diesem Morgen mit dem britischen Premierminister vereinbart, der sogenannten Atlantik-Charta neues Leben einzuhauchen. Franklin Roosevelt und Winston Churchill hatten sie 1941 unterzeichnet, als Fahrplan für Bündnisse demokratischer Staaten im Konflikt mit dem Autoritarismus und Totalitarismus der damaligen Zeit.

Nachmittags isst der US-Präsident an einem der Holztische gleich neben den Journalisten eine Suppe, seine Frau Jill einen Salat. Joe Biden wirkt entspannt, als er aufsteht und seinen Blick über die Bucht schweifen lässt; er trägt weiße Turnschuhe. Am folgenden Tag will er die G-7 von seiner »moralischen Außenpolitik« überzeugen, eine Kehrtwende nach vier Jahren Donald Trump. Aber Biden wird Mühe haben, bei diesem Gipfel und bei den gleich nachfolgenden Treffen mit der NATO und der EU die Trümmer der Trump-Ära zu beseitigen und Amerikas Glaubwürdigkeit als Führungsmacht der Welt und verlässlicher Partner wiederherzustellen. »America is back« verspricht er, aber Zweifel hegen sogar die europäischen Verbündeten und Freunde, von denen der US-Präsident fordert, China die Stirn zu bieten. Menschenrechte seien wichtiger als gute Geschäfte. Biden will mit der cleveren Behauptung punkten, dass sich das auch für sie wirtschaftlich auszahlen wird, dank B3W.

Offenbar kann er die Teilnehmer des G-7-Gipfels von seinem Plan überzeugen, die Presseerklärung des Weißen Hauses vom 12. Juni beginnt mit einem fetten Eigenlob. »Die Vereinigten Staaten scharen die Demokratien der Welt um sich, um für unsere Völker zu liefern, die größten Herausforderungen der Welt zu meistern und unsere gemeinsamen Werte zu demonstrieren.« Die B3W-Partnerschaft soll mit Investitionen aus der staatlichen Entwicklungsförderung Milliardensummen aus dem privaten Sektor mobilisieren, die dann in die Bereiche Klima, Gesundheit, Digitaltechnologie, Gleichberechtigung und Geschlechtergleichstellung fließen sollen. Insgesamt würden so »Hunderte Milliarden Dollar an Investitionen in die Infrastruktur« ärmerer Länder gesteckt. Keine genauen Summen, kein genauer Zeitplan außer »in den kommenden Jahren«, aber alles »wertebasiert«, »klimafreundlich« und nach »höchsten Standards«.

Die Weltbank schätzt, dass Entwicklungsländer bis zum Jahr 2035 rund 40 Billionen, also 40 000 Milliarden Dollar brauchen, um ihre Infrastruktur zu modernisieren.

In weiteren Hintergrundgesprächen während der folgenden Tage bestehen die Berater des US-Präsidenten darauf, dass es nicht um eine Konfrontation mit China gehe, auch wenn dessen Praktiken ein »Affront gegen die Menschenrechte« und »ungeheuerlich unfaire« Methoden seien. »Viele unserer Freunde sind schon lange skeptisch, was Chinas Belt and Road Initiative angeht. Wir haben die fehlende Transparenz, die erbärmlichen Standards im Umgang mit der Umwelt und mit den Arbeitern und andere Vorgehensweisen gesehen, die die Lage vieler Länder verschlimmert haben. Aber bisher haben wir nie eine positive Alternative angeboten, die unsere Werte, Standards und unsere Art des Handels reflektieren.« Und dann fügt der Senior Administration Official – so dürfen wir ihn nennen – hinzu, B3W werde nicht nur eine Alternative zur Seidenstraßeninitiative sein, sondern »wir werden BRI schlagen, indem wir höhere Qualität anbieten«.

In diesem Wettbewerb mit China geht es natürlich vor allem um die eigenen wirtschaftlichen Interessen, denn die Investitionen, so hat es Biden auch bei den Bündnispartnern dargelegt, sollen auch Arbeitsplätze in den eigenen Ländern schaffen, die Bedürfnisse der Menschen befriedigen und die westlichen Demokratien stärken, wie uns per Hintergrundgespräch erklärt wird. »Alles, was wir in unserer Außenpolitik tun, sollte letztendlich danach beurteilt werden, ob es das Leben von Familien in den USA besser, sicherer und einfacher macht. [...] Und was für die amerikanische Mittelklasse funktioniert, so glauben wir, wird auch für die Mittelklasse in Europa und rund um die Welt funktionieren. Das ist der effektivste und nachhaltigste Weg für eine internationale Wirtschafts- und Außenpolitik.«

B3W gegen BRI

Das senegalesische Elektrifizierungsprogramm der amerikanischen Firma Weldy Lamont ist ein Musterbeispiel dafür, denn alle notwendigen Materialien – Holzmasten, Kabel, Stromverteiler – werden von US-Firmen hergestellt. Von dem 100-Millionen-Dollar-Auftrag wird ein Gutteil der Wirtschaft in den USA zugutekommen, wie viel genau will man uns bei Weldy Lamont in Chicago natürlich nicht verraten. Aber der Nutzen für den Senegal selbst beginnt schon bei dem Workshop, den wir im Oktober 2021 mitverfolgen durften.

Die Amerikaner vermitteln ihr Know-how an ein halbes Dutzend Elektroingenieure des staatlichen Energieversorgers Senelec, denn die technologischen Details unterscheiden sich ein Stück weit von den bisherigen Praktiken beim Ausbau des Stromnetzes im Senegal. Besonders intensiv fragen die Afrikaner hinsichtlich der Solarkomponente des Vorhabens, denn damit sollen einzelne Siedlungen im tiefsten Landesinneren Elektrizität bekommen. Schließlich will die Regierung in Dakar, dass bis 2025 jeder Senegalese Zugang zu Strom hat. Insgesamt wird das noch 1,2 Milliarden Dollar kosten. Wenn Weldy Lamont also sein 100-Millionen-Dollar-Projekt erfolgreich abschließt, winken Folgeverträge.

Dass ein mittelständischer Betrieb aus den USA eine Chance hat, solche Ausschreibungen im Senegal für sich zu entscheiden, grenzt angesichts der geballten Unterstützung der chinesischen Staatsmacht für Mitbieter aus China an ein Wunder, meint Patrick Hennelly. »Wenn ich mit China Power & Water konkurriere, einer Firma, die in ganz Westafrika tätig ist, dann ist das kein Privatunternehmen. Es ist staatlich. Ich konkurriere also direkt mit der chinesischen Regierung. So ist das.«

Patrick ist sauer auf die Rivalen aus dem Reich der Mitte, weil sie mithilfe ihrer Staatsbank Konditionen anbieten, die den Richtlinien und Gepflogenheiten im internationalen Handel widersprechen. »Es gibt Regeln. Deutschland, Großbritannien und all die großen Länder folgen diesen Regeln, anders als China und ein paar andere Wettbewerber. Also kämpfe ich mit einem Arm auf den Rücken gebunden. Die EXIM hat mir dann geholfen; nicht mit den gleichen Bedingungen, die China anbietet, aber mit wettbewerbsfähigen Bedingungen, die den Weg frei gemacht haben.«

Mit EXIM meint Patrick die Export-Import Bank of the United States; im Auftrag des amerikanischen Kongresses fördert sie finanziell internationale Projekte, die im Interesse der USA sind. Erst seit 2019 hat die Bank eine Abteilung mit dem konkreten Ziel, US-Unternehmen im Wettbewerb mit Firmen aus China so zu unterstützen, dass sie die Mitbieter ausstechen können. Die Politik will den Einfluss des großen Rivalen mit seinem Seidenstraßenprojekt brechen.

»Im Jahr 2019 vergab China Kredite im Gesamtvolumen von 33 Milliarden Dollar, um seine Exporte an den Mann zu bringen«, sagt der Vizepräsident der EXIM Bank Adam Frost. »2020 waren es 18 Milliarden Dollar zur Exportförderung, trotz der Pandemie. Das zeigt, wie hart der Wettbewerb für amerikanische Firmen ist.« Frost klingt kämpferisch. Präsident Biden habe gesagt, man müsse gegen China mithalten, um »das 21. Jahrhundert für uns zu entscheiden«. Das größte Problem: Die USA wollen und dürfen die Spielregeln des internationalen Handels nicht brechen, genau das verspricht Frost. »Sie werden von uns niemals solche Dinge sehen, die China macht – das, was die Leute Schuldenfalle nennen. Trotzdem sind unsere Finanzierungskonzepte so überzeugend, weil wir uns an die Normen halten, an die amerikanischen Werte und an die Prinzipien, die wir mit gleichgesinnten Ländern, mit Verbündeten, mit Demokratien teilen.«

Das klingt reichlich pathetisch und ein wenig naiv. Was wäre den Regierungen ärmerer Länder wohl wichtiger, als das finanziell günstigste Geschäft zu machen? Tatsächlich, so meint Frost, gebe es eine Reihe von Faktoren, mit denen US-Unternehmen die chinesischen Konkurrenten ausstechen könnten: »Wir haben keine Angst vor der Konkurrenz. Amerikanische Arbeiter mögen den Wettbewerb in Übersee, unser Produkt ist besser. Am Ende legt der Käufer den Schalter um; es funktioniert, die Schuldenlast ist erträglich, und die Menschen vor Ort sind ausgebildet, um alles selbst zu bedienen. Alle gewinnen, der Exporteur und der Käufer im Ausland.« Genau das verspricht die Biden-Administration den Regierungen in Afrika, Südamerika und anderen Teilen der Welt mit ihrem »Build Back Better World«-Programm, für das die G7 bei ihrem Gipfel in Elmau im Juni 2022 dann tatsächlich 600 Milliarden Dollar bereitstellen.

Begegnung auf Augenhöhe

Im Senegal, wo China lange allein um Sympathien werben und Freundschaften erkaufen konnte, halten jetzt die Amerikaner mit ihrem Spitzenpersonal dagegen, genauer gesagt: mit US-Außenminister Antony Blinken höchstpersönlich. Wir sind bei seinem Besuch in Dakar dabei. Vorher hatte er schon in Nigeria und Kenia die gleiche Botschaft verkündet wie auch jetzt bei der Pressekonferenz mit seiner senegalesischen Amtskollegin Aissata Tall Sall. Blinkens Rede ist ein taktisches Meisterstück der Werbung um Verbündete in der Auseinandersetzung mit China; deshalb will ich sie hier etwas ausführlicher zitieren.

Die US-Regierung, so der Außenminister, biete eine Partnerschaft auf Augenhöhe, durch die neue Zukunftsperspektiven für die Menschen entstünden. »›Build Back Better World‹ ist nicht nur die Zusage von Ressourcen für Infrastruktur und in den Bereichen Gesundheit, Informations- und Kommunikationstechnologie, sondern es sind damit auch Prinzipien verbunden. Wir werden die Länder nicht mit Schulden überladen, die sie nicht tragen können. Sonst müssten sie ja, um die Schulden zu begleichen, eine schreckliche Entscheidung fällen: entweder Gelder aus anderen wichtigen Bereichen der Gesellschaft abziehen oder dem Kreditgeberland das Investitionsobjekt abtreten. So was machen wir nicht. Unsere Investitionen in die Partnerschaft werden den Kommunen zugutekommen, für die sie gedacht sind; und die Arbeiter werden aus diesen Gebieten und Ländern kommen. Die Rechte der Arbeiter und der Respekt vor der Umwelt werden bei allem, was wir tun, berücksichtigt.«

Das Auditorium der Pressekonferenz in der Lobby des senegalesischen Außenministeriums weiß genau, auf wen der Amerikaner mit seiner Aufzählung anspielt, auch wenn er an keiner Stelle des Statements und seiner Antworten auf die Fragen der Journalisten das Wort »China« in den Mund nimmt. Antony Blinken lässt aber durchblicken, auf welcher Seite sich die US-Regierung den Senegal im Konflikt zwischen Autoritarismus und Demokratie wünscht.

»Senegal dient schon lange als starkes demokratisches Vorbild in Subsahara-Afrika, mit einer langen Geschichte demokratischer Werte, friedlicher Machtwechsel, des Respekts für die Rechtsstaatlichkeit, der religiösen Freiheit und Toleranz, des Schutzes und des Respekts für die Menschenrechte – Werte, die wir natürlich teilen. Wie alle Demokratien, einschließlich der Vereinigten Staaten, dürfen wir alle – darf auch der Senegal – die demokratischen Normen und Institutionen nicht für selbstverständlich halten. Wir müssen weiter daran arbeiten, die demokratischen Freiheiten und den politischen Raum für unterschiedliche Perspektiven zu schützen.«

Aha, denken wir, nach all dem Lob und Preis müsste jetzt eigentlich eine Forderung kommen – natürlich höflich verkleidet als Bitte. So ist es dann auch: »Ihr Präsident ist ein starker Anführer für die Demokratie, für demokratische Werte, für demokratische Institutionen. Und wir freuen uns sehr auf die Rolle, die er und der Senegal im nächsten Jahr als Anführer der Afrikanischen Union spielen wird, indem er sich für die Demokratie und ihre Widerstandsfähigkeit einsetzt.«

Der senegalesische Präsident Macky Sall soll also all jenen afrikanischen Regierungen Druck machen, die demokratische Grundwerte, Menschen- und Bürgerrechte mit Füßen treten, die sich mit Korruption und autoritären Methoden weit über ihre eigentlichen Amtszeiten hinaus an der Macht halten und jede politische Opposition unterdrücken. Mit Regimen, die den Autoritarismus Chinas – und nebenbei für gutes Geld auch dessen Überwachungstechnologien – übernehmen, arbeitet die kommunistische Regierung in Peking besonders gern zusammen.

All das sagt Antony Blinken natürlich nicht – auch nicht, dass China die wirtschaftliche Abhängigkeit seiner Geschäftspartner häufig nutzt, um sie politisch zu nötigen. Aber in einer geschickten Formulierung lässt er es anklingen, ohne es auszusprechen. »Unser Ziel ist nicht, unsere Partner vor die Wahl zu stellen. Wir wollen ihnen Auswahlmöglichkeiten geben. Und wenn Menschen wählen können, dann wählen sie für gewöhnlich das Richtige.«

Es ist wohl nicht überinterpretiert, wenn man Blinkens Worte so versteht, dass die USA niemanden auf ihre Seite zwingen wollen. Aber irgendwie erwarten sie doch, dass jene Länder, die von der Zusammenarbeit profitieren, sich am Ende freiwillig eher Amerika verbunden fühlen als dem Rivalen China.

Die Antwort seiner senegalesischen Amtskollegin lässt mich noch heute schmunzeln, denn sie hat mich tief beeindruckt. Außenministerin Aissata Tall Sall stutzt das amerikanische Selbstbewusstsein meisterlich zurecht. »Ich bin sehr glücklich über die Wahlmöglichkeiten, von denen Antony spricht. Sagen Sie den Afrikanern, dass sie die Möglichkeit haben sollten, unterschiedliche Entscheidungen zu treffen. Wenn sie also die Gelegenheit zu mehreren Entscheidungen haben, dann können sie wählen. So sollten wir uns für mein Senegal die Partnerschaft, Zusammenarbeit und Diplomatie vorstellen. Es ist eine Diplomatie der Souveränität, aus der wir niemanden, niemanden ausschließen und in der wir gleichzeitig auch gesetzte Freunde, historische Partner haben. Wir werfen die alten nicht für die neuen weg. Wir machen es mit allen. Jeder nach seinen Interessen und deren Eigeninteressen, wir nach unseren Eigeninteressen. Das Wichtigste ist, dass wir uns darüber verständigen können, wie wir zusammenarbeiten wollen. Wie können wir gemeinsam vorankommen? Denn was die Vereinigten Staaten für den Senegal tun, tun sie für den Senegal und für die Vereinigten Staaten, weil sie es in Wahrheit für den Frieden in der Welt tun und für die Entwicklung unserer jeweiligen Völker.«

Afrika weiß, was es will

Ganz so einfach ist es also nicht, den Rivalen China mal eben aus dem Feld zu schlagen. Afrika hat an Selbstbewusstsein gewonnen und freut sich, dass neben China nun auch andere verstehen, welche Chancen dieser Kontinent im Aufbruch bietet. Also fördern die USA jetzt mit Millioneninvestitionen auch Geschäftsideen von senegalesischen Frauen, die Antony Blinken bei seinem Besuch von ihren Projekten erzählen.

Der US-Außenminister feiert an diesem Tag auch die Unterzeichnung mehrerer Großaufträge – eine Autobahn, zwei Brücken, ein Verkehrsleitsystem und ein landesweites Notrufnetz – senegalesisch-amerikanische Joint Ventures mit Unternehmen wie Motorola und Bechtle; die notwendigen Kredite kommen von US-Banken, darunter auch von der EXIM. Der Wirtschaftsminister des Senegal zeichnet am Folgetag auch das Geschäft zwischen dem staatlichen Energieversorger Senelec und Weldy Lamont endgültig ab.

Papa Sall erzählt uns danach, wie stolz er auf Blinkens Auftritt in Dakar ist – als Amerikaner und als gebürtiger Senegalese: »Allein die Tatsache, dass er mit den Senegalesen auf Augenhöhe spricht. Wir sind gleich, wir sind gleichwertige Menschen. Ich stehe nicht über dir, ich bin nicht besser als du. Du stehst nicht über mir und bist nicht besser als ich. Das hat den Vereinigten Staaten hier die Türen geöffnet. Dass er sagt, wie wollen mit den Afrikanern Geschäfte machen auf der Basis von Respekt, Würde und zum Vorteil aller, das ist eine großartige Haltung.«

Nicht weit entfernt kommen nach einem harten Tag auf dem Meer die Fischer zurück. Sie scheinen zufrieden mit ihrer Ausbeute. Es ist ein fröhliches Gewimmel am Strand von Dakar. Die farbenfrohen Kleidungsstücke der Menschen wetteifern im Licht der frühen Abendsonne mit den knallbunt bemalten Booten, die im Sand liegen, und den nicht weniger farbigen Holztischen und Kisten, auf denen die Fischer ihren Fang anbieten. Unter den Kunden, die von Stand zu Stand gehen, sind ab und an Asiaten, vielleicht chinesische Projektmanager von den zahlreichen Bauprojekten in der Stadt.

Bilder aus einem Land in Aufbruchstimmung. Auch weil sich zwei Supermächte hier und in anderen Teilen der Welt mit Milliardeninvestitionen Sympathien erkaufen wollen. Gerade die USA und die Europäer müssen größtes Interesse daran haben, dass die Entwicklung friedlich verläuft und der Kontinent mit seinen bald drei bis vier Milliarden Menschen nicht destabilisiert wird. Je mehr »Build Back Better World« dazu beiträgt, umso besser – zumal dabei als Nebeneffekt auch Chinas Einfluss zusammenschrumpfen könnte.

Gewinnen können die Amerikaner diesen Wettbewerb wohl kaum, weil sie und ihre europäischen Verbündeten Afrikas Potenzial lange nicht erkannt haben, wie mir der Berater des senegalesischen Präsidenten Charles Huber sagte. Die Familie des ehemaligen deutschen Bundestagsabgeordneten stammt aus dem Senegal. Anders als die Afrikapolitik Chinas sei die der westlichen Staaten viel zu lange aus der Haltung des »Mitleids für die armen Afrikaner« betrieben worden. »Man ist zufrieden, wenn ein Brunnen gebaut wird und da irgendwie ein paar Kinder verarztet werden. Das ist alles richtig, aber das ist keine Strategie«, so Huber. »Man hat Afrika entweder aus Ignoranz oder aus Bequemlichkeit unterschätzt. China hat das nicht getan. Und den Wettbewerb auf dem afrikanischen Kontinent, mit dem wir es ja mittlerweile zu tun haben, den hat China in die Wege geleitet, und das werden die afrikanischen Länder China immer hoch anrechnen.«

Wie hoch, konnte man einmal mehr im November 2021 sehen, als Dakar Gastgeber des China-Afrika-Gipfels war. Minister aus fast allen afrikanischen Ländern waren angereist, um mit chinesischen Politikern und Geschäftsleuten über weitere Projekte zu beraten. Präsident Xi Jinping war zwar nur virtuell dabei, aber viele fühlen sich ihm doch eng verbunden, weil Chinas Wirtschaftshilfen für sie Zeichen der Wertschätzung sind, die andere ihnen verweigerten.

Nicht wenige bewundern den Erfolg des chinesischen Autoritarismus, allen voran jene afrikanischen Regierungen, die anders als Senegal demokratische Grundprinzipien eher als Hindernis für den wirtschaftlichen Fortschritt in ihren Ländern sehen und obendrein als Bedrohung für den Erhalt ihrer Macht. Auch dabei setzen sie auf die gute Zusammenarbeit mit chinesischen Firmen wie Huawei und ZTE, die nicht nur den Ausbau von Mobilfunknetzen in Afrika vorantreiben, sondern auch Überwachungstechnologien liefern. Einige Länder setzen sie nicht nur zum Kampf gegen die Kriminalität ein, sondern auch zur Unterdrückung der Opposition, wie eine Recherche der Kollegen vom *Wall Street Journal* aus Jahr 2019 belegt.[55] Demnach halfen Mitarbeiter des Huawei-Konzerns den Sicherheitsbehörden in Uganda und Sambia, verschlüsselte Mails, Social-Media-Profile und Mobilfunkdaten von politischen Gegnern auszuwerten.

Ausbreitung des Autoritarismus

Im Jahr 2018 setzte der langjährige Machthaber Ugandas, Yoweri Museveni, eine Taskforce seines Geheimdienstes auf den Rapper Bobi Wine an, der mit bürgerlichem Namen Kyagulanyi Ssentamu heißt und 2017 ins Parlament gewählt worden war. Der Abgeordnete hatte bei großen Konzerten den Rücktritt von Präsident Museveni gefordert, war festgenommen und in der Haft brutal misshandelt worden. Nach seiner Genesung sollten die Sicherheitsbehörden auf direkten Befehl Musevenis die komplette Kommunikation seines Widersachers – Telefon, WhatsApp und andere Plattformen – überwachen. Techniker von Huawei halfen, die entsprechenden Konten zu knacken und die Inhalte zu entschlüsseln. Offenbar wollte der Musiker bei einem weiteren Konzert elf Parlamentsabgeordnete zu den Fans sprechen lassen – es wäre eine politische Kundgebung geworden. Hunderte von Polizisten stürmten die Veranstaltung, verhafteten Dutzende von Menschen.

Danach ließ Präsident Museveni die Überwachungsmaßnahmen auf das Umfeld von Bobi Wine ausdehnen, sogar seine Familie geriet ins Visier. Die Dienstbeflissenheit des chinesischen Huawei-Konzerns ermächtigte Ugandas autoritären Herrscher, die Opposition zu unterdrücken. »Der Deal mit Huawei ist eine Überlebensstrategie, um die Macht zu erhalten«, so Wine im *Wall Street Journal,* »es ist ein Angriff an allen Fronten.«

Huawei hat in mehr als 40 afrikanischen Ländern Mobilfunknetze errichtet, meist mithilfe von chinesischen Krediten an die jeweiligen Regierungen. Unter dem Namen »Safe Cities« (sichere Städte) verkauft die Firma aus Shenzhen auch Überwachungstechnik, die nach eigenen Angaben aus dem Jahr 2019 weltweit in mehr als 700 Städten in 100 Ländern installiert ist. Besonders beliebt ist offenbar ein Kamerasystem mit Gesichtserkennung, das in Ägypten, Tunesien, Ghana, Elfenbeinküste, Nigeria, Kamerun, Uganda, Kenia, Ruanda, Sambia, Mosambik, Südafrika und Madagaskar geplant war oder schon eingesetzt wird. Techniker von Huawei bilden die Sicherheitskräfte und Cyberteams der jeweiligen Käuferländer aus. In Uganda schloss der chinesische Konzern erstmals im Jahr 2007 einen Vertrag mit der Regierung ab, seit 2015 ist er alleiniger Lieferant für die Kommunikationssysteme der nationalen Behörden.

Als Präsident Museveni nach seiner Wiederwahl 2016 die Begrenzung für seine Amtszeit abschaffen wollte, kam es zu Protesten in der Bevölkerung. Museveni, der seit 1986 im Amt ist, beauftragte die Sicherheitsbehörden, die digitale Überwachungstechnik des Landes massiv auszubauen, natürlich mit den Produkten von Huawei. Im Konzernhauptquartier in Shenzhen durften sich führende Sicherheitsbeamte Ugandas kurz darauf von den Vorzügen des Systems überzeugen, dessen erste Ausbaustufe Museveni für 126 Millionen Dollar anschaffen ließ.

In Ugandas Hauptstadt Kampala baute der chinesische Konzern elf Zentren zur Kriminalitätsbekämpfung mit Verbindungen zu 83 Polizeistationen. 2019 lieferte er ein Überwachungssystem mit 5000 Kameras und entsprechender Gesichtserkennungssoftware. Die dazugehörige Cybercrime-Taskforce sollte Social-Media-Plattformen und Telefonverkehr überwachen und »beleidigende« Kommunikation an die Polizei melden.

Auch in Sambia verhalfen Huawei-Mitarbeiter der Regierung im Jahr 2019 zum Zugriff auf die Telefon- und Facebook-Daten von Bloggern, die mit ihrer Nachrichtenseite Kritik an Präsident Edgar Lungu verbreitet hatten. Mithilfe der Informationen konnte die Polizei die Oppositionellen verhaften. Auf ihrer Facebook-Seite rühmte sich die Regierungspartei Patriotische Front sogar damit, dass die Ermittler mithilfe von »chinesischen Experten bei Huawei« den Aufenthaltsort der Regierungskritiker lokalisieren konnten. Parteisprecher Antonio Mwanza bestätigte die chinesisch-sambische Kooperation: »Wann immer wir Verbreiter von ›fake news‹ finden wollen, schalten wir die sambische Behörde für Informations- und Kommunikationstechnologie ein. Die arbeitet mit Huawei zusammen, um sicherzustellen, dass niemand unsere Telekommunikationsräume missbraucht, um ›fake news‹ zu verbreiten.«

Enger könnte die Verbindung tatsächlich kaum sein. Im Datencenter der Einheit für Cybercrime sitzen die Mitarbeiter von Huawei gleich neben den staatlichen Ermittlern und fangen die digitale Kommunikation von Kriminellen, politischen Aktivisten und Journalisten ab. Der Leiter der Cyber-Taskforce hat sein Büro im Präsidentenpalast. Das System ließ Präsident Lungu anschaffen, nachdem er 2015 Chinas Machthaber Xi Jinping in Peking getroffen hatte. Der erste Auftrag mit einem Volumen von 440 Millionen Dollar wurde mithilfe der Bank of China finanziert. Seit der Inbetriebnahme der Überwachungsmaschinerie ließ die sambische Regierung mehrere Zeitungen und Fernsehsender schließen und ging dann auch gegen politisch Andersdenkende vor, wenn sie sich auf Facebook und WhatsApp kritisch äußerten.

Die Recherchen des *Wall Street Journal* stützen sich auf interne Dokumente und auf Interviews mit unmittelbar beteiligten Personen aus den ugandischen und sambischen Sicherheitsbehörden, die aber namentlich nicht genannt werden wollten. Es sei hier notiert, dass Huawei die Vorwürfe als »unbegründete und falsche Anschuldigungen« zurückwies. Die Geschäftsregeln »verbieten jedem Mitarbeiter alle Aktivitäten, die die Daten oder die Privatsphäre unserer Kunden und Endnutzer kompromittieren oder irgendwelche Gesetze brechen würden«. Die Recherchen des *Wall Street Journal* fanden keine Belege dafür, dass die Huawei-Techniker im Auftrag des Konzernmanagements handelten oder gar für die chinesische Regierung spionierten.

Schlacht um die Mobilfunknetze

Aus Sorge um die weitere Ausbreitung von Überwachungstechnologien in Entwicklungsländern kämpfen die USA gemeinsam mit europäischen Partnern mit harten Bandagen auch gegen den Ausbau der Kommunikationsinfrastruktur mithilfe chinesischer Konzerne, über die Chinas Auslandsnachrichtendienst und sein Militär Zugang zu den Daten bekommen könnten. Ein Beispiel ist der Bieterwettstreit in Äthiopien. Im Mai 2021 erhielt die britische Vodafone Group, unterstützt von der amerikanischen International Development Finance Corporation (DFC), den Zuschlag für die Errichtung eines Mobilfunknetzes mit dem 5G-Standard. Die DFC wurde ähnlich wie die EXIM Bank 2019 vom US-Kongress gegründet, um günstige Kredite für internationale Projekte zu vergeben, die den nationalen Interessen der USA nützen. Der Auftrag in Äthiopien hat ein Gesamtvolumen von mehreren Milliarden Dollar, zu dem die DFC einen Kredit über 500 Millionen Dollar beisteuert, der allerdings an eine Bedingung geknüpft ist: Beim Bau des 5G-Netzes dürfen keine technischen Komponenten der chinesischen Konzerne Huawei und ZTE verwendet werden, weil diese aus Sicht der USA die Anfälligkeit des Systems für Spionageaktivitäten Chinas erhöhen. Die Firmen bestreiten das natürlich.

Vodafone wird nun die Technologien von Unternehmen wie Ericson, Nokia und Samsung einsetzen. Da diese in der Regel teurer sind als die Geräte von Huawei und ZTE, werden die Mehrkosten durch den amerikanischen Kredit ausgeglichen, für den die DFC deutlich niedrigere Zinsen verlangt als kommerzielle Banken. Verlierer der Ausschreibung war der größte Telekommunikationskonzern Afrikas MTN mit Sitz in Johannesburg. MTN nutzt Technologie von Huawei und ZTE und hatte sich für das Bieterverfahren mit Chinas Silk Road Fund und mehreren chinesischen Staatsbanken zusammengetan. In den vergangenen 20 Jahren erhielt Äthiopien chinesische Kredite über fast 14 Milliarden Dollar, drei Milliarden davon auch für Telekommunikationsprojekte, an denen Huawei und ZTE beteiligt waren. Dass diesmal ein europäisch-amerikanisches Angebot den Zuschlag bekam, ist ein Erfolg für das »Build Back Better World«-Programm der US-Regierung.

Anfang Dezember 2021 stellte die Europäische Kommission ihre »Global Gateway«-Initiative vor, mit der bis zum Jahr 2027 rund 340 Milliarden Dollar (300 Milliarden Euro) in Infrastrukturprojekte für Entwicklungsländer fließen sollen. »Diese Länder brauchen bessere und andere Angebote«, betont Kommissionspräsidentin Ursula von der Leyen, es gehe um eine »wahre Alternative« zur chinesischen BRI.[56] Die Europäer wollen mit Zuschüssen und fairen Krediten die Kommunikations-, Verkehrs- und Energiesysteme ausbauen mit Schwerpunkten in den Bereichen Klima, Gesundheit und Digitalisierung. Die Hälfte der Gelder soll auf dem afrikanischen Kontinent investiert werden, wie von der Leyen am 10. Februar 2022 bei einer Pressekonferenz mit dem senegalesischen Präsidenten Mackie Sall in Dakar versprach. Dabei gibt es durchaus auch Möglichkeiten zur Zusammenarbeit mit China, wie die französisch-chinesischen Projekte für Umweltschutz und erneuerbare Energien in Afrika mit einem Gesamtvolumen von 1,7 Milliarden Dollar belegen.

Die europäischen Staaten haben wie China ein gemeinsames wirtschaftliches Interesse an der Stabilität Afrikas, und da sind Gelder aus dem Reich der Mitte hilfreich. Gleichzeitig stellt das parallele Engagement der demokratischen Industrienationen sicher, dass der bisher dominierende Einfluss Chinas gebrochen und durch eine Art Gleichgewicht der Kräfte ersetzt wird. Dadurch werden Regierungen in Afrika, Südamerika und anderen Regionen der Welt weniger erpressbar. Denn wohin die wirtschaftliche Abhängigkeit von China im Extremfall führen kann und welche Rolle dabei auch der schon vorhandene Einfluss in afrikanischen Ländern spielen kann, wird an einem Beispiel ganz besonders deutlich – Australien.

Angriff auf Australien

Im Juni 2021 erzielte eine Meinungsumfrage des Australia Institute ein Ergebnis, das aufhorchen ließ: 42 Prozent der Australier befürchten einen Angriff Chinas schon bald oder in der Zukunft. Nein, die Forscher hatten nicht nach Taiwan gefragt, sondern nach einem der größten Anrainerstaaten des Indopazifiks. Die Angst der Menschen in Australien hat ganz offenbar mit dem zu tun, was in den Monaten zuvor geschehen war. »China ist wütend. Wenn ihr China zum Feind macht, dann wird China der Feind sein«, so diktierte ein Vertreter der chinesischen Botschaft in Canberra den Journalisten des *Sydney Morning Herald* und anderer Medien in die Notizblöcke. Seinen Namen durften die Kollegen nicht nennen, aber gern die Liste verbreiten, die ihnen der Mann bei einem Pressegespräch am 17. November 2020 überreichte. Das Dokument enthält 14 Vorwürfe an die australische Regierung, an staatliche Einrichtungen, Unternehmen und Medien des Inselstaats, die China offenbar so sehr in Rage gebracht hatten, dass die Regierung in Peking alle diplomatische Vorsicht fahren ließ. Die Liste ist so bemerkenswert, dass ich hier alle Punkte aufführe:

- Australien habe zehn chinesische Investitionsprojekte in den Bereichen Infrastruktur und Landwirtschaft aus »zweifelhaften und unbelegten Bedenken zur nationalen Sicherheit« abgelehnt.
- Mit dem Ausschluss von Huawei und ZTE vom Ausbau des 5G-Netzwerks mache sich das Land zum verlängerten Arm der USA.
- Das Parlament habe Entscheidungen gefällt, die sich »ohne irgendwelche Beweise gegen China richten«.
- Australien politisiere und stigmatisiere den normalen Austausch und die Kooperation zwischen den beiden Ländern, indem es »Hürden aufbaut und Einschränkungen verhängt«, wie die Zurücknahme von Visa für chinesische Akademiker.
- Australiens Aufruf für eine unabhängige internationale Untersuchung zur Herkunft des Covid-19-Virus sei »politische Manipulation, die den US-Angriff auf China nachplappert«.
- Mit der »unaufhörlichen, mutwilligen Einmischung« in Chinas Angelegenheiten in Xinjiang, Hongkong und Taiwan führe Australien in multilateralen Foren einen »Kreuzzug gegen China« an.
- Australien habe sich vor den Vereinten Nationen zum Südchinesischen Meer geäußert, obwohl es gar kein Anrainerstaat sei.
- Australien mache sich »mit der amerikanischen Anti-China-Kampagne gemein« und verbreite »Desinformationen aus den USA« zu Chinas Anstrengungen bei der Eindämmung von Covid-19.
- Das Parlament mache Kontrollauflagen für wirtschaftliche Vereinbarungen mit China und versuche, »die Beteiligung der Provinz Victoria an der Belt and Road Initiative zu torpedieren«.
- Australien finanziere eine antichinesische Denkfabrik, die »unwahre Berichte verbreitet und Lügen streut in Bezug auf Xinjiang und eine sogenannte chinesische Infiltration, um die öffentliche Meinung zu manipulieren«.
- Die Häuser von chinesischen Journalisten seien in aller Frühe durchsucht und ihr Eigentum beschlagnahmt worden, »ohne jede Anklage und Erklärung«.
- Australien äußere »kaum verschleierte und unbewiesene Vorwürfe gegen China wegen angeblicher Cyberattacken«.

- Es gebe eine »empörende Verurteilung der chinesischen Regierungspartei durch australische Parlamentarier und rassistische Angriffe auf Chinesen und Asiaten«.
- Australische Medien »vergiften die Atmosphäre der bilateralen Beziehungen« durch einen »unfreundlichen und feindseligen Bericht« über China.

Die »Liste der 14 Beschwerden«, wie sie fortan genannt wurde, war nichts anderes als ein blanker Erpressungsversuch, denn der Drohung »China wird der Feind sein« fügte der ungenannte Botschaftsmitarbeiter noch hinzu, es sei »für eine bessere Atmosphäre förderlich«, wenn Australien all diese Angriffe zurücknehme. China verlangte also von einem souveränen Staat, wichtige innen- und wirtschaftspolitische Entscheidungen zurückzunehmen und der Bevölkerung jede Kritik an chinesischen Menschen- und Bürgerrechtsverletzungen und militärischen Provokationen zu verbieten. Kurz nach Veröffentlichung der Vorwürfe legte der Sprecher des Außenministeriums in Peking, Zhao Lijian, noch einmal nach: »Die australische Seite sollte mal ernsthaft über alles nachdenken, statt sich vor der Schuld zu drücken und von der Verantwortung abzulenken.«

Die Empörung in Australien war groß, nur die Erstreaktion der australischen Regierung fiel überraschend zahm aus. Premierminister Morrison trat nicht vor die Kameras, um mit kraftvollen Worten die chinesischen Vorwürfe zurückzuweisen. Stattdessen veröffentlichte das Außen- und Handelsministerium nur ein schriftliches Statement: »Wir sind eine liberale demokratische Gesellschaft mit freien Medien und einer parlamentarischen Demokratie, in der gewählte Abgeordnete und die Medien ein Recht auf freie Meinungsäußerung haben. Die australische Regierung ist immer zu direkten und konstruktiven Gesprächen über Australiens Verhältnis zu China bereit, einschließlich unserer Differenzen.« Die chinesische Regierung solle doch bitte die Anrufe aus Canberra annehmen.

Am Tropf Chinas

Was ein wenig nach hilfloser Beschwichtigung aussieht, hat vor allem mit der Abhängigkeit Australiens vom Handel mit China zu tun. 40 Prozent der Exporte des Landes gehen an die dominierende

Macht im Indopazifik, vor allem Mineralien, Agrarprodukte und Energie. Jeder dreizehnte australische Arbeitsplatz hängt von den Wirtschaftsbeziehungen der beiden Staaten ab; China ist Australiens wichtigster Handelspartner. Die australische Regierung hatte es in den vergangenen Jahren wiederholt gewagt, Kritik am Vorgehen Pekings gegen die Demokratiebewegung in Hongkong und gegen die muslimische Minderheit der Uiguren zu äußern. Die Folge waren chinesische Sanktionen gegen ein Dutzend Sektoren der australischen Wirtschaft sowie Aufrufe an die chinesische Bevölkerung, Produkte aus Australien wie Wein, Rindfleisch, Lobster, Holz und Kohle zu boykottieren. Der Schaden ging in die Milliarden.

»Die erpresserische Diplomatie der Kommunistischen Partei Chinas« – so lautet die Überschrift einer Studie der australischen Denkfabrik Australian Strategic Policy Institute (ASPI)[57], die vor allem von Regierungsbehörden Australiens und anderen Ländern wie den USA, Großbritannien, den Niederlanden und Japan finanziert wird. Auch die deutsche Konrad-Adenauer-Stiftung steuerte Gelder bei.

Mit ihrem Bericht aus dem Jahr 2020 machten die Forscher des ASPI darauf aufmerksam, wie China seinen wirtschaftlichen Einfluss nutzt, um weltweit Länder einzuschüchtern. Insgesamt listen sie für das vorangegangene Jahrzehnt aus insgesamt 27 Ländern 152 solcher Fälle auf, zwei Drittel davon richteten sich gegen Regierungen, ein Drittel gegen Unternehmen. Die Hälfte aller Vorfälle stammt aus den Jahren 2019 und 2020. Bei ihren Untersuchungen fanden die Experten eine ganze Bandbreite von erpresserischen Taktiken, von Beschränkungen bei Reisen, Investitionen, Handel und Tourismus über Warenboykotte und Drohungen gegen Firmen bis sogar zu willkürlichen Anklagen, Festnahmen oder gar Tötungen. Die mit Abstand größte Kategorie sind mit 34 Fällen die »staatlichen Drohungen«, vor allem im Jahr 2020. Der Schwerpunkt der Erpressungsversuche richtet sich gegen Ziele in Europa, Nordamerika und Ostasien, da viele Länder in Afrika und Südamerika die chinesische Regierungspolitik auch aufgrund enger Wirtschaftsbeziehungen selten bis nie kritisieren.

Die Studie untersucht mehrere Fälle im Detail. Als Kanada im Dezember 2018 aufgrund eines Auslieferungsersuchens der USA die Finanzchefin des Huawei-Konzerns festnahm, ließ die chinesische Regierung wenige Tage später zwei kanadische Staatsbürger verhaften und wegen Spionage anklagen. Im Januar 2019 wurde das Urteil des Kanadiers Robert Lloyd Schellenberg, der wegen Drogenhandels 15 Jahre Haft verbüßen sollte, in die Todesstrafe umgewandelt. Im März 2019 verbot China die Einfuhr von kanadischem Raps, später folgte ein Importstopp für alle Fleischprodukte. Die Folge waren Einnahmeverluste für die Farmer in Höhe von weit über einer Milliarde Dollar.

Auch Südkorea bekam den Zorn Chinas zu spüren, als es 2016 ein Raketenabwehrsystem gegen mögliche nordkoreanische Angriffe kaufte. Nach Drohungen aus Peking – 27 offizielle Statements innerhalb eines Monats – folgte zunächst ein Auftrittsverbot für Stars aus der koreanischen Unterhaltungsbranche in China, danach gab es Einschränkungen für Reisen chinesischer Touristen nach Südkorea und Boykottaufrufe gegen südkoreanische Produkte wie die Autos von Hyundai und KIA.

Ein Beispiel für den Erfolg des chinesischen Drucks ist Norwegen. Im Jahr 2010 wurde dort der Friedensnobelpreis dem chinesischen Schriftsteller und Dissidenten Liu Xiaobo verliehen, der die Ehrung aufgrund seiner Haft in China nicht selbst entgegennehmen konnte. Die chinesische Regierung nannte die Verleihung einen »schweren Fehler, der den chinesisch-norwegischen Beziehungen schaden wird«. Die Regierung in Peking sagte kurz danach die geplanten Verhandlungen über ein Freihandelsabkommen zwischen den beiden Staaten ab, verhängte Importbeschränkungen für Lachs aus Norwegen, stellte den diplomatischen Austausch ein und schloss Norwegen 2012 aus dem 72-stündigen visafreien Aufenthalt in Peking aus, der sonst für Reisende aus allen anderen europäischen Ländern galt.

Die norwegische Regierung war daraufhin eifrig bemüht, die Beziehungen zu China wieder zu verbessern. Sie stimmte bei den Vereinten Nationen vermehrt für chinesische Anliegen, unterstützte 2013 die Zulassung Chinas als Beobachter beim Arktischen Rat und weigerte sich 2014 erstmals, den Dalai-Lama zu einem Besuch zu empfangen.

Kampf an allen Fronten

Die Angriffe des chinesischen Regimes richten sich in erster Linie gegen Australien. Als die Regierung in Canberra im April 2020 offiziell eine unabhängige Untersuchung der Herkunft des Covid-19-Virus forderte, drohte der Botschafter Chinas, Cheng Jingye, mit einem Massenboykott gegen australische Waren wie Wein und Rindfleisch sowie gegen die Tourismusbranche. Im Mai folgten ein Einfuhrverbot von Rindfleisch aus vier australischen Schlachthöfen und hohe Strafzölle auf Gerste.

Bis dahin hatte China 80 Prozent seines Bedarfs an Gerste durch Lieferungen aus Australien gedeckt. Die Strafzölle, so hieß es aus Peking, seien Folge einer Untersuchung über Dumpingpreistaktiken der australischen Firmen. Im Juni 2020 gab das chinesische Außenministerium eine Reisewarnung für Australien heraus. Ein Gericht verhängte überraschend die Todesstrafe gegen einen australischen Staatsbürger, der schon fünf Jahre zuvor für Drogenhandel verurteilt worden war. Im August kündigte China eine Untersuchung wegen angeblicher Dumpingpreise bei australischen Weinimporten an. Und im November 2020 folgte dann die »Liste der 14 Beschwerden«.

Seitdem nimmt China auch Australiens Wirtschaftsinteressen in anderen Gegenden der Welt ins Visier und setzt dabei auf die willfährige Hilfe von Staaten, die wirtschaftlich von ihren Handelsbeziehungen zum Reich der Mitte abhängig sind. Paradebeispiel ist der Streit um die Lizenz für Eisenerz-Schürfrechte im Grenzgebiet zwischen Kamerun und Kongo, das sogenannte Mbalam-Nabeba-Projekt.[58]

Eigentlich hielten drei australische Unternehmen, darunter die Firma Sundance Resources aus Perth, seit 2012 die Schürfrechte für den Abbau von einer Milliarde Tonnen Eisenerz. Doch der Vertrag mit der Republik Kongo wurde im Dezember 2020 überraschend gekündigt. Ein neues Konsortium mit dem Namen Sangha Mining erhielt im Juli 2021 den Zuschlag. Dahinter verbargen sich die Bestway Finance aus Hongkong und die chinesische AustSino Resources Group, die einst Partner der australischen Sundance Resources gewesen war und in den chinesischen Regierungskreisen gut verdrahtet ist.

Der Auftrag umfasst neben der Eisenerzmine auch eine 500 km lange Eisenbahnstrecke und einen Tiefwasserhafen in Kribi an der

Küste Kameruns. Interessanter Aspekt: Der kongolesische Minister für Rohstoffe Pierre Oba hatte einst den Vertrag mit dem australischen Unternehmen Sundance Resources abgeschlossen. Ein Mitglied seiner Familie bekam damals Firmenanteile. Jetzt sorgte Oba für den neuen Deal mit den chinesischen Partnern, deren Regierung großen Einfluss im Kongo hat, denn der chinesische Anteil der Auslandskredite der Republik Kongo beträgt 80 Prozent; ihr Gesamtvolumen macht rund 25 Prozent des kongolesischen Bruttoinlandsprodukts aus.

Hier liegt nach Einschätzung der Experten des Australian Strategic Policy Institute die größte Gefahr der Belt and Road Initiative in Entwicklungsländern vor allem in Afrika und Südamerika, aber auch in Europa, wie wir im weiteren Verlauf sehen werden. China ist der größte Handelspartner für fast zwei Drittel der Länder dieser Welt. »Die Folgen seiner erpresserischen Diplomatie«, so heißt es in der Studie, »werden durch die wachsende Abhängigkeit der Regierungen und der Unternehmen vom chinesischen Markt verstärkt. Die Risiken dieser Abhängigkeit für die Wirtschaft, für Firmen und für die Sicherheitslage werden weiter ansteigen, wenn die Kommunistische Partei Chinas diese Form der Nötigung fortsetzen kann.« Denn die teils drakonischen Maßnahmen von der öffentlichen Stimmungsmache über Boykottaufrufe bis zu Strafzöllen haben eine abschreckende Wirkung, besonders auf kleinere Staaten, die sich den Widerstand gegen den Druck aus Peking nicht leisten können.

Angriffe auf Konzerne

Auch Weltkonzerne sind im Visier Chinas. Die ASPI-Untersuchung listet 52 solcher Fälle auf, in denen die chinesische Führung die Websites der Firmen blockierte, Strafzahlungen verhängte oder mithilfe von Social-Media-Plattformen Kunden zum Boykott von Produkten aufrief. Solche Kampagnen richteten sich zum Beispiel gegen Konzerne wie Calvin Klein, Coach, Samsung, Asics, Swarovski, Givenchy und Versace. In 82,7 Prozent der Fälle sahen sich die Unternehmen zu einer öffentlichen Entschuldigung gezwungen. Hier beispielhaft die persönliche Twitter-Botschaft von Donatella Versace vom 11. August 2019: »Ich bin zutiefst betrübt über den unglücklichen Fehler, den meine Firma kürzlich beging und der derzeit auf Social-Media-

Plattformen diskutiert wird. Niemals wollte ich gegenüber der nationalen Souveränität Chinas respektlos sein; und deshalb möchte ich mich persönlich für diese Unkorrektheit und für jeden Kummer, den ich damit verursacht haben könnte, entschuldigen.«

Versace hatte T-Shirts in den Handel gebracht, auf denen zahlreiche Städte mit dem jeweiligen Ländernamen standen, darunter auch – analog etwa zu Paris–FRANCE oder Madrid–SPAIN – Hong Kong–HONG KONG und Macau–MACAO, als seien die Städte nicht Teil Chinas. Ein ähnliches Vergehen hatten einige der größten Fluggesellschaften der Welt auf ihren Websites begangen, indem sie Hongkong, Macau und vor allem Taiwan nicht ausdrücklich als Flugziele in China ausgewiesen hatten. Im April 2018 prangerte die chinesische Luftfahrtbehörde die »ernste Unehrlichkeit« der Unternehmen an und drohte mit »Disziplinarmaßnahmen« einschließlich des Entzugs der Landerechte. Daraufhin säuberten 36 Airlines, darunter Lufthansa, British Airways, Air France, Air Canada, American Airlines und Qantas ihre Internetauftritte; Delta Airlines entschuldigte sich öffentlich.

Im Dezember 2021 übte Chinas stellvertretender Außenminister Xie Feng höchstpersönlich Druck auf amerikanische Unternehmen aus.[59] Bei einer Videokonferenz mit Konzernchefs aus den USA warnte er vor einem »Boykott der Olympischen Spiele aus politischen Gründen« und fügte hinzu: »Damit schadet man den Interessen der Athleten, verletzt die gemeinsamen Ideale und Hoffnungen der internationalen Gesellschaft; und es ist unpopulär.«

Der letzte Halbsatz durfte wohl als Wink mit dem Zaunpfahl verstanden werden. Die Unternehmen müssten auf dem chinesischen Markt mit einer Gegenreaktion der Kunden rechnen, falls sie den von der US-Regierung geplanten diplomatischen Boykott unterstützen würden. Xie ließ es sich nicht nehmen, einige Themenbereiche zu Tabuzonen zu erklären: »Jeder muss sich darüber klar sein, dass Taiwan, Xinjiang, Hongkong und Tibet Kerninteressen sind und die chinesische Souveränität und Sicherheit berühren. China hat da keinen Spielraum für Kompromisse.«

Der stellvertretende Minister muss den Konzernchefs gar nicht offen mit Konsequenzen drohen, da sie den Eiertanz zur Vermeidung von wirtschaftlichen Nachteilen für ihre Unternehmen längst beherrschen. Sollten sie die von China gezogene Linie auch nur leicht überschreiten, lässt die öffentliche Entschuldigung nicht lange auf sich warten. Kurz nachdem der Vorstandschef von JP Morgan Chase Jamie Dimon gewitzelt hatte, seine Firma werde »die Kommunistische Partei Chinas wohl überleben«, er dürfe »so etwas aber in China nicht sagen«, bedauerte er seine Worte am Folgetag per Presseerklärung: »Es ist niemals richtig, über irgendeine Gruppe oder ein Volk Witze zu machen.«

Solche devote Untertänigkeit ist das Ziel der chinesischen Erpressungsmethoden. Nur in wenigen Ländern lösen die dreisten Taktiken Chinas eine Abwehrreaktion wie in Australien aus, das den Mut und die Entschlossenheit aufbrachte, sich zu wehren, obwohl die australische Wirtschaft unter den Sanktionen leidet. Umso mehr bräuchte es den gemeinsamen Widerstand von Regierungen, die den Druck öffentlich machen und sich gegen die Drohungen aus Peking verwahren sollten. Transparenz und Solidarität wären das beste Mittel, damit die chinesischen Einschüchterungsversuche ins Leere laufen.

Chinas Coronastrategie

Auch in Lateinamerika und der Karibik – also gewissermaßen vor der Haustür der Vereinigten Staaten – investiert China im Rahmen von BRI Milliarden in Infrastrukturprojekte wie Straßen, Häfen und Eisenbahnlinien und hat die USA als größten Handelspartner in Brasilien, Chile, Peru und Uruguay abgelöst. In die Karibikstaaten Jamaika, Antigua, Grenada, St. Lucia und die Dominikanische Republik flossen Gelder für Regierungsgebäude, Sportstadien und Tourismuszentren. Nach dem Ausbruch der Coronapandemie kam ein weiteres Instrument für den Ausbau des chinesischen Einflusses in der Region dazu – Unterstützung im Kampf gegen Covid-19. Während die US-Regierung in der ersten Jahreshälfte rund 80 Millionen Dosen Impfstoff versprach, schickte China bereits 165 Millionen Dosen an Länder wie Chile, El Salvador, Brasilien und Uruguay. Auch Honduras und Paraguay hätten einen Teil der Lieferungen bekommen, wenn sie der dreisten Forderung der chinesischen Regierung nachgekommen wären, ihre diplomatischen Kontakte zu Taiwan abzubrechen.

Hilfeleistung gegen politisches Wohlverhalten? China bestritt den Vorwurf. Aber die Regierungen der Dominikanischen Republik und

Grenadas beendeten ihre Beziehung zu Taiwan kurz nach Erhalt der Impfdosen. Die US-Regierung beeilte sich in den Folgewochen, zahlreiche Länder in Afrika und Lateinamerika, darunter auch Honduras, über die COVAX-Plattform der Weltgesundheitsorganisation mit Impfstoffen zu versorgen – und zwar kostenlos. Die chinesische Regierung hatte sich die Lieferungen in den meisten Fällen bezahlen lassen und obendrein mit einer PR-Kampagne in den sozialen Medien flankiert, in der sie sich als Wohltäter feiern ließ.

Vor dem Hintergrund all dieser Interessen, dem knallharten Wettbewerb um das gute Geschäft, den verbissenen Anstrengungen, sich die Ressourcen zu sichern, die den technologischen Fortschritt und gleichzeitig auch den militärischen Vorteil bringen, diesem Ringen um die Vorherrschaft in dieser Welt, ist mir ein Gespräch besonders in Erinnerung geblieben, weil es so anders war. Denn es ging um das, was eigentlich die Triebfeder des Handelns der Supermächte sein sollte: das Leben der Menschen auf dieser Erde ein Stück besser zu machen.

Es war Papa Sall, der amerikanische Manager von Weldy Lamont, den ich wegen seiner Herkunft fragte, was es für ihn persönlich bedeute, das Stromnetz im Land seiner Eltern auszubauen. »Wenn wir in den Senegal fahren, in die ländlichen Gegenden, um ein Pilotprojekt zu installieren, eine Minisolarstation mit kleinen Solarpaneelen, wenn wir dann den Schalter umlegen für Menschen, die noch nie elektrisches Licht gesehen haben, wenn wir ihnen den Zugang ermöglichen zur Elektrizität, dann reicht allein das Lächeln auf ihrem Gesicht, wenn sie angeschlossen werden – allein das ist einfach unbeschreiblich. Unglaublich das Gefühl, das durch deinen Körper geht. Darauf freue ich mich jeden Morgen, wenn ich aufwache, und ich werde nicht aufhören, bis der ganze Senegal Strom hat.«

7
Tödliche Spirale: Wie Supermächte für den großen Krieg rüsten

Der Tod kommt per Flugzeug in San Francisco an. Als John Snyder die Maschine verlässt, fühlt er sich abgeschlagen, viel mehr als sonst nach seinen Geschäftsreisen in das Reich der Mitte. Natürlich hat der fast 13-stündige Flug von Schanghai bis zur amerikanischen Westküste die üblichen Spuren hinterlassen – schmerzende Beine, einen verspannten Nacken –, der Liegesitz in der Businessclass ist eben doch kein normales Bett. Aber diesmal spürt Snyder auch noch einen merkwürdigen Druck in seinem Kopf; die Augen schmerzen, die Nase läuft, seine Beine fühlen sich an wie Gummi. Doch es würde schon gehen, schließlich soll er noch an diesem Tag in der Abteilungskonferenz Bericht erstatten. Und abends ist er mit Freunden für ein Konzert verabredet. Drei Tage später ist John Snyder tot. Seine Kollegen und Freunde – Dutzende von Menschen – haben Symptome einer mysteriösen Krankheit. Ein paar Tage danach sind es Tausende, Patienten aus allen Bevölkerungsgruppen – mit einer Ausnahme: Es sind kaum Menschen chinesischer Herkunft betroffen.

Dies ist natürlich ein rein fiktives Horrorszenario. Aber die Ähnlichkeiten zur Coronapandemie sind unverkennbar, mit einem entscheidenden Unterschied, der den eugenischen Fantasien des menschenverachtenden Naziregimes entsprungen sein könnte: ein Virus, das unterscheidet, welche ethnischen Gruppen es angreift und welche nicht. Genau damit beschäftigt sich eine Forschungsabteilung der Nationalen Universität für Verteidigungstechnologie, dem Forschungsarm der chinesischen Volksbefreiungsarmee. In einem Textbuch von 2017 und einer Reihe weiterer Publikationen über den militärischen Einsatz von Biotechnologie wird die Entwicklung von »ethnisch-spezifischen genetischen Waffen« diskutiert. Diese Waffen, so schreiben die Wissenschaftler Zeng Huafeng und Shi Haiming, seien eine neue Art von »biologischer Abschreckung« in Konflikten der Zukunft. Die Forscher sind überzeugt, dass solche Gen-Angriffe »wegen ihrer hohen Tödlichkeit, niedrigen Kosten und unterschiedlichsten Angriffsmethoden einen fundamentalen Einfluss auf künftige Kriege haben werden«.[60]

Die Zitate finden sich in einem bemerkenswerten Artikel der amerikanischen Chinaexpertin und Harvard-Absolventin Elsa B. Kania, deren Forschung sich dank ihrer chinesischen Sprachkenntnisse vor allem auf die Auswertung von chinesischen Originaldokumenten zur Militärstrategie stützt.[61] Kania beschreibt darin detailliert, wie intensiv die Volksbefreiungsarmee und ihre Kaderschmiede, die Verteidigungsuniversität, nach innovativen Methoden suchen, um die Kriegsführung im 21. Jahrhundert zu revolutionieren. Dabei geht es weniger um Panzer und Schiffe, Gewehre und Raketen, sondern vielmehr um künstliche Intelligenz, Biotechnologie und die Perfektionierung des menschlichen Hirns. Wie können die Hirnströme der Soldaten miteinander und mit Waffensystemen so vernetzt werden, dass sie einen entscheidenden Vorteil auf dem Schlachtfeld haben? Wie kann künstliche Intelligenz strategische Entscheidungen und taktische Manöver vom Einfluss emotionaler Schwächen der beteiligten Menschen befreien? Aber in ihren düstersten Forschungsprojekten experimentieren chinesische Wissenschaftler an Krankheitserregern, die genetisch so verändert werden, dass sie ihre tödliche Wirkung nur bei bestimmten ethnischen Gruppen innerhalb einer Gesellschaft entfalten.

Ähnliche Forschungen – so wird behauptet – soll auch das amerikanische Militär in Zusammenarbeit mit namhaften Universitäten betreiben. Die USA geben an, die Beschäftigung mit biologischen Kampfstoffen diene ausschließlich defensiven Zwecken. China macht keinen Hehl daraus, dass es auch um die Entwicklung biologischer Angriffswaffen geht. Der ehemalige Chef der Nationalen Verteidigungsuniversität General Zhang Shibo schrieb 2017 in seinem Buch *New Highland of War:* »Die Entwicklung moderner Biotechnologie zeigt schrittweise starke Anzeichen für eine Offensivfähigkeit.«[62]

Ausdrücklich bezieht sich Zhang dabei auf »ethnisch-spezifische genetische Angriffe«. Voraussetzung für solche Manipulationen ist die sogenannte CRISPR-Methode, also das Herausschneiden oder Einfügen von Gensequenzen aus dem bzw. in das Erbgut von Menschen, Tieren und Viren. Eine ganze Reihe von Laboratorien an Universitäten und in Unternehmen in China führen entsprechende Versuche durch. Als führend in diesem Feld gilt der Biotech-Konzern BGI Genomics, der im Auftrag der chinesischen Regierung seit 2016 die größte Gendatenbank der Welt aufbaut. Diese China National Gene-Bank soll »Chinas wertvolle genetische Ressourcen entwickeln und nutzen, die nationale Sicherheit von Bio-Informationen bewahren und Chinas Fähigkeit ausbauen, die strategische Hoheit in der Biotechnologie zu erobern.« Genetische Informationen über die eigene Bevölkerung haben also für die chinesischen Streitkräfte, mit denen BGI Genomics bei seinen Forschungen eng zusammenarbeitet, strategische Bedeutung und sind Voraussetzung für die Entwicklung von Fähigkeiten, die bei Bedarf einen möglichen Krieg zugunsten Chinas entscheiden könnten. Dazu gehören Krankheitserreger, die ausschließlich andere Ethnien aus dem amerikanischen oder europäischen Raum angreifen und ausschalten könnten.

Gefährliche Vernetzung

BGI Genomics ist der größte Biotech-Konzern der Welt und betreibt Laboratorien rund um den Erdball, zum Beispiel in Australien und in Kalifornien. Die Firma ist an Forschungen der University of California und an dem Children's Hospital in Philadelphia beteiligt, sie unterhält wissenschaftliche Beziehungen zu Einrichtungen in Seattle, San Francisco, San Jose, Los Angeles, San Diego, Houston, Kansas City, Detroit, Boston, New York und Washington, in den kanadischen Metropolen Toronto und Montreal sowie in London, Brüssel, Rotterdam und vielen weiteren Städten. Darin sehen die US-Sicherheitsbehörden eine zunehmende Bedrohung, denn im Zuge der Zusammenarbeit könnten sensible wissenschaftliche Erkenntnisse und genetische Daten der amerikanischen Bevölkerung in die Hände des chinesischen Militärs geraten.

Im Oktober 2021 verschickte das Nationale Zentrum für Gegenspionage und Sicherheit NCSC eine eindringliche Warnung an alle

Unternehmen und Forschungseinrichtungen in den USA. China nutze seine global operierenden Unternehmen, um weltweit Daten zu sammeln, die dann an den chinesischen Geheimdienst und das Militär weitergereicht würden. Im Rundschreiben heißt es: »Peking fokussiert sich auf Technologien, die es für seine wirtschaftliche und militärische Zukunft für entscheidend hält«, darunter »Biotechnologie« und »künstliche Intelligenz«. Dies könne die nationale Sicherheit und die Wirtschaft der Vereinigten Staaten angreifbar machen. »Biotechnologie«, so das NCSC, »kann dazu missbraucht werden, um bösartige Krankheitserreger zu erschaffen, um die Nahrungskette oder sogar die menschliche Bevölkerung anzugreifen. Gentechnologien, die zur gezielten Behandlung von einzelnen Patienten entwickelt werden, können auch dazu dienen, genetische Schwachstellen in einer Bevölkerung zu identifizieren. Große Gendatenbanken, die bei der Ahnenforschung und der Kriminalitätsbekämpfung helfen, können für Überwachung und soziale Unterdrückung missbraucht werden.«

Tatsächlich prüft das US-Finanzministerium mithilfe des schon erwähnten Ausschusses für ausländische Investitionen in den Vereinigten Staaten CFIUS genau, inwieweit amerikanische Unternehmen direkt oder indirekt mit chinesischen Biotechfirmen verbandelt sind, zum Beispiel im Bereich der Ahnenforschung. Wer freiwillig DNA-Proben – zum Beispiel Haare oder Körperflüssigkeiten – an Dienstleister weiterreicht, um mehr über die Herkunft seiner Familie zu erfahren, muss nach Einschätzung amerikanischer Sicherheitsbehörden befürchten, dass seine Gendaten in China landen. Ein chinesischer Biotech-Investor ist seit 2015 zu einem kleinen Prozentsatz an der amerikanischen Firma 23andMe beteiligt, die genetische Stammbaumanalysen anbietet. Das Unternehmen beharrt allerdings darauf, dass die Proben seiner Kunden ausschließlich in den USA ausgewertet und ihre Daten gut verschlüsselt auf amerikanischem Boden aufbewahrt werden.[63] Mit Sorge schaut die US-Regierung auch auf den Bereich der medizinischen Dienstleistungen. Im Jahr 2021 stoppte der CFIUS den Verkauf einer Fruchtbarkeitsklinik in San Diego an einen chinesischen Konzern – nicht zuletzt, weil die Einrichtung vor allem US-Soldaten betreut, die auf nahe liegenden Militärbasen stationiert sind.

Was nach Überreaktion oder Paranoia klingt, ist die Konsequenz aus der Beobachtung einer chinesischen Sammelwut im Bereich von Gendaten rund um den Globus, an dessen vorderster Front BGI Genomics steht. Im Sommer 2021 veröffentlichte die Nachrichtenagentur Reuters Ergebnisse einer monatelangen Recherche zu den Aktivitäten des chinesischen Konzerns.[64] Das Unternehmen verkauft in 52 Ländern der Welt – darunter Deutschland, Spanien, Großbritannien, Dänemark und Kanada – an medizinische Einrichtungen einen Test, mit dem etwa in der zehnten Schwangerschaftswoche bei heranwachsenden Embryos genetische Unregelmäßigkeiten wie zum Beispiel das Downsyndrom entdeckt werden können. Bei diesem sogenannten NIFTY-Test (Non-invasive Fetal Trisomy) werden rund zehn Prozent des Erbguts aus Blut- und Gewebeproben der werdenden Mutter analysiert und die Ergebnisse zusammen mit persönlichen Angaben über Herkunftsland, Größe und Gewicht aufbewahrt. Bis Juli 2021 konnte BGI Genomics auf diese Weise Erbinformationen von acht Millionen Frauen weltweit sammeln – eine einmalige Grundlage für die Bioforschung in China, deren Ergebnisse natürlich auch zum Wohl der gesamten Menschheit bei der Suche nach Heilmethoden für Krebs, Schizophrenie, Immundefekte und im Umgang mit angeborenen Störungen wie Taubheit, Zwergwuchs, Fettleibigkeit beitragen könnten. In diesen und anderen Feldern hat BGI Genomics tatsächlich Pionierarbeit geleistet.

Alles nur harmlos?

Aber der Zugang zu Erbinformationen so vieler Menschen kann auch missbraucht werden, zum Beispiel für die Analyse von genetischen Schwachstellen in bestimmten Bevölkerungsgruppen und die Entwicklung von Biowaffen »für gezielte genetische Angriffe«, so heißt es im jährlichen Bericht aller US-Geheimdienste zur Bedrohungslage in der Welt. Tatsächlich arbeitete BGI Genomics bei mindestens einem Dutzend der erwähnten Studien zur Krankheitsbekämpfung eng mit den Forschungseinrichtungen des chinesischen Militärs zusammen, wie die Recherchen von Reuters basierend auf mehr als 100 Originaldokumenten belegen. Chinas Außenministerium bezeichnete die Enthüllungen als »haltlose Anschuldigungen und Verleumdungen«. Und in einer Stellungnahme schrieb BGI Genomics, man habe »niemals Daten aus den NIFTY-Tests an chinesische Behörden für Zwecke der nationalen Sicherheit oder der nationalen Verteidigungssicherheit weitergegeben«. Außerdem würden in der China National GeneBank ausschließlich die Erbinformationen von Menschen in China aufbewahrt.

Reuters entdeckte bei den Recherchen allerdings, dass in der Datenbank auch Befunde von NIFTY-Tests aus anderen Ländern enthalten sind. Nach dem schon erwähnten Gesetz aus dem Jahr 2017 sind alle chinesischen Unternehmen auch dazu verpflichtet, die Sicherheitsbehörden des Landes, Geheimdienste und Militär in ihren Aktivitäten zu unterstützen. In mindestens einem Forschungsprojekt hat BGI Genomics die NIFTY-Datensätze mithilfe eines Supercomputers der Volksbefreiungsarmee analysiert, um die Verbreitung von Viren in der chinesischen Bevölkerung festzustellen und Indikatoren für Geisteskrankheiten zu entdecken. Die Studie suchte auch nach Zusammenhängen zwischen Gensequenzen und bestimmten Charakteristiken bei den tibetischen und uigurischen Minderheiten. Tatsächlich sammelt China nach Erkenntnissen der US-Geheimdienste genetische Daten von Uiguren. Hunderttausende Menschen aus der unterdrückten muslimischen Volksgruppe sind in staatlichen Umerziehungslagern eingesperrt. Weil BGI Genomics sich an den umstrittenen Forschungsprojekten beteiligt, hat das US-Wirtschaftsministerium im Jahr 2020 Sanktionen gegen zwei Tochterunternehmen des Biotechkonzerns verhängt.

Chinas globale Sammelwut dient in erster Linie dazu, sich einen strategischen Vorteil gegenüber allen Rivalen in der Welt zu verschaffen. Das zeigt auch ein Vorstoß von BGI Genomics im März 2020, über den fast ein Jahr später der amerikanische Fernsehsender CBS berichtete. Kurz nach Entdeckung der ersten Coronafälle in den USA bekam der Gouverneur des US-Bundesstaats Washington Jay Robert Inslee einen recht persönlichen Brief von Wang Jian, dem Mitgründer und Vorstandsvorsitzenden von BGI Genomics, der dem Amerikaner die kostenlose Einrichtung und den Betrieb von Covid-Testlaboren anbot. Man werde »technische Expertise« und »Hochgeschwindigkeits-Analysegeräte« zur Verfügung stellen. Darüber hinaus versprach Wang auch noch großzügige Spenden an amerikanische Forschungseinrichtungen.

Das Angebot, das parallel offenbar an mindestens fünf weitere Bundesstaaten ging – darunter Kalifornien und New York –, ließ bei der US-Regierung alle Alarmglocken schrillen. Sie warnte die Gouverneure und medizinische Einrichtungen im ganzen Land vor einer Zusammenarbeit mit BGI Genomics. Die Ermittler sahen in dem Vorhaben den plumpen Versuch, chinesische Labore in den USA zu etablieren und mithilfe der Tests auch an biometrische und genetische Daten der amerikanischen Bevölkerung zu kommen.

BGI Genomics bestreitet die Vorwürfe: »Der Eindruck, dass die Gendaten amerikanischer Bürger durch die Aktivitäten von BGI Genomics in den Vereinigten Staaten kompromittiert sind, entbehrt jeder Grundlage.« Die Firma sei eine Privatorganisation, die »die Gesundheit und das Wohlergehen der Menschen« fördere. Während die USA die Einrichtung von Covid-Laboren verweigerte, nahmen offenbar 30 Länder das verlockende Angebot an. Nach eigenen Angaben betreibt BGI Genomics 80 solcher Testzentren in aller Welt und will diese nach dem Ende der Pandemie umfunktionieren – in Labore für Schwangerschaftsdiagnostik.

Jahrtausendealte Strategie

Damit könnte BGI Genomics dem chinesischen Militär gewissermaßen die Munition liefern, mit denen das kommunistische Regime künftige Kriege gewinnen will, oder genauer gesagt: den Sieg erringt, bevor es zum eigentlichen Kampf zwischen den verfeindeten Streitkräften kommt. Die chinesische Militärdoktrin stützt sich auf eine der ältesten Strategieschriften der Welt, die im 6. Jahrhundert vor Christus von dem chinesischen General und Philosophen Sun Tsu verfasst wurde. Im zweiten Kapitel seines Werks *Die Kunst des Krieges* heißt es: »In all deinen Schlachten zu kämpfen und zu siegen ist nicht die größte Leistung. Die größte Leistung besteht darin, den Widerstand des Feindes ohne einen Kampf zu brechen.« Obwohl es eine Reihe von möglichen Übersetzungen für das Originalzitat gibt, kommt diese der eigentlichen Intention des Autors wohl am nächsten.

Seit Mitte der 1990er-Jahre beschäftigen sich zahlreiche Publikationen der chinesischen Volksbefreiungsarmee mit der Frage, wie in Zeiten der Globalisierung ein »Sieg ohne Blutvergießen« erzielt werden kann. Die Bücher tragen Titel wie *Kriegsführung außerhalb der Regeln, Krieg um biologische Dominanz* und das schon erwähnte

Neue Höhen des Krieges, in dem die »ethnisch-spezifischen Genattacken« ausdrücklich genannt werden. Mit dem 13. Fünfjahresplan, der im September 2017 verabschiedet wurde, fanden diese Überlegungen Eingang in die staatliche Militärdoktrin Chinas. Das Regime schuf einen speziellen Fonds zur Förderung der wissenschaftlichen Zusammenarbeit zwischen zivilen Forschungseinrichtungen und dem Militär. Nach dieser Strategie der »militärisch-zivilen Verschmelzung« sind alle chinesischen Unternehmen gezwungen, ihre Entdeckungen und Erfindungen in allen technologischen Bereichen der Volksbefreiungsarmee zur Verfügung zu stellen.[65] Präsident Xi Jinping machte sich selbst zum Chef der neu geschaffenen Zentralkommission für integrierte militärische und zivile Entwicklung und ließ sich in einem Artikel über wissenschaftliche Erkenntnisse als Antriebsmotor für ein Weltklasse-Militär mit den Worten zitieren: »Unter den Rahmenbedingungen eines immer intensiveren globalen militärischen Wettbewerbs kann nur Innovation den Sieg bringen.« Folgerichtig ließ Xi im Jahr 2021 insgesamt sieben Zukunftsfelder im 14. Fünfjahresplan verankern, darunter neben künstlicher Intelligenz, Quantum Computing und Hirnforschung auch Genwissenschaft und Biotechnologie.

Was geschah in Wuhan?

Angesichts all dieser Entwicklungen ist eine Frage wohl unvermeidlich: Hat der Ausbruch des Coronavirus in Wuhan Ende 2019 irgendetwas mit der Suche des chinesischen Militärs nach Krankheitserregern zu tun, die dem Regime im Kampf um die Vorherrschaft in der Welt zum Sieg verhelfen sollen? Diese Frage lässt sich möglicherweise niemals abschließend beantworten, aber der Verdacht lässt sich bisher auch nicht eindeutig widerlegen. Immer wieder tauchen neue Informationen auf, die den Vorwurf nähren – hier ein Beispiel.

Im März 2018 waren Wissenschaftler des Instituts für Virologie in Wuhan als Teilnehmer eines Vorhabens aufgelistet, für das die EcoHealth Alliance, eine gemeinnützige Gesundheitsorganisation in den USA, beim Forschungsarm der US-Streitkräfte, der Defense Advanced Research Projects Agency (DARPA), eine Finanzierung beantragt hatte.[66] Die DARPA lehnte ab. Die Wissenschaftler wollten offenbar Coronaviren aus Fledermäusen in nahe gelegenen Höhlen genetisch verändern, um sie noch ansteckender und tödlicher zu machen. Die Erreger sollten dann an Mäusen getestet werden. Gemäß dem Forschungsantrag ging es EcoHealth darum, »das Potenzial für das Übergreifen von neuartigen [...] Coronaviren« auf Menschen in Asien zu »entschärfen«. An dem Vorhaben, dessen Kosten mit 14 Millionen Dollar kalkuliert war, sollten auch amerikanische Forschungseinrichtungen mitwirken.

Die Informationen stammen aus Dokumenten, die eine Gruppe von Wissenschaftlern und Aktivisten veröffentlicht hat, die gewissermaßen mit Schwarmintelligenz die Hintergründe der Pandemie aufklären wollen. Das Konsortium mit dem Namen DRASTIC (Decentralized Radical Autonomous Search Team Investigating COVID-19) wird von namhaften Forschern weltweit nach anfänglicher Skepsis nun als seriöse Initiative angesehen. Aber auch die EcoHealth Alliance gilt als seriöse Einrichtung, die mithilfe von Forschungsgeldern der amerikanischen Regierung erheblich zum globalen Kampf gegen Infektionskrankheiten beiträgt.

Angesichts des Gefahrenpotenzials durch genetisch veränderte Krankheitserreger als mögliche Waffen in einem Konflikt ist es kein Wunder, dass US-Präsident Joe Biden die amerikanischen Nachrichtendienste beauftragte, alle verfügbaren Quellen zu nutzen, um die Ursprünge der Pandemie aufzuklären. Im vorläufigen Bericht des Direktors für Nationale Aufklärung, dem die US-Geheimdienste unterstehen, heißt es: »Wir legen uns fest, dass das Virus nicht als biologische Waffe entwickelt wurde. Darüber hinaus kommen die meisten Behörden zu dem Schluss – wenn auch mit niedriger Überzeugung –, dass SARS-CoV-2 wahrscheinlich nicht genetisch hergestellt wurde; allerdings glauben zwei Dienststellen, dass es nicht genügend Beweise gibt, um sich auf eine Einschätzung [in diesem Punkt] festzulegen.«[67]

Zur Frage, wie das Virus sich ausbreiten konnte, fällt das Urteil der Nachrichtendienste in der Analyse vom 29. Oktober 2021 ebenfalls gemischt aus. Die Mehrheit der Behörden glaubt – wieder mit niedriger Überzeugung –, dass das Virus in der freien Natur von Tier auf Mensch übertragen wurde. Ein Nachrichtendienst aber schlussfolgert »mit mittlerer Überzeugung, dass die erste menschliche Infektion mit SARS-CoV-2 höchstwahrscheinlich das Ergebnis eines Laborunfalls war«.

In einem Punkt waren sich die amerikanischen Sicherheitsbehörden allerdings einig: dass die chinesische Regierung bis heute alles tut, um eine intensive Untersuchung zum Ursprung von SARS-CoV-2 zu behindern. Schon kurz nach dem Ausbruch 2019 wurden Daten zurückgehalten, Laborproben vernichtet, Wissenschaftler zum Schweigen gebracht und Kritiker eingeschüchtert. Trotz aller Dementis aus Peking und von den Forschern am Institut für Virologie in Wuhan sind gefährliche Virenexperimente, mehrere vertuschte Zwischenfälle – darunter mysteriöse Erkrankungen von Mitarbeitern in den Jahren 2012 und 2019 – und hanebüchene Defizite bei der Erstbekämpfung der Pandemie in der Millionenstadt gut dokumentiert.

Ein Laborunfall, bei dem sich Forscher versehentlich infizierten, scheint also durchaus möglich angesichts schlampiger Sicherheitsmaßnahmen. Das wird zwar vehement bestritten von der Leiterin des Coronalabors am Institut für Virologie Shi Zhengli, die wegen ihres Forschungsgebiets gern als Batwoman – Fledermausfrau – bezeichnet wird. Aber bei einem Vortrag im Jahr 2018 erzählte Shi, dass die Wissenschaftler beim Umgang mit ihren Versuchstieren nicht immer die vollständige Schutzkleidung tragen würden.[68] Auch ihr Kollege Tian Junhua gab 2017 zu, dass er sich nach einem Zwischenfall ohne die übliche Ausrüstung einmal zwei Wochen in Quarantäne begeben musste. Tian leitet das örtliche Labor der chinesischen Seuchenbehörde CDC und ist wie Shi Zhengli verpflichtet, bei den Forschungen eng mit der Volksbefreiungsarmee Chinas zusammenzuarbeiten, so wie alle wissenschaftlichen Einrichtungen im Land.

Ziel ist, wie beschrieben, auch die Entwicklung von Technologien für eine Kriegsführung ohne Rücksicht auf internationale Regeln und Vereinbarungen. Ihr Einsatz ließe die Grenzen zwischen Frieden und Krieg immer weiter verschwimmen, der Sieg würde sich nicht mehr daran messen, wer mit seinen militärischen Waffen das größtmögliche Ausmaß an Zerstörung anrichtet. Aber schon lange bevor durch Biotechnologie, Hirnforschung und künstliche Intelligenz die Fantasien des Militärstrategen Sun Tsu, den Widerstand des Feindes ohne Kampf zu brechen, Wirklichkeit werden, sind die chinesischen Streitkräfte auch im Fall einer kriegerischen Auseinandersetzung zwischen den Supermächten zur größten Bedrohung für die USA, für ihre Verbündeten im Indopazifik und für die Freiheit der globalen Handelswege geworden.

Amerika verliert

Michael Liu macht sich einen kleinen Imbiss, um sich dann gestärkt in die Schlacht zu stürzen. Ich bin mit meinem Team zu Besuch in Michaels kleiner Wohnung in Vancouver. Hier simuliert der Informatiker in seiner Freizeit Kriegsszenarien im Indopazifik und stellt sie hinterher auf YouTube, um den Menschen zu erklären, wie schnell die Lage eskalieren kann. »Es geht mir um eine Visualisierung der möglichen Szenarien«, sagt Michael. »Die Öffentlichkeit sollte verstehen, wie die Konflikte genau aussehen. Vielleicht hilft es dabei, die schlimmsten Szenarien zu vermeiden, die schon mit modernsten konventionellen Waffen so furchterregend sind.«

Der junge Mann weiß, wovon er spricht, weil er penibel die Waffensysteme und Taktiken der Rivalen recherchiert. Er nutzt dafür nicht nur alle öffentlich verfügbaren Quellen, inklusive der Publikationen der chinesischen und amerikanischen Streitkräfte, sondern hat auch Ansprechpartner im US-Militär und den großen Thinktanks, den Denkfabriken, deren Experten sich intensiv mit dem amerikanisch-chinesischen Konflikt beschäftigen. Gleichzeitig kann er mithilfe professioneller Software dreidimensionale Kriegsszenarien programmieren und durch Veränderung einzelner Variablen – z.B. beteiligte Waffensysteme, geografische Entfernungen, Wetterbedingungen – in allen möglichen Varianten durchspielen.

Michael zeigt uns eine Simulation mit einem realen Ausgangspunkt. Fast jede Woche dringen chinesische Kampfflugzeuge in den Luftraum um Taiwan ein. Es sind ständige Provokationen mit manchmal bis zu 40 Jets und Bombern gleichzeitig. In dieser Zusammensetzung könnten sie amerikanische Flugzeugträgergruppen nahe Taiwan überraschend angreifen. Michael hat die Parameter eingegeben. Südöstlich von Taiwan sehen wir den Flottenverband um den US-Flugzeugträger USS Ronald Reagan in blauer Farbe. Dann drückt er auf den Startknopf. Das chinesische Geschwader in Rot startet auf dem Festland und dringt in den Luftraum um die Insel Taiwan ein, die nach internationaler Konvention als Schutzzone deklariert ist. Als die chinesischen Flugzeuge abschwenken und überraschend Kurs auf die US-Kriegsschiffe nehmen, starten amerikanische Abfangjäger. Beide Seiten feuern Raketen ab. Es kommt zu heftigen Luftkämpfen mit großen Verlusten, viele der chinesischen Jets werden abgeschossen, auch einige Schiffe sind schwer getroffen. Dann aber würde China landgestützte Raketen mit einer Reichweite bis zu 1500 Kilometern einsetzen, die es erstmals im März 2021 im Rahmen eines großen Manövers getestet hatte. Die Neuentwicklung mit der Bezeichnung Dong Feng-21D, die in Washington salopp schon als »Carrier Killer« bezeichnet wird, alarmierte das Pentagon und den Verteidigungsausschuss des Kongresses.[69]

Tatsächlich geschieht auch bei Michael Lius Simulation das Unvorstellbare, ein »mission kill«, wie er sagt. Die USS Ronald Reagan und ein Teil der Begleitschiffe sind ausgeschaltet, die amerikanische Marine verliert das Gefecht, die Bahn wäre frei für einen Einmarsch in Taiwan.

Für Michael ist es die logische Folge aus dem Weltmachtstreben Chinas in den vergangenen Jahren. Noch sei das Land nicht in der Lage, den USA weltweit solche Niederlagen beizubringen, aber im Indopazifik könne die Lage jederzeit aus dem Ruder laufen mit ungewissem Ausgang. »China will dort eine dominante Rolle spielen, mindestens ebenbürtig mit den Vereinigten Staaten«, sagt Michael. »Ein Land, das sich zur Großmacht aufschwingt, ist sehr gefährlich. Wenn man sich das in ein paar Jahrzehnten anschaut, dann wird man diese letzten drei, vier Jahre als Beginn eines neuen kalten Krieges sehen. Ich hoffe sehr, dass es nicht ein heißer Krieg wird, ein echter Konflikt. Aber ich halte das für möglich, weil bei wachsenden Spannungen ein kleiner, zufälliger Vorfall geschehen kann, der dann weiter eskaliert.«

Kann China siegen

Ein kompletter Flottenverband ausgelöscht? Absolut möglich, meint Admiral James Stavridis, der von 2009 bis 2013 der Oberbefehlshaber der NATO war. Hinter den Provokationen durch chinesische Flugzeuge stecke eine bestimmte Absicht, sagte mir Stavridis: »Sie desensibilisieren damit sowohl Taiwan als auch die Vereinigten Staaten. Wenn China sich irgendwann entscheidet, tatsächlich anzugreifen, könnte das zuerst aussehen wie ein weiteres Wochenende mit vielen Flugbewegungen. Das ist eine clevere Militärstrategie.«

Admiral Stavridis hat sein Insiderwissen in einem fiktionalen Buch verarbeitet, das einen katastrophalen Krieg zwischen den USA und dem Rivalen im Pazifik im Jahr 2034 beschreibt. Mittlerweile teilt er die Einschätzung von Admiral Phil Davidson, der im März 2021 in seiner damaligen Funktion als Kommandeur der US-Flotte im Indopazifik bei einer Kongressanhörung einen Einmarsch Chinas in Taiwan in den nächsten fünf Jahren vorhersagte. Stavridis sieht mit größter Sorge, wie China seit Jahren seine militärischen Fähigkeiten massiv ausbaut. »Das alles ist ein Signal an die Vereinigten Staaten von Amerika, dass China sich selbst als die führende Macht dieser Welt sieht. Sie werden diesen Anspruch bis zur Mitte des Jahrhunderts nur schwer verwirklichen können, wenn sie nicht vorher Taiwan erobern.«

Entsprechende Kriegsszenarien im Indopazifik hat das US-Verteidigungsministerium – ähnlich wie Michael Liu – im Herbst 2020 einfach mal durchgespielt. Die Simulationen ließen alle Alarmglocken schrillen, immer wieder siegte China. »Ohne Übertreibung, es war ein krasser Fehlschlag«, so der stellvertretende Vorsitzende der Stabschefs der US-Streitkräfte General John Hyten. »Das aggressive rote Team hatte die Vereinigten Staaten in den vergangenen 20 Jahren genau studiert und uns umzingelt. Sie wussten genau, was wir tun würden, bevor wir es taten.«[70]

Dass der General das Versagen der amerikanischen Kriegsmarine bei einer Tagung der Rüstungsindustrie im Sommer 2021 so offen zugab, sollte wohl Politiker wachrütteln, um ihre Unterstützung für die Entwicklung neuester Technologien zu gewinnen. Hyten listete sogar die Ursachen für die krachende Niederlage bei den Kriegsspielen auf. Zum einen seien die konzentrierten Flottenverbände rund um die amerikanischen Flugzeugträger ein leichtes Ziel für die chinesischen Angriffe gewesen. Zum anderen habe die Gegenseite kurz nach Beginn der Übung mithilfe von Hackerattacken das komplette Informationsnetz der US Navy ausgeschaltet. Seit Jahrzehnten setzen die USA auf das Prinzip der vernetzten Kriegsführung von der strategischen Führungsebene bis zu taktischen Abläufen auf den möglichen Schlachtfeldern. Dieser Fähigkeit verdankte Amerika seine absolute Dominanz bei den Einmärschen in Afghanistan und Irak.

Das chinesische Militär hat diese Konflikte genau studiert und Technologien entwickelt, um die amerikanischen Netzwerke anzugreifen. Im Nordwesten Chinas gibt es Stützpunkte, von denen aus die Volksbefreiungsarmee mit Raketen und gebündelten Laserstrahlen amerikanische Aufklärungssatelliten ausschalten kann.[71] Die Überwachung feindlicher Bewegungen, die Kommunikation zwischen US-Einheiten in Krisengebieten und die zielgenaue Steuerung der Waffensysteme wären nicht mehr möglich. »Wir haben eine informationsbeherrschte Struktur, in der Informationen auf allen Ebenen unserer Streitkräfte verfügbar sind«, so General Hyten. »China und Russland haben uns dabei in den vergangenen 30 Jahren beobachtet. Was passiert, wenn diese Informationen von vornherein gar nicht mehr verfügbar sind? Das war das große Problem, dem wir gegenüberstanden.« Mit anderen Worten: China ist mithilfe neuester Technologien – von Störsignalen über Hackerattacken bis zu den beschriebenen Angriffen auf Kommunikationssatelliten – in der Lage, das komplette Netzwerk lahmzulegen, den US-Streitkräften gewissermaßen das Licht auszuknipsen.

Die größte Marine

Nun überarbeitet das Pentagon weltweit mit Hochdruck die Stationierungspläne in möglichen Konfliktgebieten und feilt an neuen Taktiken für mögliche Waffengänge, insbesondere beim Informationsaustausch zwischen den beteiligten Einheiten. US-Präsident Biden etablierte dafür unmittelbar nach seinem Amtsantritt eine eigene Taskforce, die unter der Leitung von Verteidigungsminister Lloyd Austin vor allem Antworten auf die militärische Bedrohung durch China finden soll.[72]

Auch wenn sich auf diese Weise eine amerikanische Niederlage vermeiden ließe, macht es die Geschwindigkeit der militärischen Entwicklung Chinas den USA künftig wohl unmöglich, eindeutig zu gewinnen. Noch sind die USA die größte Militärmacht der Welt. Ihr Wehretat war 2020 mit 778 Milliarden Dollar dreimal so groß wie der chinesische – rund 252 Milliarden Dollar. Dafür ist Chinas Kriegsmarine mittlerweile mit 350 Schiffen die größte der Welt – die USA verfügen über 293 Kriegsschiffe, darunter 68 Unterseeboote; die Chinesen haben 66 U-Boote, mit denen sie den Handel im Indopazifik komplett lahmlegen könnten. Nur bei Flugzeugträgern hat Amerika mit 11 zu 3 einen deutlichen Vorsprung und ist dadurch fähig, militärische Macht rund um den Erdball einzusetzen.

Noch ist China nicht stark genug, um Amerika weltweit die Stirn zu bieten. Aber die chinesische Kriegsmarine hat jetzt schon einen Stützpunkt an der Ostküste Afrikas, in Dschibuti. Peking will auch einen Hafen an der Atlantikküste – im Einflussgebiet der NATO. Das Land ist eifrig dabei, sein Atomwaffenarsenal zu modernisieren, die Stationierungsfähigkeiten auszubauen und neue Methoden für den Einsatz zu entwickeln.

Mitten in der Wüste nahe der Stadt Yumen im Nordwesten Chinas entdeckten amerikanische Experten Mitte 2021 mithilfe von Satellitenaufnahmen den Bau von 119 Raketensilos, die offenbar für Interkontinentalraketen des Typs DF-41 vorgesehen sind.[73] Die Systeme könnten mit mehreren Atomsprengköpfen ausgestattet werden und mit einer Reichweite bis zu 15 000 Kilometern auch das amerikanische Festland erreichen. Die chinesischen Streitkräfte haben auch eine Interkontinentalrakete getestet, die auf einer neuen Generation von U-Booten eingesetzt werden soll.

Im August 2021 überraschte China die Welt außerdem mit einem Probestart für eine sogenannte Orbitalrakete, die mit fünffacher Schallgeschwindigkeit um den Globus fliegen und dann ein Trägersystem aussetzen könnte, um Atomsprengköpfe in Zielgebiete gleiten zu lassen. Das System wäre zwar deutlich langsamer als herkömmliche Interkontinentalraketen, würde die USA aber nicht nur aus dem Norden, sondern aus verschiedenen Richtungen gleichzeitig treffen und damit die veraltete amerikanische Luftabwehr überfordern. Nach Einschätzung der US-Geheimdienste werde China »die schnellste Expansion und Plattformdiversifizierung des Nukleararsenals in seiner Geschichte« weiter massiv vorantreiben. Dabei sei das Regime in Peking, so heißt es in einer Bedrohungsanalyse, »nicht interessiert an Abrüstungsvereinbarungen, die seine Modernisierungspläne einschränken«, und werde »keinen substanziellen Verhandlungen zustimmen«.[74] Insgesamt umfasst das chinesische Atomwaffenarsenal mit geschätzten 350 Sprengköpfen noch nicht einmal ein Zehntel der rund 4000 amerikanischen Systeme, dennoch wächst durch den Modernisierungsschub der Druck auf die Vereinigten Staaten, die eigenen Verteidigungskapazitäten massiv auszubauen.

Auch wenn China militärisch wohl frühestens zur Mitte des Jahrhunderts mit den USA gleichziehen könnte, zementiert es weiter offensiv seinen Vormachtanspruch in der indopazifischen Region – im wahrsten Sinne des Wortes. Wer vor dem Jahr 2020 eine Satellitenaufnahme des Mischief-Atolls rund 250 Kilometer westlich der Philippinen anschaute, konnte eigentlich nur ein ringförmiges Korallenriff im Wasser des Südchinesischen Meeres entdecken. Aber dann bauten die chinesischen Streitkräfte dort mit Unmengen von Sand und Zement einen ausgewachsenen Militärstützpunkt mit Hafen, Flugplatz, Radarsystemen und Raketenabschussbasen.[75]

Obwohl der Internationale Gerichtshof in Den Haag das Mischief-Atoll 2016 zur exklusiven Wirtschaftszone der Philippinen erklärt hat, erhebt das 1200 Kilometer entfernte China Anspruch auf die Insel, die zur großen Gruppe der Spratly-Inseln gehört. Auch auf den Korallenriffen Subi und Fiery Cross, sowie Woody Island, Teil der Paracel-Kette, sind chinesische Stützpunkte entstanden. Die dort stationierten Kampfjets, Boden-Luft-Raketen and Cruise-Missiles sind viel zu weit von größeren Landmassen wie den Philippinen, Vietnam oder gar Australien entfernt, um die Regierungen dieser Länder direkt zu bedrohen. Aber darum geht es offenbar auch nicht. Die Basen dienen zur Kontrolle der Handelswege im Südchinesischen Meer and könnten in einer Krise genutzt werden, um von dort mit Flugzeugen, Schiffen und Raketen die Seestreitkräfte der Amerikaner und ihrer Verbündeten in der Region anzugreifen. Eine Hauptrolle könnte dabei die neu entwickelte Rakete vom Typ Dong Feng-21D spielen, der bereits erwähnte »Carrier Killer«. Die dahinterliegende Überlegung: China will bei einem drohenden Konflikt verhindern, dass seine potenziellen Gegner ihre Flottenverbände überhaupt in die notwendigen Positionen für einen eigenen Angriff bringen können. Diese Strategie der Blockade des Zugangs zu einer Region – im Fachjargon »anti-access/area denial« (A2/AD) genannt – entspricht der schon beschriebenen uralten Philosophie des Militärstrategen Sun Tsu, den Feind schon am Aufmarsch zu hindern.

Drohungen per Funk

»Über die letzten 20 Jahre haben wir hier den größten militärischen Aufmarsch seit dem Zweiten Weltkrieg erlebt«, sagte der Kommandeur der Indopazifischen Flotte der USA der Nachrichtenagentur Associated Press im März 2022.[76]. Admiral John C. Aquilino gab das

Interview bei einem amerikanischen Aufklärungsflug über die Spratly-Inseln. »Die Chinesen haben all ihre Fähigkeiten ausgebaut, und diese Bewaffnung destabilisiert die Region.«

Wie zur Bestätigung trafen während des Fluges mehrfach bedrohliche Funksprüche ein. »China hat die Souveränität über die Spratly-Inseln und die umliegenden Seegebiete. Halten Sie sich fern, um Fehleinschätzungen zu vermeiden.« Der Funker der amerikanischen Maschine vom Typ P-8 A Poseidon antwortete: »Ich bin ein Navy-Flugzeug der Vereinigten Staaten und führe rechtmäßige Militäraktivitäten außerhalb des nationalen Luftraums irgendeines Küstenstaats durch. Die Ausübung dieses Rechts wird durch internationales Gesetz garantiert.« Die Militarisierung der ehemaligen Korallenriffe, auch in der Paracel-Kette, ist nach Angaben von Admiral Aquilino vollständig abgeschlossen, entgegen allen Versprechungen aus Peking.

China nutzt die künstlichen Inseln auch, um mit Kriegsschiffen und einer Armada kleinerer Boote die Besatzungen vorbeifahrender Handels- und Kriegsschiffe, die philippinische Küstenwache und die Bevölkerung in den Küstengebieten der Region einzuschüchtern. Eine Strategie, die das chinesische Militär viel weiter nördlich vor Taiwan bis zum Äußersten treibt – mithilfe von Baggerschiffen. Es geht um die Matsu-Inseln, die zur taiwanesischen Schutzzone gehören und auf denen rund 13 000 Taiwanesen leben. Im Jahr 2020 registrierte die Küstenwache rund 4000 Mal das Eindringen von chinesischen Baggerschiffen, die für Bauprojekte auf dem Festland Sand vom Meeresboden absaugen.[77] An einzelnen Tagen umschwärmten bis zu 200 solcher Schiffe die Matsu-Inseln, die seit der Abspaltung Taiwans von China 1949 unter der Kontrolle der Regierung in Taipeh stehen. Bei den Aktionen werden nicht selten Unterseekabel beschädigt, die Lebensräume von Tieren und Pflanzen gestört und die taiwanesischen Fischer bedroht.

Diese psychologische Kampfführung soll offenbar zur Demoralisierung der Bevölkerung Taiwans beitragen, das Peking bei nächster Gelegenheit wieder mit China vereinen will. Die Signale sind eindeutig: Immer wieder trainieren die chinesischen Seestreitkräfte die möglichen Landungsoperationen auf Inseln, für die sie eigens einen neuen Schiffstyp entwickelt haben, der mithilfe von Luftkissenbooten schwere Panzer am Ufer absetzen kann. Auch die schon beschriebenen Provokationen durch Luftverbände, die immer häufiger in die taiwanesische Schutzzone eindringen, zeigen die Fähigkeit und die Bereitschaft Chinas, seinen Führungsanspruch in der Region mit einem Einmarsch in Taiwan unter Beweis zu stellen.

Über all das konnte ich im Januar 2022 mit dem taiwanesischen Außenminister sprechen. Im Interview für die ZDF-Dokumentation *Die Rivalen – China vs.* USA zeigte Joseph Wu eine Mischung aus Empörung, trotziger Entschlossenheit, Unverständnis über die Zögerlichkeit europäischer Demokratien im Umgang mit China und nachdenklichen Tönen über die Zukunftsaussichten für sein Land.

»Ihre Absicht, Gewalt gegen Taiwan anzuwenden, ist offensichtlich«, sagt Wu über die Anführer des kommunistischen Regimes in Peking und fährt mit bebender Stimme fort: »Aber selbst wenn China nach Taiwan kommt, haben wir die Willenskraft und Stärke, für unser Heimatland zu kämpfen. Darauf bereiten wir uns vor. China soll wissen, dass es ihm nicht gelingen wird – heute nicht, morgen nicht und auch nicht im nächsten Jahr.«

Bündnis der Demokratien

Dabei weiß der Außenminister ganz genau, dass die Streitkräfte der Insel einer Invasion nicht allein trotzen könnten, obwohl ihr engster Bündnispartner, die USA, modernste Waffensysteme liefert. Deshalb beschwört Joseph Wu nicht nur den Kampfwillen der Taiwanesen, sondern fordert vor allem militärische Unterstützung von allen Demokratien der Erde, denn die Zukunft der gesamten freien Welt stehe in der Auseinandersetzung mit China auf dem Spiel: »Demokratien sollten die Lage sehr nüchtern betrachten und darüber nachdenken, ob wir dem Autoritarismus erlauben, unser Leben zu dominieren. Wenn wir das nicht wollen, müssen wir China unmissverständlich klarmachen, dass die Demokratien Chinas bösartigen Einfluss auf andere Länder nicht tolerieren. Auch nicht seine Desinformationskampagne, seine hybride und mentale Kriegsführung, seine Grauzonentaktiken gegen andere Länder. Demokratien sollten zusammenstehen, um den Autoritarismus davon abzuschrecken, sich weiter auszubreiten.«

Mit diesen Worten liegt Minister Wu auf einer Wellenlänge mit dem amerikanischen Präsidenten Joe Biden, der die Welt in einem großen Konflikt zwischen dem teils menschenverachtenden Autoritarismus und den wertebasierten liberalen Demokratien sieht. Seit mehr als 100 Jahren ist es erklärtes Ziel der Vereinigten Staaten, für Demokratie und Freiheit zu kämpfen. Natürlich weiß Biden genau, dass amerikanische Militärinterventionen oft nur reinen Macht- und Wirtschaftsinteressen dienten und dabei häufig auch Menschenrechte auf der Strecke blieben; auch diesmal will die US-Regierung vor allem die Lebensadern der Weltwirtschaft, die Handelswege im Indopazifik, vor chinesischer Willkür schützen.

Für Amerikas Politiker ist die Rivalität mit China jedoch auch – so wie einst im Zweiten Weltkrieg – ein Kampf gegen Autoritarismus und Diktatur. Über die Parteigrenzen hinweg sind Demokraten und Republikaner davon überzeugt, dass die Vereinigten Staaten gegenhalten müssen, nicht nur wegen ihrer wirtschaftlichen Interessen im Indopazifik. Amerikas Einfluss könnte massiv schrumpfen, wenn es nicht für seine Partner und Verbündeten einsteht und China entschieden entgegentritt.

Wie ernst man die Bedrohung durch China nehmen muss, zeigen die Ereignisse im Oktober 2021. Am Montag, den 4.10. drangen wieder einmal chinesische Militärflugzeuge in die Schutzzone um Taiwan ein, insgesamt 52 Maschinen, darunter 36 Kampfjets und 12 Bomber. Am nächsten Tag beschwerte sich US-Präsident Biden in einem Telefonat mit Präsident Xi Jinping über die anhaltenden Provokationen. Nach Angaben des Weißen Hause vereinbarten beide Seiten, am Status quo im Umgang mit Taiwan nicht zu rütteln.

Tatsächlich pflegen die USA seit Jahrzehnten in der Taiwan-Frage das Prinzip der »strategischen Uneindeutigkeit«. Im Jahr 1954 versprach die US-Regierung der Führung in Taipeh, ihr beim »Widerstand gegen bewaffnete Angriffe« zu helfen. 1972 aber verständigten sich Washington und Peking, wie beschrieben, im Schanghai-Kommuniqué darauf, dass »Chinesen auf beiden Seiten der Straße von Taiwan davon ausgehen, dass es nur ein China gibt« und dass »Taiwan Teil Chinas ist«.

Klingt eindeutig. 1978 nahmen die USA sogar formell diplomatische Beziehungen mit der Volksrepublik China auf und erkannten die Regierung in Peking als einzige rechtmäßige Regierung in China an. Trotz dieser »Ein-China-Politik« etablierte der US-Kongress im Folgejahr mit der Verabschiedung des Taiwan Relations Act informelle Beziehungen mit der Regierung in Taiwan und versprach die Lieferung von »Verteidigungsgütern und -dienstleistungen in dem Ausmaß, das notwendig ist, um Taiwan eine ausreichende Selbstverteidigungsfähigkeit zu ermöglichen«. 1982 sagte Washington China zu, diese Rüstungshilfen langsam wieder zurückzufahren, allerdings ohne sich auf ein Ausstiegsdatum festzulegen.

Ohrfeige für Biden

Mit den ständigen Provokationen lotet Peking offenbar aus, wie weit es die roten Linien gegenüber der US-Regierung verschieben kann. Nach der telefonischen Vereinbarung über den »Erhalt des Status quo« am 5. Oktober 2021, hält Xi Jinping vier Tage später eine Rede, die man nur als Schlag ins Gesicht des amerikanischen Präsidenten Joe Biden werten kann. Bei der Festveranstaltung zum 110. Jahrestag der Chinesischen Revolution von 1911 sagt Xi: »Die Taiwan-Frage entstammt einer Schwäche und einem Chaos in unserem Land, und sie wird gelöst werden, wenn die nationale Verjüngung Wirklichkeit wird.«

Xi zitiert dann die Worte des chinesischen Revolutionsführers Sun Yat-sen, nach denen all jene »zugrunde gehen«, die sich der »Flut der Geschichte« entgegenstemmen. Das darf man durchaus als Drohung verstehen, denn Chinas unangefochtener Führer fügt hinzu: »Sezession mit dem Ziel einer taiwanesischen Unabhängigkeit ist ein großes Hindernis für die nationale Wiedervereinigung und eine ernste Gefahr für die Verjüngung. Jene, die ihre Herkunft vergessen, ihr Mutterland verraten und es spalten wollen, werden kein gutes Ende finden. Sie werden vom Volk verachtet werden, von der Geschichte verdammt.« Seine Zuhörer applaudieren, und Xi schiebt eine deutliche Warnung an den großen Rivalen auf der anderen Seite des Pazifiks hinterher: »Die Taiwan-Frage ist eine rein interne Angelegenheit Chinas. Niemand sollte die Entschlossenheit, den Willen und die Fähigkeit des chinesischen Volkes unterschätzen, unsere nationale Souveränität und territoriale Integrität zu verteidigen. Die vollständige Wiedervereinigung unseres Landes wird und kann verwirklicht werden.« Wieder großer Beifall.

Die Rede ist von höchster Bedeutung, denn Xi verhöhnt damit nicht nur seinen Amtskollegen in Washington; er setzt sich mit seinen Worten auch selbst unter Druck, legt gewissermaßen die Latte, die er in den nächsten Jahren überspringen muss, um seine Glaubwürdigkeit in China nicht zu verlieren. Deshalb ist – auch angesichts seines autoritären Führungsstils – ein Einmarsch in Taiwan nur eine Frage der Zeit.

So sieht es auch Michael Liu, der diese Szenarien mit seiner Simulationssoftware fast täglich durchspielt: »Xi hat große persönliche diktatorische Macht und bestimmt die chinesische Agenda. Wenn er innerhalb der nächsten fünf Jahre seine Sympathien in der Partei und in der Bevölkerung schwinden sähe, könnte er entscheiden, dass er einen Krieg braucht. Ein schneller, entschiedener Feldzug zur Eroberung Taiwans könnte seiner Popularität neuen Schub geben.«

Xis Rede vom 9. Oktober 2021 löst offenbar auch bei US-Präsident Biden Empörung aus. Er will seine Entschiedenheit unter Beweis stellen und verspricht am 21. Oktober im amerikanischen Fernsehen, Taiwan zu beschützen. Biden hatte sich den Fragen von US-Bürgern gestellt. »Ich will zwar keinen kalten Krieg mit China starten«, so der Präsident, »aber entschieden klarmachen, dass die USA nicht nachgeben würden.«

CNN-Moderator Anderson Cooper hakt nach: Würden die Vereinigten Staaten Taiwan also tatsächlich verteidigen? »Ja, wir sind dazu verpflichtet«, sagt Joe Biden. Hinterher relativiert das Weiße Haus zwar seine Worte, die »Ein-China-Politik« gelte weiter. Aber Joe Biden kündigt nicht nur mit Worten, sondern auch mit Taten ein mögliches Ende der »strategischen Uneindeutigkeit« an. Die Lieferung von Waffen und Rüstungsgütern zur Verteidigung Taiwans nimmt neue Fahrt auf, Berater aus dem amerikanischen Militär arbeiten jetzt vor Ort eng mit den taiwanesischen Streitkräften zusammen. Deshalb ist auch Außenminister Joseph Wu in unserem Gespräch davon überzeugt, dass Washington Taiwan im Fall einer Konfrontation zur Seite stehen wird. »Wir sind sehr zuversichtlich, dass die Zusagen der Vereinigten Staaten felsenfest sind. Daran zweifeln wir nicht. Und wir hoffen sicher, dass die USA Taiwan weiter mit Waffen, Training und Leistungen unterstützen und den hochrangigen Austausch auch bei Geheimdienstinformationen fortsetzen, damit Taiwan sich selbst verteidigen kann.«

Chinas Plan

Der Blick auf die Entwicklungen der letzten Jahre zeigt, dass Xi Jinping Stück für Stück die Voraussetzungen schafft, die Führungsmacht Amerika in die Knie zu zwingen: die massive Aufrüstung im konventionellen und nuklearen Bereich; der Ausbau der militärischen Stützpunkte im Indopazifik, an der Ost- und vielleicht bald auch der Westküste Afrikas, also im Einflussgebiet der NATO; die ständigen Provokationen zur Einschüchterung anderer Staaten in der Region und zur Desensibilisierung für mögliche Überraschungsangriffe; die staatlich erzwungene Fusion von zivilen und militärischen Einrichtungen in den Feldern Quantum Computing, künstliche Intelligenz, Hirnforschung und Biotechnologie, einschließlich der Entwicklung »ethnisch-spezifischer Genwaffen«. Hinter alldem steckt ein ausgeklügelter Plan, durch den China mindestens Hegemon im Westpazifik werden will, sich dann aber als Nachfolger der USA zur unangefochtenen Führungsmacht der Welt aufschwingen könnte.

»Eine Seite hat eine Gesamtstrategie, nämlich China«, sagte mir der ehemalige NATO-Oberbefehlshaber Admiral Stavridis bei unserem Gespräch im November 2021. »Die Vereinigten Staaten handeln fahrlässig, keine übergreifende Strategie zu entwickeln. Das wäre die wichtigste Aufgabe für die Biden-Administration, aber bisher kam da nichts. Ohne Gesamtstrategie werden wir versagen, und China wird uns bis zur Mitte des Jahrhunderts überholen.«

Drei Monate nach dieser düsteren Prognose, am 11. Februar 2022, legte die US-Regierung endlich ein lang erwartetes Strategiepapier zu den sicherheitspolitischen Herausforderungen im Indopazifik vor[78] – ausgerechnet an jenem Tag, an dem das Weiße Haus Hinweise veröffentlichte, nach denen der russische Präsident Wladimir Putin seinen Kommandeuren befohlen hatte, die Einsatzbereitschaft für die Invasion der Ukraine zum 16. Februar herzustellen. Tatsächlich ist China der wohl wichtigste Grund für die Vereinigten Staaten, sich gemeinsam mit den Verbündeten von NATO und EU der russischen Aggression entgegenzustellen. Wenn Putin ungestraft die Ukraine erobern könnte, wäre das auch ein Signal an China, den Traum von der Wiedervereinigung mit Taiwan mit Gewalt zu verwirklichen.

Die »indopazifische Strategie« der USA beginnt mit einem Zitat von US-Präsident Biden bei einem Treffen mit den Anführern des QUAD-Bündnisses mit Indien, Japan und Australien vom 24. September 2021: »Die Zukunft unserer Nationen – und tatsächlich auch der ganzen Welt – hängt von einem freien und offenen Indopazifik ab, der in den kommenden Jahrzehnten erhalten bleibt und weiter blüht.«

Mit dem nur zwölfseitigen Papier bekräftigen die USA ihr Engagement in einer Region, von deren Entwicklung »drei Millionen amerikanische Arbeitsplätze« und rund »900 Millionen Dollar in direkten Investitionen in den USA« abhängen. Es gebe, so heißt es weiter, »sich auftürmende Herausforderungen«, die vor allem von einer Macht ausgingen – der »Volksrepublik China«. »Bedrohungen« wäre das passendere Wort gewesen, denn in den nachfolgenden Sätzen findet die US-Regierung unmissverständliche Worte für den Rivalen: »Die Volksrepublik China kombiniert ihre wirtschaftliche, diplomatische, militärische und technologische Macht, um eine Einflusssphäre im Indopazifik zu errichten und zur einflussreichsten Macht der Welt zu werden. Chinas Nötigung und Aggression umspannt den Globus, ist aber am akutesten im Indopazifik. Von der wirtschaftlichen Nötigung Australiens über den Konflikt an der Hoheitsgrenze mit Indien und den wachsenden Druck auf Taiwan bis zur Einschüchterung von Nachbarn im Ost- und Südchinesischen Meer tragen unsere Verbündeten und Partner in der Region die Last von Chinas schädlichem Verhalten. Gleichzeitig untergräbt die Volksrepublik dabei Menschenrechte und internationales Recht, inklusive der Navigationsfreiheit und anderer Prinzipien, die dem Indopazifik Stabilität und Wohlstand gebracht haben.«

Heftige Vorwürfe, aber alle gut belegt, nicht nur was Bürger- und Menschenrechtsverletzungen von Hongkong bis Xinjiang und die Drohungen gegenüber Taiwan angeht. Das beste Beispiel in der Region ist Australien, wie im vorangegangenen Kapitel beschrieben. In der neuen indopazifischen Strategie vom 11. Februar 2022 versprechen die USA, zusammen mit ihren Verbündeten gegenzuhalten, weil es von den »gemeinsamen Bemühungen abhängt, ob es der Volksrepublik China gelingt, die Regeln und Normen zu verändern, die dem Indopazifik und der Welt bisher zugutekommen.«

Es folgt eine klare Vision für den Umgang mit dem Gegner, die auch den beteiligten Staaten eine Menge Arbeit auferlegt und von der hier schon einiges ausgeführt wurde: »Die USA investieren im Inland in die Grundlagen ihrer Stärke, stimmen diese Maßnahmen mit unseren Verbündeten und Partnern in Übersee ab und treten in einen Wettbewerb mit der Volksrepublik China, um die Interessen und die Vision der Zukunft, die wir mit anderen teilen, zu verteidigen. Wir werden das internationale System stärken, verankert in unseren gemeinsamen Werten, angepasst an die Herausforderungen des 21. Jahrhunderts.«

Das Weiße Haus richtet seine Strategie nicht auf eine militärische Konfrontation aus und vermeidet kriegerische Drohungen, ohne dabei einen Zweifel an der Entschlossenheit gegenüber dem chinesischen Autoritarismus aufkommen zu lassen. »Unser Ziel ist es nicht, China zu verändern, aber wir wollen die strategische Umgebung gestalten, in dem es operiert, und ein Gleichgewicht beim Einfluss in der Welt schaffen, das positiv für die Vereinigten Staaten, für ihre Verbündeten und Partner und für ihre gemeinsamen Interessen und Werte ist. Wir werden mit unseren Verbündeten und Partnern kooperieren, aber gleichzeitig auch mit der Volksrepublik China in Feldern wie Klima und Rüstungskontrolle zusammenarbeiten.«

Im Folgenden beschreibt die Biden-Administration einen ambitionierten »Indopazifik-Aktionsplan« für die kommenden Jahre, der sich vor allem auf eines konzentriert: die Bildung und Stärkung von Bündnissen in der Region, um China zunehmend zu isolieren und den Preis für fortgesetzte Aggressionen in die Höhe zu treiben. Amerika werde die Zusammenarbeit mit den Anrainerstaaten in den Bereichen Klima, Gesundheit, Sicherheit und wirtschaftliche Entwicklung vorantreiben, zusätzliche Botschaften und Konsulate eröffnen, mithilfe der US-Küstenwache Training und Ausrüstung der jeweiligen nationalen Sicherheitsbehörden fördern, den Bildungsaustausch zwischen den Völkern ausbauen, die Kooperation zwischen den asiatischen Staaten unterstützen, den Regierungen bei der Bekämpfung von Korruption und Desinformation helfen und neueste technische Entwicklungen aus den USA mit den Verbündeten und Partnern teilen, wohl auch um ihre Kommunikationsnetze vor chinesischen Hackerangriffen zu schützen.

Obwohl Washington in sein Angebot die Partner der NATO und der G-7 mit einbezieht und es auch an wichtige Regionalmächte wie Indonesien, Thailand, Vietnam, Malaysia und Südkorea sowie die kleinen Inselstaaten im Pazifik richtet, gelten dem Weißen Haus offenbar zwei Bündnisse als besonders wichtig: ihr QUAD-Verbund mit Indien, Japan und Australien und ihre neue Militärallianz mit Großbritannien und Australien. Japan ist dank seiner wirtschaftlichen und militärischen Stärke ein entscheidendes Gegengewicht zum Vormachtstreben Chinas, ebenso wie Indien, mit dessen Armee sich chinesische Streitkräfte in den vergangenen Jahren wiederholt Scharmützel im umstrittenen Grenzgebiet mit Dutzenden von Toten und Verletzten lieferten. Japanische und künftig auch neue indische Kriegsschiffe könnten die US-Flotte beim Schutz der Handelswege im nördlichen Pazifikraum entlasten. Doch entscheidender noch für die Wiederherstellung des Gleichgewichts im Indopazifik ist wohl das Militärbündnis zwischen Großbritannien, Australien und den USA.

Die Entstehung von AUKUS, so der aus den Länderkürzeln zusammengesetzte Name, zeugt von Angst, ausgelöst durch die Kriegssimulationen des Pentagons im Herbst 2020, die der US Navy in einem möglichen Konflikt mit China krachende Niederlagen prophezeiten, und durch den Ausbau der nuklearen Fähigkeiten des chinesischen Militärs, wie er bei den Tests für die orbitalen Atomraketen und die neuen Interkontinentalraketen für U-Boote sichtbar wurde. Washington fühlte sich offenbar so sehr in Zugzwang, dass es ein Zerwürfnis mit einem der wichtigsten NATO-Partner riskierte. Trotz mehrfacher Gelegenheit hatte Biden dem französischen Präsidenten Emmanuel Macron die Verhandlungen verschwiegen.[79] Als der australische Premierminister Morrison für die neue Allianz den 2016 vertraglich vereinbarten U-Boot-Deal mit Frankreich platzen ließ, war die Empörung in Paris groß. Der französische Außenminister Jean-Yves Le Drian sprach von einem »Messerstich in den Rücken«, von einer »unilateralen, brutalen, unvorhersehbaren Entscheidung«, so etwas mache man nicht zwischen Verbündeten.[80] Le Drian verschwieg dabei, dass es seit Jahren Ärger um den Deal zwischen Frankreich und Australien gab. Die Kosten für insgesamt zwölf dieselgetriebene U-Boote waren auf 66 Milliarden Dollar angeschwollen, die erste Lieferung wäre deutlich später als geplant erst im Jahr 2034 erfolgt.

Atom-U-Boote für Australien

Mit der neuen Allianz verpflichtet sich Australien zum Kauf von mindestens acht atomgetriebenen U-Booten, deren Gesamtpreis sich erst beziffern lässt, wenn die Rahmenbedingungen abgesteckt sind. Erstmals geben die Vereinigten Staaten und Großbritannien ihre Nukleartechnologie, die sie bisher mit niemandem geteilt haben, an einen Drittstaat weiter. Wohlgemerkt, es geht bei der Vereinbarung nicht darum, Australien mit Atomwaffen auszustatten. Die eigentlichen Reaktoren würden von den USA geliefert, die auch für die entsprechende Wartung zuständig wären. Die amerikanische Technologie basiert auf hoch angereichertem Uran, das über die gesamte Lebensdauer eines U-Boots nicht erneuert werden müsste. Das wäre bei französischen Modellen anders, deren Reaktoren mit leicht angereichertem Uran betrieben werden, das nach zehn Jahren ersetzt werden müsste. Da Australien keinerlei Nukleareinrichtungen haben will, kam eine Veränderung des Vertrags mit Frankreich von diesel- auf nuklearbetriebene Systeme nicht infrage.

U-Boote mit Nuklearantrieb sind im Vergleich mit dieselgetriebenen Systemen deutlich schneller, vor allem leiser und dadurch auch viel schwerer zu entdecken. Angesichts der zunehmenden Verletzlichkeit von Schiffen an der Meeresoberfläche sind solche U-Boote auch als bewegliche Abschussbasen für Raketen in künftigen Auseinandersetzungen entscheidend. China besitzt bereits sechs atomgetriebene Unterseeboote, weitere sind im Bau. Bei der Vorstellung der Allianz am 15. September 2021 waren die Premierminister Johnson und Morrison virtuell mit Präsident Biden verbunden. Keiner der drei nahm das Wort »China« in den Mund. In einem Hintergrundgespräch sagte uns ein hochrangiger Regierungsbeamter: »Ich will noch einmal unterstreichen, dass diese Partnerschaft nicht auf ein bestimmtes Land abzielt. Es geht darum, unsere strategischen Interessen voranzutreiben, die internationale, regelbasierte Ordnung zu erhalten und für Frieden und Stabilität im Indopazifik zu sorgen.« Offenbar fühlte China sich dennoch angesprochen, denn es warf dem Dreierbündnis vor, mit seinem »extrem unverantwortlichen« Verhalten die »regionale Stabilität zu untergraben« und ein »Wettrüsten« anzuzetteln.

Aus amerikanischer Sicht hat China mit dem Rüstungswettlauf

begonnen, in den die US-Regierung jetzt mit voller Kraft eingestiegen ist – übrigens auch aus innen- und wirtschaftspolitischen Interessen, denn der U-Boot-Deal mit Australien hat für Präsident Biden zwei willkommene Nebeneffekte. Der Bau zusätzlicher Systeme nach amerikanischen Plänen, auch wenn die Montage vorwiegend in Australien erfolgt, wird den Stückpreis für die amerikanische Navy – geschätzte fünf Milliarden Dollar pro U-Boot – senken und obendrein weitere Arbeitsplätze auf den Werften in den USA schaffen, die Komponenten zuliefern sollen. Wichtiger aber ist wohl das, was im Trubel um das U-Boot-Geschäft ein wenig unterging: AUKUS umfasst eine Vereinbarung über die intensive Zusammenarbeit der drei Partner bei der Entwicklung neuester Technologien in den Bereichen künstliche Intelligenz, Quantum Computing, Überschallraketen und Cyberwaffen.

All das ist Teil einer breit angelegten Modernisierungs- und Rüstungsoffensive des US-Verteidigungsministeriums mit Blick auf den chinesischen Rivalen. Die drei Stealth-Zerstörer der US Navy, die aufgrund ihrer Bauart von herkömmlichen Radarsystemen nicht erfasst werden können, sollen mit neuen Überschallraketen ausgerüstet werden. Als Antwort auf die landgestützten Mittelstreckenraketen des Typs Dong Feng, inklusive des »Carrier Killer« DF-21D und der DF-26 mit einer Reichweite von bis zu 5000 Kilometern, testet das US-Militär auch neue bodengestützte Mittelstreckenraketen, die in den nächsten Jahren in verbündeten Anrainerstaaten des Indopazifik, z. B. Australien, stationiert werden könnten.

Nach dem Ausstieg der USA aus dem INF-Vertrag im August 2019 wäre die Stationierung solcher Waffensysteme wieder möglich. Zumindest will die US-Regierung mit der Option drohen, um China und Russland zu Gesprächen für eine neue trilaterale Rüstungsbeschränkung zu bewegen. Der ursprüngliche INF-Vertrag bestand ja nur zwischen den Vereinigten Staaten und Russland. Mit solchen Verhandlungen will die Biden-Administration auch die größte Bedrohung für ihr wichtigstes Werkzeug zum Erhalt ihrer weltumspannenden Macht entschärfen. Bei den Flugzeugträgern haben die USA einen deutlichen Vorsprung vor China, nicht nur, was ihre Anzahl angeht. Aber um diesen Vorteil nicht zu verlieren, müssen die Träger mehr werden als nur schwimmende Flugplätze. Was das bedeutet, konnte ich mir im März 2020 einmal aus nächster Nähe anschauen.

Schwimmende Kampfbasis

Auf der US-Marinebasis in Norfolk, Virginia, liegt das graue Monstrum, 337 Meter lang, das Flugdeck 78 Meter breit, angetrieben von zwei Nuklearreaktoren. Als wir an Bord gehen, herrscht reger Betrieb, denn die USS Gerald Ford, Amerikas modernster Flugzeugträger, rüstet sich für eine weitere Testfahrt. Im Ladedeck stehen große Paletten mit Nahrungsmitteln, gleich neben den Hubsystemen, mit denen einmal die Flugzeuge und Hubschrauber, 90 insgesamt, auf die Start- und Landeebene gehoben werden sollen. Die 4500-köpfige Besatzung bekommt ein Schiff, das mit neuesten technischen Innovationen vollgestopft ist, von denen viele als geheim eingestuft sind. Immerhin erzählt man uns auf dem Flugdeck von den elektromagnetischen Katapulten, mit denen die Jets und Bomber in den Himmel geschleudert werden sollen.

Anders als die Vorgängersysteme werden die Flugzeugträger der Ford-Klasse in möglichen Seeschlachten mit eigenen Waffen mitmischen. Besonders stolz ist die Marine auf das Phalanx-System, das sich seine Ziele eigenständig suchen und bis zu 4500 Geschosse pro Minute abfeuern kann. Im Jahr 2021 bestand die USS Gerald Ford den dritten einer Serie von Härtetests, bei denen unter Wasser Explosionen mit 18 000 Kilogramm Sprengstoff ausgelöst wurden. Die Bilder dieser Übungen sind spektakulär und sollen möglichen Gegnern, allen voran China, Respekt vor den Fähigkeiten der amerikanischen Streitkräfte einflößen. Aber was nützt all das, wenn die US-Kriegsschiffe mit Waffen angegriffen werden, die China mithilfe amerikanischer Technologie entwickelt und perfektioniert hat.

Ein erschreckendes Beispiel dafür beschreibt die *Washington Post* im April 2021.[81] Die Geschichte ist einfach zu gut, um sie nicht detailliert zu erzählen: »In einer geheimen Militäreinrichtung im Südwesten Chinas brummt ein Supercomputer vor sich hin« – so harmlos beginnt der Artikel, für den die Kollegen monatelang recherchiert hatten und der Empörung bei den Verteidigungspolitikern im US-Kongress auslöste. Es geht um nichts weniger als die »Herzkammer« des chinesischen Raketenprogramms, einen der größten Forschungskomplexe des Landes, das China Aerodynamics Research and Development Center (CARDC). In den 18 Windkanälen der Anlage nahe der Stadt Mianyang in der Provinz Szechuan werden Flugeigenschaften getestet und perfektioniert, insbesondere bei jenen Raketen mit Überschallgeschwindigkeit, die den amerikanischen Flottenverbänden im Indopazifik und sogar Zielen in den USA so gefährlich werden könnten. Und das alles mithilfe amerikanischer Firmen … aber beginnen wir von vorne.

Im Jahr 2014 veröffentlichte die US-Luftwaffe eine Studie über den Nutzen der Überschalltechnologie, durch die Raketen innerhalb weniger Minuten ihre Ziele erreichen könnten. Die Vorwarnzeit würde sich so sehr reduzieren, dass eine wirksame Abwehr kaum noch möglich wäre. Während die USA die Entwicklung solcher Systeme angesichts der Weltlage nicht weiter vorantrieben, erkannte China das Potenzial von Überschallraketen für die Ausdehnung seines Einflussgebiets im Indopazifik. Um die Idee zu verwirklichen, brauchte das chinesische Militär modernste Computersysteme, die alle aerodynamischen Einflussfaktoren – z. B. Temperatur, Luftdruck, Auftrieb – für das Design solcher Waffen durchrechnen, bevor entsprechende Modelle hergestellt und im Windkanal getestet werden können. Der Supercomputer des CARDC rechnet mit Petascale-Geschwindigkeit und kann pro Sekunde eine Billion Kalkulationen durchführen. Das Nachfolgemodell Tianhe 3 mit einer Trillion Rechenvorgängen pro Sekunde (Exascale-Geschwindigkeit) ist derzeit in Entwicklung.

Hightech aus Amerika

Weil die USA in alldem verständlicherweise eine Bedrohung sehen, steht das Forschungszentrum unter der Leitung eines Generalmajors der Volkbefreiungsarmee seit Jahrzehnten auf der Schwarzen Liste der US-Regierung. Amerikanische Firmen dürfen keine Handelsbeziehung mit dem CARDC unterhalten. Auf der Verbotsliste steht auch die wichtigste Hochschule des chinesischen Militärs, die zu Beginn dieses Kapitels erwähnte Nationale Universität für Verteidigungstechnologie (NUDT) in Tianjin. Nicht auf der Liste stand dagegen die Firma Phytium, obwohl die NUDT an der Gründung des Unternehmens beteiligt war und das CARDC ihr wichtigster Kunde ist. Denn Phytium entwickelt die Mikrochips für den chinesischen Supercomputer mithilfe der Design-Software von zwei amerikanischen Unternehmen, die zur absoluten Weltspitze in diesem Bereich zählen. Ohne die Programme von Synopsis und Cadence Design Systems in Kalifornien wäre China nicht in der Lage, seine Überschalltechnologie so massiv voranzutreiben.

Und noch ein pikantes Detail: Phytium lässt die Mikroprozessoren vom taiwanesischen Chip-Konzern TSMC herstellen, der nebenbei auch Halbleitertechnik für Amerikas modernstes Kampfflugzeug F-35 liefert. Es zeigt die schwierige Lage Taiwans: 35 Prozent seines Handels treibt die Insel mit China. Auch deshalb hatten die USA ein großes Interesse, dass TSMC – wie bereits beschrieben – nun für zwölf Milliarden Dollar eine neue Produktionsstätte auf amerikanischem Boden errichtet.

Das taiwanesische Unternehmen gibt an, nichts von der Verbindung zwischen Phytium und dem chinesischen Raketenprogramm gewusst zu haben. Im April 2021 schloss die Biden-Administration das Schlupfloch, beendete die amerikanische Schützenhilfe für Chinas Volksbefreiungsarmee. Phytium und sechs weitere chinesische Firmen und Labore landeten auf der Schwarzen Liste Washingtons. Spitzentechnologie aus den USA soll Chinas Aufstieg zur militärischen Supermacht mit modernsten Überschall- und Nuklearwaffen nicht weiter befeuern. Ein wirksamer Schachzug gegenüber einem Land, das auf jährliche Importe von Halbleitern und Mikrochips im Volumen von 300 Milliarden Dollar angewiesen ist, um die Vorgaben für die Modernisierung von Wirtschaft und Militär aus dem jüngsten Fünfjahresplan zu erfüllen. »Machtmissbrauch zum Erhalt der amerikanischen Vorherrschaft«, so lautete postwendend der Vorwurf vom Sprecher des chinesischen Außenministeriums Zhao Lijian. »Die Unterdrückung durch die Vereinigten Staaten kann China bei seinem wissenschaftlichen und technologischen Fortschritt nicht bremsen.«

Es ist ein gefährlicher Fortschritt, denn er ist eben nicht nur auf die friedliche Entwicklung des Landes ausgerichtet. Alle Anstrengungen der chinesischen Regierung und der Volksbefreiungsarmee dienen auch der Vorbereitung auf einen militärischen Konflikt mit dem großen Rivalen Amerika und seinen Verbündeten im Indopazifik. Je mehr diese China wegen seiner Provokationen unter Druck setzen und isolieren, desto größer die Gefahr einer Eskalation. Die USA haben sich von allen Illusionen über das vermeintlich harmlose Reich der Mitte verabschiedet und sehen die Welt in einem großen

Konflikt zwischen Autoritarismus und liberalen Demokratien, in dem kein Platz ist für Beschwichtigung und Blauäugigkeit. Genau diese Naivität aber werfen amerikanische Politiker den Partnern in Europa vor.

Blauäugiges Europa

»Europa unterschätzt China«, sagt Mike McCaul. Der republikanische Kongressabgeordnete gibt uns am Rande des Aspen Security Forums in Washington im Herbst 2021 ein Interview und verweist dabei auf die chinesische Rolle bei den Vereinten Nationen: »Da haben die Chinesen sehr clever und systematisch wichtige Positionen in allen möglichen Bereichen übernommen. Die Weltgesundheitsorganisation ist nur ein Beispiel.«

McCaul, der bis 2018 den Auswärtigen Ausschuss des Repräsentantenhauses leitete, sieht die Sicherheit Amerikas und seiner Verbündeten gefährdet, besonders im Bereich der Hochtechnologie. »Wir müssen mehr Mikrochips selbst herstellen, in Europa und den USA. Auch damit diese Chips nicht manipuliert sind, wenn wir sie in unsere modernsten Waffensysteme einbauen. Wir stecken mitten in einem Wettrennen, und die Chinesen sind im Sprint. Wir müssen endlich aufwachen.«

Beim Sicherheitsforum gibt es erhebliche Zweifel, dass Amerikas Bündnispartner mit allen Konsequenzen dazu bereit sind, Chinas Autoritarismus die Stirn zu bieten. Demokratische und republikanische Politiker ärgern sich über die Zurückhaltung besonders jener Europäer, die engste Wirtschaftsbeziehungen mit Peking pflegen, Deutschland eingeschlossen. Man sei viel zu lange zu naiv gewesen, meint auch die ehemalige Staatssekretärin im Verteidigungsministerium Elissa Slotkin, die jetzt für die Demokratische Partei im Kongress sitzt. »Wir alle haben Abhängigkeiten von China. Wir alle importieren und exportieren, haben unsere Beziehungen«, so Slotkin, »aber wir dürfen uns nicht selbst verletzbar machen, indem wir zu abhängig sind von China.«

Die Forderung an Europa ist klar, basierend auf den aktuellen Einschätzungen der Streitkräfte und der Geheimdienste der USA. Generalstabschef Mark Milley hat auf dem Podium gerade einmal mehr vor dem Erstarken der militärischen Macht Chinas gewarnt. Anschließend sagt er mir: »China ist eine bedeutende Herausforderung für unsere nationale Sicherheit, die wohl größte geostrategische Herausforderung überhaupt.« Zu diesem Zeitpunkt beobachtet das Pentagon schon den beginnenden Aufmarsch Russlands an der ukrainischen Grenze, aber öffentlich erwähnt Milley das nicht. Ich frage ihn, ob die Europäer China unterschätzen? Seine Antwort: »Es ist nicht meine Aufgabe, das zu beurteilen. Aber es wäre besser für die Europäer, wenn sie ihre Einschätzung von China mal kundtäten.«

Carlos del Toro, der Minister für die amerikanische Kriegsmarine, wird deutlicher: »China ist eine riesige Bedrohung für die Demokratie und für die wirtschaftliche Stabilität aller Nationen. Das bösartige Verhalten von China und Russland gegenüber dem Rest der Welt destabilisiert die globale Wirtschaft und schadet jedem Land, das einfach nur Frieden und Stabilität will.« Del Toro stammt aus Kuba, seine Familie hat unter dem kommunistischen Castro-Regime gelitten, wohl deshalb die klaren Worte. »Die stärkste Abschreckung für China«, so fährt er fort, »ist die Macht unserer Bündnisse und unserer Beziehungen als befreundete Nationen.«

Ein Eindruck bleibt nach dem Sicherheitsforum bei mir haften: Offenbar weiß man in der US-Regierung und im Kongress nicht so recht, wie die europäischen Verbündeten das kommunistische Regime in Peking sehen. Das hat einen einfachen Grund: Chinas wachsender Einfluss in Europa, seine Einschüchterungsstrategien, die negativen Nebenwirkungen seiner Investitionen bei Seidenstraßenprojekten, seine Spionageaktivitäten, sein Beitrag zur Polarisierung zwischen den und innerhalb der EU-Mitgliedsstaaten und die verführerische Wirkung seiner autoritären Konzepte für populistische Anführer in Europa sind offensichtlich. Und dennoch leisten viele europäische Regierungen wenig bis keinen Widerstand. Sie glauben mir nicht? Dann will ich das im nächsten Kapitel einmal detailliert darstellen.

8

Teile und herrsche: Chinas Europa-Strategie

Am 14. Januar 2021 zwingt ihre Verzweiflung sie zum Handeln. Ein paar Dutzend chinesischer Arbeiter protestieren vor einer Kupfermine, nicht irgendwo in China, sondern in der ostserbischen Kleinstadt Bor mit rund 32 000 Einwohnern. Die Mine ist seit dem Jahr 2018 mehrheitlich im Besitz der chinesischen Staatsfirma Zijin Mining Group, die Arbeiter aus China für die Kupferförderung angeworben hat. Die Bergleute beschweren sich an diesem Tag über menschenunwürdige Arbeitsbedingungen. Das Unternehmen verlange von ihnen zwölfstündige Schichten an allen sieben Tagen einer Woche. Täglich kämen noch zwei Stunden für An- und Abfahrt hinzu. Man habe ihnen die Reisepässe abgenommen und verbiete ihnen, nach der Arbeit die Unterkünfte zu verlassen. Ihr Lohn werde meist zu spät ausgezahlt, sie bekämen keine angemessene Schutzkleidung.

In Interviews mit dem Netzwerk investigativer Journalisten auf dem Balkan, BIRN genannt, nennen die Kumpel weitere Details, allerdings unter der Auflage, dass ihre Namen nicht veröffentlicht werden, weil sie Repressalien befürchten. »Wir haben keinerlei Freiheit, wir sind Gefangene«, sagt einer. »Wir dürfen auch nicht nach draußen gehen, nicht einmal vor das Tor unserer Siedlung. Wenn du was kaufen willst, musst du dich rausschleichen, und wenn sie dich erwischen, musst du Strafe zahlen.« Die Strafe beträgt umgerechnet 230 Euro. Ein anderer ergänzt: »Zijin behandelt uns chinesische Arbeiter nicht als Menschen. Und sie sorgen sich, dass wir mit Journalisten reden und ihnen erzählen, wie wir getäuscht wurden, damit wir hier arbeiten.« Tatsächlich habe man sie in China Blankoverträge unterschreiben lassen, ohne sie über die Arbeitsbedingungen aufzuklären. »Das Papier war leer, als wir es unterschrieben«, sagt einer. »Was die dann da reinschreiben, weiß keiner. Sie verlangen nur, dass wir arbeiten.«

Zijin Mining bestreitet die Vorwürfe. Bei dem angeblichen Protest sei es nicht um Arbeiterrechte gegangen. Die Beteiligten hätten lediglich um eine Impfung gegen das Coronavirus gebeten, um zum chinesischen Neujahr in die Heimat fliegen zu können. Das verdeckt gedrehte Video auf der Website von BIRN belegt das Gegenteil. Die chinesischen Arbeiter sind aufgebracht, sie stehen im Schnee im Eingangsbereich der Mine, der mangelnde Schutz vor Covid ist nur einer von vielen Kritikpunkten. Dann sind da Bilder vom Inneren der Wohncontainer, in denen die Chinesen hausen: jeweils zehn von ihnen auf insgesamt zehn Quadratmetern, primitive Etagenbetten, in der Ecke überquellende Abfalleimer, im Sanitärbereich ein völlig verdrecktes Plumpsklo. All das, obwohl Zijin Mining behauptet: »Die Schlafunterkünfte sind ausschließlich mit neuen Möbeln, Installationen und Geräten ausgestattet.«

Der serbischen Regierung sind die Nöte der Arbeiter offensichtlich egal. Im September 2018 hat sie ein Gesetz durch das Parlament gebracht, nach dem die Arbeiterrechte des Landes nicht für chinesische Zeitarbeiter in Serbien gelten. Aufsichtsbehörden dürfen nicht einmal die Verträge überprüfen und die ordnungsgemäßen Lohnzahlungen kontrollieren. Lediglich die Rahmenbedingungen für die Sicherheit und Gesundheit der Arbeiter unterliegen der staatlichen Kontrolle, die in diesem Fall und bei weiteren chinesischen Projekten in Serbien nicht funktioniert. Die Regierung in Belgrad behauptet, die Zijin Mining Group ist mit ihrem Versprechen, mindestens 1,26 Milliarden Dollar über einen Zeitraum von sechs Jahren in die Kupferförderung zu investieren, »von entscheidender Wichtigkeit« für die Wirtschaft Serbiens. Einer Mehrheit der serbischen Bevölkerung dürfte das ebenfalls egal sein, wenn chinesische Investoren in ihrem Land europäische Arbeitsstandards verletzen und Menschen in ihren Grundrechten einschränken, denn Serbien hat eine ausgesprochen positive Einstellung gegenüber China.

In vielen europäischen Staaten haben die Menschen eher einen negativen Blick auf das Reich der Mitte, das ergab eine repräsentative

Umfrage des Central European Institute of Asian Studies (CEIAS). Die Denkfabrik im slowakischen Bratislava arbeitet bei ihrer Forschung mit zahlreichen Universitäten und anderen Thinktanks in ganz Europa zusammen. Die Befragung fand im Herbst 2020 in 13 europäischen Ländern statt, in zehn davon sieht eine Mehrheit in der Bevölkerung China kritisch. Schweden steht dabei an der Spitze mit deutlich über 60 Prozent der Befragten, nur zwölf Prozent haben eine positive Wahrnehmung, 28 Prozent entscheiden sich für »neutral«. Bei knapp über 60 Prozent negativer Einschätzung liegen Länder wie Frankreich, Großbritannien und Deutschland. Am anderen Ende der Skala stehen Russland und Serbien, in denen rund 60 Prozent der Befragten einen positiven Blick auf China haben. Im Mittelfeld der Bewertungen liegen Polen, Ungarn, die Slowakei und die Tschechische Republik. Bei diesen ist der Anteil der Menschen mit einem negativen Blick auf China dennoch etwas größer als der Anteil von positiven Einschätzungen.

Die Forscher befragten die Teilnehmer der Studie auch nach ihrer Wahrnehmung zu einzelnen Themen. Demnach wird der Handel mit China in den meisten Ländern eher positiv gesehen, die chinesischen Investitionen dagegen eher negativ. Nur die Befragten in Serbien, Russland, Lettland und Polen bewerteten das wirtschaftliche Engagement Chinas in ihren Ländern deutlich besser. Besonders negative Bewertungen bekommt die chinesische Regierung in vier Themenfeldern, allem voran bei Chinas Anteil am Klimawandel, gefolgt von seiner Wirkung auf die Demokratie in anderen Ländern und den Verletzungen der Menschen- und Bürgerrechte. Auch das militärische Erstarken des Landes wird bei einer großen Mehrheit der Staaten negativ gesehen – mit der Ausnahme von Serbien. Dass eine Mehrheit der Befragten dort China in fast allen Punkten eher positive Bewertungen gibt, ist auffällig und hängt wohl auch mit einer gemeinsamen historischen Erfahrung zusammen. Während der Intervention der NATO im Balkankrieg wurde bei den Luftangriffen auf Belgrad 1999 auch die chinesische Botschaft getroffen. Die gegenseitigen Sympathien werden in der Ukraine-Krise 2022 noch eine Rolle spielen. Ähnlich wie bei dem Staat, der das Paradebeispiel für die Aushöhlung der europäischen Wertegemeinschaft ist.

Europas Chinafreunde

»Sinnlos, selbstverherrlichend, schädlich« – das sind nicht unbedingt die Worte, die man vom Chefdiplomaten eines EU-Landes erwartet, wenn alle 27 Mitglieder der europäischen Wertegemeinschaft ein Signal zur Verteidigung der Menschenrechte senden. Aber der ungarische Außenminister Péter Szijjártó ist da offenbar schmerzfrei. An jenem 22. März 2021 beschloss die EU – interessanterweise mit Zustimmung Ungarns – individuelle Sanktionen gegen all jene Funktionäre der Kommunistischen Partei, die unmittelbar an der chinesischen Unterdrückung der uigurischen Minderheit beteiligt sind. Aber am Rande der Ministerkonferenz in Brüssel verwässerte Szijjártó die Botschaft mit seiner Miesmacherei. Die EU wolle mit dieser Entscheidung ja nur von ihrem schlechten Krisenmanagement in der Coronapandemie ablenken. Deshalb »vergiftet sie die Zusammenarbeit zwischen EU und China. [...] Wenn die Kooperation mal auf eine rationale Grundlage gestellt würde, könnte die EU davon bedeutend profitieren.« Deutlicher kann man den Ausverkauf universaler Werte kaum formulieren, bedeuten seine Worte doch, dass gute Geschäftsbeziehungen wichtiger sind als eine klare Haltung gegen Menschenrechtsverletzungen.

Peking durfte sich an diesem Tag freuen. Der Sprecher des chinesischen Außenministeriums verkündete prompt Gegensanktionen und beschimpfte die EU für ihre Maßnahmen. Sie basierten auf »Lügen und Desinformation«, missachteten und verzerrten die Fakten, seien eine »enorme Einmischung in die inneren Angelegenheiten Chinas«, ein »dreister Bruch internationalen Rechts und der Regeln für internationale Beziehungen« und unterminierten die Beziehungen zwischen China und der EU. Die letzten Worte dienten wohl als Vorlage für den nörgeligen Außenminister Ungarns. Er folgte den Vorgaben seines Herrn, der als engster Verbündeter Chinas in Europa gilt. Seit 2010 leitet Premierminister Viktor Orbán die Geschicke seines Landes und benutzt dabei ganz offenbar den Autoritarismus à la Peking als Vorlage. Demonstrativ empfing Orbán wenige Tage nach den Brüsseler Unstimmigkeiten den chinesischen Verteidigungsminister Wei Fenghe, der die EU-Sanktionen natürlich verurteilte, aber gleich ergänzte: »China hat Ungarn immer als guten Bruder geschätzt.« Der »gute Bruder« Orbán posierte mit dem Chinesen vor der Kamera. Wei in Uniform mit weißer Maske, der ungarische Premier mit schwarzer Maske bei der Begrüßung per Ellbogen, die geballten Fäuste nach vorn gereckt. Es fehle eigentlich nur noch ein gerahmtes Foto des chinesischen Präsidenten Xi Jinping im Hintergrund, witzelte ein Twitter-User.

Chinas wahre Absichten

Dabei ist nichts an dieser seltsamen Beziehung zum Lachen, denn Ungarn dient China als eine Art Trojanisches Pferd innerhalb der EU. Die Skurrilität des Besuchs von Minister Wei, der für das chinesische Drohgebaren im Indopazifik verantwortlich ist, wird in der Berichterstattung chinesischer Medien rund um seine Europareise deutlich. Nach Auskunft eines Sprechers des Verteidigungsministeriums in Peking wolle Wei eine »pragmatische Kooperation« mit den Streitkräften von Ungarn, Serbien, Griechenland und Mazedonien erkunden; ausgerechnet zu der Zeit, in der NATO-Staaten wie Frankreich, Großbritannien und Deutschland ihre Kriegsschiffe zur Sicherung der Handelswege in das Südchinesische Meer entsendet hatten. Die *Global Times,* die einem Arm der Kommunistischen Partei unterstellt ist, zitierte den Leiter der Europaabteilung bei der Denkfabrik des chinesischen Außenministeriums China Institute of International Studies, Cui Hongjian, mit den Worten: »Wenn sie in das Südchinesische Meer kommen, können wir auch ins Mittelmeer kommen.« Mit Seemanövern und Hafenbesuchen, so Cui, könnte China sich in die militärischen Angelegenheiten Europas einbringen.

Kein Wort darüber findet sich in den öffentlichen Äußerungen der ungarischen Regierung zum Besuch des chinesischen Verteidigungsministers. Aber angesichts der wirtschaftlichen Abhängigkeiten der von Wei besuchten Länder kann Peking auf deren Wohlwollen zählen. In Griechenland beispielsweise hält der chinesische Containerschiff-Konzern COSCO die Anteilsmehrheit am Hafen von Piräus, der eine der Lebensadern der griechischen Wirtschaft ist.

Viktor Orbán betreibt seit seinem Amtsantritt eine Politik der »Öffnung nach Osten«, um chinesische und russische Investoren für die Wirtschaft seines Landes zu finden. Zu einem Erkundungstrip war er schon im Dezember 2009 – Monate vor seiner Wahl – nach Peking gereist und hatte sich dort mit dem mutmaßlichen künftigen

Präsidenten Chinas Xi Jinping getroffen. Er war unter dem Eindruck der damaligen Finanz- und Wirtschaftskrise in Europa wild entschlossen, Ungarns wirtschaftliche Abhängigkeit von westeuropäischen Ländern zu reduzieren. Die Gespräche mit der Führung der Kommunistischen Partei Chinas zahlten sich später aus. Während der Internationale Währungsfonds und die Weltbank von Orbán drastische Sparmaßnahmen im Gegenzug für große Finanzspritzen forderten, versprach ihm der chinesische Premierminister Wen Jiabao bei seinem Besuch in Budapest 2011 finanzielle Hilfe durch den Ankauf von ungarischen Staatsanleihen und einen eine Milliarde Euro schweren Fonds für Entwicklungsprojekte in Ungarn.

Chinas europäischer Wirtschaftsklub

Peking sah in der Krise ein Einfallstor, um die Europäische Union durch eine engere Zusammenarbeit mit osteuropäischen Staaten zu schwächen. 2012 bot es elf EU-Ländern und fünf Balkanstaaten das sogenannte »16 plus 1«-Format an, in dem die Teilnehmerländer vor allem bilaterale Projekte mit China in den Bereichen Infrastruktur, Zukunfts- und Umwelttechnologien vereinbaren konnten. Mit dabei waren Polen, die Tschechische Republik, die Slowakei, Slowenien, Ungarn, Bulgarien, Rumänien, Albanien, Bosnien-Herzegowina, Montenegro, Serbien, Kroatien und Mazedonien, Estland, Lettland und Litauen. Unter Xi Jinpings Herrschaft wurde »16 plus 1« im Ergebnis, wenn auch nicht formell, ein Teil der Seidenstraßeninitiative BRI.

Von 2012 bis 2019 investierte China 15,4 Milliarden Dollar in den Mitgliedsstaaten des losen Verbundes, wenn auch nur 30 Prozent davon in EU-Ländern. An der Spitze lag Ungarn mit über drei Milliarden Dollar, dabei vor allem ein Darlehen für den gemeinsamen Bau einer Eisenbahnlinie zwischen Budapest und Belgrad. Der Deal ist wirtschaftlich ähnlich nutzlos wie andere Bahnprojekte im Rahmen von BRI, die ich bereits beschrieben habe. Auf ungarischer Seite werden rund 150 Kilometer Strecke modernisiert, wohlgemerkt durch zwei chinesische Baufirmen und ein ungarisches Unternehmen. Für den Kredit über rund 2,5 Milliarden Dollar muss Ungarn zwischen 500 und 800 Millionen Dollar Zinsen zahlen. Der wirtschaftliche Nutzen beim Waren- und Personentransport ist so gering, dass es

Jahrhunderte dauern wird, bis das Vorhaben Profit generiert. Hauptprofiteur könnte am Ende ein guter Freund von Viktor Orbán sein. Lőrinc Mészáros, reichster Geschäftsmann Ungarns, erhielt mit seiner Firma Opus Global den Zuschlag, um sich das Projekt mit den chinesischen Unternehmen zu teilen.

Die Vernetzung mit dem autoritären kommunistischen System gefiel der Europäischen Union gar nicht. Sie forderte 2016, dass alle Vereinbarungen mit Peking vorher in der EU koordiniert werden müssten. Natürlich richtete Ungarn sich nicht danach. Als einer der wenigen EU-Staaten hält es beim Ausbau der Mobilfunknetze bis heute an der Zusammenarbeit mit dem chinesischen Kommunikationskonzern Huawei fest – trotz aller Warnungen, die Huawei-Technologie könnte chinesischen Geheimdiensten das flächendeckende Abhören von EU-Bürgern ermöglichen. Orbán erlaubte dem chinesischen Unternehmen 2020 sogar den Bau einer Forschungseinrichtung in Budapest. Dort soll 2024 ein Prestigeprojekt der ungarisch-chinesischen Zusammenarbeit eröffnet werden, ein Europa-Campus der Fudan University in Schanghai.

Die Hochschule ist dafür bekannt, dass sie auch Spione für die chinesischen Geheimdienste ausbildet, ein Teil der Professoren stammt aus dem Sicherheitsapparat. Für den Bau nimmt der ungarische Staat ein Darlehen über 1,3 Milliarden Euro bei der Chinesischen Entwicklungsbank auf. Wie bei anderen Vorhaben der BRI sollen Baumaterialien und ein Großteil der Arbeitskräfte aus China kommen. Hauptgeschäftspartner ist der staatliche Baukonzern China State Construction Engineering Corporation (CSCEC), der wegen seiner Verbindungen zur Volksbefreiungsarmee auf der Sanktionsliste der Vereinigten Staaten steht. Eben jene CSCEC war in Korruptionsfälle bei Seidenstraßenprojekten in Afrika, Asien und Australien verwickelt.

Kritische Forschung unerwünscht

Bevor Viktor Orbán eine Universität mit Spionageinteressen nach Budapest einlud, hatte er persönlich für die Schließung einer anderen Universität gesorgt. Im März 2017 legte seine Fidesz-Partei einen Gesetzentwurf vor, mit dem die angesehene Central European University (CEU) ihr Recht verlieren sollte, Prüfungen abzunehmen und Studienabschlüsse zu bescheinigen. Die Privathochschule, die vom amerikanischen Multimilliardär George Soros finanziell unterstützt wird, war Orbán ein Dorn im Auge. Er warf der Leitung Stimmungsmache gegen die konservative Bewegung in Ungarn und Einmischung in den Wahlkampf vor. Der massive Einspruch anderer EU-Länder, des EU-Parlaments und der EU-Kommission einschließlich einer Klage vor dem Europäischen Gerichtshof blieb wirkungslos; 2018 ließ Orbán die Universität, an der seit ihrer Gründung 1990 14000 Studenten aus 117 Ländern mit Schwerpunkt Sozialwissenschaften studiert hatten, einfach dichtmachen. Die CEU fand Zuflucht an einem neuen Standort in Wien. Bald kann dafür die Fudan University als Speerspitze der Kommunistischen Partei mitten in Europa den Nachwuchs ausbilden. Man darf gespannt sein, welche Themen nicht behandelt werden dürfen.

Mit dem Ärger über den Rauswurf der CEU eskalierte auch der Streit der Europäischen Union mit Ungarn, dessen Anführer eifrig an seiner »illiberalen Demokratie« baut – so nennt es Viktor Orbán. Was genau er damit meint, wird vor allem in seinen Reden deutlich. Sie sind geprägt von Fremdenfeindlichkeit, Rassismus und Ablehnung liberaler Werte. »Ohne christliche Kultur wird es keine Freiheit in Europa geben, und Europa wird nicht länger den Europäern gehören«, so Orbán im März 2019. »In einem europäischen liberalen Imperium werden wir alle unsere Freiheiten verlieren.«

Immer wieder hatte Ungarns Premier behauptet, »der Muslim als solcher« sei gefährlich für die westliche Gesellschaft. »Wir sind es, die die Migranteninvasion Europas an unseren Südgrenzen gestoppt haben. Wir sind es, die ein starkes Europa wollen, starke Nationalstaaten und starke Anführer an der Spitze Europas, die nicht die Probleme hierherholen, sondern die Hilfe vor Ort bringen. Wir wollen einen frischen Start, damit wir den Niedergang Europas stoppen können, die Albträume von den ›Vereinigten Staaten von Europa‹, damit Europa endlich wieder den Europäern gehört.«

Orbán hatte mit Regierungsmitteln auch eine Plakatkampagne in Ungarn finanziert, die dem damaligen EU-Kommissionspräsidenten Jean-Claude Juncker vorwarf, er habe sich mit George Soros, dem reichen Förderer der CEU in Budapest verschworen, um muslimische Massen nach Europa zu schleusen. In die Agitation gegen Soros mischt Orbán antisemitische Motive über eine angebliche jüdische

Weltverschwörung. In einer Wahlkampfrede 2018 tönte er in Anspielung auf den jüdischen Glauben des amerikanischen Multimilliardärs: »Wir kämpfen gegen einen Feind, der anders ist als wir. Nicht offen, sondern wohlverborgen; nicht geradeheraus, sondern hinterlistig; nicht ehrlich, sondern verschlagen; nicht national, sondern international. Er glaubt nicht an ehrliche Arbeit, sondern spekuliert mit Geld. Er hat keine Heimat, aber denkt, ihm gehöre die ganze Welt.«

»Christlich« und »illiberal«

Viktor Orbán wurde im April 2018 wiedergewählt und erklärte in seiner ersten Rede im ungarischen Parlament: »Wir müssen es laut aussprechen, denn man kann eine Nation nicht heimlich reformieren: Die Ära der liberalen Demokratie ist vorbei. Statt eine liberale Demokratie zu reparieren, die auf Grund gelaufen ist, werden wir eine christliche Demokratie des 21. Jahrhunderts errichten.«

Bei einer weiteren Rede, am 28. Juli 2018, konkretisierte Orbán seine Vorstellungen: »Lasst uns selbstbewusst erklären, dass eine christliche Demokratie nicht liberal ist. Eine liberale Demokratie ist liberal, während eine christliche Demokratie per definitionem nicht liberal ist. Sie ist, wenn Sie so wollen, illiberal. Das können wir ganz spezifisch in Bezug auf einige wichtige Themen sagen. Nehmen wir drei große Themen: Die liberale Demokratie ist für Multikulturalismus, während die christliche Demokratie der christlichen Kultur den Vorrang gibt; das ist ein illiberales Konzept. Die liberale Demokratie ist für Zuwanderung, die christliche Demokratie ist gegen Zuwanderung; das ist ebenfalls ein gänzlich illiberales Konzept. Und die liberale Demokratie ist für anpassbare Familienmodelle, die christliche Demokratie beruht auf den Grundlagen des christlichen Familienmodells; einmal mehr: Das ist ein illiberales Konzept.«

Orbáns Glaubensbekenntnis ist nichts anderes als das Bekenntnis zum Autoritarismus nach chinesischem Vorbild, der andere Religionen, andere Ethnien, andere sexuelle Orientierungen und andere Meinungen unterdrückt; mit Grundprinzipien der Demokratie wie Religionsfreiheit, Meinungsfreiheit und Menschenwürde sind diese Vorstellungen unvereinbar.

Kein Wunder, dass sich Orbán auch mit Russlands Potentaten

Wladimir Putin gut versteht. Er teilt mit ihm offenbar das Gleiche revanchistische Gedankengut, das im Jahr 2022 geradewegs in den größten Krieg in Europa seit Ende des Zweiten Weltkriegs führte. Seine Rede vom 28. Juli 2018 hielt Orbán bei der Bálványos Sommerakademie für Studenten in Băile Tuşnad, einer Kleinstadt in Rumänien. Fast 95 Prozent der Einwohner des Ortes gehören wie mehr als 600 000 Menschen im Osten der Region Siebenbürgen zur ungarischstämmigen Gruppe der Szekler, deshalb nannte Orbán die Gegend in seiner Rede »Szeklerland« – ein Begriff, den die rumänische Regierung ablehnt, weil der Landstrich bis Ende des Ersten Weltkriegs zu Ungarn gehörte.

Bei seinem Auftritt schürte Orbán nun den ungarischen Nationalismus. Er verstehe, warum Rumänien die neuen Grenzen von damals feiere, aber aus Sicht seines Landes gebe es nichts zu feiern. »Wir wissen, dass die in Bukarest sagen, dass das Szeklerland nicht existiert. [...] Szeklerland wird immer noch existieren, wenn sich ganz Europa schon dem Islam unterworfen hat.« Orbán forderte die rumänische Regierung zwar nur auf, die Szekler zu stärken, weil dies auch Rumänien stärker mache, aber es wirkte, als zähle er Szeklerland weiter zu Ungarn, wie Putin die Ukraine zu Russland zählt.

Folgerichtig versuchte die ungarische Regierung mit allen Mitteln, eine Annäherung der Ukraine an die EU und an die NATO zu verhindern. Zur Rechtfertigung diente ihr dabei ein neues Sprachengesetz des Parlaments in Kiew, nach dem die ukrainische Sprache Vorrang vor allen anderen Sprachen haben sollte. Dass sah Orbán als Diskriminierung der ungarischen Minderheit in der Ukraine. Indirekt stützte er damit auch Moskaus Überzeugungen; die Benachteiligung der Russisch sprechenden Bevölkerung würde später einer der Gründe Putins für den großen Krieg in Europa sein. Orbáns Hang zum Autoritarismus verbindet ihn eben nicht nur mit Chinas Xi Jinping, sondern auch mit dem russischen Machthaber. Im November 2019 weigerte sich Ungarn, zwei russische Waffenhändler, die Luftabwehrraketen an mexikanische Drogenkartelle verkaufen wollten, an die USA auszuliefern. Die beiden durften ungehindert nach Russland zurückkehren. Ungarn dient den russischen Geheimdiensten – genau wie den chinesischen – als Ausgangsbasis für ihre Operationen innerhalb der europäischen Union.

Bremsklotz in der EU

Wegen ihrer Nähe zu China wurden zwar mehrere EU-Mitgliedsländer immer mehr zu Bremsklötzen der Europäischen Union, aber die Liste der ungarischen Einsprüche gegen wichtige Vorhaben der EU ist besonders lang. Hier ein Auszug: Im Juli 2016 legten Ungarn, Griechenland und Kroatien ihr Veto gegen ein EU-Statement ein, das das schon erwähnte Urteil des Internationalen Gerichtshofs in Den Haag zu den Spratly-Inseln begrüßt hätte. Im März 2017 verhinderte Ungarn, dass die Europäische Union gemeinsam eine Petition gegen die Folter von Menschenrechtsanwälten in chinesischer Haft unterzeichnete. Im April 2018 legte Ungarn sein Veto gegen eine Erklärung des Auswärtigen Dienstes der EU ein, in dem China zur Einhaltung der Menschenrechte und internationalen Rechts aufgefordert wurde. Im Oktober 2018 scheiterte ein gemeinsames Statement der Visegrád-Staaten (Polen, die Tschechische Republik, die Slowakei und Ungarn) nach ihrem Treffen mit Japan am Einspruch Ungarns, das keine Erwähnung der Gebietskonflikte im Indopazifik zulassen wollte. Im Mai 2019 legte Viktor Orbán sein Veto gegen eine Erklärung der EU zu Israels Verhalten gegenüber den Palästinensern ein. Im November 2019 blockierte Budapest außerdem ein kritisches Statement zu Donald Trumps Erklärung, die USA hätten keine Einwände mehr gegen die israelische Siedlungspolitik. Im gleichen Monat verhinderte Ungarn eine Verurteilung der Türkei für Erdoğans Militärintervention in Syrien.

Über Monate hatte Viktor Orbán versucht, den neuen Sanktionsmechanismus der Europäischen Union bei Menschenrechtsverletzungen aufzuhalten. Als er 2021 schließlich doch in Kraft trat, tat er alles, um das Vorgehen gegen Täter in Russland, China, Eritrea, Libyen, Nordkorea und Südsudan zu blockieren. Im Mai 2021 stoppte Ungarn eine Aufforderung der EU für eine Waffenruhe zwischen Israel und den Palästinensern. Gleichzeitig stellte sich die ungarische Regierung gegen das geplante Handelsabkommen zwischen der EU und Afrika, weil dann angeblich zu viele Afrikaner nach Europa einwandern wollten.

Tatsächlich stecken immer wieder auch die engen Beziehungen zu China hinter den Blockaden aus Budapest. China will keine Handelskonkurrenz in Afrika und sieht Kritik an Staaten wie Israel oder der

Türkei als Einmischung in deren innere Angelegenheiten an. Gerade in dieser letzten Frage hatte Peking in Viktor Orbán einen unnachgiebigen Erfüllungsgehilfen. Paradebeispiel: der Showdown mit der EU im Frühjahr 2021 über eine Verurteilung des neuen National Security Law in Hongkong, mit dem jede Art von Protest gegen das chinesische Vorgehen auf der Halbinsel mit schweren Haftstrafen geahndet werden konnte. 26 Staaten der Europäischen Union hätten gern – so steht es in dem Entwurf der Erklärung – »ihre tiefe Sorge« über die Anwendung des Sicherheitsgesetzes ausgedrückt, weil es »eine bedeutende negative Wirkung auf demokratische Rechenschaftspflicht und politischen Pluralismus« habe. Die EU wolle »angemessen antworten«, wenn dieses Gesetz »gegen Bürger oder Firmen der Europäischen Union« eingesetzt werde.

Streit in der EU

Schon der erste Versuch dieser gemeinsamen Erklärung scheiterte im April 2021 bei einem EU-Außenministertreffen in Brüssel am Einspruch Ungarns. Hinter den Kulissen hieß es, der ungarischen Seite seien es langsam zu viele chinakritische Statements der Europäischen Union. Zur Erinnerung: Die Gespräche fanden kurz nach der schon erwähnten Schimpftirade von Außenminister Péter Szijjártó wegen der Verurteilung des chinesischen Vorgehens gegen die Uiguren statt.

Einen Monat später versuchten es die anderen 26 Länder ein zweites Mal – wieder vergeblich. Der deutsche Außenminister Heiko Maas kritisierte: »Inhaltlich ist das absolut unbegreiflich. Besonders gegenüber China ist es wichtig, dass die Europäische Union nach den verhängten Sanktionen gegen europäische Parlamentarier mit einer Stimme spricht. Unglücklicherweise hat Ungarn das verhindert.« Eigentlich hätte Maas sagen müssen: »Unglücklicherweise hat China das verhindert.« Denn Viktor Orbán hatte kurz vor dem neuerlichen Veto mit dem chinesischen Präsidenten Xi Jinping telefoniert und diesem versichert, dass Ungarn »seinen Beziehungen zu China große Bedeutung« beimesse und dass er über das »positive Wachstum durch den bilateralen Handel froh« sei. Xi lobte Orbán. Peking schätze sehr, dass Budapest »an einer freundlichen Politik gegenüber China entschieden festhält«. Folgerichtig ließ Ungarn im Juni 2021 auch den dritten und letzten Versuch für die gemeinsame Erklärung scheitern.

Wie sehr der Hang einiger EU-Staaten zum Autoritarismus der europäischen Wertegemeinschaft schadet, wird auch in dem wochenlangen Ringen um den Haushalt der EU deutlich, den Ungarn und Polen im November 2020 zunächst blockierten. Das Paket über 1,8 Billionen Euro über sieben Jahre, das auch 750 Milliarden Euro für dringende Hilfsmaßnahmen für die Wirtschaft in der Coronakrise enthielt, sollte einen Mechanismus vorsehen, mit dem bestimmte Gelder zurückgehalten werden könnten, wenn Mitgliedsländer demokratische Prinzipien wie die Rechtsstaatlichkeit, die Unabhängigkeit der Justiz und die Pressefreiheit verletzten. Das aber wollten Polen und Ungarn nicht zulassen. Sie drohten ihr Veto an und setzten sich durch. Der Haushalt wurde im Europarat verabschiedet, aber der Sanktionsmechanismus ausgesetzt, bis der Europäische Gerichtshof formell über die Rechtmäßigkeit der Maßnahme entscheiden würde.

Das Inkrafttreten der politischen Entscheidung aber von einer Gerichtsentscheidung abhängig zu machen war ein Bruch des europäischen Rechts, begangen von 25 Regierungen, die sich von Polen und Ungarn erpressen ließen. Die Worte, mit denen die Abweichler ihren Sieg feierten, klangen wie eine Verhöhnung der vermeintlich gemeinsamen Werte. »Wir haben eine Vereinbarung, die – und das will ich betonen – all unsere Vorbedingungen erfüllt hat«, so Polens Premierminister Mateusz Morawiecki, der sich vor allem über die »großen Mittel für die Unterstützung der polnischen Entwicklung« freute.

Viktor Orbáns Statement klang deutlich dreister: »Wir können sagen, natürlich mit Bescheidenheit, dass wir die Einheit Europas gerettet haben. Vergessen Sie nicht, dass es in diesem Disput nicht nur um Rechtsstaatlichkeit, Regulierung und Finanzfragen ging. Es ging um die Zukunft der Europäischen Union und die Frage: Was ist das Machtzentrum der Europäischen Union – die europäischen Institutionen wie Parlament und Kommission oder die Mitgliedsstaaten? [...] Heute haben wir den Beweis geliefert, dass die Europäische Union nichts anderes ist als eine Gemeinschaft und ein Bündnis von Nationen und Staaten. Und niemand kann die Absichten und den Willen der gewählten Regierungen jeder Nation umgehen – weder das Europaparlament noch die Kommission, niemand, denn die Europäische Union ist die Einheit der Nationen.« Worte, die mich an den Auftritt eines polnischen Abgeordneten im Warschauer Parlament im November 2015 erinnern. Unter dem tosenden Beifall der rechtskonservativen Regierungspartei hatte er gesagt: »Das Wohl der Nation steht über dem Gesetz. Und wenn das Gesetz das Nationalwohl verletzt, dann sollte uns niemand daran hindern, es zu brechen.«

Die übrigen EU-Mitgliedsstaaten waren eingeknickt, ihre Reaktionen über die Einigung im Haushaltsstreit sind bezeichnend. Angela Merkel sprach von »großer Erleichterung«, und EU-Kommissionschefin Ursula von der Leyen glaubte, im Nachgeben gegenüber Polen und Ungarn ein Signal der Einigkeit und Handlungsfähigkeit der Union zu erkennen. Die Wahrheit ist: Die Europäische Union lässt sich durch China spalten, statt die einmal vereinbarten gemeinsamen Prinzipien durchzusetzen. Infolgedessen ist der chinesische Einfluss in ganz Europa spürbar, in unterschiedlichsten Facetten, wie folgende Beispiele zeigen. Beginnen wir mit Europas beliebtester Sportart.

China gegen Özil

Im Dezember 2019 bekam einer der besten Fußballer der Welt den Zorn der Kommunistischen Partei Chinas zu spüren. Mesut Özil, damals Spieler bei Arsenal London, hatte es gewagt, auf Twitter das menschenverachtende Vorgehen der chinesischen Führung gegen die muslimische Minderheit der Uiguren anzuprangern. Seine Botschaft in türkischer Sprache in den blau-weißen Farben der uigurischen Unabhängigkeitsbewegung beklagte das Schweigen der muslimischen Weltgemeinschaft zum Leiden ihrer Glaubensbrüder und -schwestern.

»Sie haben sie im Stich gelassen«, schrieb Özil. Es sei eine »blutende Wunde«, und Gott möge den »Brüdern in Ostturkestan helfen«, die China in Lagern gefangen halte, deren Schulen und Moscheen es schließe und deren Korane es vernichte.

Wenige Tage nach Özils Tweet weigerten sich die chinesischen Partnersender der englischen Premier League, ein Spiel von Arsenal London zu übertragen; bei späteren Partien vermieden die Kommentatoren, den Namen des Fußballers auch nur auszusprechen. In China wurde Özils Avatar aus den Videospielen entfernt, Internetsuchen nach ihm liefen ins Leere. Der Druck auf Arsenal war so groß, dass der Verein, der um seine Einnahmen durch Fanartikel und eine Restaurantkette in China fürchtete, eine Entschuldigung über den chinesischen Social-Media-Anbieter Weibo und andere Plattformen veröffentlichte: »Bezüglich der Äußerungen von Mesut Özil muss Arsenal eine klare Feststellung machen. Der veröffentlichte Inhalt ist Özils persönliche Meinung. Als Fußballclub hat sich Arsenal immer an das Prinzip gehalten, sich nicht in Politik einzumischen.« Intern forderten die Vereinsbosse ihren Star auf, politische Erklärungen zu unterlassen. Als der Club bald danach Fanartikel zum chinesischen Neujahr herausbrachte, tauchten Özils Name und sein Bild nirgendwo auf, als wäre er kein Spieler von Arsenal London.

Es ist der gleiche vorauseilende Gehorsam, die gleiche Feigheit, die ich bereits im Zusammenhang mit Hollywoodfilmen beschrieben habe und die auch beim Umgang mit den Konfuzius-Instituten in Europa deutlich werden. Exemplarisch sei hier die Lage in Deutschland beschrieben. Eine Reihe von deutschen Hochschulen wird, wie bereits erwähnt, durch ihre Zusammenarbeit mit Konfuzius-Instituten zu willigen Werkzeugen chinesischer Propaganda.

Den besten Einblick in das Geflecht gibt der deutsche Sinologe und Journalist David Missal, der seit Jahren intensiv in diesem Feld recherchiert und mithilfe von Spenden die Zusammenarbeit zwischen den deutschen Universitäten und Institutionen des chinesischen Staats dokumentieren will. Soweit Missal bis zum Herbst 2020 herausfinden konnte, erhielten viele Hochschulen fünf- bis sechsstellige Summen pro Jahr für ihre Kooperation mit den Konfuzius-Instituten. Spitzenreiter war die Georg-August-Universität Göttingen mit mindestens 341 986,92 Euro, gefolgt von der Albert-Ludwigs-Universität Freiburg (315 880,00 Euro), der Technischen Universität Berlin (275 961,97 Euro), der Freien Universität Berlin (210 551,04 Euro), der Technischen Universität München (150 000,00 Euro), der Gottfried Wilhelm Leibniz Universität Hannover (123 651,78 Euro), der Universität Bremen (114 670,75 Euro), der Universität Duisburg-Essen (112 162,29 Euro) und der Universität Heidelberg (100 000,00 Euro). Immerhin fünfstellig waren die Einnahmen der Heinrich-Heine-Universität Düsseldorf (68 294,64 Euro).

Chinesischer Einfluss in Deutschland

Ähnlich wie in den USA verpflichten sich auch deutsche Institute, chinesisches Recht zu akzeptieren und eine Bewertung der Unterrichtsqualität durch chinesische Prüfer zuzulassen. Bei qualitativen Mängeln müssten die Universitäten die erhaltenen Mittel in Teilen zurückzahlen. Da eine Beschäftigung mit chinakritischen Themen durchaus als solch ein Mangel gewertet werden kann, meiden manche Universitäten heikle Felder wie zum Beispiel die Bürgerrechts- und Menschenrechtsverletzungen in China.

Nicht weniger bedenklich dürften die Forschungskooperationen von mindestens 20 deutschen Universitäten mit dem chinesischen Telekommunikationskonzern Huawei sein, der mit seiner Überwachungstechnologie unmittelbar an der Unterdrückung der uigurischen Minderheit in China beteiligt ist. Von 2015 bis 2020 erhielten die Hochschulen – darunter die RWTH Aachen, die TU München, die TU Berlin, die Gutenberg-Universität in Mainz und das KTI in Karlsruhe – mindestens 2,2 Millionen Euro von Huawei. Inwieweit die deutsche Forschungsarbeit in die Entwicklung von Instrumenten staatlicher Unterdrückung und von chinesischer Militärtechnologie einfließt, lässt sich nur erahnen. Die Universität des Saarlandes arbeitet – auch das sei hier erwähnt – mit dem chinesischen Genkonzern BGI Genomics in einem Forschungsprojekt zusammen, bei dem »Blutzellen, Serum, Plasma und teilweise auch [...] Gewebeproben von Hunderten von PatientInnen und KontrollprobandInnen in Europa und China« untersucht werden. Ein Teil der Proben könnte also auch von Uiguren stammen, da BGI Genomics an ihnen im Auftrag der chinesischen Regierung Tests durchgeführt hat.

Auch in Deutschland werden im Rahmen des chinesischen Tausend-Talente-Plans Hochschulprofessoren mit Fördergeldern bis zu einer Höhe von 150000 Euro unterstützt, sofern sie im Gegenzug ihre Forschungsergebnisse chinesischen Behörden zur Verfügung stellen. Über das Ausmaß der Vereinbarungen schreibt David Missal: »Bis 2017 waren bereits 210 Forscher über das »Young Thousand Talents«-Programm der chinesischen Regierung in Deutschland aktiv, darunter auch mindestens sieben nicht chinesische Wissenschaftler.«

Im Rahmen dieser Recherche konnte Missal ebenfalls zahlreiche nicht chinesische, überwiegend deutsche, Professoren an deutschen

Hochschulen identifizieren, die entweder eine parallele Professur in China innehatten oder aber Teil des Tausend-Talente-Plans waren. Einer von ihnen war der Politikwissenschaftler Klaus Lange, der über viele Jahre für die CSU-nahe Hanns-Seidel-Stiftung arbeitete, bevor er das Institut für Transnationale Studien (ITS) gründete. Der Asienexperte war parallel dazu auch Informant für den deutschen Bundesnachrichtendienst. Als Lange 2010 einen Vortrag an der Tongji-Universität in Schanghai hielt, startete der chinesische Militärgeheimdienst MSS einen Anwerbeversuch. In Absprache mit dem BND ließ sich der ITS-Chef zunächst darauf ein, verheimlichte aber in den Folgejahren, wie intensiv er Informationen an Chinas Geheimdienste lieferte. Dabei ging es vor allem um seine Kontakte zum Weltkongress der Uiguren, der seinen Sitz in München hat, und seine Beziehungen zu führenden Köpfen der CSU. Im November 2019 wurde Lange vor seinem Abflug nach Macau zu einem Treffen mit seinem Führungsoffizier festgenommen, im Sommer 2021 klagte ihn die Bundesanwaltschaft wegen »geheimdienstlicher Aktivitäten zum Nutzen einer fremden Macht« an. Der Wissenschaftler, der die Vorwürfe bestreitet, hatte nicht gegen Bezahlung spioniert; die kostenlosen Reisen und die Teilnahme an exklusiven Workshops reichten ihm offenbar, um dem kommunistischen Regime alle gewünschten Informationen zu liefern. Der Fall Lange gilt als Beispiel für die verführerische Wirkung des Tausend-Talente-Plans der chinesischen Regierung.

Da ist es kaum verwunderlich, dass manche Professoren in Deutschland eine kritische Distanz zur Kommunistischen Partei Chinas verloren haben. Einige, so der Journalist Missal, stellten die universellen Menschenrechte infrage, andere machten offen Werbung für staatliche Unternehmen, so zum Beispiel ein Dozent des Karlsruher Instituts für Technologie (KIT), das von Huawei Geld bekommt. Er plädierte für die Beteiligung des Konzerns beim Ausbau der Mobilfunknetze. Ein anderer KIT-Professor ist ein glühender Fan der Seidenstraßeninitiative. Ein Sinologe der Universität Tübingen relativierte Chinas Menschenrechtsverbrechen, indem er in einer Anhörung des Bundestages die Zwangsentnahme von Organen in China mit den Vorschlägen zur Widerspruchslösung bei der Organspende in Deutschland verglich und davor warnte, »China nur an den Pranger zu stellen«.

Neben solchen Formen der subtilen Beeinflussung übt die chinesische Regierung auch offen Druck aus, wenn europäische Regierungen es wagen, die Politik des kommunistischen Regimes zu kritisieren. Die folgenden Beispiele zeigen, dass einige sich davon nicht einschüchtern lassen. Als Antwort auf die neuen Sicherheitsgesetze in Hongkong, nach denen Regierungskritiker wegen angeblicher Subversion oder Zusammenarbeit mit anderen Ländern verhaftet werden können, suspendierte der finnische Präsident Sauli Niinistö im Oktober 2020 das Auslieferungsabkommen zwischen Finnland und der Volksrepublik China. Die Antwort der chinesischen Botschaft in Helsinki folgte auf dem Fuße: »Die chinesische Seite fordert die finnische Seite auf, internationales Recht und die Grundsatzregeln der internationalen Beziehungen einzuhalten, Einmischungen jeglicher Art in die Angelegenheiten von Hongkong und die inneren Angelegenheiten Chinas zu beenden, um Schaden an den chinesisch-finnischen Beziehungen zu verhindern.«

Ähnliche Drohungen trafen Schweden, als die Telekommunikationsbehörde des Landes im Oktober 2020 den chinesischen Telekommunikationskonzern Huawei von jeder Beteiligung am Ausbau des 5G-Mobilfunknetzes ausgeschlossen und ein schwedisches Gericht den Einspruch von Huawei abgelehnt hatte. China werde »alle notwendigen Maßnahmen ergreifen«, so der Sprecher des chinesischen Wirtschaftsministeriums Gao Feng. »China fordert Schweden auf, den Fehler sofort zu korrigieren und China auf halbem Wege für eine Lösung entgegenzukommen, um die chinesisch-schwedische Wirtschafts- und Handelskooperation zu erhalten.«

Die Drohung wirkte zumindest bei einem der wichtigsten Konzerne des Landes, dessen Topmanager sich selbst zum Handlanger Pekings machte. Börje Ekholm, Vorstandschef des Kommunikationsunternehmens Ericsson, das in China gute Geschäfte macht, bedrängte die schwedische Handelsministerin Anne Hallberg per Kurzmitteilungen, sie solle das Verbot gegen Huawei zurücknehmen. Öffentlich warnte Ekholm in einem Interview mit der *Financial Times,* die Entscheidung sei »eine Einschränkung von freiem Wettbewerb und Handel«.

Ekholm hatte offenbar Angst vor Vergeltungsmaßnahmen, weil sein Konzern rund zehn Prozent seines Umsatzes durch den chinesischen Markt einfährt und auf die Lieferung von technischen Komponenten aus China angewiesen ist. Aber die schwedische Politik ließ sich von den Drohungen aus Peking nicht zu sehr beeindrucken – auch nicht, wenn es um Bürger- und Menschenrechtsfragen geht. Schweden war nicht nur das einzige EU-Land, das aktiv Sanktionen wegen der Niederschlagung der Demokratiebewegung in Hongkong verlangt hatte, es forderte auch die Freilassung des schwedischen Staatsbürgers und Buchverlegers Gui Minhai. Er sitzt seit 2015 in China in Haft, weil er kritische Bücher über die Kommunistische Partei und ihren Chef Xi Jinping veröffentlicht hatte.

Chinesisch-tschechischer Filz

Die chinesische Führung greift nicht nur Regierungen an, die nicht willfährig genug sind, sie droht auch Unternehmen eines Landes – direkt und indirekt. Als die tschechische Rüstungsfirma Excalibur Army im Jahr 2020 Artilleriefahrzeuge nach Taiwan liefern wollte, bekam sie einen Drohanruf der chinesischen Botschaft in Prag. Monate zuvor hatte schon der Präsident der Tschechischen Republik Miloš Zeman einen wütenden Brief bekommen, weil der Präsident der Senatskammer im Parlament Jaroslav Kubera eine Reise nach Taiwan plante. »Tschechische Unternehmen, die wirtschaftliche Interessen in China haben, werden den Preis für den Besuch des Vorsitzenden Kubera bezahlen«, so stand da. »China ist der größte Auslandsmarkt für tschechische Firmen wie Škoda Auto, Home Credit Group, Klaviere Petrof und andere«.[82] Kubera verstarb unerwartet, aber sein Nachfolger Miloš Vystrčil machte sich Monate später auf die Reise – gegen den erklärten Willen des tschechischen Präsidenten Zeman, des damaligen Premierministers Andrej Babiš und des Außenministers Tomáš Petricek.

Die Bereitschaft der damaligen tschechischen Regierung, vor den chinesischen Drohungen einzuknicken, ist bemerkenswert, denn es gibt keine tiefgehende wirtschaftliche Abhängigkeit ihres Landes vom Handelspartner China. 2019 machten die chinesischen Investitionen nur 0,7 Prozent aller ausländischen Direktinvestitionen aus. Allerdings flossen die Gelder vor allem in wichtige Bereiche der tschechischen Gesellschaft wie Medien, Tourismus, Immobilien und Banken. Nur 1,2 Prozent der tschechischen Exporte gehen tatsächlich nach China, allerdings ist die Wirtschaft des Landes indirekt stärker vernetzt, über Deutschland. So gehört zum Beispiel Škoda zum deutschen Volkswagenkonzern. Auf diesen wichtigen Punkt komme ich später noch einmal zurück.

Der entscheidende Faktor für die Willfährigkeit von tschechischen Regierungspolitikern ist nicht das Ausmaß der Handelsbeziehungen mit China, sondern die persönliche Bereicherung der Eliten des Landes. Im Mai 2015 kaufte der chinesische Energiekonzern CEFC China Energy erhebliche Anteile am Medienunternehmen Empresa Media, zu dem ein Fernsehsender und mehrere Printmagazine gehörten. Kurz danach gab es in allen Produkten des Medienhauses nur noch positive Berichterstattung über China.[83] Den chinesischen Gründer von CEFC ernannte der tschechische Präsident Zeman zu seinem Berater. Der frühere Verteidigungsminister der Tschechischen Republik Jaroslav Tvrdík und der ehemalige EU-Kommissar Štefan Füle bekamen Posten im Aufsichtsrat der CEFC. Zahlreiche weitere Politiker der Sozialdemokratischen Partei erhielten lukrative Jobs, unter anderem der ehemalige stellvertretende Außenminister Jakub Kulhánek. Als 2018 die Beteiligungen der CEFC, die später bankrottging, von der Chinese SOE CITIC Group übernommen wurden, wechselten einige Politiker zurück in die Regierung. Jakub Kulhánek wurde bald Außenminister und holte sich Štefan Füle als Berater für Zentralasien ins Ministerium.

Ex-Verteidigungsminister Tvrdík war auch seit vielen Jahren als Lobbyist für die tschechische PPF-Group aktiv, die über eine Tochterfirma Milliardengeschäfte auf dem chinesischen Immobilienmarkt macht. PPF-Eigentümer Petr Kellner ist der reichste Mann des Landes, der seinen Erfolg unter anderem Kreditgeschäften über die Tochterfirma Home Credit verdankt, die seit dem Jahr 2014 in China tätig sein darf und dort Milliardenumsätze macht. Kellner hatte damals einen Besuch des tschechischen Präsidenten bei seinem Amtskollegen Xi Jinping vermittelt und den Rückflug von Miloš Zeman in einem Privatjet mit bezahlt. 2019 wurde bekannt, dass eine PR-Firma in Kellners Auftrag die öffentliche Meinung in seinem Land gegenüber China positiv beeinflussen sollte. Ein Jahr danach übernahm die PPF-Group für 1,1 Milliarden Dollar die Anteilsmehrheit an der Central European Media Enterprises (CME), deren Fernsehsender fast 100 Millionen Zuschauer in der Tschechischen Republik, der Slowakei, Slowenien, Bulgarien und Rumänien haben.[84] Kein Wunder, dass Politiker der Republikanischen und der Demokratischen Partei in den USA die Konzentration dieser Medienmacht in der Hand eines chinanahen Geschäftsmannes kritisch sehen.

Was auf den ersten Blick wie ein loses Netzwerk von Personen und Unternehmen mit politischen und wirtschaftlichen Interessen in der tschechisch-chinesischen Zusammenarbeit aussieht, ist in Wahrheit Teil einer Struktur mit dem Namen Mixed Czech-Chinese Chamber for Mutual Cooperation, – eine Art Handelskammer, der es aber weniger um »Kooperation«, sondern mehr um »Kollaboration« zu gehen scheint – und das im wahrsten Sinn des Wortes. Nach der Gründung im Jahr 2011 ließ der erste Vorsitzende der Kammer, der ehemalige tschechische Außenminister Jan Kohout wissen, es gehe um »ein besseres, tieferes gegenseitiges Verständnis«. Dies erlaube »beiden Seiten, objektive Wahrnehmungen zu etablieren, die nicht von veralteten Ideen und Ideologien beeinflusst werden«. Es ging um gute Wirtschaftsbeziehungen, die nicht von Bedenken über Menschen- und Bürgerrechtsfragen belastet werden sollten, denn das hätte dem direkten Kooperationspartner der tschechischen Einrichtung sicher nicht gefallen. Es handelt sich um die Chinese People's Association for Friendship with Foreign Countries (CPAFFC), einer Untergliederung der Kommunistischen Partei Chinas, die den Einfluss des Regimes in aller Welt ausbauen soll. Mit anderen Worten: Alle genannten Akteure in der Tschechischen Republik pflegen engste Beziehungen zum chinesischen Staatsapparat, natürlich auch Ex-Verteidigungsminister Jaroslav Tvrdík, der 2012 den Vorsitz bei der tschechisch-chinesischen Handelskammer übernahm.

Chinas europäische Freundschaftsgruppen

Die Kammer ist Teil eines Systems, mit dem China führende Persönlichkeiten aus Politik und Wirtschaft in Europa vereinnahmt und das in einer Studie des Center for Strategic and Budgetary Assessments (CSBA) detailliert beschrieben wird.[85] Das CSBA in Washington ist eine Forschungseinrichtung zur Sicherheitspolitik, die zu einem Großteil aus Fördergeldern des US-Verteidigungsministeriums finanziert wird. Die Experten glauben, dass die Kommunistische Partei Chinas mit sogenannten Freundschaftsgruppen die europäische Geschlossenheit brechen will, indem sie »schwächere und kleinere europäische Staaten abschält«. Unter Abschälen verstehen sie den Versuch Pekings, »so viele europäische Regierungen wie möglich für sich zu gewinnen« oder »indirekt den kollektiven Willen Europas zu erodieren«. Dabei setze das Regime vor allem auf die »vereinnahmten Eliten«, die die Linie der Partei »wie Papageien nachsprechen, von Themen ablenken, die Pekings Image schaden, zu öffentlichen Veranstaltungen laden, die die Tugenden der Partei zur Schau stellen, Handel und Investitionen fördern, zum Technologietransfer anspornen und Veränderungen in der europäischen Politik zugunsten Chinas fordern«.

Die Studie nennt beispielhaft die Italy-China Friendship Association, die von der ehemaligen Präsidentin der Abgeordnetenkammer des italienischen Parlaments Irene Pivetti geleitet wird. Pivetti hatte 2013 persönlich das Kooperationsabkommen mit der chinesischen Staatsorganisation CPAFFC unterzeichnet. In einem Fernsehinterview verteidigte sie im Oktober 2018 den menschenverachtenden Umgang mit der uigurischen Minderheit in der Provinz Xinjiang mit den Worten: »Länder müssen Anti-Terror-Maßnahmen an die eigenen Rahmenbedingungen anpassen.« Genau das habe China erfolgreich getan, es »betreibt eine vernünftige und effiziente Anti-Terror-Politik, besonders in Xinjiang«. Die Internierung von einer Million Uiguren in Umerziehungslagern nannte Pivetti »Deradikalisierungsmaßnahmen«, die nach »Gesetz und Regeln« abliefen und mithilfe von »Reform und Erziehung durch politisches Personal die Ausbreitung von Extremismus verhindern«. Sie übernahm damit den Wortlaut der offiziellen Linie der Kommunistischen Partei Chinas.

Auch in Brüssel gab es eine EU-China Friendship Group mit Mitgliedern aus dem Europäischen Parlament. Seit Gründung der Gruppe im Jahr 2006 warb sie mithilfe der Abgeordneten unverhohlen für die Positionen der chinesischen Regierung, organisierte entsprechende Werbeveranstaltungen und trat der Kritik an China in Sachen Menschen- und Bürgerrechte, Technologiediebstahl sowie politischer und wirtschaftlicher Einschüchterung anderer Staaten entschieden entgegen. Fünfzehnmal innerhalb von 14 Jahren reisten die europäischen Parlamentarier auf Einladung und Kosten des chinesischen Staats in das Reich der Mitte, bis die EU-China Friendship Group im Sommer 2021 ihre Arbeit auf Druck des Europäischen Parlaments einstellte. Zu diesem Zeitpunkt war Jan Zahradil, Abgeordneter für die Tschechische Republik, der Vorsitzende der Freundschaftsgruppe; sein damaliger Stellvertreter István Ujhelyi ist Europaabgeordneter der ungarischen Fidesz-Partei.

Deren Anführer Viktor Orbán und seine Parteifreunde unternahmen seit der Machtübernahme 2010 auch in Ungarn alles, um die Kontrolle über weite Teile der Medienlandschaft zu erringen. Der öffentlich-rechtliche Rundfunk in Ungarn wurde auf Regierungslinie gebracht, kritische Journalisten mussten gehen. Parallel dazu kauften reiche Investoren aus dem Umfeld der Fidesz-Partei Zeitungen, Online-Portale, Fernseh- und Radiosender auf. Im Herbst 2018 entstand die parteinahe Central European Press and Media Foundation (Közép-Európai Sajtó és Média Alapítvány; KESMA), zu der fast 500 Medienerzeugnisse gehören, neben den Sendern auch Zeitungen in jedem Landkreis Ungarns.[86] In keinem anderen europäischen Land gibt es eine solche Anzahl von Publikationen in einer Hand, in Teilen finanziert mit Werbemitteln aus dem Staatshaushalt. Orbáns Parteifreund und Staatssekretär für internationale Kommunikation Zoltán Kovács sagte 2019, es sei mithilfe der Fidesz-Holding möglich geworden, dass »fast 50 Prozent der ungarischen Presse die Regierungsposition vermitteln«. Die KESMA verfügt über erheblich größere Finanzmittel als alle parteiunabhängigen Medien in Ungarn.

Am 14. Februar 2021 musste auch der letzte große unabhängige Sender Klubrádió die Verbreitung seines Programms auf das Internet beschränken, weil ihm die Aufsichtsbehörden die Lizenz entzogen hatten. Die Regierungspartei Fidesz hatte die wichtigsten Positionen in den Kommunikationsbehörden mit ihren Getreuen besetzt. Unabhängige Redaktionen haben Schwierigkeiten, ausreichende Gelder für ihren Fortbestand zu generieren, so beschrieb es Lukács Csaba, Verleger der Zeitung *Magyar Hang* (Ungarische Stimme), im März 2022 in einem Interview mit dem ZDF.[87] »Wir bekommen keine Anzeigen von internationalen Unternehmen, weil sie Geschäfte mit der Regierung machen, und die wollen sie nicht aufs Spiel setzen«, so Csaba. »Ich hatte darüber auch eine sehr ehrliche Diskussion mit dem Leiter einer großen deutschen Autofirma in Ungarn.«

Tatsächlich trauen sich deutsche Unternehmen nicht, den Ärger Viktor Orbáns auf sich zu ziehen, auch weil sie seit Jahren keine Rückendeckung durch die Bundesregierung in Berlin bekommen. Die deutsche Politik und die Europäische Union schauen dem Treiben des selbst ernannten »illiberalen Demokraten« in Budapest und seinem Marsch in Richtung Autoritarismus à la China weitgehend tatenlos zu. Warum eigentlich?

Der lange Hebel der EU

Die EU und Deutschland hätten als größte Handelspartner Ungarns einen langen Hebel in der Hand. 82 Prozent der ungarischen Exporte gehen in andere EU-Staaten, 75 Prozent der Importe kommen aus den Mitgliedsländern. An der Spitze liegt Deutschland; von dort kommen 25,3 Prozent aller eingeführten Waren, 27,7 Prozent aller ausgeführten Güter gehen dorthin. Ungarn bekommt pro Jahr vier Milliarden Euro aus EU-Töpfen, obwohl es selbst nur eine Milliarde Euro einzahlt. Es ist der viertgrößte Nettoempfänger der Europäischen Union und tanzt dieser auf der Nase herum, ganz im Sinne der Kommunistischen Partei Chinas. Dabei gibt es tatsächlich gar keine direkte Abhängigkeit der ungarischen Wirtschaft vom Partner in Fernost, denn verglichen mit den EU-Geldern sind die chinesischen Investitionen marginal. Ein Bruch mit der Europäischen Union, ein »Hexit« (Hungarian Exit) gar, wie manche prophezeien, würde Ungarn ins wirtschaftliche Chaos stürzen. Heißt im Umkehrschluss: Das Anschmiegen Orbáns an seine autoritären Gesinnungsgenossen in China, Russland, Brasilien und der Türkei dient einzig und allein dem Erhalt der Macht in seinem Land und innerhalb der Europäischen Union. Orbán will mit seiner Nähe zu Xi Jinping politische Vorteile in Brüssel herausschlagen, sei es auch nur, um sich vor seinen Wählern als Widerstandskämpfer gegen die von ihm sogenannten Vereinigten Staaten von Europa zu inszenieren.

Das funktioniert ausschließlich deshalb, weil die anderen ihn lassen. Tatsächlich wäre es billig und einfach, Viktor Orbán und anderen Rechtspopulisten die Verantwortung für die Appeasement-Politik gegenüber China allein in die Schuhe zu schieben. Wie schrieb doch einst Erich Kästner in seinem Kinderroman *Das fliegende Klassenzimmer:* »An allem Unfug, der geschieht, sind nicht nur die schuld, die ihn begehen, sondern auch diejenigen, die ihn nicht verhindern.« Die Bundesrepublik Deutschland trägt eine Mitschuld, weil sie seit vielen Jahren die wirtschaftlichen Interessen über die Werte der liberalen Demokratie stellt.

Der ungarische Journalist Szabolcs Panyi, der für DIREKT36, eine der letzten unabhängigen Rechercheplattformen in Budapest, arbeitet, hat mit einem führenden Mitglied der ungarischen Regierung darüber geredet, mit welcher Taktik Viktor Orbán im Spannungsfeld zwischen westlicher Wertegemeinschaft und seinen autoritären Freunden agiert: »Bei konkreten und ernsten Angelegenheiten stehen wir an der Seite der NATO und den Vereinigten Staaten. Aber wenn es keine Einigkeit, keine gemeinsame Position gibt, also in einer Grauzone, machen wir das, was die Deutschen tun«, so der Regierungsmitarbeiter, der namentlich nicht genannt werden wollte. Er meinte damit Geschäfte mit China. Es gebe in dieser Frage nur einen Unterschied: »Die Deutschen machen ihre Geschäfte schweigend, die Ungarn preisen China in politischen Statements.«

Budapest schaut also genau hin, ob Berlin eine eindeutige Position bezieht und ob es sich um Sachverhalte handelt, bei denen die öffentliche moralische Entrüstung gewissermaßen Geschmackssache ist. Wie das in der Praxis aussieht, zeigt ein Beispiel aus dem Jahr 2019. Damals berieten die EU-Mitgliedsländer hinter verschlossenen Türen über die fortdauernden Cyberangriffe einer Hackergruppe namens APT10 oder Red Apollo, die sich darauf spezialisiert hatte, großen Unternehmen ihre technologischen Geheimnisse zu stehlen. Hinter APT10 steckt nach Erkenntnissen der US-Regierung und zahlreicher Geheimdienste das chinesische Militär. Vor dem EU-China-Gipfel am 9. April 2019 plädierten Länder wie Großbritannien, Polen, Estland und die Niederlande für eine Protestnote an die Regierung in Peking, die dann als Grundlage für mögliche Sanktionen dienen sollte. China aber hatte die Verantwortung für den Technologiediebstahl immer bestritten und könnte mit Vergeltungsmaßnahmen reagieren, so die Sorge einiger Länder, die ihren Wirtschaftsbeziehungen nicht schaden wollten. Ungarn positionierte sich zunächst eindeutig, lehnte jede Verurteilung Chinas ab. Die Bundesregierung hielt sich zurück, verfolgte schweigend die Beratungen – wohl wissend, dass es ohne ein klares Wort der Deutschen keine schnelle Einigung geben würde. Dabei waren auch deutsche Unternehmen unter den Opfern der chinesischen Cyberangriffe. Am Ende verpuffte die Initiative.

Handel vor Wandel

Kein Wunder, denn die Bundesrepublik Deutschland hatte über Jahre wenig Interesse an einem härteren Vorgehen gegenüber der ungarischen Regierung im Rahmen der EU, weil das Land eine wichtige Rolle in den deutschen Handelsbeziehungen mit China spielt. 60 Prozent der Exporte von Ungarn nach China basieren auf den Motoren und anderen Produkten, die der deutsche Autokonzern Audi in der ungarischen Stadt Győr herstellen und dann in einem Audi-Werk in Nordchina in die Fahrzeuge einbauen lässt. Vor diesem Hintergrund wollte weder die Regierung in Budapest noch die Regierung in Berlin die wirtschaftlichen Beziehungen zu China zu arg belasten. Ähnlich ist es bei den schon erwähnten Produktionsstätten der Volkswagen-Tochter Škoda in der Tschechischen Republik. China ist einer der Märkte, wenn nicht gar der wichtigste Markt, für die deutsche Automobilindustrie und ihre Zulieferbetriebe. Volkswagen verkaufte dort im Jahr 2021 rund 44 Prozent seiner Fahrzeuge. Eines der VW-Werke befindet sich in der Provinz Xinjiang, in der China die Menschenrechtsverletzungen an den Uiguren begeht. Volkswagen-Chef Herbert Diess sah sich deshalb im Februar 2021 gezwungen, das Engagement seines Unternehmens in der Region zu rechtfertigen: »Weder wir noch unsere Zulieferer beschäftigen Zwangsarbeiter. Hier haben wir eine Nulltoleranz. Auch in Xinjiang halten wir unsere Werte hoch, dazu gehören eine Arbeitnehmervertretung, Achtung von Minderheiten und Sozial- und Arbeitsstandards.«[88]

Auf den ersten Blick könnte man meinen, dass sich Deutschland keine deutlichere Position gegenüber der chinesischen Regierung leisten kann, wenn es seine wirtschaftliche Stärke nicht aufs Spiel setzen will. China löste 2016 die USA als größter Handelspartner Deutschlands ab. 2021 betrug das Handelsvolumen 245 Milliarden Euro, eine Steigerung von 15 Prozent im Vergleich zum Vorjahr. Die Bundesrepublik, in der jeder vierte Arbeitsplatz von den Exporten abhängig ist, lieferte Güter im Wert von 103,6 Milliarden Euro nach China und importierte von dort Waren im Wert von 141,7 Milliarden Euro – vor allem Bekleidung und Elektronik. Aber auf den zweiten Blick könnte die Bundesrepublik gerade wegen ihrer wichtigen Rolle für die chinesische Wirtschaft die Politik der Kommunistischen Partei beeinflussen. Auch die vermeintliche Abhängigkeit ließe sich durch ein teilweises Decoupling nach amerikanischem Vorbild reduzieren, um sich eine kritischere Haltung gegenüber China zu erlauben.

Nach Recherchen des Münchner IFO-Instituts im März 2022 wäre ein Großteil der Waren, die Deutschland aus China bezieht, auch in anderen Ländern zu bekommen.[89] Insgesamt sind nur fünf Prozent aller deutschen Importe »abhängige Güter«, die nur in einem bestimmten Land zu kaufen sind. Von diesem geringen Anteil kommen nur drei Prozent aus China, darunter chemische Stoffe, die für die Pharmaindustrie wichtig sind. Deutsche Firmen, die den chinesischen Absatzmarkt brauchen, allen voran die Autohersteller, müssten allerdings alternative Märkte erschließen. Das Kieler Institut für Weltwirtschaft (IfW) hat einmal die Folgen für Deutschland berechnet, wenn die Europäische Union tatsächlich ihre wirtschaftlichen Beziehungen mit China massiv runterfahren und dann einstellen würde. Demnach würde das Bruttoinlandsprodukt der Bundesrepublik langfristig um ein Prozent sinken. Durch den Verlust von rund 450 000 Arbeitsplätzen würde die Arbeitslosigkeit von 5,7 Prozent 2021 auf 6,7 Prozent klettern und damit immer noch deutlich unter der Marke in der Finanz- und Wirtschaftskrise von 2009 liegen.

Beispielhaft für die Haltung wechselnder Bundesregierungen über die vergangenen Jahrzehnte will ich hier einmal ausführlicher aus einem Interview zitieren, das die *Frankfurter Allgemeine Zeitung* im Sommer 2020 mit dem damaligen Bundeswirtschaftsminister Peter Altmaier führte.[90] Der CDU-Politiker und enge Vertraute von Bundeskanzlerin Angela Merkel wurde gefragt, warum die Regierung China nicht klipp und klar wegen der Einschränkung der Freiheitsrechte in Hongkong kritisiere. Altmaiers Antwort fiel butterweich aus: »Für die Bundesregierung haben der Schutz und die Einhaltung von Menschenrechten höchste Priorität. Das machen wir auch gegenüber China deutlich. Auch ich habe bei all meinen Auslandsreisen, sei es nach China oder Russland, immer wieder das Gespräch mit der Zivilgesellschaft gesucht und in all meinen Gesprächen deutlich gemacht, dass Rechtsstaatlichkeit und Einhaltung der Menschenrechte für uns eine Basis für gute Wirtschaftsbeziehungen sind.«

Im Umkehrschluss müsste Deutschland demzufolge ja offensiv mit einer Verschlechterung der Beziehungen drohen können, aber

Altmaier will nicht – auch nicht auf die Nachfrage der Kollegen, warum er zögere. Er antwortet: »Nicht jedes Thema eignet sich gleichermaßen zum Austragen in Form von Interviews auf dem öffentlichen Markt. Manchmal erreicht man sogar das Gegenteil und schadet denen, die man schützen will. Ich verteidige die Menschenrechte, seit ich politisch denken kann, und ich war immer der Meinung, dass durch Handel ein gewisser Wandel erreichbar ist.« Während sich in den USA schon seit 2014 die Erkenntnis entwickelte und schließlich auch durchsetzte, dass Wandel durch Handel eine Illusion ist, wenn es sich um autoritäre Regime wie die von Putin und Xi handelt, blieb Berlin offenbar uneinsichtig.

Die FAZ-Kollegen fassen nach: »Gegen Russland wurden im Krim-Konflikt Sanktionen verhängt. Warum nicht jetzt auch gegen China?« Altmaier: »Wir haben gegen Russland Sanktionen verhängt, weil das Land mit der Annexion der Krim eine flagrante Verletzung des Völkerrechts begangen hat.« »China hält sich nicht an einen völkerrechtlichen Vertrag, den es mit Großbritannien geschlossen hatte.« Altmaier: »Wir haben auch dazu eine Meinung, Deutschland ist aber kein Vertragspartner dieses Vertrages.«

Für die mutigen Studenten der Demokratiebewegung in Hongkong muss das zynisch klingen, wenn der Repräsentant eines der einflussreichsten Länder Europas signalisiert, es geht uns nichts an, wenn ihr ins Gefängnis gesteckt und gefoltert werdet. Folgerichtig die nächste Frage der FAZ: »Machen Sie es sich damit nicht etwas zu einfach?« Altmaier: »Es war immer die Politik der westlichen Staatengemeinschaft, auch der EU, dass internationale Handelsbeziehungen nicht allein daran ausgerichtet werden können, wie demokratisch ein Land ist. Das haben wir nie gemacht, selbst nicht zu den Zeiten von Willy Brandt und Joschka Fischer. Ich bin nicht der moralische Oberlehrer der Welt, aber ich bin davon überzeugt, dass Länder wie China wirtschaftlich nur dann langfristig erfolgreich sein werden, wenn grundlegende Prinzipien der Rechtsstaatlichkeit gewährleistet sind. Nur dann kann sich die Marktwirtschaft mit ihren segensreichen Wirkungen zur Gänze entfalten.«

Augen zu und durch

In Hongkong, Xinjiang und Tibet entfaltet unsere segensreiche Marktwirtschaft unselige Nebenwirkungen, weil sie aus Profitgier wegschaut und für gute Geschäfte Prinzipien und Werte verrät. Dabei war die Mär vom Wandel durch Handel niemals wirklich wahr, jedenfalls wenn man sie aus der Sicht der liberalen Demokratien betrachtet. Aus der umgekehrten Perspektive aber – der von autoritären Regimen – hat das viel besser funktioniert. Chinas Handelsoffensive im Rahmen des Seidenstraßenprojekts hat zu einer Ausbreitung des Autoritarismus in zahlreichen Ländern rund um den Globus geführt, weil das chinesische Modell wirtschaftliche Entwicklung mit dem Erhalt der Macht verband.

Wirtschaftsminister Altmaier konnte im Sommer 2020 nicht kritischer gegenüber China auftreten, weil seine Chefin Angela Merkel noch im gleichen Jahr einen Deal machen wollte. Kurz vor Ablauf der deutschen Ratspräsidentschaft in der Europäischen Union vereinbarten die EU und China ihr Handelsabkommen. Es sollte europäischen Investoren den Zugang zum chinesischen Markt erleichtern und den verpflichtenden Zwang zur Technologieweitergabe durch europäische Firmen in China beenden. China wollte im Gegenzug die staatliche Unterstützung für eigene Firmen transparenter machen sowie »weitere und nachhaltige« Anstrengungen unternehmen, die internationalen Konventionen gegen Zwangsarbeit zu ratifizieren.

Angela Merkel wollte das Abkommen eigentlich schon im September bei einem EU-China-Gipfel in Leipzig zum Abschluss bringen, aber die Coronapandemie verhinderte das Treffen der Spitzenpolitiker.[91] »Ich glaube, es ist richtig und wichtig, gute strategische Beziehungen mit China anzustreben«, ließ die Kanzlerin wissen, obwohl einige EU-Staaten wie Belgien und die Niederlande Bedenken hatten, dass die Europäische Union in der Menschenrechtsfrage dann noch zögerlicher auftreten würde. Abgeordneten des Europäischen Parlaments waren die chinesischen Zusagen zu butterweich formuliert. Obendrein war der Deal ein Schlag ins Gesicht des gerade frisch gewählten US-Präsidenten Joe Biden, der mit seinem Amtsantritt im Januar 2021 von den europäischen Verbündeten eine neue, härtere Gangart gegenüber China einfordern wollte. Bei den

Gipfeltreffen von G-7, NATO und G20 im Sommer 2021 erklärte Biden seinen Partnern, dass Amerika nun wieder zurück sei und sich mit voller Kraft in die große Auseinandersetzung zwischen liberaler Demokratie und Autoritarismus stürzen werde. Er traf damit offenbar einen Nerv bei vielen EU-Staaten, die sich die Einschüchterungsversuche durch China nicht mehr gefallen lassen wollten und für die deutschen Wahlen im Herbst auf eine künftige Bundesregierung unter Beteiligung von Grünen und/oder FDP hofften – beide Parteien hatten sich als chinakritisch positioniert.

Richtungswechsel in der Industrie

Im Juli 2021 geschah ein kleines Wunder. »Nüchtern betrachtet, stößt die Idee des ›Wandels durch Handel‹ aktuell an ihre Grenzen. Die Erwartung, dass internationale wirtschaftliche Verflechtungen automatisch zur Entwicklung von marktwirtschaftlichen und demokratischen Strukturen führen, kann derzeit kaum erfüllt werden.« Die weitgehende Absage an eine jahrzehntealte Überzeugung kam ausgerechnet vom Bundesverband der Deutschen Industrie (BDI). Offenbar unter dem öffentlichen Druck auf die Wirtschaft angesichts der Menschen- und Bürgerrechtsverletzungen in China, verabschiedete sich der BDI von dem Dogma, das der zuständige Minister Altmaier ein Jahr zuvor noch für allgemeingültig erklärt hatte. Der Leitfaden mit dem Titel »Außenwirtschaftspolitische Zusammenarbeit mit Autokratien« war keine 180-Grad-Kehrtwende, aber immerhin eine Neuausrichtung auf einen weniger naiven Umgang mit autoritären Regimen. »Dennoch gilt«, so fährt der Text fort, »je besser die EU mit ihrem Werte- und Wirtschaftsmodell funktioniert, desto erfolgreicher werden diese Ideen global wirken. Je schwächer die EU und die wertebasierte Gemeinschaft liberaler Demokratien insgesamt politisch und gesellschaftlich agieren, desto stärker wirken hingegen konkurrierende Einflüsse.«

Es sind Sätze, die der amerikanische Präsident und Politiker beider Parteien in den USA sicher sofort unterschreiben würden. Biden hatte ja gesagt, die Demokratien müssten weiter beweisen, dass sie besser als der Autoritarismus Perspektiven für ihre Bevölkerung bieten können. BDI-Präsident Siegfried Russwurm flankierte die Veröffentlichung in einem Interview mit den Sätzen: »Menschenrechte sind keine inneren Angelegenheiten der Staaten. [...] Für Politik wie Unternehmen gilt, dass sie ihre roten Linien kennen müssen, hinter die man nicht zurückgeht.«

Einerseits war es ein Signal, dass sich die Politik in Wertefragen nicht mehr hinter dem Verweis auf den möglichen Schaden für die Wirtschaftsbeziehungen verschanzen konnte, andererseits war es dennoch keine Freigabe für eine moralische Außenpolitik, losgelöst von allen Rücksichten auf die wirtschaftlichen Interessen. Die Industrie forderte das, was Deutschland schon Jahre zuvor gebraucht hätte – eine durchdachte Strategie. In dem zehnseitigen Leitfaden heißt es: »Sanktionen müssen immer Teil einer umfassenden außen- und sicherheitspolitischen Strategie sein. [...] Demokratische Werte können wir nicht besser verteidigen, wenn wir uns selbst erheblich [wirtschaftlich] schwächen oder die Grundlagen von Marktwirtschaft und Rechtsstaat selbst infrage stellen. Mögliche Vergeltungsmaßnahmen und individuelle Reaktionsmöglichkeiten der Gegenseite müssen immer mitbedacht werden. [...] Beschränkende Maßnahmen sollten nur eingeführt werden, wenn es eine klar definierte Exit-Strategie gibt und die Voraussetzungen für die Rücknahme dieser Maßnahmen vorher festgelegt wurden.«

Das BDI-Papier war nur ein Hinweis darauf, dass ein Umdenken in Sachen China begonnen hatte, sowohl auf der deutschen als auch auf der europäischen Ebene. Eine überzeugende Strategie war natürlich längst nicht in Sicht, schon gar nicht angesichts der anstehenden Wahlen in Deutschland und einige Monate später auch in Frankreich. Auch dem französischen Präsidenten Emmanuel Macron waren eine brummende Wirtschaft und Arbeitsplätze wichtiger als die reine Lehre einer moralischen Außenpolitik. 2023 soll im elsässischen Brumath mit Investitionen von über 200 Millionen Euro die erste Fabrik des chinesischen Telekommunikationskonzerns Huawei außerhalb von China eröffnet werden. Rund 500 Beschäftigte werden dort technische Bauteile für die 5G-Mobilfunknetze fertigen, obwohl Kommunikationsfirmen in Frankreich, wie in den meisten Ländern der europäischen Union, keine Komponenten von Huawei verwenden dürfen. Man könne ja trotzdem »mit Huawei arbeiten«, so der französische Außenhandelsminister Franck Riester, »nur in strategischen Bereichen, beispielsweise der Telekommunikation, bevorzugen wir europäische Firmen«. Kritiker warnen dennoch, weil die neue Fabrik nicht nur in der Nähe von europäischen Institutionen in Straßburg liegt, unweit von Brumath gibt es auch zahlreiche Einrichtungen des Geheimdienstes der französischen Streitkräfte.

Während die Europäer noch auf der Suche nach einer gemeinsamen Haltung gegenüber China waren, warben die USA schon selbst in Europa um Verbündete in der Auseinandersetzung mit dem Rivalen. Dabei ging es um Milliardensummen, strategische Investitionen in kritische Infrastruktur und um das Ausnutzen der wachsenden Unzufriedenheit über das chinesische Verhalten im Rahmen seiner Seidenstraßenprojekte. Im Herbst 2020 verkündete der amerikanische Botschafter in Rumänien Adrian Zuckerman einen Megadeal. Die USA würden beim Bau zweier neuer Reaktoren des Atomkraftwerks von Cernavodă helfen und gemeinsam mit einem südkoreanischen Unternehmen die Überholung eines der alten Reaktorblöcke realisieren. Wie beim schon beschriebenen Beispiel im Senegal soll die amerikanische EXIM Bank im Auftrag des US-Kongresses »die Finanzierung des Cernavodă-Nuklearprojekts und weiterer Projekte in Rumänien übernehmen«, so steht es in einer entsprechenden Pressemeldung. Der rumänische Energieminister Virgil Popescu feierte die Vereinbarung als »großen Schritt bei der Entwicklung der strategischen Partnerschaft Rumäniens mit den Vereinigten Staaten«. Zusätzlich, so wurde später bekannt, will Amerika auch eine Autobahn und eine Eisenbahnverbindung von Rumäniens Schwarzmeerküste bis zur Ostseeküste Polens bauen.

Eigentlich hatte die chinesische Firma China General Nuclear Power (CGN) im Jahr 2014 als einziger Bieter bei einer Ausschreibung für den Bau der Reaktorblöcke 3 und 4 des Atomkraftwerks in Cernavodă den Zuschlag bekommen, nachdem eine frühere Vereinbarung mit einem Konsortium europäischer Unternehmen geplatzt war. Die Chinesen bestanden auf einem Mindestpreis für den erzeugten Strom, das Risiko sollte also bei Rumänien liegen. Deshalb verständigten sich beide Seiten erst 2019, das Projekt auch wirklich in Angriff zu nehmen. Doch wenige Monate später, im Mai 2020, stieg die Regierung in Bukarest abrupt aus dem Vertrag aus. Washington war es damals gelungen, zahlreiche europäische Länder – darunter auch Rumänien – für ein Verbot jeglicher Zusammenarbeit mit dem chinesischen Huawei-Konzern zu gewinnen. Viele osteuropäische Staaten suchten mit ihrer Beteiligung an dem Boykott die Nähe zu den USA, weil sie schon damals Angst vor der wachsenden Bedrohung durch Wladimir Putins Russland hatten. Ebendieser Angst fiel 2020 dann auch der chinesisch-rumänische Deal für das Atomkraftwerk Cernavodă zum Opfer, denn die neu gewählte rechtskonservative Regierung in Rumänien wollte noch enger mit der Trump-Administration zusammenarbeiten.

Die Finanzgarantie der EXIM Bank über sieben Milliarden Dollar ist allerdings nicht an das Atomkraftwerk gebunden, sondern kann für unterschiedliche Energieformen wie Atomstrom oder Flüssigerdgas sowie für den Ausbau der Infrastruktur des Landes verwendet werden. Mit anderen Worten: Die US-Regierung stellt der rumänischen Regierung Milliardensummen für ihre Vorhaben zur Verfügung, solange sie mit Hilfe von US-Firmen umgesetzt werden. Das wird nicht so einfach, weil nach EU-Recht eine Ausschreibung erfolgen müsste, die auch Firmen anderer Länder für sich entscheiden könnten. Immerhin hatten die Vereinigten Staaten mit ihrem Hilfsangebot den chinesischen Rivalen mit seiner Seidenstraßeninitiative sauber ausgestochen. Rumänien wurde zu einem der wichtigsten Verbündeten in der Ukraine-Krise, während seine Nachbarn Ungarn und Serbien ihre autoritären Freunde hofierten.

9

Zeitenwende: Luftnummer oder neue Chance?

»Unsere einzige Chance ist der Sieg, die Russen aus unserem Land zu werfen. Punkt.« Sie redet schnell, eindringlich; ihre Lippen beben, wenn sie eine Pause macht. Anastasia Radina ist wütend. »Diese Unterscheidung zwischen defensiven und offensiven Waffen ist erniedrigend«, sagt die 37-jährige Frau mit den kurzen blonden Haaren. »Wir brauchen alles, was nötig ist, um diesen Krieg zu gewinnen.« Dann schaut sie auf ihr Handy, das gerade wieder gesummt hat. Eine neue Nachricht von zu Hause? Aus dem Krieg? Wo sind die russischen Raketen jetzt wieder in Kiew eingeschlagen? Geht es ihrer Familie gut?

Auch Ivanna Klympusch-Tsintsadze klingt entschlossen und trotzig: »Wir werden kämpfen, bis zum letzten Menschen, bis zur letzten Patrone. Wir können bestimmt gewinnen, aber wir können es nicht allein.« »Wir haben keine Zeit, diplomatisch zu sein«, ergänzt Maria Ionova, und dann spricht sie die Worte, die bei mir hängen bleiben: »Es geht doch um eine einfache Entscheidung – entweder Öl oder das Leben von Kindern.«

Putins Angriffskrieg in der Ukraine hat all die Theorien vom Kampf zwischen Demokratie und Autoritarismus in die Wirklichkeit geholt und auf ihren Kern heruntergebombt. Es ist nicht irgendetwas, was vielleicht in 10 bis 20 Jahren geschehen könnte, vielleicht eher im fernen Indopazifik. Nein, mitten in Europa im Jahr 2022 ist Krieg. All die Facetten im Wettstreit der Systeme, all die Relativierungen, dass Entwicklung vielleicht ja erst mal wichtiger ist als Freiheit, dass unser wirtschaftlicher Wohlstand Kompromisse bei den Werten erfordert, dass ein Nachgeben gegenüber selbstverliebten Autokraten um des lieben Friedens und der guten Geschäfte willen o. k. ist – all das schrumpft auf diesen einen Satz zusammen: »Öl oder das Leben von Kindern«.

Wir haben durch unser Nichthandeln in Europa nicht den Frieden erhalten, sondern den Krieg ermöglicht. So sehen es die drei Frauen, die mir und einem Dutzend meiner Kollegen an diesem 30. März 2022 gegenübersitzen. Der German Marshall Fund in Washington hat uns zum Kaffee mit den Parlamentarierinnen aus Kiew eingeladen, die etwas zu sagen haben, dringend, erst den Abgeordneten des amerikanischen Kongresses, dann uns Medien und – über uns – den Menschen in Europa und Deutschland.

Ihr Land sei Opfer einer »Beschwichtigungspolitik seit 2014«, so formuliert es Maria und nutzt dabei den Begriff, unter dem das Verhalten Großbritanniens gegenüber dem Hitler-Regime in die Geschichte einging – »Appeasement«. Ihre Kolleginnen rechnen es vor. Geschäfte im Gesamtwert von 1,6 Billionen Dollar, so Anastasia, habe Europa seit Putins letztem Angriff auf die Ukraine 2014 mit Russland gemacht. Seit Beginn der Invasion konnte der Kremlchef 21,5 Milliarden Euro mit seinen Öl- und Gaslieferungen einstreichen.

»Sie finanzieren den Terrorismus«, meint Ivanna. Mit »Sie« meint sie uns Westeuropäer. Von 2016 bis 2019 war sie die stellvertretende Premierministerin der Ukraine. Intensiv hat sie das Verhalten der EU nach dem Überfall russischer Truppen auf die Krim und den Osten ihres Landes im Jahr 2014 verfolgt und ist wütend, dass die Europäische Union jetzt wieder nicht mit einer Stimme spricht. »Ungarn mit Orbáns Politik ist ukrainefeindlich, europafeindlich«, sagt sie.

Ich frage, wie die Menschen in der Ukraine über Deutschland und über die Russlandpolitik der ehemaligen Bundeskanzlerin denken. Ihre Antwort ist eine Mischung aus Anerkennung und Enttäuschung: »Wir sind Merkel dankbar für das Minsker Abkommen. Es hat uns Zeit verschafft, um unsere Streitkräfte und unsere Widerstandsfähigkeit zu stärken. Aber wir hatten den Eindruck, dass alle dann wieder zu ihren Geschäften zurückgekehrt sind.«

Geschäfte, die es Wladimir Putin tatsächlich ermöglicht haben, mit Milliardengewinnen seine Streitkräfte zu modernisieren, Finanzreserven für den Fall von Sanktionen anzulegen und Europa noch abhängiger von russischem Öl und Gas zu machen. All das natürlich, weil viele in Westeuropa dachten, man könne Putin einhegen. Je enger der Handel, desto größer die Chance auf Wandel. Das Gegenteil war der Fall. Wie kamen wir eigentlich darauf, dass es anders sein könnte und würde? Putin war 2008 in Georgien und einen Teil der Republik Moldau einmarschiert, 2014 wurden die Krim und Teile der Ostukraine besetzt; eine Mord- und Anschlagsserie gegen Andersdenkende zog sich von Russland über Berlin bis nach London, Einflussnahme auf Wahlen mithilfe russischer Desinformation und verdeckter Operationen – in den USA, in ganz Europa, auch in Deutschland. Da ist das, was Anastasia Radina sagt, eigentlich ja nur eine logische Konsequenz, keine Abweichung vom Erlebten.

Sie erzählt vom Schrecken und Leid der Opfer, von der Brutalität und Gewissenlosigkeit der Täter. »Sie haben sich abgewechselt beim Vergewaltigen der Frauen, tagelang.« Angesichts dieser Dringlichkeit könnte der Kontrast nicht größer sein zu dem, was die drei Frauen von Politikern – auch in Deutschland – immer wieder hören: »Man sagt uns, dass die Maßnahmen auf dem Tisch liegen, aber das sind noch keine Taten«, so ihre bitteren Worte. »Das hilft uns nicht, wir haben dafür keine Zeit.« Zwei Tage nach unserer Begegnung gelangen die Bilder der massakrierten Menschen in Butscha an die Öffentlichkeit. Und mir fällt ein Satz wieder ein, den auch Ivanna gesagt hat: »Unsere einzige Schuld ist es, dass wir frei sein wollten.«

Neustart für die Bündnisse?

Eigentlich war für dieses Kapitel folgende Überschrift geplant: »Naives Europa: Das Ende von EU und NATO«. Aber dann kam Russlands Angriffskrieg gegen die Ukraine dazwischen. Die große Frage ist nur, ob nun auch wirklich alles anders wird als in den Jahren zuvor. Das jedenfalls erwarteten die Vereinigten Staaten schon vor der Krise des Jahres 2022 – und nun noch viel mehr – von ihren Verbündeten in Europa. Die waren, nicht zuletzt wegen der Bösartigkeiten von Donald Trump, so gespalten, dass die Zukunft ihrer wichtigsten Institutionen gefährdet war. Die Europäische Union und die NATO hatten über Jahrzehnte Frieden, Freiheit und Fortschritt in Europa garantiert; zu Beginn des Jahres 2021 steckte das Militärbündnis in einer tiefen Sinnkrise, die EU zeigte Auflösungserscheinungen wie den Aufstieg eines autoritären Populismus, den britischen Brexit und die Erosion von Rechtsstaatlichkeit und anderen demokratischen Prinzipien in Ländern wie Ungarn und Polen. Bis dahin lief es auch für China ziemlich gut; kein Gipfel, keine Tagung, keine Pressekonferenz, bei der sich das Regime in Peking – trotz all seiner vorsätzlichen Angriffe auf die internationale Ordnung und die universalen Menschenrechte – nicht als glühender Verfechter des Multilateralismus, als stabile Alternative zu den schwächelnden Vertretern einer alten Weltordnung – USA und EU – und als vergleichsweise erfolgreicher Pandemiemanager und verlässlicher Partner für Entwicklungsländer in der Coronakrise präsentierte.

Weil die Zeichen der Zeit aus eigenem Verschulden gegen die westliche Wertegemeinschaft standen, brauchte sie dringend eine Zeitenwende. Eigentlich der völlig falsche Begriff, den sich der deutsche Bundeskanzler in seiner Rede vor dem Deutschen Bundestag zu eigen machte, denn er täuscht vor, dass all das plötzlich über uns gekommen ist und keiner etwas dafür kann. Dabei griff Olaf Scholz mit diesem Wort nach dem gleichen Imperativ, den Angela Merkel schon gemeint hatte, als sie von »alternativlos« sprach. In Wirklichkeit hätte es in den vergangenen zwei Jahrzehnten eine Menge Gelegenheiten gegeben, etwas anders zu machen.

An dieser Stelle reiben sich vermutlich die Putin-Apologeten die Hände. Ja, meinen sie, man hätte Russland viel mehr entgegenkommen, es mehr in die europäische Politik einbinden müssen – und noch mehr in die Wirtschaft. Die NATO sei schuld an allem, mit ihrem unermüdlichen Drang nach Osten. Nur deshalb sei der Krieg ausgebrochen. Und am allerbesten sei es doch, wenn die Ukraine endlich mal ihre Angriffe auf das russische Brudervolk einstelle und akzeptiere, dass der Osten ihres Landes eben verloren ist. Die Ukrainer seien selbst schuld mit ihren zwanghaften Westbindungsillusionen. Sie hätten mal besser gleich aufgeben sollen, als die ersten russischen Panzer über ihre Grenzen rollten.

Wenn Sie diese Sätze für Überzeichnung halten, lesen Sie die offenen Briefe der Putin-Versteher, lauschen Sie ihren Worten in den Talkshows. Sie haben nicht begriffen, dass es genau dieses Appeasement ist, das den Aggressor zu seinem brutalen, menschenverachtenden Angriffskrieg ermächtigt hat und ihn glauben lässt, dass Russland die europäische Ordnung mit Waffengewalt Stück für Stück verändern kann, bis das russische Einflussgebiet wieder bis an die Grenzen des einstigen Warschauer Pakts reicht. Lesen Sie die Vertragsentwürfe, die Putin an die NATO und die USA verschickte.[92] In Artikel 4 heißt es: »Die Russische Föderation und alle Parteien, die zum 27. Mai 1997 Mitgliedsstaaten der NATO waren, sollen keine Streitkräfte und Waffen auf dem Gebiet anderer Staaten in Europa stationieren, die nicht schon am 27. Mai 1997 dort stationiert waren.« Natürlich dürften, so der Artikel 5, keinerlei Raketensysteme so positioniert werden, dass sie das Gebiet anderer Parteien erreichen könnten. Nach Artikel 6 müssten alle Mitgliedsstaaten der NATO davon Abstand nehmen, das Bündnis »weiter auszudehnen, insbesondere durch den Beitritt der Ukraine und anderer Staaten«. Und der Artikel 7 sieht vor, dass »die Mitgliedsstaaten der NATO keinerlei militärische Aktivitäten auf dem Gebiet der Ukraine, anderer Staaten in Osteuropa, im Südkaukasus und in Zentralasien durchführen dürfen«.

Geschichtsfälscher am Werk

Die Putin-Freunde tun alle so, als wären die osteuropäischen Staaten in die NATO zwangsrekrutiert worden. Das ist Geschichtsverfälschung – sie wollten in die NATO, weil sie ihre Erfahrungen mit jahrzehntelanger Unterdrückung unter dem Sowjetregime gemacht hatten und fest davon überzeugt waren, dass von Wladimir Putin exakt dieselbe Gefahr ausgeht. Sie hatten recht. Der Krieg in der Ukraine ist der Beweis dafür, dass ein autoritäres, nationalistisches System mit einem Alleinherrscher an der Spitze, für den der Machterhalt das oberste Ziel ist, eine Bedrohung für seine Nachbarn und – wenn es auch noch über Nuklearwaffen verfügt – für den Rest der Welt ist.

Ideologisch wollen Putin und sein chinesischer Amtskollege Xi Jinping genau das Gleiche: Die Nachkriegsordnung dieser Welt in eine neue Ordnung verwandeln, in der die universalen Werte, Bürger- und Menschenrechte, Rechtsstaatlichkeit und Meinungsfreiheit hinter allem anderen zurückstehen, statt oberste Priorität zu haben. Nicht falsch verstehen: Ich behaupte nicht, dass die liberalen Demokratien diesen Werten immer Vorrang einräumen würden, schon gar nicht, wenn es für das Geschäftemachen und für den wirtschaftlichen Fortschritt hinderlich wäre. Aber trotz all ihrer vielen Unzulänglichkeiten haben die Demokratien in ihrer Entwicklung mehr individuelle Freiheiten ermöglicht als jede andere Regierungsform, weil sie das Streben nach diesen Werten nicht aufgeben.

Für die Kommunistische Partei Chinas gibt es dieses Streben nicht, weil es eine Bedrohung für ihre Macht wäre. Insofern zwingt die Ukraine-Krise Xi zum Schwur, weil er und Putin sich am 4. Februar 2022 mit mehr als 5000 Worten eine »grenzenlose Freundschaft« gelobt hatten. Beide präsentierten sich stolz, entschlossen – ja, sogar ein wenig grinsend – miteinander im Rampenlicht, als der Kremlchef zur Eröffnung der Olympischen Spiele in Peking war. »Hier steht ein neuer Block«, das sollte wohl die Botschaft sein. Ein Bündnis, das auch engste wirtschaftliche Beziehungen umfasst.

China ist mit einem bilateralen Handelsvolumen von 150 Milliarden Dollar im Jahr 2021 Russlands wichtigster Handelspartner. Bei ihrem Gipfel vereinbarten die beiden Staatschefs auch neue Lieferungen von russischem Öl und Gas im Wert von 117 Milliarden Dollar. Putins Energiewirtschaft – allen voran die Gasindustrie – ist entscheidend für Pekings Vorhaben, bis zum Jahr 2060 klimaneutral zu werden. Dafür müssten allerdings die entsprechenden Lieferwege erst noch erschlossen und ausgebaut werden, denn Russlands Energieinfrastruktur ist vor allem nach Westen ausgerichtet. Je mehr Gas Russland aus seinen riesigen Vorkommen an China liefern kann, desto weniger ist es von den Lieferungen nach Westeuropa abhängig. Die Aussicht auf langfristige Deals mit dem guten Freund Xi haben Putin sicher ermutigt, die Verärgerung der europäischen Geschäftspartner durch einen Ukraine-Feldzug zu riskieren, auch wenn er dieses Risiko aufgrund der hohen Abhängigkeit Deutschlands und anderer EU-Staaten von russischer Energie ohnehin nicht besonders hoch eingeschätzt haben mag.

Zum Zeitpunkt des Treffens hatte Wladimir Putin schon all seine Truppen an den Grenzen zur Ukraine aufmarschieren lassen. Seit November hatten die USA über diplomatische und geheimdienstliche Kontakte die chinesische Regierung vor einer möglichen Invasion gewarnt, Peking hatte die amerikanischen Erkenntnisse bezweifelt und als falsche Anschuldigungen zurückgewiesen. Jetzt musste Xi eigentlich wissen, was für ein Signal er an jenem Tag sendete: dass er nicht nur willfähriger Helfer beim Kampf gegen die alte Weltordnung war, sondern sogar Komplize bei Putins völkerrechtswidrigen Verbrechen. Oder er glaubte, dass NATO und EU im Angesicht des drohenden Krieges doch noch einknicken würden. Von staatsmännischer Klugheit zeugt der Pakt mit Putin jedenfalls nicht.

Aus jedem Satz des Pamphlets tropfen die Allmachtsfantasien der beiden Autokraten und ihre Methoden, die Begriffe der liberalen Weltordnung für ihre Zwecke umzudefinieren, ganz besonders in dem Abschnitt 4, in dem die »Freundschaft« zwischen China und Russland betont wird. Hier die wichtigsten Auszüge mit ein paar kleinen Anmerkungen: »Die beiden Seiten unterstreichen, dass Russland und China, als Weltmächte und permanente Mitglieder des UN-Sicherheitsrats, beabsichtigen, sich fest an die moralischen Prinzipien zu halten und ihre Verantwortung zu akzeptieren, kraftvoll für das internationale System mit der zentralen koordinierenden Rolle der Vereinten Nationen in internationalen Angelegenheiten einzutreten, die Weltordnung auf der Basis internationalen Rechts – einschließlich der Zwecke und Prinzipien der Charta der Vereinten Nationen – zu verteidigen, die Multipolarität voranzubringen und die Demokratisierung der internationalen Beziehungen zu fördern, gemeinsam eine noch gedeihlichere, stabilere und gerechtere Welt und eine neue Art von internationalen Beziehungen zu schaffen.«

Da steckt ein Menge Pervertierung drin. »Moralische Prinzipien« bei der Unterdrückung, Verfolgung, Folter und Ermordung von Andersdenkenden? »Internationales Recht« bei der Annexion der Krim und der Militarisierung der Spratly-Inseln? »Multipolarität« und »Demokratisierung« angesichts der Lähmung internationaler Institutionen von der Welthandelsorganisation über die Weltbank und den Währungsfonds bis zu den Vereinten Nationen durch russisch-chinesische Obstruktion? »Gedeihlichere, stabilere, gerechtere Welt« durch Ausbeutung, militärische Drohungen, Korruption und Vetternwirtschaft? »Neue Art von internationalen Beziehungen«, in denen Regierungen per Nötigung und Erpressung in ehrfürchtige Vasallen verwandelt werden sollen?

Im Text heißt es wenig später: »Beide Seiten beabsichtigen, kraftvoll die Ergebnisse des Zweiten Weltkriegs und die existierende Nachkriegsordnung hochzuhalten« – genau die will Putin in diesem Moment zerstören –, »die Autorität der Vereinten Nationen und die Gerechtigkeit in internationalen Angelegenheiten zu verteidigen« –

siehe oben – »und gegen alle Versuche Widerstand zu leisten, die Geschichte des Zweiten Weltkriegs zu leugnen, zu verzerren oder zu fälschen« – genau das aber tat Wladimir Putin wenige Tage später, als er die ukrainische Regierung zum Naziregime erklärte; als hätte das ukrainische Volk nicht mit am schlimmsten unter den Nazis gelitten, als entstammte Präsident Selenskyj nicht einer jüdischen Familie, die selbst Opfer des Naziregimes zu beklagen hatte. »Um einer Wiederholung der Tragödie des Zweiten Weltkriegs vorzubeugen, werden beide Seiten alle Taten scharf verurteilen, die die Verantwortung für Gräueltaten von Nazi-Aggressoren, militaristischen Eindringlingen und deren Komplizen leugnen und die Ehre der siegreichen Länder beschmieren und beflecken.« – Das unterschrieb einer, der zwar nicht als Nazi, aber als »militaristischer Eindringling« wenig später Gräueltaten verüben ließ und damit die Ehre von Mütterchen Russland »beschmierte« – und einer, der sich durch seine Unterschrift zum Mittäter machte.

In der Folge bekennen die »beiden Seiten«, dass sie sich und ihre Länder für die Größten halten: »Sie bekräftigen, dass die zwischenstaatlichen Beziehungen zwischen Russland und China den politischen und militärischen Bündnissen der Kalte-Kriegs-Ära überlegen sind. Die Freundschaft zwischen den zwei Staaten hat keine Grenzen, es gibt keine verbotenen Felder der Zusammenarbeit.« Es ist dieser Schwur von bedingungsloser Treue, der einen Verdacht in den Raum stellt. Wer ihn leistet – unmittelbar vor einem drohenden Krieg, im Angesicht eines Genossen, der besessen ist von revanchistischen, revisionistischen Fantasien und seine Brutalität und Menschenverachtung mit Kriegen und Mordserien bewiesen hat –, der muss den Vorsatz zum Mitmachen gehabt haben, falls es zum Äußersten kommt. Er muss gewusst haben, dass in diesem Fall die gemeinsame Erklärung als gewissenlose Lüge enttarnt würde, insbesondere der folgende Satz: »Die Seiten sind gegen einen Rückfall der internationalen Beziehungen in eine Konfrontation zwischen Großmächten, in der die Schwachen zur Beute der Starken werden.« Was, um Himmels willen, hat sich Xi dabei gedacht, müsste man fragen, wenn man dem chinesischen Präsidenten auch nur einen Hauch von gutem Willen für den Erhalt des Friedens in der Welt zubilligen würde. Aber der Xi-Putin-Pakt beweist eher das Gegenteil – dass China »all-in« war, also den Kremlchef bedingungslos gestützt hätte, wenn dessen mordende Divisionen schneller, also innerhalb weniger Tage, erfolgreich gewesen wären.

Geplatzte Allmachtsfantasien

Doch es kam anders. Zwei Wochen nach Beginn der Invasion hatten sich die russischen Truppen bei ihrem Marsch auf Kiew festgefräst. Die ukrainischen Streitkräfte errangen einen Erfolg nach dem anderen, und die Sanktionen von NATO, EU und G-7 begannen ihre Wirkung auf die russische Wirtschaft und vor allem auch auf die Rüstungsindustrie zu entfalten. Russland wendete sich nach Erkenntnissen der US-Geheimdienste Hilfe suchend an China und bat um militärische Ausrüstung für seine Streitkräfte und wirtschaftliche Unterstützung, um die Sanktionen abzufedern.[93] Moskau hatte keinen Zugriff mehr auf etwa die Hälfte seiner Gold- und Devisenreserven, die sich insgesamt auf 640 Milliarden US-Dollar beliefen. Aber einen Teil des »Notgroschens« hatte Russland in der chinesischen Währung Yuan angelegt. Die Bitte um Unterstützung sollte Peking offenbar auch zu einem klaren Bekenntnis zur vereinbarten »grenzenlosen Freundschaft« zwingen, denn in den Tagen zuvor hatte die chinesische Führung eher einen Eiertanz hingelegt.

Am 25. Februar 2022 enthielt sich China im Weltsicherheitsrat der Vereinten Nationen bei der Abstimmung einer Resolution zur Verurteilung des russischen Einmarschs in die Ukraine. Weitere Enthaltungen kamen von Indien und den Vereinigten Arabischen Emiraten. Russland, das mit seinem Veto die Erklärung stoppte, stand allein. In öffentlichen Äußerungen bedauerte Peking den Konflikt und seine humanitären Folgen, vermied dabei aber zunächst – ganz im Sinne der russischen Freunde – Worte wie »Krieg« und »Invasion« und gab den USA und der NATO Schuld an dem Geschehen. Am 2. März verurteilten 141 von 193 Staaten bei der Generalversammlung der Vereinten Nationen die Aggression Russlands und verlangten einen sofortigen und vollständigen Rückzug der russischen Streitkräfte vom Territorium der Ukraine. China enthielt sich ebenso wie weitere 34 Staaten, darunter Indien, Südafrika und Serbien. An der Seite des weitgehend isolierten Russlands standen nur Weißrussland, Nordkorea, Syrien und Eritrea.

Am 8. März veröffentlichte das chinesische Außenministerium

eine Zusammenfassung der Telefonkonferenz von Xi Jinping mit dem französischen Präsidenten Emmanuel Macron und dem deutschen Bundeskanzler Olaf Scholz. Sie enthielt die offizielle Linie der chinesischen Regierung und erstmals auch das Wort »Krieg«: »Präsident Xi betonte, dass die derzeitige Situation in der Ukraine besorgniserregend ist und die chinesische Seite tief betrübt ist durch den Ausbruch eines neuerlichen Krieges auf dem europäischen Kontinent. China bleibt dabei, dass die Souveränität und territoriale Integrität aller Länder respektiert, die Ziele und Prinzipien der UN-Charta befolgt, die legitimen Sicherheitsbedenken aller Länder ernst genommen und alle Anstrengungen, die einer friedlichen Lösung förderlich sind, unterstützt werden müssen. Die drängende Aufgabe in diesem Moment ist es, zu verhindern, dass die angespannte Situation eskaliert und außer Kontrolle gerät.«

Ein Teil dieser Sätze findet sich wortgleich im Text des Abkommens, das Putin und Xi am 4. Februar geschlossen hatten. Bei seinem Verweis auf die »Souveränität und territoriale Integrität« erwähnt der chinesische Staatschef die Ukraine nicht, als billigte er den Anspruch Putins auf einen Teil oder auch das gesamte ukrainische Staatsgebiet. Wenige Tage später verweigerte China dennoch die Lieferung von Ersatzteilen für russische Flugzeuge, um die Moskau gebeten hatte. Neben der offiziellen Lesart beteiligten sich chinesische Diplomaten, staatliche Medien und regierungsnahe Einrichtungen derweil an der Verbreitung von Verschwörungstheorien, denen zufolge das US-Pentagon Labore zur Entwicklung biologischer und chemischer Waffen in der Ukraine betreibe. Die Führung des Regierungssenders CCTV warnte außerdem die europäischen Staaten davor, die Ukraine mit Waffen zu unterstützen. Die USA hätten ihnen »schon mehrfach Messer in den Rücken gestoßen«, sie sollten nicht die gleichen Fehler begehen, »sich von den Vereinigten Staaten in Gefahren hineinziehen zu lassen«. Trotz allem lief die chinesische Propagandamaschine unrund, wohl wegen einer tief greifenden Verunsicherung in den Führungszirkeln der Kommunistischen Partei.

Xi ist verunsichert

»Die chinesische Führung hat sehr viel in die Partnerschaft mit Russland investiert. Ich rechne auch nicht damit, dass sich das bald ändert«, sagt der Herr mit den weißen Haaren und der leisen, aber klaren Stimme. Der 66-Jährige hat fast die Hälfte seines Lebens im Auswärtigen Dienst der Vereinigten Staaten gedient. Er war Botschafter in Moskau unter George W. Bush und stellvertretender Außenminister unter Barack Obama. Jetzt ist er der Direktor des amerikanischen Geheimdienstes CIA. Bei einer Anhörung vor dem US-Senat am 10. März 2022 analysiert William Burns mit wenigen Worten das Dilemma, in das sich Xi Jinping mit seiner Putin-Nähe hineinmanövriert hatte. »Ich glaube, die chinesische Führung, genauer: Präsident Xi, ist verunsichert von dem, was er sieht. Erstens weil seine eigenen Nachrichtendienste ihm offenbar nicht gesagt haben, was geschehen würde. Zweitens wegen der Rufschädigung für China aufgrund seiner Verbindung zur Hässlichkeit der russischen Aggression in der Ukraine. Drittens wegen der wirtschaftlichen Konsequenzen zu einer Zeit, in der die Wachstumsraten in China, wenn man den Rest dieses Jahres sieht, niedriger sind als in den letzten 30 Jahren.«

Tatsächlich schadet der Krieg in der Ukraine der chinesischen Wirtschaft erheblich, vor allem weil das angegriffene Land als Kornkammer der Welt gilt und China auf die Getreidelieferungen von dort angewiesen ist. Insbesondere Gerste, aber auch ein Drittel der chinesischen Maisimporte stammt aus der Ukraine. Diese liefert auch Eisenerze und technische Komponenten für die Volksbefreiungsarmee, z. B. Motoren für chinesische Kriegsschiffe. Der Krieg könnte zu keiner schlechteren Zeit für Xi Jinping kommen, denn sein Land ist geschwächt von neuerlichen Einschränkungen in der Coronapandemie, von einer schweren Krise in der Immobilienbranche und vom harten Durchgreifen der kommunistischen Führung gegen Technologie- und Finanzunternehmen, die angeblich zu sehr die eigene Profitgier bedient hätten, statt mit ihren Milliardenumsätzen zum Wohl des gesamten Volkes beizutragen. Sie wurden zwangsverpflichtet, hohe Investitionen in die Förderung der Wirtschaft in allen Regionen des Landes zu stecken. Für das Jahr 2022 liegt die Wachstumsprognose mit 5,5 Prozent auf dem niedrigsten Stand seit 1991. Es ist keine gute Ausgangsposition für Xi Jinpings Plan, sich in diesem Herbst, also nach Erscheinen dieses Buches, beim 20. Parteitag der Kommunistischen Partei für eine weitere Amtszeit, vielleicht sogar auf Lebenszeit, als Führer des chinesischen Staates bestätigen zu lassen.

Auch militärisch ist das Geschehen in Europa eine Warnung für das Regime in Peking, weil eine vermeintliche Überlegenheit der eigenen Streitkräfte noch lange nicht bedeutet, dass eine Invasion schnell, weitgehend verlustfrei und erfolgreich verläuft. Aufgrund der beeindruckenden Inkompetenz Russlands, Armee, Luftwaffe und Marine eng miteinander zu koordinieren, verstärkt die Volksbefreiungsarmee nun ihre Übungen für die Kooperation auf dem Schlachtfeld.[94] Die russischen Defizite bei Nachschub und Logistik sowie bei der Kampfmoral der Soldaten lösen in China Zweifel aus, ob die eigenen Streitkräfte absehbar stark genug sein werden, um der geballten Militärmacht der Vereinigten Staaten und seiner Verbündeten standzuhalten, wenn es zu einem Konflikt kommt. Angesichts der massiven Schwierigkeiten des russischen Militärs gegenüber einer entschlossenen, gut ausgebildeten und in den letzten Jahren auch immer besser ausgerüsteten ukrainischen Armee, muss Peking seine Pläne für einen möglichen Einmarsch in Taiwan gut durchdenken. Der Preis dafür könnte ebenfalls extrem hoch sein, denn die taiwanesischen Streitkräfte sind gut ausgestattet, und die westlichen Staaten werden als Lehre aus dem Krieg auch Taiwan – ähnlich wie die Ukraine – in den kommenden Jahren mit Waffen und Munition noch weiter aufrüsten.

China könnte deshalb ein Interesse daran haben, eine Invasion eher früher als später zu befehlen, aber ein entscheidender Faktor könnte Xi Jinping davon abschrecken. CIA-Chef Burns hatte es bei der Anhörung im März auf den Punkt gebracht: »Xi ist wahrscheinlich auch ein Stück verunsichert, wenn er sich anschaut, wie Präsident Putin die Amerikaner und die Europäer enger zusammengebracht und die transatlantische Allianz gestärkt hat – auf eine Art, die man sich vor Beginn der Invasion schwerlich vorstellen konnte. Ich glaube, die Chinesen schauen auf Europa nicht nur als Markt, sondern auch als ein Spieler, mit dem sie eine unabhängige Beziehung pflegen können, während sie gleichzeitig nach Wegen suchen, wie sie Keile zwischen uns und unsere europäischen Verbündeten treiben können. Und Präsident Putin hat es erfolgreich geschafft, das umso unwahrscheinlicher zu machen.«

So ist es. Die russische Aggression hat einen entscheidenden Faktor in Xis Rechnung verändert. Die vermeintliche Schwäche der westlichen Wertegemeinschaft ist – zumindest vorerst – einer neuen Entschlossenheit und Geschlossenheit gewichen, und das hatte offenbar auch Wirkung innerhalb des chinesischen Machtapparats.

Kritik von innen

»China sollte sich nicht in Putins Joch begeben und muss sich, so schnell es kann, von ihm lösen«, schrieb ein Herr Hu Mitte März in einem Artikel, der sich wie ein Lauffeuer im Internet verbreitete, bevor er der Zensur zum Opfer fiel.[95] Denn Herr Hu ist ein Mann mit einer wichtigen Funktion und einem langen Titel: Stellvertretender Vorsitzender des Forschungszentrums für öffentliche Politik beim Staatsrat der Volksrepublik China. Letzteres ist nichts anderes als die chinesische Regierung, und deren offizieller Linie widersprach Hu Wei.

»Russlands ›militärische Spezialoperation‹ gegen die Ukraine hat in China eine große Kontroverse ausgelöst«, so Hu in der Einleitung seines Papiers. »Die Unterstützer und Gegner sind in zwei unerbittlich zerstrittene Seiten gespalten.« Die Worte sind ein Affront sondergleichen gegenüber der Führung, die doch die Kommunistische Partei gern als Schöpferin höchster Harmonie im Land darstellt. Hu argumentiert, dass Putins geplanter »Blitzkrieg gescheitert ist« und Russland mit seinem Angriff einen »unumkehrbaren Fehler begangen hat«. In erstaunlichen Details beschreibt der regierungsnahe Professor, wie es mit höchster Wahrscheinlichkeit weitergehen werde, und liegt mit seinen Prognosen sehr eng an dem, was in den Folgewochen dann tatsächlich geschah. Putin werde seine Ziele nicht erreichen, gleichzeitig aber einen extrem hohen Preis bezahlen. Es sei sehr wahrscheinlich, dass er »aufgrund seines Charakters und seiner Macht dennoch nicht aufgibt«. Selbst wenn Russland Geländegewinne erziele, werde es diese nicht halten können, und die russische Wirtschaft werde aufgrund der Sanktionen in den Abgrund gezogen. Es drohe ein politischer Umsturz und der Untergang Russlands als Großmacht.

Hu sieht die westliche Allianz als großen Sieger, ein geschlossenes Europa an der Seite der USA, mit neuen NATO-Mitgliedern wie Schweden und Finnland. Deutschland werde seinen »Militärhaushalt enorm erhöhen« und gemeinsam mit dem Rest Europas die Energieabhängigkeit von Russland beenden. Infolgedessen, so der Wissenschaftler, werde es einen neuen »Eisernen Vorhang« geben. »Dieser würde nicht nur von der Ostsee bis zum Schwarzen Meer reichen, sondern er werde bis zur finalen Auseinandersetzung zwischen dem westlich dominierten Lager und seinen Rivalen führen. Der Westen wird die Linie zwischen Demokratien und autoritären Staaten ziehen und den Konflikt mit Russland als Kampf zwischen Demokratie und Diktatur definieren. Der neue Eiserne Vorhang wird nicht länger zwischen den beiden Lagern des Sozialismus und Kapitalismus gezogen, noch wird es auf einen kalten Krieg beschränkt sein. Es wird eine Schlacht auf Leben und Tod zwischen denen, die für die westliche Demokratie sind, und denen die gegen sie sind.«

Aus alldem leitet Hu eine strategische Empfehlung für die chinesische Regierung ab: »China kann nur vorangehen, indem es in seinem besten Interesse handelt, das kleinere von zwei Übeln wählt und sich der Bürde Russlands so bald wie möglich entledigt.« Dafür gebe es nur noch ein kleines Zeitfenster, deshalb müsse China »entschieden handeln«, auch weil es immer den »Respekt für nationale Souveränität und territoriale Integrität« gefordert habe. »Es kann eine weitere Isolation nur vermeiden, wenn es auf der Seite der Mehrheit der Länder dieser Welt steht. Diese Position ist auch für die Lösung der Taiwan-Frage förderlich.« Es gehe nun darum, um jeden Preis die Vereinigten Staaten und den Westen daran zu hindern, Sanktionen gegen China zu verhängen.

Abschließend zeichnet Hu ein rosiges Bild von den Vorteilen, die Chinas klare und harte Abkehr von Russland haben werde: »Um Chinas Rolle als verantwortliche Großmacht zu demonstrieren, darf China nicht nur nicht an der Seite Putins stehen, sondern sollte konkrete Schritte unternehmen, um Putins mögliche Abenteuer zu verhindern. China hat als einziges Land der Welt diese Fähigkeit und muss diesen Vorteil voll ausspielen. Wenn China Putin die Unterstützung verweigert, wird das höchstwahrscheinlich den Krieg beenden oder von einer Eskalation abschrecken. Im Ergebnis wird China breites internationales Lob ernten, weil es den Weltfrieden erhalten hat. Das könnte China helfen, die Isolation zu verhindern und eine Gelegenheit zu finden, seine Beziehungen mit den USA und dem Westen zu verbessern.«

Rote Linien aus Amerika

Die Zensoren mögen die Strategieschrift von Hu Wei gelöscht haben, sie ist dennoch in der Welt und wird zum Maßstab, an dem sich das Handeln des chinesischen Präsidenten Xi Jinping messen lassen muss, zumal sich auch andere Stimmen in China, besonders aus dem wissenschaftlichen Bereich, kritisch äußerten.[96] Wenn Xi durch sein Taktieren all jene negativen Konsequenzen befeuert, vor denen Hu gewarnt hat, könnte dies seinen Machtanspruch als Führer der Kommunistischen Partei Chinas langfristig untergraben.

Genau in diese Kerbe schlug die amerikanische Regierung mit einem diplomatischen Zwischenspurt. Am 14. März traf sich der Nationale Sicherheitsberater Jake Sullivan mit dem Außenpolitikchef der Kommunistischen Partei Yang Jiechi in Rom. Mit Jiechi hatten er und US-Außenminister Blinken sich ja genau ein Jahr zuvor in Anchorage einen knallharten, offenen und ehrlichen Schlagabtausch geliefert. Auch diesmal, so erfuhren wir in einem anschließenden Hintergrundgespräch, seien klare Worte gefallen. »Wir haben tiefe Sorge über Chinas derzeitige Unterstützung für Russland. Der Nationale Sicherheitsberater war sehr direkt in Bezug auf diese Bedenken und die möglichen Erweiterungen und Konsequenzen bestimmter Aktivitäten.« Man habe besprochen, wie man »das strategische Risiko steuern kann«, um zu verhindern, dass »der Wettbewerb unserer beiden Länder in einen Konflikt ausufert«.

Zu diesem Zeitpunkt arbeiteten Russland und China an der Weiterentwicklung ihrer jeweiligen Systeme für die Abwicklung von nationalem und internationalem Zahlungsverkehr. Eine Vernetzung miteinander könnte Russland helfen, die Sanktionen gegen sein Bankensystem und den Ausschluss aus dem internationalen Transfersystem SWIFT abzufedern.[97]

Wenige Tage später, am 18. März, wurde Präsident Biden in einem Telefonat mit seinem chinesischen Amtskollegen Xi noch deutlicher, wie wir danach in einem weiteren Hintergrundgespräch erfuhren.

Die beiden hätten über die »Implikationen der Krise« für die gegenseitigen Beziehungen und die internationale Ordnung gesprochen. »Präsident Biden machte die Konsequenzen deutlich, wenn China Russland substanzielle Unterstützung geben würde, während es seinen brutalen Krieg in der Ukraine führt.« Dies werde nicht nur Folgen für Chinas Verhältnis zu den USA, sondern auch zum Rest der Welt haben. Biden habe Xi auch davor gewarnt, die russische Desinformation zu angeblichen Waffen in der Ukraine zu verstärken. Gleichzeitig bekräftigte der US-Präsident aber die amerikanische Position zu Taiwan, mit anderen Worten, die weitere Gültigkeit der Ein-China-Politik, fügte allerdings noch eine deutliche Warnung hinzu. Biden habe, so der Regierungsberater, »Pekings nötigende und provokative Aktivitäten« gegenüber Taiwan kritisiert und klargemacht, »dass wir gegen jede Art von unilateraler Veränderung des Status quo in der Straße von Taiwan sind.«

Natürlich weigerte sich der Regierungsvertreter im Hintergrundgespräch, Details über die möglichen »Konsequenzen« für China preiszugeben. Tatsächlich hatte der Präsident beim Austausch mit Xi auch gar keine Details genannt. Biden wollte nicht, das Peking genau kalkulieren könnte, wie hoch der Preis wäre, wenn es Russland helfen würde. Aber natürlich ging es um sogenannte sekundäre Sanktionen – also Zwangsmaßnahmen, die sich gegen all jene Staaten, Firmen und Personen richten würden, die Russland dabei helfen, die ursprünglichen Sanktionen zu unterlaufen. Solch ein Vorgehen gegen China würde dramatische Folgen für die Wirtschaft des Landes haben, aber natürlich auch den USA und Europa schaden. Zu diesem Zeitpunkt waren die sekundären Sanktionen schon deshalb keine Option, weil Europa ja größtenteils selbst mit Milliardensummen für die russischen Öl- und Gaslieferungen weiter Putins Kriegsmaschinerie unterstützte. Erst nach dem Stopp dieser Zahlungen wären entsprechende Sanktionen gegen China und andere Staaten möglich.

»Ich glaube, die Biden-Administration meint das sehr ernst«, sagte mir der ehemalige Kommandeur der US-Armee in Europa, Ben Hodges, in einem Gespräch Mitte März. »Es würde die chinesische Wirtschaft extrem schwer stören und natürlich auch uns treffen. Aber der Präsident ist dazu bereit.« Hodges sah Anzeichen, dass die Drohungen in Peking angekommen waren. China habe erst behauptet, es sei gar kein Hilfeersuchen aus Russland eingetroffen; jetzt heiße es, es werde geprüft. »China muss sich entscheiden, ob es sich an eine Leiche fesseln will. Es braucht russisches Gas, und es braucht Zugang zur Arktis. Aber wie sehr wollen sie wirklich mit dem verbündet sein, was am Ende von einem starken Russland noch übrig ist?« Nicht nur China, auch andere Länder der Welt mit Hang zum Autoritarismus müssten eigentlich ins Grübeln kommen.

»Wir nähern uns einer sehr gefährlichen Welt, in der der Autoritarismus anschwillt«, sagte mir Alexander Vindman, der im Nationalen Sicherheitsrat der Trump-Administration für Osteuropa zuständig war. Der Ausgang der Ukraine-Krise entscheide auch über die Frage, ob das Recht auf »Souveränität und territoriale Integrität« weiterhin gelten soll. Wenn ja, also wenn Russland sich nicht durchsetzen könne, dann stehe »der Autoritarismus am Abgrund, und Russland ist durch eigene Hand geschwächt. China wäre weniger provokativ, würde sich zweimal überlegen, ob es die liberale Weltordnung zerstört und Taiwan angreift. Und die anderen autoritären Systeme würden begreifen, dass es ernste Folgen hat.« Deshalb, so Vindman und Hodges, müsse man die Ukraine mit allen Mitteln unterstützen, und auch die europäischen Partner müssten geschlossen dem Autoritarismus entgegentreten, wo und wie immer er sich zeige. Aber sind die Europäer dazu bereit und in der Lage? Die Ukraine-Krise wirkte offenbar auch in dieser Frage als Katalysator.

Der Fall Litauen

»Es steht mir als Außenminister nicht zu, die Außenpolitik eines anderen Landes zu kommentieren, insbesondere eines befreundeten Landes«, sagt Joseph Wu, und man merkt dem Taiwanesen an, dass ihn meine Frage, ob Europa und Deutschland China zu naiv gegenübertreten, umtreibt. »Wir hoffen, dass alle aufwachen. Die Ausbreitung des Autoritarismus findet nicht nur im Indopazifik statt. Jetzt haben sie Litauen im Visier, üben Druck auf Deutschland und deutsche Unternehmen aus.«

Litauen hatte im November 2021 gewagt, der Regierung von Taiwan eine offizielle Vertretung mit dem Titel »Büro des Taiwanesischen Repräsentanten« – wohlgemerkt nicht »Botschaft« – in seiner Hauptstadt Vilnius anzubieten. Die kommunistische Führung in China war empört, weil sie Taiwan als Teil ihres Reichs ansieht. Also drohte Peking dem kleinen baltischen Land mit wirtschaftlichen Konsequenzen. Da der direkte Handel mit Litauen überschaubar ist – nur 0,7 Prozent der Exporte gehen nach China – richtete Peking seine Drohungen auch unmittelbar an ein Dutzend deutscher und französischer Unternehmen, die in dem baltischen Land Produktionsstätten unterhalten oder dort Handel treiben. Der deutsche Autozulieferer Continental, der vor Ort Elektronikkomponenten herstellen lässt und rund 90 Millionen Euro investiert, wurde aufgefordert, seine Aktivitäten mit und in Litauen einzustellen, wenn er weiter Geschäfte in China machen wolle. China bestreitet die Drohungen.

In unserem Gespräch im Januar 2022 redet sich der taiwanesische Außenminister in Rage. »Ich habe eine Botschaft von einem deutschen Pastor«, sagt Joseph Wu und zitiert dann die berühmten Worte von Pastor Martin Niemöller. Der protestantische Theologe war einst ein glühender Anhänger des Dritten Reiches, bevor er zu einem entschiedenen Gegner des Hitler-Regimes wurde: »Als die Nazis die Kommunisten holten, habe ich geschwiegen; ich war ja kein Kommunist. Als sie die Gewerkschaftler holten, habe ich geschwiegen; ich war ja kein Gewerkschaftler. Als sie die Juden holten, habe ich geschwiegen; ich war ja kein Jude. Als sie mich holten, gab es keinen mehr, der protestieren konnte.« Genau das geschehe auch heute, meint Joseph Wu. Der Autoritarismus richte sich gegen Taiwan und andere Länder in Ostasien. »Jetzt drohen sie Litauen, drohen Deutschland und deutschen Firmen. Deshalb müssen wir die Stimme erheben und handeln, um den Autoritarismus daran zu hindern, sich weiter auszubreiten. Schließlich glauben wir an Demokratie und Freiheit, und wir müssen unsere Werte verteidigen.«

Das kleine Litauen traute sich. Aus Prinzip. Das Büro Taiwans in Vilnius ist eröffnet. Vorher hatte die litauische Regierung schon Corona-Impfstoffe nach Taiwan geliefert, eine Parlamentsanhörung zum Völkermord an den Uiguren abgehalten und die EU aufgefordert, nur noch gemeinsam mit China zu sprechen. Litauen versuche, »mit seinem Alleingang die Beziehungen zwischen der EU und China als Geisel zu nehmen«, so der Sprecher des chinesischen Außenministeriums Zhao Lijian im Januar 2022. Das kommunistische Regime strich Litauen aus der offiziellen Zolldatenbank, sodass keine Waren aus dem baltischen Land nach China geliefert werden können. Die Europäische Kommission forderte, »diese nicht akzeptablen Praktiken rückgängig zu machen«, und reichte später vor der Welthandelsorganisation Klage ein. Die Regierungen der USA und Taiwans haben Litauen Unterstützung zugesagt. Ein anderes kleines EU-Land – Slowenien – will nun seine Beziehungen zu Taiwan ausbauen. Und Deutschland?

Außenminister Wu richtet in unserem Gespräch »an unsere deutschen Freunde« einen Vorschlag: »Wenn sie glauben, dass ihre Wirtschaftsbeziehungen mit China jetzt schon zu eng sind, dann sollten sie sich klarmachen, dass China vielleicht ja auch von deutschem Kapital, von deutscher Technologie und vom deutschen Markt abhängig ist. Wenn es auf Prinzipien ankommt, müssen wir klar zu unseren Prinzipien stehen.« Die wirtschaftlichen Abhängigkeiten als Werkzeug benutzen, dazu schienen Deutschland, Frankreich und andere EU-Staaten bereit. Bei einem Treffen der Außenminister im französischen Brest am 13. Januar 2022 stand der Handelsstreit um Litauen mit folgenden Worten auf der Tagesordnung: »Chinas Einstellung gegenüber bestimmten Mitgliedsstaaten der Union, die großen politischen, ökonomischen und wirtschaftlichen Druck erfahren.« Die neue Bundesaußenministerin Annalena Baerbock ließ vor den Beratungen wissen: »Wenn Europa einen gemeinsamen Kurs fährt und geschlossen auftritt, ist es ein Schwergewicht – agiert es dagegen gespalten, kämpft es unter seiner Gewichtsklasse.«

Den Worten folgten Taten, erstmals seit Langem auch ohne den Widerstand Ungarns. Die 27 Außenminister beschlossen, Wirtschaftssanktionen gegen ein EU-Land künftig als Angriff auf den Europäischen Binnenmarkt zu verstehen und mit entsprechenden Gegensanktionen der gesamten EU zu reagieren. Ein dafür notwendiger Gesetzentwurf nennt die »wirtschaftliche Nötigung« eines Landes als Auslöser für die Maßnahmen. Sind die Kriterien erfüllt, kann die EU-Kommission handeln, ohne dass ein Mitgliedsland das Vorgehen per Veto verhindern könnte. Damit liefe jeder Versuch Chinas oder anderer Staaten ins Leere, wenigstens einen Abweichler zu einer Blockade zu bewegen – sei es durch Schmeicheleien, sei es durch politischen oder wirtschaftlichen Druck. Die grundsätzliche Entscheidung, bestätigt auf der Ebene der Regierungschefs, fiel schon vor dem Einmarsch Russlands in der Ukraine, aber dennoch unter dem Eindruck des Abkommens, das Wladimir Putin und Xi

Jinping zum Auftakt der Olympischen Spiele in Peking unterzeichnet hatten.

Beim EU-China-Gipfel Anfang April 2022 verlangte die Europäische Union von der chinesischen Führung, die Zwangsmaßnahmen gegen Litauen sofort aufzuheben. Wenige Wochen später beschloss die Kommission, dass der baltische Staat jenen Unternehmen, die von »diskriminierenden Handelsbeschränkungen« Chinas betroffen sind, zinsgünstige Darlehen von bis zu fünf Millionen Euro anbieten darf. Insgesamt können Kredite im Gesamtvolumen von 130 Millionen Euro vergeben werden.

Die Unterstützung für Litauen markierte einen Meilenstein im Umdenken Europas in Bezug auf den Umgang mit dem autoritären China. Überhaupt zeigte die Europäische Union den Gesprächspartnern beim Gipfel unter dem Eindruck der russischen Aggression und der chinesischen Zurückhaltung gegenüber Putin erstmals offen und kompromisslos die kalte Schulter. Das große Handelsabkommen, das schon wegen der Bürger- und Menschenrechtsverletzungen in China auf Eis gelegt worden war, blieb weiter eingefroren – ein Schlag auch für die chinesische Wirtschaft.

Wende mit Hindernissen

»Das zeigt die Sorge der Europäer über Chinas Aggression und Anmaßung im Indopazifik, aber auch darüber, wie weitgehend Peking Russlands Aggression in der Ukraine ermächtigt und unterstützt hat«, meint der Staatssekretär im US-Verteidigungsministerium Ely Ratner. Er gilt als der Architekt der Chinapolitik innerhalb der Biden-Administration. Die Ukraine-Krise, so Ratner im April 2022 bei einer Tagung in der Nähe von Washington, sei eine »sehr wichtige Lehre« für Xi Jinping. Weil die Wirtschaft Chinas »in sehr schlechtem Zustand« sei, müsse Xi vor allem geschockt sein, welche massiven Sanktionen gegen Russland verhängt wurden. »Mit diesem Ausmaß an wirtschaftlicher Bestrafung und Kosten für aggressive Handlungen rechnen zu müssen, das würde wohl niemand klugerweise riskieren, wenn die eigene Wirtschaft sich eh schon solch unglaublichen Problemen gegenübersieht«, so Ratner. Es sei auch ein schwerer Schlag gegen Xis Ambitionen auf eine Vorherrschaft im Indopazifik und anderen Teilen der Welt. »Es ist unglaublich ermutigend, in welchem Ausmaß die NATO wieder zusammengefunden hat, nicht nur in der Russlandfrage, sondern auch in Bezug auf die regelbasierte Ordnung und die Bedeutung der Beziehungen mit den Vereinigten Staaten.« Seine Worte treffen allerdings nicht auf alle NATO-Partner zu, denn einer sieht sich weiter als treuer Freund von Wladimir Putin und Xi Jinping – der illiberale Demokrat aus Budapest.

Am 1. Februar 2022 empfing Putin den ungarischen Premierminister Viktor Orbán, der angeblich im Ukraine-Konflikt vermitteln wollte. Stattdessen holte sich Orbán in Moskau die Zusage für eine zusätzliche Lieferung von einer Milliarde Kubikmeter Gas aus Russland. Als der Krieg ausbrach, verweigerte Orbán jede Art von Waffenlieferungen der NATO über ungarisches Territorium und ließ im Wahlkampf über parteinahe Medien verbreiten, dass die Opposition einen geheimen Deal mit dem ukrainischen Präsidenten gemacht habe, Waffen zu liefern, sollte sie die Wahl im April gewinnen. Obwohl die ukrainische Regierung und Orbáns Wahlkampfgegner dementierten, legte er in einem Interview nach: »Wenn die Linke gewinnt, würden sofort Waffenlieferungen beginnen, und Ungarn würde in den Krieg eintreten.« Auf Facebook ergänzte er: »Die Linke bietet Blut statt Öl. Wer die Linke wählt, wählt den Krieg. Wir wollen Frieden!«

Orbán verweigerte als einziger EU-Regierungschef die militärische Unterstützung der Ukraine und stellte sich gegen die Ausweitung der Sanktionen auf die russische Öl- und Gasindustrie. Die regierungsnahen Medien verbreiteten Putin-freundliche Propaganda. Bei der Wahl am 3. April errang die Fidesz-Partei zwei Drittel der Sitze im Parlament, aber für den notorischen Bremser innerhalb der Europäischen Union, der mit einem Autoritarismus à la China liebäugelt, wurde es danach trotzdem ernst – endlich. Ende April 2022 startete die EU-Kommission das sogenannte Rechtsstaatlichkeitsverfahren gegen Ungarn, wie die stellvertretende Kommissionspräsidentin Věra Jourová per Twitter mitteilte: »Heute schicken wir einen Brief über die formelle Aktivierung des Haushaltsvorbehalts an Ungarn. Wir haben Punkte identifiziert, die einen Bruch der Rechtsstaatlichkeit in Ungarn darstellen und den EU-Haushalt beeinflussen könnten. Ungarn muss auf unsere Sorgen antworten und Vorschläge zur Abhilfe machen.« Bei den Vorwürfen ging es unter anderem um systemische Unregelmäßigkeiten bei der Vergabe öffentlicher Aufträge, das Wegschauen bei Korruptionsfällen und die fehlende Zusammenarbeit mit dem Europäischen Amt für Betrugsbekämpfung.

Der Europäische Gerichtshof hatte im Februar 2022 die Einwände von Polen und Ungarn gegen den Sanktionsmechanismus aus der Haushaltsvereinbarung zurückgewiesen. Aber die EU-Kommission zögerte noch, weil sie sich nicht die Einflussnahme auf die Wahl in Ungarn vorwerfen lassen wollte. Doch Russlands Angriffskrieg sorgte für eine neue Entschlossenheit der EU, sich auch von Viktor Orbán nicht weiter nötigen zu lassen. Zwei Monate sollte seine Regierung für ihre Antwort auf die Klage Zeit haben. Die EU-Kommission muss dann entscheiden, ob sie beim Europarat eine Einschränkung oder den Stopp von EU-Mitteln für Ungarn beantragt. Wenn mindestens 15 der 27 Mitgliedsländer mit mindestens 65 Prozent der Bevölkerung zustimmen, tritt die Maßnahme in Kraft.

Der Streit mitten in der Ukraine-Krise trieb gleichzeitig einen Keil zwischen Polen und Ungarn, die sich über viele Jahre bei ihrem Marsch in den Autoritarismus gegen den Protest der anderen EU-Staaten gegenseitig den Rücken gestärkt hatten. Polen sieht in Putin und Russland eine existenzielle Bedrohung und unterstützt den Kampf der ukrainischen Nachbarn mit allen verfügbaren Mitteln. Mit dem Verfahren gegen Ungarn muss die polnische Regierung nun ebenfalls Farbe bekennen; sie hat eine Chance, sich auf Grundprinzipien von Demokratie und Rechtsstaatlichkeit zurückzubesinnen. Tut sie es nicht, verhindert sie Sanktionen gegen Ungarn, wäre das ein schwerer Schlag gegen die Geschlossenheit der Europäischen Union im größten Konflikt seit dem Zweiten Weltkrieg.

Das hat indirekt auch große Bedeutung für China. Wie beschrieben, drohen dem Regime in Peking eigentlich nur dann sekundäre Sanktionen mit den entsprechenden Folgewirkungen, wenn Europa konsequent aus den russischen Öl- und Gaslieferungen aussteigt. Dies aber versuchte Viktor Orbán mit allen Mitteln zu verhindern. Im Mai kündigte er das Veto Ungarns gegen den Plan der anderen EU-Mitgliedsstaaten an. Er und sein Außenminister Péter Szijjártó vergriffen sich einmal mehr in der Wortwahl und bezeichneten den Vorschlag aus Brüssel als »Atombombe, die auf die ungarische Wirtschaft abgeworfen wird«. Alles sah danach aus, als wollte Orbán einmal mehr einen Deal machen: Zustimmung zum Ölembargo nur dann, wenn die EU das Rechtsstaatlichkeitsverfahren gegen Ungarn einstellt. Nötigung nach Art der chinesischen Regierung mitten in Europa.

China eiert weiter

Die chinesische Regierung sendete derweil weiter gemischte Signale in die Welt. Kurz nach Bekanntwerden der Gräueltaten von Butscha verurteilte sie das Geschehen in einer Sitzung des Weltsicherheitsrates am 5. April 2022 mit den Worten: »Angriffe auf Zivilisten sind inakzeptabel und dürfen nicht geschehen.« Die Berichte und Bilder seien »verstörend«. Die Umstände und Ursachen müssten »verifiziert« werden und alle Anschuldigungen »auf Fakten basieren, bevor Schlussfolgerungen gezogen werden«. Bis dahin müsse man sich zurückhalten und »unbegründete Anschuldigungen vermeiden«.

Zwei Tage danach stimmte China in der Vollversammlung der Vereinten Nationen mit 23 anderen Staaten gegen den Rauswurf Russlands aus dem UN-Rat für Menschenrechte. 93 Länder stimmten dafür, 54 enthielten sich. Der chinesische Botschafter Zhang Jun klagte: »So mit den Mitgliedern des Menschenrechtsrats umzugehen schafft einen gefährlichen Präzedenzfall, verschärft die Konfrontation im Bereich der Menschenrechte, hat große Auswirkungen auf das UN-Führungssystem und produziert ernste Konsequenzen.« Die einzige sichtbare Konsequenz war die weitere Isolierung der chinesischen Regierung, vor der ihr eigener Berater, Professor Hu Wei, ja ausdrücklich gewarnt hatte. Peking schob zwar die Prüfung der russischen Bitten um militärische Unterstützung auf die lange Bank, lieferte aber dann hochmoderne chinesische Flugabwehrsysteme vom Typ HQ-22 an Serbien, das sich offenbar weiter als Verbündeter Russlands sieht. Die Waffen kamen an Bord von 20 Transportflugzeugen, die im Verbund über NATO-Länder hinweg nach Belgrad flogen – eine Demonstration chinesischer Militärmacht mitten in einem Krieg auf dem europäischen Kontinent.

»China versucht, beide Seiten zu bedienen«, so der tschechische Außenminister Jan Lipavský. In einem Interview mit der *Washington Post* kritisierte er Ende April 2022 Chinas Gerede von einer angeblichen Neutralität.[98] In der Propaganda gegenüber der eigenen Bevölkerung verbreite die Kommunistische Partei immer nur Putins Narrativ, Russland verteidige sich gegen die Expansionspolitik der NATO. »Wir in der Tschechischen Republik verfolgen die chinesische Position zur russischen Aggression in der Ukraine sehr genau und signalisieren ihnen sehr klar: Wenn China Russland noch mehr unterstützt, wird das die europäisch-chinesischen Beziehungen ernsthaft beschädigen.«

Das sind Töne gegenüber China, die unter der alten Führungsclique in Prag nicht vorstellbar gewesen wären. Aber in Tschechien ist angesichts der Bedrohung durch Russland und der Hunderttausenden von ukrainischen Kriegsflüchtlingen im Land ein Umdenken im Gange. Der 36-jährige Lipavský gehört der neuen Regierung von Premierminister Petr Fiala an, die für eine ausdrücklich wertebasierte Außenpolitik eintritt. Sie liegt also ganz auf der Linie der Biden-Administration, unterstützt Taiwan aus voller Überzeugung, sieht Chinas wirtschaftlichen Einfluss in Europa auf dem absteigenden Ast und fordert, dass sich Europa geschlossen gegen den Autoritarismus stellt, auch wenn es Nachteile für die eigene Wirtschaft mit sich bringt. »Die Lehre ist, dass wir in der westlichen Gesellschaft unsere Verteidigungsfähigkeit ausbauen müssen, und wir müssen einen Weg finden, dies unseren Völkern zu erklären, weil Kosten mit alldem verbunden sind«, so Lipavský. Und dann klingt er genauso wie der taiwanesische Außenminister Wu in unserem Gespräch und der amerikanische Präsident Biden bei seiner Rede im Warschauer Königsschloss: »Wir kämpfen für das Überleben der internationalen Ordnung und der Werte, auf denen diese Ordnung gebaut ist.«

Aus genau diesem Grund unterstützte die Regierung in Prag – anders als die in Budapest – den Stopp von Energielieferungen aus Russland, auch wenn sie bei der Europäischen Union gleichzeitig um Aufschub für zwei bis drei Jahre bat. Das hatte einen einfachen Grund: Um das russische Öl zu ersetzen, ist Tschechien auf den Ausbau der Transalpinen Ölleitung (TAL) angewiesen, die vom italienischen Hafen Triest über Ingolstadt nach Karlsruhe führt. Die Baumaßnahmen bräuchten mehrere Jahre. Falls die Öllieferungen aus Russland vorher eingestellt würden, ginge es nur mit der Solidarität der EU-Mitgliedsstaaten – mit anderen Worten Einschränkungen für die Bevölkerung aller Partnerländer.

Das wirft auch für Deutschland große Fragen auf. Sind die Deutschen bereit, Opfer zu bringen für die von der Bundesregierung postulierte Zeitenwende? Folgen der Ankündigung des Kanzlers von Ende Februar 2022 dann auch wirklich die notwendigen Taten? Ist die klare Kante gegenüber Putin und seinem Autoritarismus auch Vorbild für einen neuen, konsequenten Umgang der Bundesrepublik Deutschland mit Xi Jinping und der Kommunistischen Partei Chinas? Sind Bürger- und Menschenrechte dauerhaft wichtiger als gute Geschäfte mit autoritären Regimen?

Klare Kante gegen Putin?

»Trotz all der Beweise, die wir weitergegeben haben, haben uns die Europäer nicht geglaubt«, sagte mir ein hochrangiges Mitglied der US-Regierung im März 2022. Wir sprachen über die Geheimdienstinformationen, die amerikanische Stellen wenige Monate zuvor mit den europäischen Verbündeten geteilt hatten, darunter Einzelheiten über den russischen Aufmarsch an der ukrainischen Grenze, Berichte von Informanten in Russland, abgehörte Kommunikation und interne Dokumente aus dem politischen Umfeld von Wladimir Putin.

CIA-Chef William Burns war höchstpersönlich in den Hauptstädten herumgereist, ja sogar nach Moskau geflogen, um dem Kreml klarzumachen, dass die USA die Invasionspläne durchschaut hatten. Burns war auch in Peking, um die chinesische Regierung um Hilfe zu bitten, mäßigend auf Moskau einzuwirken. Trotz allem herrschte quer durch Europa Skepsis, dass Putin seine Drohungen wahr machen würde. Auch in Berlin wollte man es lange, sehr lange nicht glauben. Die US-Regierung nahm die Bedrohung von Beginn an sehr ernst. Das hat auch mit dem psychischen Profil von Wladimir Putin zu tun, das in die Einschätzung mit einfloss.

»Putin hat ein tief sitzendes Bedürfnis, nicht zu kapitulieren gegenüber allen Versuchen, ihn unter Kontrolle zu bringen.« Dieses Zitat stammt von einem Experten, der sich wie kaum ein anderer mit der Psyche von Wladimir Putin beschäftigt hat. Der Psychologe Jerrold Post ist zwar im November 2020 verstorben, aber seine Analyse bildet heute noch die Grundlage für den Umgang der US-Regierung mit dem russischen Präsidenten. Post war einer der Mitbegründer und langjähriger Leiter des Zentrums für die Analyse von Persönlichkeit und politischem Verhalten bei der CIA. Seit Ende der 1970er-

Jahre erstellt der US-Geheimdienst detaillierte Profile von Anführern fremder Mächte, um die amerikanische Regierung in ihrem Umgang mit Spitzenpolitikern und despotischen Machthabern rund um den Erdball zu beraten.

Jerrold Post und sein Team bei der CIA, darunter Psychologen, Anthropologen, Sozial- und Politikwissenschaftler, gründen ihre Bewertungen auf ein ganzheitliches Bild einer Person in ihren zeitlichen, familiären, kulturellen und gesellschaftlichen Zusammenhängen. Sie analysieren Anführer anhand aller verfügbaren Informationen, darunter natürlich auch öffentliche Auftritte, Reden, schriftliche Äußerungen der jeweiligen Beobachtungsobjekte. Dabei geht es am Ende nicht in erster Linie um eine psychiatrische Diagnose, sondern um ein politisches Persönlichkeitsprofil, um das Verhalten von Anführern besser einzuschätzen und vorherzusagen. In Jerrold Posts Buch über Donald Trump findet sich auch die Einschätzung der CIA zu Putin, den Trump – ähnlich wie Xi – bewunderte.

Putin sei ein »Narzisst«, ein »brutaler, rücksichtsloser Diktator« mit »extrem kalkulierendem Naturell«, der »penibel pseudolegale Rechtfertigungen für seine Taten fabriziert«. Der russische Präsident sei besessen von »Maskulinität, Größe, Stärke und Macht« und »kompensiert seine unterschwellige Unsicherheit mit übertriebener Gegenwehr«.

Wer im Februar 2022 die Bilder von Putins einstündiger Rede zur Rechtfertigung des Einmarschs in die Ukraine gesehen hat, fühlt sich an folgenden Satz aus Posts Analyse erinnert: »Putin sehnt sich danach, als respektierter Weltenführer anerkannt zu werden, und er versteht, dass für diesen Respekt seine Taten rational und legitim erscheinen müssen.« Deshalb die historischen und rechtlichen Verweise in seiner abstrusen Kriegserklärung gegen das angebliche »Naziregime« in Kiew.

Zum Auftritt des russischen Präsidenten mit seinem Generalstabschef und seinem Verteidigungsminister am Ende des überlangen Tisches, bei dem er wenige Wochen später die Alarmbereitschaft der Atomkräfte anordnet, passt die Einschätzung, Putin habe immer wieder »seinen Willen gezeigt, seine Macht und seinen Einfluss um jeden Preis zu verteidigen«; es gebe »keine militärischen oder politischen Anführer in seinem Führungskreis, die ihn zurückhalten« könnten. Wohlgemerkt, diese Sätze des CIA-Psychologen stammen aus dem Jahr 2019. Post war überzeugt, dass Putin Kritik gegenüber auf keinen Fall als nachgiebig wahrgenommen werden will, er reagiere »nur auf Gewalt« und handle nach der leninistischen Maxime: Wenn du auf Stahl stößt, zieh dich zurück. Wenn du auf Brei stößt, mach weiter. Deshalb habe der russische Präsident alles darangesetzt, die Risse in der amerikanisch-europäischen Allianz zu vertiefen. Es sei daher unabdingbar, dass »der Westen mit einer Stimme« spreche, um ihn aufzuhalten. »Putin wird nur abgeschreckt von seinem Vormarsch, wenn er auf eine starke und stählerne Antwort von einem geeinten Westen trifft.«

Dieser Satz war ganz offensichtlich das Motto für US-Präsident Biden. Er verzichtete monatelang auf Sanktionen durch die Vereinigten Staaten gegen Russland, um die Geschlossenheit von NATO, EU und G-7 gegenüber Putin nicht zu gefährden. Er reichte brisante Geheimdienstinformationen an die Partner weiter, die zögerten, ihm zu glauben. Manche kritisierten Bidens Auftritte hinter vorgehaltener Hand, auch wenn sie den Vorwurf der Kriegstreiberei, der aus Moskau kam und sogar in der deutschen Öffentlichkeit auftauchte, nicht teilten.

Am Nachmittag des 18. Februar stand der amerikanische Präsident einmal mehr vor den Kameras und sprach düstere Worte auf die Frage, ob Wladimir Putin sich schon für den Einmarsch entschieden habe: »Zu diesem Zeitpunkt bin ich überzeugt, dass er seine Entscheidung getroffen hat. Wir haben Anlass, das zu glauben.« Nachfrage: »Sind Sie wirklich überzeugt, dass Putin einmarschieren wird?« Biden: »Ja, das bin ich.« Es blieb offen, was Biden mit »Anlass, das zu glauben« meinte – abgefangene Kommunikation des Kremls, Quellen im Umfeld Putins. Aber es war fast egal, was er sagte; nicht wenige – auch in Deutschland – bezeichneten seine Worte wieder als Lügen und Kriegstreiberei. Historisch gesehen, ist das Misstrauen gegenüber der amerikanischen Regierung verständlich. Von der täglichen Desinformation im Vietnamkrieg, über die Täuschung der Weltöffentlichkeit zur Rechtfertigung des Einmarschs im Irak bis zu den hemmungslosen Lügen Donald Trumps zur Befriedigung seiner narzisstischen Bedürfnisse haben die USA alles geboten, was an ihrer Glaubwürdigkeit zweifeln lässt. Warum also sollte es diesmal anders sein?

Die Flut von Details aus dem Weißen Haus zum russischen Aufmarsch, zum Ablauf einer möglichen Invasion, zu inszenierter Gewalt und vorgetäuschten Provokationen, war – das kann ich nach drei Jahren mit Zugang zu Hintergrundbriefings durch hochrangige RegierungsmitarbeiterInnen sagen – noch nie so gewaltig wie diesmal. Die US-Regierung verbreitete alles, was ihre Nachrichtendienste mit ihrer Satelliten- und Luftaufklärung, ihrer Kommunikationsüberwachung und ihren menschlichen Quellen in der Region geliefert hatten, *weil* Wladimir Putin ja wusste, was stimmt und was nicht; und *weil* die USA überzeugt waren, dass ihre Erkenntnisse stimmten und ihre Veröffentlichung vielleicht Schlimmeres verhindern könnte. »Wir verbreiten Russlands Pläne laut und immer wieder nicht deshalb, weil wir einen Konflikt wollen, sondern weil wir alles in unserer Macht tun, um Russland jede mögliche Begründung wegzunehmen, in die Ukraine einzumarschieren«, so sagt es Joe Biden an diesem Freitag. »Macht euch nichts vor: Wenn Russland seine Pläne weiterverfolgt, dann ist es verantwortlich für einen katastrophalen und unnötigen selbst gewählten Krieg.«

Putin befahl den Angriff, stieß aber damit »auf eine starke und stählerne Antwort von einem geeinten Westen«, wie es die CIA in ihrem Profil empfohlen hatte.

Wende in Berlin?

»Das war alles Biden« – so lautete die Einschätzung in der Bundesregierung im Mai 2022. In Berlin war man dankbar dafür, dass der US-Präsident den hirntoten Patienten NATO wiederbelebt hatte. Auch die kontinuierliche Veröffentlichung der mutmaßlichen Pläne Putins, bevor dieser sie ausführen wollte, fanden führende deutsche Politiker brillant.

Ohne die Quellen explizit zu benennen, gebe ich in den folgenden Sätzen wieder, was ich bei einer Reihe von Gesprächen mit Politikern aus Bundesregierung und Opposition erfahren habe. Einer sagte selbstkritisch: »Wir haben bei der Beurteilung der Situation falschgelegen, obwohl es die richtige Einschätzung gab. Manchmal glaubt man eben nicht, was die eigene Meinung erschüttert.« Umso mehr fanden ehemalige und aktive Mitarbeiter der US-Regierung, mit denen ich reden konnte, das Umschwenken Deutschlands, die postulierte Zeitenwende »verblüffend«, »großartig«, ja, sogar »fantastisch«. Bei ihren Terminen in Washington wurden politische Besucher aus der Bundesrepublik schon mal mit den Worten begrüßt: »Thank you for your leadership«, also mit Dank für Deutschlands Führungsrolle. Ein Gast fand das komisch, schließlich habe man ja oft erst sehr spät das Richtige beschlossen. Verantwortungsbereitschaft sei ein viel besseres Wort als »Führungsrolle«; lieber eine dienende Funktion innerhalb Europas, als den anderen zu sagen, wo es langgehe.

Natürlich waren Zaudern und Zögerlichkeit der Bundesregierung nach der Ankündigung der Zeitenwende in Washington nicht unbemerkt geblieben. Anfang Februar hatte der Bundeskanzler in einem ARD-Interview die Lieferung von Waffen ja noch kategorisch abgelehnt: »Die Bundesregierung hat seit vielen Jahren einen klaren Kurs, dass wir nicht in Krisengebiete liefern und dass wir auch keine letalen Waffen in die Ukraine liefern.« Auch Angela Merkel habe das über all die Jahre so gemacht. »Das war richtig. Und das bleibt auch richtig.« Auch nach Beginn des russischen Angriffskriegs am 24. Februar blieb Olaf Scholz zunächst dabei. Zwei Tage später kam die Kehrtwende per Twitter: »Der russische Überfall markiert eine Zeitenwende«, so Scholz. »Es ist unsere Pflicht, die Ukraine nach Kräften zu unterstützen bei der Verteidigung gegen die Invasionsarmee von Putin.« Deshalb schicke Deutschland nun 1000 Panzerabwehrwaffen und 500 Stinger-Raketen.

Am Tag danach dann die Kanzlerrede zur Zeitenwende im Deutschen Bundestag, in der Scholz Putins Angriffskrieg als »kaltblütig«, »menschenverachtend« und »völkerrechtswidrig« brandmarkte und eine Neuausrichtung der deutschen Politik ankündigte: »Wir erleben eine Zeitenwende. Und das bedeutet: Die Welt danach ist nicht mehr dieselbe wie die Welt davor. Im Kern geht es um die Frage, ob Macht das Recht brechen darf. Ob wir es Putin gestatten, die Uhren zurückzudrehen in die Zeit der Großmächte des 19. Jahrhunderts. Oder ob wir die Kraft aufbringen, Kriegstreibern wie Putin Grenzen zu setzen. Das setzt eigene Stärke voraus. Ja, wir wollen und wir werden unsere Freiheit, unsere Demokratie und unseren Wohlstand sichern.«

Dann kündigt Scholz, neben weiteren Maßnahmen, auch ein Sondervermögen für die Ausstattung der Bundeswehr an – 100 Milliarden Euro über die nächsten Jahre. Am 3. März sagt Berlin die Lieferung von Flugabwehrraketen an die Ukraine zu. Dabei hat die Ukraine doch um schwere Waffensysteme gebeten, Kampfflugzeuge, U-Boote und Panzer. Die Bundesregierung behauptet, das alles habe nicht auf der Liste aus Kiew gestanden. Scholz verweigert auch in den Folgewochen schweres Gerät, weil der Bundeswehr die gewünschten Marder-Schützenpanzer fehlen würden; die Sicherheit der Bundesrepublik sei dann gefährdet. Außerdem könnten die Ukrainer die unbekannte Technik nicht bedienen.

Außenministerin Annalena Baerbock widerspricht öffentlich und fordert am 11. April, Marder zu liefern. Der Kanzler blockt ab. Grüne und FDP sind sauer. Dann soll es einen Ringtausch geben: Osteuropäische Länder liefern Waffen russischer Bauart, mit denen die ukrainischen Streitkräfte Erfahrung haben. Deutschland schickt Ersatz an die Bündnispartner. Dabei müssten deren Soldaten ja auch erst noch auf der deutschen Technik ausgebildet werden. Ein Scheinargument ist entlarvt, zumal die USA längst schwere Waffen liefern, einschließlich einer Schnellausbildung für die Ukrainer.

Im *Spiegel*-Interview vom 22. April zieht der Kanzler ein neues Argument. Deutschland dürfe nicht Kriegspartei werden, weil ein Atomkrieg drohe: »Ich tue alles, um eine Eskalation zu verhindern, die zu einem Dritten Weltkrieg führt. Es darf keinen Atomkrieg geben.« Drei Tage später will Deutschland dann doch aus Beständen der Rüstungsindustrie Gepard-Panzer liefern. Die vollmundige Ankündigung stellt sich als »problembehaftet« heraus. Es fehlt an Munition, um die soll sich die Ukraine selbst kümmern und um die eigentliche Lieferung der Panzer gleich mit, denn die Bundesregierung will nur genehmigen, was die Ukraine und die Rüstungsfirma Krauss-Maffei direkt miteinander aushandeln sollen. Im Mai ist immer noch kein Lieferdatum in Sicht. Dann soll es auch Panzerhaubitzen 2000 geben, allerdings müssen die auch erst noch repariert werden. Während all dieser Zeit stehen in einem riesigen Zelt der Flensburger Fahrzeugbau GmbH (FFG) 100 ausgesonderte Panzer vom Typ Leopard 1 herum, und in den Hallen nebenan zahlreiche Panzermörser M113 und Bergepanzer. Die FFG hätte das Gerät – voll funktionsfähig – schon Wochen vorher liefern können, wenn die Bundesregierung es nur gewollt hätte. Und Munition hätte es für den Leopard 1 ausreichend gegeben.

Zweifel an Deutschland

Selbst die Ankündigung der 100 Milliarden Euro für den Wehretat wird in den Wochen nach der Rede so sehr verwässert, dass in Washington leise Zweifel auftauchen, wie ernst es Deutschland damit wirklich ist. Vor dem Bundestag hatte Scholz am 27. Februar unmissverständlich gesagt, was mit dem Geld geschehen solle: »Das Ziel ist eine leistungsfähige, hochmoderne, fortschrittliche Bundeswehr, die uns zuverlässig schützt. Ich habe bei der Münchner Sicherheitskonferenz vor einer Woche gesagt: ›Wir brauchen Flugzeuge, die fliegen, Schiffe, die in See stechen, und Soldatinnen und Soldaten, die für ihre Einsätze optimal ausgerüstet sind.‹ Darum geht es. Und das ist ja wohl erreichbar für ein Land unserer Größe und unserer Bedeutung in Europa.«

Im Antrag zu einer notwendigen Grundgesetzänderung, der im Mai öffentlich wurde, ist der ursprünglich angegebene Verwendungszweck »Ausstattung der Streitkräfte« zu »Bündnis- und Verteidigungsfähigkeit« erweitert worden, sodass über Rüstungsgüter und Waffen hinaus andere Aufgaben mit finanziert werden könnten. Scholz hatte auch nur in Bezug auf Europa über eine »Zeitenwende« geredet, so als gäbe es eine ähnliche Bedrohung durch den Autoritarismus nicht in anderen Teilen der Welt. Nur am Ende seiner Rede findet sich eine vage Referenz zur Bedeutung des Zusammenstehens der demokratischen Staaten: »Wenn wir wollen, dass diese letzten 30 Jahre keine historische Ausnahme bleiben, dann müssen wir alles tun für den Zusammenhalt der Europäischen Union, für die Stärke der NATO, für noch engere Beziehungen zu unseren Freunden, Partnern und Gleichgesinnten weltweit. Ich bin voller Zuversicht, dass uns das gelingt. Denn selten waren wir und unsere Partner so entschlossen und so geschlossen. Uns eint in diesen Tagen: Wir wissen um die Stärke freier Demokratien.«

Rechtfertiger des Zauderns

Für das Zaudern und Zögern und die teils chaotische Kommunikation aus den Regierungsparteien hörte ich bei Treffen mit deutschen Politikern auch Rechtfertigungsversuche: Deutschland sei als Land eben noch nicht erwachsen, man habe keine Erfahrung mit so etwas.

Die Zurückhaltung des Kanzlers sei bewusst gewählt, eine Art strategische Uneindeutigkeit gegenüber Putin. Der Mann sei nichts anderes als ein Straßenschläger, der schaue, ob sich einer vom Druck beeinflussen lasse. Wenn man also nicht dem Druck der Meinungsumfragen in Deutschland nachgebe, sei man unberechenbarer. Außerdem habe Putin ja die Eskalationsdominanz, er könne am Regler drehen, wie er wolle. Am Ende komme es darauf an, dass Putin nicht gewinne, die Ukraine nicht verliere und dass der Konflikt sich nicht ausweite.

Eine Lösung sahen meine Gesprächspartner im Frühjahr 2022 nicht, es werde wohl ausgeschossen werden müssen. Ein Ermüdungskrieg, in dem die Ukraine keine Chance habe, wirklich zu gewinnen; aber wie solle man den Ukrainern das sagen, ohne gleich als Verräter zu gelten. Diese Haltung erinnert mich an das, was mir Kurt Volker, der ehemalige US-Sondergesandte für die Ukraine kurz nach dem Bekanntwerden der Gräueltaten von Butscha über die Regierungen in Europa gesagt hatte: »Einige würden fröhlich Teile der Ukraine für einen sogenannten Frieden opfern, damit sie sich wieder um andere Dinge kümmern können.« Bei einer Reise durch die EU hatte Volker bei Gesprächen in einigen Hauptstädten den Eindruck gewonnen, dass manche Politiker kein Problem mit einer Teilung der Ukraine hätten. Dabei müssten die Europäer eigentlich um jeden Preis verhindern, dass Wladimir Putin am Ende auch nur ein Stück ukrainischen Bodens behält. »Mir macht ein Frieden Sorge, den Putin als Sieg verkaufen kann, weil er etwas gewonnen hat, weil er Land erobert und keinen Preis für seine Verbrechen gegen die Menschlichkeit bezahlt«, so Volker. »Dann greift er wieder an. Niemand im Westen sollte denken, das wäre ein guter Frieden. Solch ein Ergebnis ist inakzeptabel.« Es gehe hier schließlich tatsächlich auch um das Signal an China und um die große Auseinandersetzung zwischen Autoritarismus und liberaler Demokratie – eine Ansicht, die aber in Europa keine ungeteilte Zustimmung findet.

Vom 9. bis 11. Mai 2022 fand in Washington das sogenannte Leaders Meeting der Münchner Sicherheitskonferenz statt, bei dem für alle Teilnehmer die sogenannte Chatham-House-Regel galt. Sie besagt, dass »die freie Verwendung der erhaltenen Informationen unter der Bedingung gestattet ist, dass weder die Identität noch die Zugehörigkeit von Rednern oder anderen Teilnehmern preisgegeben werden dürfen«. Ich mache von dieser Regel Gebrauch, weil ich insbesondere in Bezug auf die Wahrnehmung von China einen Einblick in die unterschiedlichen Haltungen beiderseits des Atlantiks geben möchte. Ich darf die Identität und Funktion der jeweiligen Redner nicht nennen, aber der offizielle Pressetext der Münchner Sicherheitskonferenz bietet Anhaltspunkte dafür, wie hochrangig die Beratungen in der amerikanischen Hauptstadt besetzt waren. »Die Veranstaltung bringt rund 80 Entscheidungsträger und Experten von beiden Seiten des Atlantiks zusammen, darunter mehrere Staats- und Regierungschefs, Außen- und Verteidigungsminister und Parlamentarier. Das Leaders Meeting wird diskutieren, wie die transatlantischen Partner eine noch zukunftssicherere Allianz schmieden und gemeinsames Handeln und Führungsstärke bei den drängendsten Sicherheitsherausforderungen – einschließlich des derzeitigen Krieges in der Ukraine – voranbringen können.« Am dritten Tag der Konferenz ging es auch um die Lehren aus der Ukraine-Krise für den künftigen Umgang mit China.

Die Vereinigten Staaten hatten offenbar nicht erwartet, dass sich Russland und China im Vorfeld des Krieges so eng miteinander einlassen würden. Über Wochen habe man die Regierung in Peking vor der Invasion gewarnt und sogar Erkenntnisse über den Truppenaufmarsch und über Putins Pläne weitergegeben, aber die Ansprechpartner hätten davon nichts wissen wollen. Im direkten Gespräch zwischen Joe Biden und Xi Jinping Mitte März sei es deshalb darum gegangen, mit dem Hinweis auf ernste Konsequenzen Chinas Hilfsbereitschaft für Russland zu begrenzen. Das kommunistische Regime analysiere sehr genau, was die Geschehnisse für seine eigenen Ambitionen bedeuteten. Hier die wichtigsten Erkenntnisse aus Sicht der USA:

- China ist überrascht, wie sehr Russland seine militärische Stärke überschätzt hat, und überprüft deshalb sein Vertrauen in die eigenen Streitkräfte. Gleichzeitig erkennt es in solch einer Situation auch den Nutzen, mit dem Nukleararsenal zu drohen.
- China ist überrascht über die Geschlossenheit des Westens. Das verstärkt seine Sorge über mögliche Sanktionen. Gleichzeitig aber nimmt es auch wahr, dass solche Sanktionen gegen China die USA und Europa erheblich mehr kosten würden als die Maßnah-

men gegen Russland. Das will es nutzen, um weiter Keile zwischen die Verbündeten zu treiben.

- China sieht im Engagement der Vereinigten Staaten im Indopazifik die gleiche Bedrohung wie im Expansionsstreben der NATO in Europa. Der Krieg in der Ukraine ist deshalb für die Führung in Peking ein Teil des globalen Ringens zwischen den USA und China.
- Für China hat die Nähe zu Putin weiterhin einen großen Wert, weil er den Westen konstant unter Druck setzt, sodass Peking dies nicht selbst tun muss. Außerdem arbeiten sie gemeinsam daran, die Regeln der Weltordnung zu verändern. China wird versuchen, neue Sicherheitskonzepte in das System der Vereinten Nationen einzubringen. Für China darf Russland deshalb nicht zu schwach werden.

Russland als Tankstelle

Manche Politiker in den USA gehen einen Schritt weiter. Sie glauben, China will davon profitieren, dass beide Seiten – sowohl das Bündnis gegen Russland als auch Russland selbst – durch die Krise wirtschaftlich und politisch geschwächt werden. Die Degradierung Russlands zu einem »Vasallenstaat« Chinas und zur »Tankstelle« für Peking und chinafreundliche Regierungen in der Region könnte für die strategischen Ambitionen Xi Jinpings förderlich sein. In diesem Punkt gibt es ähnliche Einschätzungen auf der anderen Seite des Atlantiks. China könnte es als einen Gewinn ansehen, wenn Russland in der »grenzenlosen Freundschaft« zwischen den beiden Ländern der schwächere Partner wäre und Peking den Ton angeben könnte. Aber auch die Europäer glauben, dass ein zu schwaches Russland nicht im Interesse der Volksrepublik ist, weil Putin die Kräfte der USA und ihrer Verbündeten ruhig weiter binden sollte. Hier die weiteren Einschätzungen europäischer Teilnehmer beim Leaders Meeting in Washington zu den Lehren für China und für die transatlantische Gemeinschaft:

- China weiß jetzt, dass es besser vorbereitet sein muss, falls es seine Macht militärisch ausdehnen will. Insofern ist ein Einmarsch in Taiwan vorerst vom Tisch.

- China hat ein Glaubwürdigkeitsproblem, weil es die Souveränität und territoriale Integrität der Ukraine offenbar nicht gelten lässt und mit der Brutalität des Angriffskrieges assoziiert wird.
- China, allen voran Xi Jinping, kann sich Schwäche nicht leisten und wird deshalb eine aggressivere nationalistische Außenpolitik betreiben.
- China muss erkennen, dass das westliche Bündnis nicht tot ist. Die Lesart vom unvermeidlichen Niedergang des Westens ist in Zweifel gezogen. Denn die USA und ihre Verbündeten haben eine neue Geschlossenheit und eine neue Wertschätzung für Sicherheit – sie ist wichtig, sie ist nicht selbstverständlich, und sie hat ihren Preis.
- China beobachtet aber genau die Schwachpunkte der Allianz. Sobald die westlichen Gesellschaften Abstriche bei ihrem Lebensstandard machen müssten, wird es problematisch für die Regierungen.

In diesem Punkt sind sich die Experten auf beiden Seiten des Atlantiks einig. Sie haben erkannt, wie gefährlich wirtschaftliche Abhängigkeit ist, und wollen diese nun massiv herunterfahren. Aber würden die Europäer so weit gehen wie die Vereinigten Staaten mit ihrem Decoupling und ihren harten, unmissverständlichen Ansagen an Xi Jinping und die Kommunistische Partei Chinas? Auch bei der Tagung heißt es von den Europäern, Business as usual sei vorbei und man habe Handel ohne jeden Respekt für geopolitische Strategie getrieben, aber gleichzeitig kommt im deutlichen Unterschied zu den genannten Einschätzungen der US-Seite auch der Hinweis, man dürfe den Krieg in der Ukraine nicht als Teil der globalen Auseinandersetzung zwischen den USA und China, zwischen liberaler Demokratie und Autoritarismus darstellen. Ein globales Problem daraus abzuleiten mache es nur komplizierter; Putin wolle schließlich getrieben von einem historischen Revisionismus ein europäisches Imperium wiedererrichten; die europäischen Gesellschaften werde man nicht dazu bringen können, für Taiwan zu kämpfen; die Europäer könnten sich ja um Europa kümmern, die USA um den Indopazifik.

Deutsche Leisetreterei

Es ist offenbar eine spezifisch deutsche Haltung, denn auch in anderen Gesprächen mit deutschen Politikern fiel mir auf, dass das Narrativ Bidens in Berlin nicht unbedingt geteilt wird. Es sei doch klüger, nicht immer nur von »den liberalen Demokratien« zu reden, lieber von »Multilateralisten«, die sich an das Recht halten; das mache die Gruppe der möglichen Verbündeten um einiges größer. Sonst würden sich Staaten wie z. B. Indien oder Brasilien fragen, ob sie wirklich als Demokratien akzeptiert seien. Auf keinen Fall dürfe man ihnen belehrend begegnen und ihnen sagen, was sie zu tun hätten. Schließlich könnten sich viele Länder noch sehr gut an ein Amerika erinnern, das im Irak, in Panama und Grenada intervenierte, ohne jede Rücksicht auf internationales Recht, auf die Souveränität und territoriale Integrität von Staaten. Auch dass die USA der Ukraine und ihren Nachbarländern mehr als 50 Milliarden Dollar in Form von Waffen, Munition und Hilfsgütern zukommen ließen, während die zugesagten 100 Milliarden Dollar Coronahilfen längst nicht in den ärmeren Staaten angekommen seien, würde von vielen Regierungen natürlich auch als Zeichen amerikanischer Doppelmoral gesehen. Das Signal der »westlichen Wertegemeinschaft« sei doch: Wenn es ernst wird, kümmert ihr euch nur um euch selbst.

Inhaltlich ist der Vorwurf von Doppelmoral sicher gerechtfertigt, aber er trifft Deutschland genauso wie die USA. Schließlich war den wechselnden Bundesregierungen das eigene wirtschaftliche Interesse auch meist wichtiger, als universale Werte gegen autoritäre Regime konsequent zu verteidigen – nicht nur mit Worten, sondern auch mit Taten. Russland und China sind Paradebeispiele dafür, dass »Wandel durch Handel« eine Illusion war. Was Bundespolitiker aber für den Umgang mit Wladimir Putin nun einräumen, fällt ihnen in Bezug auf China offenbar weiter schwer; eine klare Linie gegenüber Xi Jinping als Lehre aus dem Krieg in der Ukraine ist nicht erkennbar.

China sei ja hin- und hergerissen, habe Angst vor Sekundärsanktionen, so formulierten es meine deutschen Gesprächspartner. Peking prüfe seit Monaten, ob es Waffen an Russland liefern wolle. Deutschland solle sich bemühen, China ambivalent zu halten. Die grundsätzliche Bereitschaft, wirtschaftliche Beziehungen zu China im Konfliktfall auch als Hebel oder Sanktionsmittel zu benutzen, tendiert in Berlin gegen null. China sei anders als Russland, das hätte ökonomisch viel größere Folgen für Deutschland. Natürlich habe das Umdenken gegenüber der Führung in Peking auch schon unter Angela Merkel begonnen, weil Xi Jinping sich verändert habe. Aber man müsse China ja nicht konfrontativ begegnen, lieber so, dass es sein Gesicht wahren könne. Man brauche das Land bei globalen Fragen, z. B. bei Klimaschutzmaßnahmen. Weil es da nicht ohne die Chinesen gehe, müsse man vorsichtig vorgehen. Sie zum Hauptgegner zu machen wäre »bekloppt«.

In der Tat, das wäre es. Aber warum keinen Druck auf die chinesische Regierung ausüben, damit sie Farbe bekennt? Stattdessen sendete die Bundesregierung gemischte Signale nach Peking. In einem Interview mit der *Welt am Sonntag* vom 8. Mai 2022 sprach SPD-Chef Lars Klingbeil es eigentlich offen aus: »Ökonomische Beziehungen ohne politische Veränderungen – dieses Konzept ist gescheitert.« Klingbeil zog die richtige Lehre aus Putins Angriffskrieg für den künftigen Umgang mit Peking: »Im Fall von China bedeutet es, dass wir die technologische Abhängigkeit von der Volksrepublik, in der wir uns längst befinden, massiv reduzieren müssen.« Das habe Auswirkungen auf ganz Europa. Und er fährt fort: »Ich bin sicher, dass wir als Folge der Coronapandemie und des Kriegs in der Ukraine erleben, dass Produktion hierher zurückverlagert wird, dass Lieferketten hinterfragt werden, dass darüber nachgedacht wird, wie wir die europäische Wirtschaft krisenresistenter und damit stabiler aufstellen können.« Eine Einsicht, die sich in Amerika schon zum Ende der Obama-Administration durchgesetzt hatte. Trotzdem – am Tag nach Erscheinen des Interviews redete der Bundeskanzler mit dem chinesischen Staatschef am Telefon über eine Vertiefung der wirtschaftlichen Beziehungen zwischen Deutschland und China.

Amerika zweifelt

Dafür gibt es in den USA wenig Verständnis. Bei ihren Gesprächen im politischen Washington hatten Besucher aus Berlin gemerkt, wie sehr das Thema China hier allen unter den Nägeln brennt. An ihrer Versicherung, die Bundesrepublik sei »bereit, unsere Werteordnung zu verteidigen«, wie ein Gast es formulierte, zweifeln US-Politiker beider Parteien. Einer sagte mir, »die Zeitenwende ist wunderbar, der drittgrößte Militärhaushalt der Welt, eine neue Energiepolitik, aber Deutschland braucht dafür unbedingt eine Sicherheitsstrategie. Ohne die wird das nichts. Merkt ihr nicht, dass eure Wirtschaftskraft ein mächtiges Werkzeug ist, um dem Autoritarismus die Stirn zu bieten?«

Tatsächlich gibt es in der deutschen Politik immer noch einen Überfluss an Naivität und einen Mangel an Strategie. Im Jahr 2008 gab es schon mal den Versuch, es besser zu machen. Die CDU/CSU-Bundestagsfraktion legte einen 16-seitigen Entwurf für eine »Sicherheitsstrategie für Deutschland« vor. Darin definierte sie die deutschen Interessen im Hinblick auf ein breite weltpolitische Themenpalette. Dazu zählten unter anderem der freie und ungehinderte Welthandel »einschließlich einer gesicherten Energie- und Rohstoffversorgung als Grundlage unseres Wohlstandes«, die politische, wirtschaftliche und militärische Handlungsfähigkeit der EU und der NATO, sowie die Stärkung der Zusammenarbeit mit »den Staaten, die unsere Ziele und Werte teilen«.

Die Union forderte auch die Etablierung eines Nationalen Sicherheitsrats, wie es ihn in den USA und anderen Ländern längst gibt. »Um ein kohärentes Zusammenwirken aller Kräfte der inneren und äußeren Sicherheit zu gewährleisten, ist ein Nationaler Sicherheitsrat als politisches Analyse-, Koordinierungs- und Entscheidungszentrum einzurichten«, heißt es in dem Papier. Kaum war es veröffentlicht, fielen Politiker der anderen Parteien über das Konzept her. Einige witterten den Versuch, das Parlament, das Außen- und das Verteidigungsministerium durch den Nationalen Sicherheitsrat bei sicherheitspolitischen Fragen zu entmachten, andere erinnerten an die dunkelsten Zeiten der deutschen Geschichte. Das Papier verschwand in der Schublade.

Zwei Jahre später zeigte auch die Vorgeschichte zum überraschenden Rücktritt von Bundespräsident Horst Köhler am 31. Mai 2010 die ganze Naivität Deutschlands. Köhler hatte eine unbequeme Wahrheit ausgesprochen, um die sich die Politiker immer herumdrückten. Auf seiner Rückreise von einem Truppenbesuch in Afghanistan sagte der Präsident dem Korrespondenten des Deutschlandradios in etwas holprigem Deutsch: »Meine Einschätzung ist aber, dass insgesamt wir auf dem Wege sind, doch auch in der Breite der Gesellschaft zu verstehen, dass ein Land unserer Größe mit dieser Außenhandelsorientierung und damit auch Außenhandelsabhängigkeit auch wissen muss, dass im Zweifel, im Notfall auch militärischer Einsatz notwendig ist, um unsere Interessen zu wahren, zum Beispiel freie Handelswege, zum Beispiel ganze regionale Instabilitäten zu verhindern, die mit Sicherheit dann auch auf unsere Chancen zurückschlagen, negativ durch Handel, Arbeitsplätze und Einkommen. Alles das soll diskutiert werden, und ich glaube, wir sind auf einem nicht so schlechten Weg.«

Die Reaktionen zahlreicher deutscher Politiker zeugten von erschreckender Arroganz und Ignoranz. Der damalige Parlamentarische Geschäftsführer der SPD im Bundestag, Thomas Oppermann, meckerte: »Köhler schadet der Akzeptanz der Auslandseinsätze der Bundeswehr.« Deutschland führe in Afghanistan »keinen Krieg um Wirtschaftsinteressen, sondern es geht um unsere Sicherheit«, und er fügte hinzu: »Wer anderes behauptet oder fordert, der redet der Linkspartei das Wort. Wir wollen keine Wirtschaftskriege.« Klaus Ernst, Parteichef der Linken, sah sich in seiner Kritik am Afghanistan-Einsatz bestätigt. Es sei »ein Krieg um Einfluss und Rohstoffe«. Und der Grünen-Abgeordnete Frithjof Schmidt warf dem Bundespräsidenten ein »gefährlich falsches Verständnis von Auslandseinsätzen« vor.

Deutschland muss Farbe bekennen

Zwölf Jahre danach zwingt Putins Angriffskrieg auch Deutschland dazu, endlich Farbe zu bekennen. Die Bundesrepublik braucht eine Sicherheitsarchitektur mit einer vorausschauenden und umfassenden strategischen Vision, deren Umsetzung durch einen Nationalen Sicherheitsrat gesteuert wird. Erste Ansätze dafür finden sich im Koalitionsvertrag der Ampelregierung. Deutschland soll demnach solch eine nationale Sicherheitsstrategie bekommen. Unter dem Eindruck der Ukraine-Krise und des Massakers von Butscha erteilte Außenministerin Annalena Baerbock im April 2022 den Auftrag, die Strategie innerhalb eines Jahres zu entwickeln. Die Federführung liegt im Auswärtigen Amt, aber das zuständige Büro hat gerade mal eine Handvoll Mitarbeiter.

Die FDP wünschte sich schon bei den Koalitionsverhandlungen auch einen Nationalen Sicherheitsrat, aber – so sagte mir ein Beteiligter – »das war nicht durchzusetzen«. Die Ukraine-Krise biete nun eine Chance für einen neuen Vorstoß, wenn die Strategie vorliege. »Am Ende werden wir darüber reden müssen, ohne Denkverbote.« Das sieht ein Regierungsmitglied der Grünen anders: »Wir brauchen keinen Nationalen Sicherheitsrat. Wichtiger ist das gegenseitige Vertrauen und dass man die Dinge miteinander abspricht.« Doch derselbe Politiker liefert auch ein überzeugendes Argument dafür, wie wichtig und nützlich eine Strategie wäre, die nicht nur übergreifend gedacht, sondern dann auch an einer Stelle koordiniert wird – natürlich unter Berücksichtigung der beteiligten Ressorts. »Das Thema Sicherheit ist ein wahnsinniger Hebel, um auch den Kampf gegen den Klimawandel voranzutreiben. Durch die andere Deutung bekommt das jetzt mehr Gewicht, Dringlichkeit und hoffentlich mehr Geld.«

Der Begriff der Sicherheit geht weit über das Feld militärischer und wirtschaftlicher Stärke hinaus. Er betrifft den Schutz vor den Folgen eines Klimawandels genauso wie die verlässliche Verfügbarkeit von Energie und Nahrungsmitteln, die Freiheit der Handelswege, den Schutz vor bedrohlichen Nebenwirkungen durch neue Technologien und vieles mehr. Der Krieg in der Ukraine könnte deshalb auch zur Chance für eine engere Zusammenarbeit mit China werden.

Ein Beispiel dafür wäre das Thema Nahrungsmittelsicherheit, das durch den kriegsbedingten Ausfall der Ukraine als Kornkammer der Welt Länder rund um den Erdball betrifft, darunter auch China und vor allem die afrikanischen Staaten, deren Sympathien für das Regime in Peking angeblich von großer Bedeutung sind. Für den 18. Mai 2022 hatten US-Außenminister Antony Blinken und seine deutsche Amtskollegin Annalena Baerbock deshalb zu einem Ministertreffen bei den Vereinten Nationen in New York eingeladen, um eine Strategie im Kampf gegen die Nahrungsmittelknappheit zu entwickeln. Vertreter von 35 Staaten nahmen teil, China glänzte durch Abwesenheit.

»Enttäuschend, aber nicht überraschend«, kommentierte ein US-Regierungsbeamter das Fehlen der Chinesen, die offenbar ihre »grenzenlose Freundschaft« mit Putin nicht strapazieren wollten. Aber auch schon vorher hatte Xi Jinping wenig zur Lösung dieses Problems beizutragen. China unterstützte das Welternährungsprogramm (World Food Programme; WPF) im Jahr 2021 mit gerade mal 3,4 Millionen Dollar, während die USA 3,6 Milliarden Dollar beisteuerten. Dabei könnten Versorgungsengpässe die Weltlage dramatisch destabilisieren, denn der Krieg in der Ukraine, so sagte uns Annalena Baerbock am Rande der Tagung, verschärfe eine Entwicklung, die schon längst im Gange sei: »Darüber hinaus müssen wir uns darauf einstellen, dass sich durch die Klimakrise in den nächsten Monaten diese Ernährungskrise verschärft. Deswegen kommt es auch darauf an, gemeinsam für die nächsten Monate und Jahre eine verstärkte Zusammenarbeit im Blick auf Ernährung und Klima in Angriff zu nehmen.« China wäre dabei eine Riesenunterstützung, aber offenbar passt auf das Regime in Peking jener Satz, den Annalena Baerbock Sekunden später in Bezug auf ein ganz anderes Thema sagte. Ich hatte sie gefragt, wie man denn die Zustimmung der Türkei zum NATO-Beitritt von Schweden und Finnland bekommen wolle? Daraufhin Baerbock: »Ich glaube, in diesem Moment weiß jeder um seine Verantwortung, die er in einer so schwierigen Situation hat.« Zu diesem Zeitpunkt war weder der türkische Autokrat Erdoğan noch der chinesische Autokrat Xi bereit, verantwortlich zu handeln.

Lieber mit als gegen China

Es gibt viele weitere Felder, in denen China beweisen könnte, dass es innerhalb der Weltgemeinschaft Verantwortung übernehmen will – zum Wohle aller, aber auch aus eigenem Interesse. Wenn es weiter von seinen globalen wirtschaftlichen Beziehungen profitieren will, muss es sich gemeinsam mit den USA, der Europäischen Union und anderen Partnern für ein weltweites Frühwarn- und Reaktionssystem bei künftigen Pandemien einsetzen. Die dafür notwendige Transparenz könnte das Vertrauen wiederherstellen, das Peking nach dem Ausbruch der Coronakrise mutwillig verspielt hat. China könnte sich auch viel intensiver engagieren, damit Staaten wie Nordkorea und der Iran nicht zu einer noch größeren Bedrohung für ihre Nachbarn werden. Am meisten aber könnte Peking sein Ansehen polieren, indem es zu einem Anführer im Kampf gegen den Klimawandel wird, so wie es die chinesische Führung beim Gipfel von Glasgow eigentlich versprochen hatte.

»Es geht nicht darum, in einem teuren, politisch korrekten, grünen Akt Häschen zu umarmen«, so sprach der britische Premier beim Klimagipfel im Herbst 2021 und fuhr fort: »Es geht um Wachstum und Jobs.« Boris Johnson erfasste in einem Satz die neue Dynamik, die dann tatsächlich vom teils virtuellen Treffen der 40 Staats- und Regierungschefs ausging, allen voran durch eine amerikanisch-chinesische Vereinbarung.

Die beiden Länder wollten in Sachen Klima eng kooperieren, sogar brandneue Technologie im Kampf gegen den Klimawandel miteinander teilen. Die Haltung Pekings in der Ukraine-Krise setzte diesen Plan aufs Spiel. Dabei läge die Umsetzung im Interesse beider Länder, weil der Kampf gegen den Klimawandel auch wirtschaftlichen Fortschritt verspricht. Amerika investiert fast 2,3 Billionen Dollar in ein Infrastrukturprogramm, das bis 2050 zur Klimaneutralität führen soll. China, Russland, Indien und viele andere fühlten sich unter Druck gesetzt und versprachen in Glasgow immerhin, sich zu beeilen, deutlich mehr zu tun. Die Vertreter der Staaten, die am meisten unter dem Klimawandel leiden, lasen den Industrienationen einmal mehr die Leviten. Die Marshallinseln, Bangladesch, Tonga und andere haben wegen der pandemiebedingten Wirtschaftskrisen noch weniger Mittel, um ihre Klimaziele voranzutreiben. Sie brauchen Hilfe. Für brandneue Technologien, um CO_2 aus der Atmosphäre abzusaugen, Strom längerfristig zu speichern, Batterien zu recyceln und vieles mehr, gäbe es einen riesigen Bedarf auf dem Weltmarkt. China, die USA und Europa könnten anderen Ländern helfen, ihre Klimaziele zu erreichen. Sie würden damit auch die Zukunft ihrer Länder und der gesamten Welt sichern.

Ist China jedoch wirklich bereit dazu, oder bleibt es bei seinem Konfrontationskurs? Wie gesagt: Der Krieg in der Ukraine ist ein Lackmustest in der Auseinandersetzung zwischen dem Autoritarismus und den liberalen Demokratien – insbesondere für ein Land, dass sich in den vergangenen Jahren zur »Russifizierung« seiner Methoden entschlossen hat, wie es die Forscher vom Institut de Recherche Stratégique de l'École Militaire (IRSEM) in ihrer Studie über die chinesischen Einflussoperationen in aller Welt im September 2021 beschrieben haben. Sie ziehen einfache und knallharte Schlüsse, die ich teile.

Unter der Herrschaft von Xi Jinping hat China zweifellos viele Fortschritte gemacht – militärisch, wirtschaftlich und politisch. Es hat durch seine Investitionen rund um den Globus im Rahmen des

Seidenstraßenprojekts zunächst auch viele Sympathien gesammelt. Auch dass die chinesische Regierung die Vereinigten Staaten für ihre nicht selten arrogante und rücksichtslose Außenpolitik kritisiert, findet die Zustimmung vieler Länder der Welt. Aber all diese taktischen Erfolge haben nicht verhindern können, dass am Ende eines übrig bleibt – ein strategisches Versagen der Kommunistischen Partei Chinas und ihres Anführers Xi Jinping.

Ihre manipulativen Einflussoperationen rund um den Globus, ihre Wolfskrieger-Diplomatie der wirtschaftlichen und politischen Nötigung, ja auch Erpressung, ihre von Korruption und Vetternwirtschaft dursetzten Seidenstraßenprojekte mit teils menschenverachtenden Arbeitsbedingungen, ihren Verrat an ihrem eigenen Mantra von Souveränität und territorialer Integrität in der Ukraine-Krise haben die Stimmung gegen das Regime in Peking gewendet. Selbst sicher geglaubte Verbündete in Osteuropa, Afrika, Asien und Südamerika zeigen Absetzbewegungen oder wenden sich vollständig ab. Wer so deutliche Anleihen an den aggressiven Methoden Russland macht, muss sich nicht wundern, dass er durch den russischen Angriffskrieg von 2022 selbst diskreditiert wird und gleichzeitig die europäische Wertegemeinschaft auch im Umgang mit China wieder eng an die Seite Amerikas treibt.

Dabei war Xi Jinping gewarnt. Im April 2020 prophezeite sein eigener Inlandsgeheimdienst, dass die Coronapandemie eine Welle der Antipathie gegen China auslösen, den Widerstand gegen die Seidenstraßeninitiative befeuern und Washington zu massiven Finanz- und Militärhilfen für seine asiatischen Verbündeten veranlassen könnte. Professor Shi Zhan, Direktor des Forschungszentrums für Weltpolitik an Chinas diplomatischer Kaderschmiede in Peking warnte, die Wolfskrieger-Diplomatie sei »nicht durchzuhalten« und riskiere »unsere Isolation«. Und Professor Hu Wei hatte ja während der Ukraine-Krise geschrieben, dass China »eine weitere Isolation nur vermeiden kann, wenn es auf der Seite der Mehrheit der Länder dieser Welt steht«.

Die Forscher des IRSEM fällen ein vernichtendes Urteil über die chinesische Führung. Sie habe sich ja – in Anlehnung an die Worte Machiavellis – wie Russland entschieden, lieber gefürchtet als geliebt zu werden. Machiavelli habe für diese Strategie aber noch einen weiteren unschätzbaren Rat gegeben. Wer sich entscheide, lieber gefürchtet zu sein, müsse eines unbedingt vermeiden: Hass. Die Kommunistische Partei Chinas will, dass ihr Land als Supermacht gefürchtet wird, aber wenn sie dabei weiter dem Vorbild Russlands folgt, wenn Xi wie Putin maßlos überzieht, dann erntet sie tatsächlich zunehmend das, was sie um jeden Preis vermeiden sollte. Man frage nur die drei Parlamentarierinnen aus der Ukraine, die von dem grausamen Krieg und den brutalen Vergewaltigungen in ihrem Land erzählen. Wie hatte Ivanna Klympusch-Tsintsadze doch gesagt? »Unsere einzige Schuld ist es, dass wir frei sein wollten.«

Epilog
Krieg und Frieden

In meinem Büro in Washington liegt ein kaputter Scheinwerfer. Er erinnert mich an einen finsteren Tag in der amerikanischen Geschichte, an dem viel mehr kaputtging als nur unsere Ausrüstung im Wert von 30 000 Dollar. An jenem 6. Januar 2021 wäre Amerika beinahe in den Autoritarismus abgestürzt, mit einem Anführer, dessen bösartiger Narzissmus ihn genauso gefährlich macht wie Wladimir Putin und Xi Jinping. Aber beginnen wir von vorn.

Mein Kamerakollege Ralf Oberti und ich kommen gegen 9 Uhr morgens am »Sumpf« an, der plattierten Fläche zwischen dem Kapitol und dem Obersten Gerichtshof der Vereinigten Staaten. Hier gibt es Stromanschlüsse für unsere Fernsehausrüstung; wir wollen – wie die Kollegen von Associated Press, MSNBC und anderen Medien neben uns – live über den historischen Tag berichten. Im Kongress soll gegen Mittag formell das Ergebnis der Präsidentschaftswahl aus dem Electoral College, also dem Wahlleutegremium, bestätigt werden.

Es ist ein kalter Morgen in Washington, wenige Meter von uns entfernt haben sich bereits mehrere Hundert Demonstranten versammelt, die meisten mit blauen Trump-Flaggen, viele auch mit Mützen, Schals und T-Shirts, auf denen der Name ihres Idols oder ihr Schlachtruf »Make America Great Again – MAGA« zu lesen ist. Immer mehr Trump-Anhänger kommen an uns vorbei, einige rufen »Fake News«, einer bleibt stehen und fragt nach unserem Sender. German Television? »Ich kenne euch«, sagt er mit fröhlichem Gesicht. »Ich war mal in Deutschland stationiert – in Bavaria. Ihr gehört zu den Guten.«

Während ich noch darüber nachdenke, warum er uns für »gut« hält, ruft er seinen Freunden zu: »Hey, this is German Television, they are the good guys.« Ich frage, was sie hier machen. »Die Wahl wurde gestohlen, deshalb sind wir hier. Das hier ist unser Haus!« Dabei deutet er auf das Kongressgebäude. »Das ist das Haus des Volkes, und wir sind das Volk. Wir werden uns Amerika zurückholen.«

Ich stürze mich nicht in eine Diskussion über die 81 Millionen, die Joe Biden gewählt haben, 7 Millionen mehr als Donald Trump. Außerdem marschiert gerade eine Gruppe von Milizionären in Schutzwesten an uns vorbei – wir erkennen die Abzeichen der rechtsextremistischen Proud Boys und Oath Keepers. Donald Trump hatte die Milizen, darunter ehemalige Soldaten und Polizisten, in einer Präsidentschaftsdebatte gebeten, sich bereitzuhalten. Sie haben Funkgeräte dabei und werden, wie wir heute wissen, ihre Attacke koordinieren. Wir sehen das Handzeichen der Weißen Rassisten – White Power. Mich beschleicht der Verdacht, dass der Demonstrant »die Deutschen« deshalb für »gut« hält, weil wir in seinen Augen zu den weißen Christen zählen.

In diesem Moment wird mir klar, dass wir mittendrin stehen – im doppelten Wortsinn im Sumpf, um uns herum nur ein paar halbhohe Gitter, keine hohen Polizeiabsperrungen wie sonst bei Demonstrationen üblich. Viel wichtiger noch: Das Kapitol ist so gut wie ungeschützt. Es stehen vielleicht zwei Dutzend Polizeibeamte an der Rückfront des Parlamentsgebäudes. Das ist deshalb besonders bemerkenswert, weil hier Vizepräsident Mike Pence mit seiner Kolonne vorfahren wird. Warum, fragen wir uns, ist hier nichts abgeriegelt; drüben zwischen dem Washington Monument und dem Weißen Haus versammeln sich doch in diesen Minuten Zehntausende. Stehen da Hundertschaften der Polizei in den Nebenstraßen um den Kongress bereit? Nichts davon, wie sich bald herausstellen wird.

Der Grund ist einfach: Niemand, auch wir nicht, hat wirklich ernsthaft damit gerechnet, dass Demonstranten zu Aufständischen werden und in das Parlament eindringen, angestiftet und angefeuert durch den Mann, der die Wahl verloren hat, deutlich, krachend verloren – genauso wie Hillary Clinton vier Jahre zuvor mit 232 zu 306 Wahlmännerstimmen. Wie zu einer mittelalterlichen Schlacht sind sie aufgezogen an diesem Morgen mit stahlblauem Himmel; ein regelrechtes Fahnenmeer bedeckt die Mall, Zehntausende von Menschen sind gekommen. Und wie ein Feldherr inspiziert Donald Trump seine Armee. Er steht in einem Zelt hinter der großen Tribüne und schaut auf Fernsehbildschirmen zu, wie mehrere Vorredner die Stimmung anheizen.

In einer vertraulichen Warnung an alle Sicherheitsbehörden hatte das FBI Tage zuvor vor einem »Krieg« gewarnt, der sich zusammenbraue – auch das erfahren wir natürlich erst hinterher. In Chatgruppen war der Sturm aufs Kapitol längst besprochen, waren Pläne geschmiedet, wie man am besten eindringt und Verräter unter den Abgeordneten bestraft. Ihre bebende Wut können wir an diesem Tag sehen. Sie glauben, dass das System nicht mehr funktioniert, jedenfalls nicht für sie. Bürger als marodierender Mob, willfährige Gefolgsleute eines Führers, der den Menschen einredet, dass Joe Biden und die Demokraten Kommunisten seien, die ihnen nun alles wegnehmen wollten. Es fehlt nur noch ein Streichholz für das Pulverfass, und Donald Trump entzündet es: »Wir werden den Diebstahl stoppen«, tönt er von der Bühne. »Gleich werden wir losziehen, und ich werde mitgehen. Wir werden zum Kapitol gehen. […] Wir werden kämpfen wie die Hölle, und wenn Ihr nicht kämpft wie die Hölle, dann habt Ihr kein Land mehr.«

Verschwörungsgläubige, Rechtsextremisten und Rassisten folgen blindlings Trumps Lügen. Wir sehen von unserem Standort aus, wie gegen 14 Uhr Tausende von Menschen die Treppen des Kapitols zum Eingang stürmen. Auf der Rückseite dringen die ersten Angreifer in das Gebäude ein, kämpfen mit brutaler Gewalt gegen die wenigen Polizisten. Amerikaner gegen Amerikaner – wie einst im Bürgerkrieg. Drinnen im Kapitol sind die Vertreter des Volkes auf der Flucht vor dem eigenen Volk. Beinahe fallen Abgeordnete den Angreifern in die Hände. Was, wenn sie auf die Sprecherin des Repräsentantenhauses Nancy Pelosi oder auf Vizepräsident Mike Pence gestoßen wären? »Hängt Mike Pence!«, skandieren sie in den Hallen des Parlaments. Als der Präsident im Weißen Haus erfuhr, dass die Aufständischen Mike Pence hängen wollten, antwortete er – wie wir heute wissen –: »Vielleicht haben unsere Unterstützer den richtigen Gedanken – Mike Pence verdient es.« Gegen vier Uhr nachmittags werden die Aufständischen mit Tränengas und Blendgranaten aus dem Kapitol vertrieben. Eine große Gruppe – darunter viele rechtsextremistische Milizionäre – stürmt auf uns zu. Sie reißen die Absperrgitter um, greifen unsere Stative, Scheinwerfer, alles, was sie in die Finger bekommen, und zerschlagen es. Dabei brüllen sie: »Fake News«, »Verräter«, »Volksfeinde«. Mein Kamerakollege und ich werden bedrängt, einer sagt: »Think if it's worth it, you are next« – »Denkt nach, ob es das wert ist, Ihr seid als Nächste dran.« Wir nehmen unsere privaten Rucksäcke und die Kamera, gehen los, alles andere lassen wir zurück, während hinter uns die Scheinwerfer splittern und zwei Kameras der Associated Press zerschlagen werden. Später werden wir auf Videos im Internet den Trümmerberg sehen und den Extremisten, der mit dem ZDF-Mikrofon in der Hand die Gewalt kommentiert. Aber der Angriff auf die Medien ist nur die Sideshow.

Amerikas Demokratie am Abgrund

Die Ereignisse des 6. Januar 2021 sind ein Angriff auf das Herz der amerikanischen Demokratie. Die Aufständischen halten sich für Patrioten, attackieren aber genau das, was Amerika ist – ein demokratischer Rechtsstaat. Sie glauben, das absolut Gute zu tun, und in ihrer alternativen Wirklichkeit kann jeder zum Feind des Volkes erklärt werden. Das haben wir an jenem Tag häufig gehört, ebenso Vergleiche mit dem Sturm auf die Bastille in der Französischen Revolution.

Was die einen als Sieg feiern, sehen viele andere als fatales Signal, wenn friedliche Machtwechsel in Gewalt untergehen, nur weil der Minderheit das Wahlergebnis nicht passt. Anstifter und Mittäter sind auch all jene republikanischen Politiker, die monatelang die Stimmung mit der Lüge von der angeblich gestohlenen Wahl angefacht haben. Einige haben den Angreifern sogar Tipps für die Erstürmung gegeben. Das Bedrohlichste an diesem Tag geschieht erst am Abend, als die Aufrührer vertrieben sind und der Kongress seine Arbeit wieder aufnimmt. Trotz all dem, was sich ereignet hat, stimmen acht Republikaner im Senat und 139 weitere im Repräsentantenhaus gegen die Zertifizierung des Wahlergebnisses im US-Bundesstaat Pennsylvania.

Sie merken, die Ereignisse vom 6. Januar 2021 haben sich auch bei mir tief eingegraben, tiefer, als ich dachte. Kein Vergleich natürlich zu dem, was Michael Fanone erlebt hatte, mit dem ich mich im Januar 2022 an der Westseite des Parlaments treffe. Er war als Beamter der Washingtoner Polizei von den Aufständischen niedergeprügelt, getreten und mit Elektroschocks traktiert worden. Fanone erlitt damals einen Herzinfarkt.

Wir reden über Jenna Ryan, eine Immobilienmaklerin und glühende Trump-Anhängerin aus Florida, die nun für 60 Tage ins Gefängnis muss, weil auch sie an jenem Tag ins Kapitol eingedrungen war. Ryan gibt sich in einem Fernsehinterview als Märtyrerin: »Sie verspotten mich wegen meiner Hautfarbe, nennen mich ›Insurrection Barbie‹ [Aufstands-Barbie]. Man sieht mich nicht als Menschen, sondern als Sündenbock, so wie einst die Juden in Deutschland.« Michael Fanone ist über diese Aussage genauso fassungslos wie ich: »Das Statement ist empörend. Sie ist eine Kriminelle, die sich an einem gewalttätigen Aufstand beteiligt hat. Sie wurde schuldig gesprochen und sollte – statt brandstiftender Äußerungen – mal über ihre Taten nachdenken.«

Fanone sieht Amerika an einem Wendepunkt. Das Land stecke bis zum Hals in einem Kulturkrieg, das mache ihm Angst. An jenem 6. Januar hätten er und seine Kollegen, amerikanische Polizeibeamte, Extremisten daran gehindert, die Demokratie zu zerstören. Aber die Gefahr sei nicht gebannt, weil die eigentlichen Drahtzieher – allen voran Donald Trump – weiter Stimmung gegen die Demokratie machten: »Ich erwarte«, sagt Fanone, »dass die Täter zur Rechenschaft gezogen werden, nicht nur die gewalttätigen Aufständischen, sondern auch die Politiker, die mit ihrer Rhetorik diesen Mob angestiftet haben, und alle, die beteiligt waren an den Planungen und der Verschwörung an diesem Tag.« Die öffentlichen Anhörungen des Untersuchungsauschusses im US-Kongress belegen eindeutig, dass der Umsturzversuch von Donald Trump und seinen willfährigen Helfern über Monate geplant und befeuert wurde.

Michael Fanone und mit ihm ganz Amerika wurden angegriffen durch die Mitte der Gesellschaft. Die Universität von Chicago hat untersucht, wer die Aufständischen waren, vor allem die mehr als 700, die wegen zahlreicher Straftaten, darunter auch Gewaltanwendung, angeklagt sind. »Über die Hälfte waren Geschäftsleute, Manager, Büroangestellte, Anwälte, Architekten, Finanzberater«, sagt mir der Leiter der Studie, Professor Robert Pape. »Nur sieben Prozent waren arbeitslos zum Zeitpunkt des Aufstands, entsprechend etwa dem landesweiten Durchschnitt. Das weicht sehr ab von dem, was wir sonst bei rechten Extremisten sehen, die Gewalt ausüben.«

Angestiftet von Donald Trump, waren es eben nicht nur rechtsextreme Milizen, sondern normale Bürger. So etwas, meint Professor Pape, habe es zuletzt in den 1920er-Jahren gegeben, als der Ku-Klux-Klan in Washington marschierte. Wie die Rassisten damals wurden die Täter vom 6. Januar getrieben von Angst. Viele Weiße in den USA wollen mit allen Mitteln verhindern, dass sie ihre Vormachtstellung verlieren. Die Universität Chicago hat über das Jahr 2021 hinweg mehrfach in Meinungsumfragen erkundet, wie weit sie dafür gehen würden. Rund acht Prozent der Amerikaner, so das Ergebnis, sind gewaltbereit.

»Wir fanden heraus, dass 21 Millionen Erwachsene Joe Biden für einen illegitimen Präsidenten halten und dass die Anwendung von Gewalt gerechtfertigt ist, um Trump wieder in sein Präsidentenamt einzusetzen«, erklärt Professor Pape. »Das ist sehr gefährlich. Es bedeutet, dass unsere Demokratie auf die Probe gestellt wird wie niemals zu unseren Lebzeiten.«

Auch die demokratische Landrätin in Michigan Barbara Byrum warnt vor einem Umsturz. Sie erlebt, wie Trump-Anhänger sich für Posten bewerben, in denen sie Ablauf und Ergebnis von Wahlen manipulieren könnten – als Vorsitzende von Wahlausschüssen, als Innenminister und Gouverneure in den Bundesstaaten. »Das ist ein Umsturz in Zeitlupe«, so Byrum. »Wir sehen eine Basisbewegung, Verschwörungsgläubige, Anhänger der Wahllüge, die selbst Ämter als Wahlaufseher übernehmen und dann die Regeln ändern wollen, die unser Wahlsystem schützen.«

Die Kandidatinnen und Kandidaten werden meist von Donald Trump empfohlen. Einige von ihnen haben sich bei internen Vorwahlen der Republikanischen Partei in der ersten Jahreshälfte 2022 bereits durchgesetzt und könnten in diesem November in die Parlamente und Regierungspositionen gewählt werden. Da ist etwas im Gange in Amerika – eine gewaltbereite politische Massenbewegung mit faschistischen Zügen wie einst in Italien und Deutschland. Will sagen: Der Autoritarismus, den Joe Biden rund um die Welt bekämpfen will, wächst auch in seinem eigenen Land; er beschädigt die Glaubwürdigkeit seiner harten Linie gegenüber China und Russland und ermutigt seine Widersacher Xi und Putin.

Die »Holy shit«-Momente

Der Sturm aufs Kapitol war ein »Holy shit«-Moment, so beschreibt es ein führendes Mitglied der Biden-Administration, das namentlich nicht genannt werden will. »Die Europäer«, so sagt die Person, »haben offenbar die Tragweite unseres Traumas vom 6. Januar noch nicht erfasst. Das ist zutiefst erschreckend.« Vor diesem Hintergrund sei die neue US-Regierung doch sehr überrascht gewesen über die distanzierte Haltung in Europa, insbesondere in Deutschland. Damit sind offenbar die Zweifel an der Verlässlichkeit der USA im Jahr 2021 gemeint, die auch durch den chaotischen Abzug aus Afghanistan weiter befeuert wurden.

Joe Biden und sein Team hatten sich offenbar mehr Unterstützung der Verbündeten gewünscht; schließlich, so heißt es im Weißen Haus, tue man doch alles, um die Lage in den USA dauerhaft zu festigen. Es sei auch sehr mühsam gewesen, die europäischen Partner, allen voran Deutschland, von den bösen Absichten des russischen Präsidenten Putin zu überzeugen; und in der US-Regierung gibt es auch wenig Verständnis für das Zaudern des Bundeskanzlers bei seiner Unterstützung für die Ukraine und die amerikanische Ukraine-Politik. Wer Sorge habe, dass Amerika wieder und noch tiefer in den Trumpismus abgleiten könnte, müsse sich doch erst recht im Kampf gegen den Autoritarismus Moskaus engagieren und dem kolonialistischen, imperialistischen Krieg Putins das Narrativ von Freiheit und Demokratie entgegensetzen. Auch deshalb, weil Europa in diesem Jahr seine eigenen »Holy shit«-Momente erlebte.

Einer war zweifellos die Präsidentschaftswahl in Frankreich am 24. April 2022, die Emmanuel Macron am Ende mit 58,5 Prozent der Stimmen zwar deutlich gewann, aber seine Widersacherin Marine le Pen erhielt 41,5 Prozent der Stimmen, und 28 Prozent der Wahlberechtigten blieben einfach zu Hause. Beim nächsten Mal könnte das rechtsextremistische Potenzial in der französischen Wählerschaft dem Autoritarismus auch in der Grande Nation den Weg ebnen.

Die Anhänger autoritären Gedankenguts haben sich längst auch über den Atlantik hinweg miteinander vernetzt und bedrohen die Demokratie von innen, wie der zweite »Holy shit«-Moment zeigt. »Wir müssen die Institutionen in Washington und Brüssel zurückerobern. Wir müssen uns als Verbündete sehen und die Bewegungen unserer Truppen koordinieren«, tönt der grauhaarige Mann im blauen Anzug von der Bühne. Hinter ihm prangt ein riesiges Logo in den ungarischen Landesfarben Rot-Grün-Weiß – CPAC 2022. Dass Viktor Orbán an diesem Donnerstag, dem 19. Mai, eine braune Krawatte trägt, ist vermutlich Zufall, aber sein 12-Punkte-Plan mit dem Slogan »Gott, Heimat, Familie« enthält faschistische Elemente.[99] Orbán sieht sich und seine amerikanischen Gesinnungsfreunde in Europa und den USA im Krieg gegen die »radikale Linke« und ihre »Ideologie der politischen Korrektheit«. CPAC steht für Conservative Political Action Conference – das Jahrestreffen der konservativen Gruppierungen Amerikas, unter ihnen vor allem die Republikanische Partei. Die Veranstaltung findet erstmals in Budapest statt, weil der ungarische Premierminister in der rechten Bewegung in den USA als Vorbild und Vorkämpfer gefeiert wird.

Wenige Tage zuvor hatte Orbán bei der Antrittsrede zu seiner vierten Amtszeit die krude Verschwörungstheorie vom Bevölkerungsaustausch propagiert, also die Lüge, dass die weiße Rasse durch Zuwanderung marginalisiert werden soll. »Der große europäische Bevölkerungsaustausch ist ein Selbstmordversuch, bei dem das Fehlen von europäischen, christlichen Kindern durch Erwachsene aus anderen Zivilisationen ausgeglichen werden soll – durch Migranten.«[100] Diesen Satz sprach Orbán zwei Tage nach dem Massaker in einem Supermarkt in Buffalo im US-Bundesstaat New York, bei dem zehn Menschen – vor allem schwarze Amerikaner – ermordet wurden. Der Täter war ein Anhänger der »Replacement«-Theorie, die beim CPAC-Treffen in Budapest eine große Rolle spielte.

James Carafano von der Heritage Foundation, einer konservativen Denkfabrik in Washington, erklärte den Zuhörern, die Linke setze »eine der schrecklichsten Massenvernichtungswaffen in der modernen Geschichte ein, vielleicht sogar schlimmer als eine Atombombe. Es ist die Waffe der Massenzuwanderung.« David Azerrad, ein Professor am christlich-fundamentalistischen Hillsdale College in Michigan behauptete, die »militante Linke jubiliert beim Gedanken an die Auslöschung der weißen Rasse«. Niemals in der Menschheitsgeschichte hätten »souveräne Staaten freiwillig jahrzehntelang unzählige Millionen von Menschen anderer Hautfarben und Religionszugehörigkeiten in ihre Länder importiert«. Das täten nur »Tyrannen, die ein gebrochenes Volk erobern und ruhigstellen wollen«.

Mehrere Abgeordnete rechter Parteien aus Italien und Ungarn machten in ihren CPAC-Reden ähnliche Anmerkungen, ebenso der ungarische Journalist und Mitbegründer der Fidesz-Partei Zsolt Bayer, der im Jahr 2011 Juden einmal als »stinkende Exkremente« und 2013 Roma als »Tiere« bezeichnet hatte.[101] Das hinderte Viktor Orbán nicht, seinem Parteifreund 2016 den Ehrenorden Ungarns zu verleihen. Natürlich nahm auch Donald Trump, allerdings nur per Zuschaltung, an der Tagung in Budapest teil und lobte seinen Freund Orbán in den höchsten Tönen: »Er ist ein großer Anführer, ein großer Gentleman, und er hatte gerade ein großartiges Wahlergebnis. Ich fühle mich geehrt, dass ich ihn empfohlen habe.«

Kein Raum für Beschwichtigung

Die Ansichten vieler Anhänger von Trump, Le Pen, Orbán und anderen Rechtsextremen unterscheiden sich wenig bis gar nicht von den teils revisionistischen, rassistischen, faschistischen und menschenverachtenden Überzeugungen von Xi Jinping und Wladimir Putin. Ihre Methoden im Umgang mit Andersdenkenden, mit Presse- und Meinungsfreiheit, mit Bürger- und Menschenrechten ähneln sich. Der Autoritarismus reckt auch innerhalb der liberalen Demokratien sein hässliches Haupt.

Putin und Xi sehen das als Belege für die Schwäche der demokratischen Idee und der regel- und wertebasierten Ordnung. Diese seien nicht in der Lage, die Grundbedürfnisse der Menschen – ein Leben in Sicherheit, wirtschaftliche Perspektiven, eine friedvolle Entwicklung – zu garantieren. All das könne nur der Autoritarismus gewährleisten – Präsident Xi Jinping nennt es freilich Demokratie chinesischer Prägung. Aber es ist keine Demokratie, wie wir es auch drehen und wenden. Wenn wir die Definition aus Peking akzeptieren und die Verschiebung der roten Linien hinnehmen, untergraben wir eigenhändig die regelbasierte Ordnung, die nach dem Zweiten Weltkrieg Freiheit, Sicherheit und Wohlstand ermöglicht hat. Der Gedanke, dass wir mit China über gemeinsame Interessen und Felder enger Zusammenarbeit reden müssen, ist großartig, aber der Gedanke, dass wir dabei die universellen Menschenrechte und die regel- und wertebasierte Ordnung einfach ausklammern, ist völlig absurd. Es gibt hier keinen Spielraum für Beschwichtigung und Verharmlosung, keinen Platz für Zögerlichkeit aus wirtschaftlichem Opportunismus oder aus naiver Hoffnung auf Wandel. Das beweist das Regime in Peking täglich aufs Neue.

Im Mai 2022 wurden neue Bilder und Dokumente über das Leid der Uiguren in der chinesischen Provinz Xinjiang veröffentlicht, darunter Fotos Hunderter Gefangener, vom 15 Jahre alten Rahile Omer bis zu den 73-jährigen Anihan Hamit und Hawagul Tewekkul. Menschen, die den Lagern entkommen sind, nennen sie Gefängnisse für Gehirnwäsche. Die Insassen müssten Gedichte rezitieren und Propagandareden im Fernsehen anschauen. Ein Video zeigt Häftlinge in blauen Overalls, ihre Köpfe kahl rasiert, die Augen verbunden. Gesammelt hat das Material der Deutsche Adrian Zenz von der Washingtoner Denkfabrik Victims of Communism Memorial Foundation, die sich der Erforschung des Kommunismus widmet.

In einem Fernsehinterview beschreibt Zenz die Art der chinesischen Zwangslager.[102] »Die Dokumente zeigen uns erstmals, wie die Camps bewacht werden, wie viele Polizisten, wie sie sich verhalten und wie sie bewaffnet sind. [...] In den Wachtürmen haben sie Scharfschützengewehre und militärische Maschinenpistolen. Sie müssen die Gefangenen davor warnen, auszubrechen oder Ärger zu machen. Wenn Häftlinge den Anweisungen nicht folgen, haben die Wärter den Befehl, sie zu erschießen. [...] Wir haben auch Bilder von Übungen, bei denen Polizisten den Gefangenen Handschellen und Fußfesseln anlegen, sie wegführen und dann zum Verhör in den sogenannten Tigerstuhl setzen.« Der »Tigerstuhl« ist ein Folterstuhl aus Metall, bei dem die Arme und Beine der Opfer in eiserne Manschetten gesteckt und in eine unnatürliche und schmerzhafte Haltung gebogen werden.

Die Lager in Xinjiang sind nichts anderes als Internierungs- oder Konzentrationslager. Von ihrer Existenz wollen deutsche Konzerne wie Volkswagen, Bosch, BASF und Siemens, die Fabriken in der Region unterhalten, angeblich nichts wissen. Immerhin entschied das Bundeswirtschaftsministerium Anfang Juni 2022, dem VW-Konzern zum ersten Mal überhaupt seit der Öffnung Chinas für westliche Unternehmen Garantien für Investitionen über mehr als drei Milliarden Euro zu verweigern, weil das Automobilunternehmen sein Chinageschäft ungeachtet aller Menschenrechtsverletzungen weiter vorantreibt.

Auch gegenüber Taiwan setzt China seine Provokationen fort. Als der amerikanische Präsident im Mai 2022 nach Südkorea und Japan reist, lässt Xi Jinping einmal mehr chinesische Kampfjets in die Schutzzone um Taiwan eindringen. So wie schon im Herbst zuvor sendet Joe Biden daraufhin bei einer Pressekonferenz ein klares Signal nach Peking. Auf die Frage eines Journalisten, ob die USA Taiwan militärisch verteidigen würden, antwortet Biden mit einem klaren »Ja«.

Bidens Mitarbeiter verdrehen einmal mehr die Augen, weil er wieder mal etwas sagt, was sie hinterher relativieren müssen: Natürlich bleibe es bei der Ein-China-Politik der US-Regierung. Aber der Präsident meint seine Worte wirklich ernst, erfahren wir Tage später. Angesichts des russischen Angriffskriegs in der Ukraine will er China von jeder Art der Aggression abschrecken. Deshalb hat Joe Biden in der Pressekonferenz ergänzt: »Der Gedanke, dass man es [Taiwan] mit Gewalt nehmen kann, einfach mit Gewalt, der ist nicht angemessen. Es würde die gesamte Region destabilisieren und wäre vergleichbar mit dem, was in der Ukraine geschehen ist.« Der japanische Premierminister Fumio Kishida verstärkt Bidens Worte: »Jeder Versuch, den Status quo mit Gewalt zu verändern, so wie Russlands Aggression jetzt in der Ukraine, sollte im Indopazifik niemals toleriert werden.« Die chinesische Führung muss einkalkulieren, dass ihr bei einem Angriff auf Taiwan neben Wirtschaftssanktionen auch militärische Reaktionen drohen – von den USA, von Japan und von ihren Verbündeten.

Neue Bündnisse

Der Kampf um Einfluss im Indopazifik spitzt sich weiter zu. Beide Seiten schmieden Allianzen, um ihre politischen, wirtschaftlichen und militärischen Ausgangspositionen für einen möglichen Konflikt zu verbessern. Im April 2022 schloss China ein Sicherheitsabkommen mit den Salomonen, die strategisch günstig zwischen den USA und Australien und in unmittelbarer Nähe wichtiger Handelsrouten liegen.[103] Die Vereinbarung sieht vor, dass Peking Soldaten und Polizisten für gemeinsame Übungen und die Aufrechterhaltung der Ordnung in den Inselstaat entsenden kann. Chinesische Kriegsschiffe dürfen dort auch jederzeit Station machen. Australien, Neuseeland und die USA befürchten, dass China eine dauerhafte Militärbasis auf den Salomonen einrichten könnte.

Aber auch die Vereinigten Staaten sammeln weiter Verbündete in der Region. Bei seinem Besuch in Japan vereinbarte US-Präsident Biden mit den Staats- und Regierungschefs von Australien, Brunei, Indien, Indonesien, Japan, Südkorea, Malaysia, Neuseeland, den Philippinen, Singapur, Thailand und Vietnam das sogenannte Indo-Pacific Economic Framework (IPEF). Das Bündnis soll »hochgradige, integrative, freie und faire Handelsverpflichtungen« fördern, die »Transparenz, Vielfalt, Sicherheit und Nachhaltigkeit« der Lieferketten verbessern, den »Zugang zu wichtigen Rohstoffen und verarbeiteten Materialien, Halbleitern, kritischen Mineralien und sauberen Energietechnologien« sicherstellen, die »Entwicklung und den Einsatz sauberer Energietechnologien« beschleunigen und »wirksame Steuer-, Geldwäsche- und Bestechungsregelungen« im Kampf gegen die Korruption durchsetzen.

»Die Nationen, die heute hier vertreten sind, und diejenigen, die sich diesem Rahmen in Zukunft anschließen werden«, so Biden bei der Pressekonferenz am 23. Mai 2022, »verpflichten sich, auf eine wirtschaftliche Vision hinzuarbeiten, die allen unseren Völkern gerecht wird: die Vision für einen freien Indopazifik […] mit einem Wirtschaftswachstum, das nachhaltig und integrativ ist.« Dann fügte er einen Satz hinzu, der offenbar auch ein Signal nach China sein soll: »Ich möchte klarstellen, dass der Rahmen für andere offen sein wird, die in Zukunft beitreten möchten, wenn sie sich anmelden und die Ziele erreichen.«

In einem Pressegespräch präzisierte der Nationale Sicherheitsberater Jake Sullivan diesen Punkt: »Das bedeutet nicht, dass man nur die Hand heben muss und dann automatisch reinkommt. Wir, die USA, werden nicht diktieren, wer künftig dazukommt, das wird mit unseren Partnern besprochen. […] Das gilt grundsätzlich auch im Fall China.« Es ist eine ausgestreckte Hand in Richtung China, aber sie ist kombiniert mit einem Prinzip, das die Biden-Administration im Umgang mit autoritären Regimen, aber auch mit ihren Freunden und Verbündeten für unverzichtbar hält: ungeschminkte Ehrlichkeit.

Der irische Schriftsteller C. S. Lewis schrieb einst in seiner religiösen Satire *Dienstanweisung für einen Unterteufel:* »Der sicherste Weg zur Hölle ist der allmähliche – der sanfte Hang, weich unter den Füßen, ohne plötzliche Wendungen, ohne Meilensteine, ohne Wegweiser.«[104] Dieses Zitat nutzte im Oktober 2020 der Chinaexperte und ehemalige Trump-Berater Matthew Pottinger in einem Vortrag für ein glühendes Plädoyer für absolute Offenheit im Umgang mit anderen Regierungen, weil »das Böse am allermeisten fürchte, dass die Wahrheit öffentlich ausgesprochen wird«. Wenn man auf diese Weise »Wegweiser« aufstelle, schütze das vor der Versuchung, sich in Gutgläubigkeit und Naivität auf ein im Kern menschenverachtendes und vorerst nicht reformierbares Regime einzulassen, nur weil man wirtschaftliche Vorteile daraus ziehen will. Obendrein biete das auch die Chance, dass Menschen in China, wenn auch nicht die Führung der Kommunistischen Partei, über das Handeln ihrer Regierung nachdenken. Als die Sprecherin des US-Repräsentantenhauses Nancy Pelosi im August 2022 nach Taiwan reiste, hielt selbst das Weiße Haus ihr Verhalten für unklug. Die militärische Eskalation war eine zwangsläufige Folge. Aber Pelosi – die ranghöchste Politikerin Amerikas nach Präsident und Vizepräsidentin – stellte einen Wegweiser auf, eine unmissverständliche Antwort auf all das, was ich in diesem Buch dargestellt habe.

In der chinesischen Philosophie gibt es keine Rechtfertigung für die Konzentrationslager und den kulturellen Völkermord an den Uiguren, es sind Verbrechen gegen die Menschlichkeit, die den Opfern ihr Recht auf Freiheit und Würde verweigern. Es gibt keine Rechtfertigung für die Unterdrückung der Meinungs- und Pressefreiheit in Hongkong und Tibet, sowie die grundlose Inhaftierung und Folter von Regierungskritikern in China – es sind eklatante Brüche der Menschenrechtskonvention der Vereinten Nationen von 1948, an der damals übrigens der chinesische Diplomat Peng Chun Chang (P.C. Chang) mitgeschrieben hatte.

Als US-Präsident Ronald Reagan bei seinem Auftritt am 12. Juni 1987 in Berlin sagte: »Mr Gorbatschow, reißen Sie diese Mauer nieder«, da waren seine Mitarbeiter im Weißen Haus nicht glücklich, weil sie Reagans Worte zu provokativ fanden. Aber Reagan handelte aus Überzeugung, wie er es im Juni 1988 in einer außenpolitischen Grundsatzrede in London erklärte: »Es ist die erste und wichtigste Niederlage, die freie Nationen jemals erleiden können – wenn freie Völker aufhören, die Wahrheit über und zu ihren Gegnern zu sagen, hören sie auf, sich selbst die Wahrheit zu sagen. In Staatsangelegenheiten hört die Wahrheit auf zu existieren, wenn sie nicht ausgesprochen wird.« Deshalb bezeichnete Reagan die Sowjetunion öffentlich als »Reich des Bösen«, ging aber in der gleichen Rede auch auf Amerikas »Vermächtnis des Bösen« ein – die Sklaverei und den Antisemitismus in den USA.

Joe Bidens Äußerungen zu China sind genauso authentisch und ehrlich – gedacht als Wegweiser für Amerikas Verbündete, aber auch für die autoritären Machthaber und ihre willfährigen Vasallen. Und als er am 26. März im Königsschloss von Warschau Putin als Diktator bezeichnete und hinzufügte »um Gottes willen, dieser Mann kann nicht an der Macht bleiben«, da sagte Biden eben auch, dass die Vereinigten Staaten »hart an ihrer Demokratie arbeiten« müssen.

Entscheidung in Amerika

Dies ist der Faktor, der über den Ausgang des Kampfes der Supermächte entscheiden wird. Der amerikanische Präsident hat Europa, die NATO, die G-7 zu neuer Geschlossenheit geführt, wie die Gipfeltreffen von Elmau und Madrid im Juni 2022 eindrucksvoll belegen: das Aufbrechen des elitären G7-Clubs durch die direkte Beteiligung der Schwellenländer Indien, Indonesien, Argentinien, Senegal und Südafrika, die geplanten Infrastrukturprojekte über 600 Milliarden Dollar, der NATO-Beitritt von Schweden und Finnland, die Vernetzung der transatlantischen Allianz mit Bündnispartnern im Indopazifik. Die Bündnisse in Asien von QUAD bis IPEF sind ein wichtiges Gegengewicht zu Chinas Einfluss in der Region. Das außenpolitische Management Bidens gehört – trotz Afghanistan – zum Besten, was US-Regierungen in den vergangenen Jahrzehnten zu bieten hatten. Aber was nützt all das, wenn innerhalb der USA die Grundprinzipien der Demokratie untergraben werden und der friedliche Machtübergang nach künftigen Wahlen in Zweifel steht, weil die Lüge von der angeblich gestohlenen Wahl 2020 die Gesellschaft durchdringt.[105] Diese Lüge drängt sich an die Stelle der amerikanischen Verfassung; sie schwemmt Politiker in Ämter, die das Allerheiligste in einer Demokratie, das Ergebnis von Wahlen, nur dann akzeptieren wollen, wenn sie selbst die Sieger sind. Perfiderweise tun sie so, als wollten sie das demokratische System schützen, das sie aber durch ihr Handeln in Wirklichkeit abschaffen. Sie behaupten, sie wollten Betrug verhindern und die Integrität der Wahl bewahren, aber im Kampf um die Macht wollen sie eigentlich nur der Mehrheit das Stimmrecht stehlen.

In der Demokratie kommen Menschen zusammen, weil sie fest davon überzeugt sind, dass Fortschritt nur durch Beteiligung und Repräsentation möglich ist. Die Demokratie beginnt mit einem Menschen, der an einem Tag in einer Schlange steht und seine Stimme abgibt, der wählen kann zwischen Alternativen im festen Vertrauen, dass der Gewinner der Wahl auf der Grundlage von Verfassung und Recht ermittelt wird. Ohne diese Grundvoraussetzung wäre Demokratie bedeutungslos und nicht mehr unterscheidbar vom absoluten Regime der Kommunistischen Partei Chinas.

Amerika will das chinesische System nicht von außen verändern, der naive Glaube von Wandel durch Handel ist abgehakt. China ist aus Sicht der USA ein »Frienemy« – eine Mischung aus »Friend« und »Enemy« –, also Freund und Feind, ideologischer Gegner, wirtschaftlicher Wettbewerber, rücksichtsloser Regelbrecher, strategischer Rivale, militärische Bedrohung; es kann aber auch Partner sein, Quelle von Talent, Kapital und Innovation, um gemeinsam die Welt ein Stück besser zu machen und die großen Herausforderungen der Zukunft zu bestehen.

Der Traum vieler Chinesen unterscheidet sich trotz der Muskelspiele ihres Anführers eigentlich nicht von dem, was sich auch Amerikaner und viele Menschen rund um den Erdball für ihre Kinder wünschen. Dieser Traum gehört zum Gründungsmythos der Vereinigten Staaten. In der amerikanischen Unabhängigkeitserklärung heißt es: »Folgende Wahrheiten erachten wir als selbstverständlich: dass alle Menschen gleich geschaffen sind; dass sie von ihrem Schöpfer mit gewissen unveräußerlichen Rechten ausgestattet sind, dass dazu Leben, Freiheit und das Streben nach Glück gehören.« Aber der Amerikanische Traum hat Risse bekommen und wird vom Autoritarismus auf eine harte Probe gestellt und bedroht. Die Demokratie muss beweisen, dass sie mit den Herausforderungen besser fertigwird als eine Diktatur. Nur dann kann sich die Wertegemeinschaft, zu der sich Amerika und seine Verbündeten, darunter auch die meisten europäischen Staaten, zählen, durchsetzen gegen den menschenverachtenden Autoritarismus des Rivalen China.

Danksagung

Ich bedanke mich von Herzen bei meiner wunderbaren und geduldigen deutsch-amerikanischen Familie und bei meinem besten Freund Volker Wilhelmi, der dafür sorgt, dass der kritische Blick auf Amerika nicht zu kurz kommt. Ein großes Dankeschön auch an Annette Brieger und Ulf Röller für ihre brillanten und hilfreichen Einschätzungen zu den USA und China.

Anmerkungen

1 Vgl. Tang, Terry: As Virus-era Attacks on Asians Rise, Past Victims Look Back. In: *Associated Press* vom 2. März 2021.

2 Vgl. Borja, Melissa Borja und Jacob Gibson: Anti-Asian Racism 2020. In: *Virulent Hate Reports*. Hg. v. University of Michigan.

3 Vgl. Schumacher, Shannon und Laura Silver: In Their Own Words: What Americans Think About China. Hg. v. Pew Research Center am 4. März 2021.

4 Die folgenden Abschnitte basieren in Teilen auf meiner Analyse der zehn Jahre nach dem 11. September 2001. Vgl. Theveßen, Elmar: *Nine Eleven. Der Tag, der die Welt veränderte*. Propyläen Verlag. Berlin 2011.

5 Vgl. Gibson, Rosemary: Exploring the Growing U. S. Reliance on China's Biotech and Pharmaceutical Products. Anhörung vor dem US-Kongress vom 31. Juli 2019.

6 Vgl. Bolton, John: *Der Raum, in dem alles geschah. Aufzeichnungen des ehemaligen Sicherheitsberaters im Weißen Haus*. Das Neue Berlin. Berlin 2020.

7 Vgl. Swanson, Ana: A New Red Scare Is Reshaping Washington. In: *The New York Times* vom 20. Juli 2019.

8 Vgl. Hosenball, Mark und Jonathan Landay: China Push for Global Power Tops U. S. Security Threats – Intelligence Report. In: Reuters vom 13. April 2021.

9 Vgl. Nakamura, David, Carol D. Leonnig und Ellen Nakashima: Matthew Pottinger Faced Communist China's Intimidation as a Reporter. He's Now at the White House Shaping Trump's Hard Line Policy Toward Beijing. In: *The Washington Post* vom 29. April 2020.

10 Jakes, Lara: In First Talks, Dueling Accusations Set Testy Tone for U. S.–China Diplomacy. In: *The New York Times* vom 18. März 2021.

11 Vgl. Cai, Xia: China–US Relations in the Eyes of the Chinese Communist Party. An Insiders Perspective. In: CGSP *Occasional Paper Series* No. 1 vom Juni 2021.

12 Vgl. Chin, Josh und Liza Lin: China's All-Seeing Surveillance State Is Reading Its Citizens' Faces. In: *Wall Street Journal* vom 26. Juni 2017.

13 Vgl. Ramzy, Austin und Chris Buckley: »Absolutely No Mercy«: Leaked Files

Expose How China Organized Mass Detentions of Muslims. In: *The New York Times* vom 16. November 2019.
14 Vgl. Swaine, Michael: Xi Jinping's Address to the Central Conference on Work Relating to Foreign Affairs: Assessing and Advancing Major Power Diplomacy with Chinese Characteristics. In: *China Leadership Monito*r vom 19. März 2015.
15 Vgl. Tobin, Lisa: Xi's Vision for Transforming Global Governance: A Strategic Challenge for Washington and Its Allies. In: *Texas National Security Review* vom November 2018.
16 Vgl. Lee, Kristine und Alexander Sullivan: People's Republic of the United Nations. China's Emerging Revisionism in International Organisations. Hg. v. Center for a New American Security. Washington 2019.
17 Vgl. Drun, Jessica und Bonnie Glaser: The Distortion of UN Resolution 2758 to Limit Taiwan's Access to the United Nations. Hg. v. German Marschall Fund. Washington März 2022.
18 Vgl. Gao, Charlotte: Amid Tensions With US, China Holds An Unusually High-Level Meeting on Diplomacy. In: *The Diplomat* vom 25. Juni 2018.
19 Vgl. Theveßen, Elmar: *Die Bush-Bilanz. Wie der* US-*Präsident sein Land und die Welt betrogen hat.* Droemer Verlag. München 2004.
20 Vgl. Perry, Alex: Strong Man. Rwanda's Battle-hardened President, Paul Kagame Is Under Attack by the West. In: *Time Magazine* vom 24. September 2012.
21 Sudan, François: Kagame: Africa Doesn't Need Babysitters. In: *Jeune Afrique* vom 12. Juni 2018.
22 Vgl. Cheesman, Nic: What Would an Authoritarian Africa Look Like? In: *The Africa Report* vom 28. Februar 2022.
23 Vgl. Examining Authoritarian Developmental States. Hg. v. Swiss Agency for Development and Cooperation. https://www.shareweb.ch/site/DDLGN/Documents/SDC%20Examining%20Authoritarian%20Developmental%20States.pdf
24 Vgl. Mahbubani, Kishore: Can America Lose to China? In: *The National Interest* vom 1. Juli 2021.
25 Vgl. Mattis, Peter: China's »Three Warfares« in Perspective. In: *War on the Rocks* vom 30. Januar 2018.
26 Vgl. Yeung, Jessie: One Year After Hong Kong's National Security Law, Residents Feel Beijing's Tightening Grip. In: CNN.com vom 30. Juni 2021.
27 Vgl. Datt, Angeli: The Impact of the National Security Law on Media and Internet Freedom in Hong Kong. In: *Freedom House* vom 19. Oktober 2021. https://freedomhouse.org/article/impact-national-security-law-media-and-internet-freedom-hong-kong
28 Vgl. Siu-kai, Lau: The National Security Law: Political and Social Effects on the Governance of the Hong Kong Special Administrative Region. In: *Public Administration and Policy* vom 3. September 2021.
29 Vgl. Anderson, Evan: The Real China Plan. Part 2: Domination. In: SNS *Subscriber Edition* 22 (23) vom 26. Juni 2017.
30 Vgl. Tager, James: Made in Hollywood, Censored by Beijing. The U. S. Film Industry and Chinese Government Influence. PEN America 2020.

31 Vgl. Qin, Amy: Dissident Artist Ai Weiwei Is Cut From Film. Producer Cites »Fear of China«. In: *The New York Times* vom 19. Februar 2019.

32 Vgl. Lim, Louisa und Julia Bergin: Inside China's Audacious Global Propaganda Campaign. In: *The Guardian* vom 7. Dezember 2018.

33 Vgl. Kah, Gui Qing und John Shiffman: Beijing's Covert Radio Network Airs China-friendly News Across Washington, and the World. In: Reuters vom 2. November 2015.

34 Vgl. https://www.youtube.com/watch?v=Q8SCM-4SWl8

35 Vgl. Meade, Amanda: Nine Entertainment Newspapers Quit Carrying China Watch Supplement. In: *The Guardian* vom 8. Dezember 2020.

36 Vgl. Anderson, Mark: The Real China Plan. Part 1 – Going Out. In: SNS *Subscriber Edition* 22 (20) vom 29. Mai 2017.

37 Vgl. National Association of Scholars (Hg.): Outsourced to China. Confucius Institutes and Soft Power in American Higher Education. April 2017.

38 Vgl. Diamond, Larry und Orville Schell: China's Influence & American Interests. Report of the Working Group on Chinese Influence Activities in the United States. Hg. v. Hoover-Institution. Stanford 2019.

39 Vgl. Stempel, Jonathan: Chinese Professor, Despite No Remorse, to Return Home After Guilty Plea in Huawei Theft Case. In: Reuters.com vom 14. Dezember 2020.

40 Vgl. Macias, Amanda: Texas A&M Professor Accused of Secretly Collaborating with China Amid NASA Work. In: CNBC.com vom 24. August 2020.

41 Vgl. Nakashima, Ellen und David Nakamura: China Initiative Aims to Stop Economic Espionage. In: *The Washington Post* vom 15. September 2021.

42 Vgl. Yam, Kimmy: Asian American Wrongfully Accused of Spying Recounts Damage of Racial Profiling. In: *The New York Times* vom 8. April 2022.

43 Vgl. Edmondson, Catie: Rogue' U. S. Agency Used Racial Profiling to Investigate Commerce Dept. Employees, Report Says. In: *The New York Times* vom 16. Juli 2021.

44 Vgl. Bing, Christopher et al.: Suspected Chinese Hackers Used SolarWinds Bug to Spy on U. S. Payroll Agency. In: reuters.com vom 2. Februar 2021.

45 Vgl. Collier, Kevin: China Behind Another Hack as U. S. Cybersecurity Issues Mount. In: NBCnews.com vom 21. April 2021.

46 Vgl. Barrett, Devlin: U. S. Charges Chinese Security Officers With Hacking. In: *The Washington Post* vom 19. Juli 2021.

47 Vgl. Sganga, Nicole: Chinese Hackers Took Trillions in Intellectual Property From About 30 Multinational Companies. In: CBSnews.com vom 4. Mai 2022.

48 Vgl. Pottinger, Matthew: Remarks by Deputy National Security Advisor Matt Pottinger to London-based Policy Exchange. Hg. v. The White House vom 23. Oktober 2020. Hier der Link zum Videomitschnitt in Mandarin https://www.youtube.com/watch?v=L3XPRHgSqyo

49 Vgl. Nakamura, David, Carol D. Leonnig and Ellen Nakashima: Matthew Pottinger Faced Communist China's Intimidation as a Reporter. He's Now at the White House Shaping Trump's Hard Line Policy Toward Beijing. In: *The Washington Post* vom 29. April 2020.

50 Vgl. Liu, Natalie: How America Turned the Tables on Huawei. In: voanews.com vom 10. Juni 2021.

51 Vgl. Shepardson, David: Biden Signs Legislation to Tighten U.S. Restrictions on Huawei, ZTE. In: reuters.com vom 11. November 2021.

52 Japan, U.S. Plan to Keep Watch on Rakuten After Tencent Investment. In: *Kyodo News* vom 20. April 2021.

53 Brown, Chad P.: China Bought None of the Extra $200 billion of US Exports in Trump's Trade Deal. In: Peterson Institute for International Economics vom 8. März 2022.

54 Vgl. Dezenski, Elaine: Confronting Kremlin and Communist Corruption. Congressional Testimony vom 18. November 2021. In dem Dokument sind alle Informationen zur Analyse der chinesischen BRI mit zahlreichen Quellenangaben belegt.

55 Vgl. Parkinson, Joe, Nicholas Bariyo und Josh Chin: Huawei Technicians Helped African Governments Spy on Political Opponents. In: *The Wall Street Journal* vom 15. August 2019.

56 Vgl. Strupczewski, Jan: EU Unveils 300 Billion Euro Answer to China's Belt and Road. In: reuters.com vom 1. Dezember 2021.

57 Vgl. Hanson, Fergus, Emilia Currey und Tracy Beattie: The Chinese Communist Party's Coercive Diplomacy. In: *Policy Brief. Report* No 36/2020. Hg. v. Australian Strategic Policy Institute. Die Grundlage der Studie sind öffentlich verfügbare Quellen in englischer und chinesischer Sprache.

58 Vgl. Verrender, Ian: China's New Front in Trade War with Australia – Africa. In: ABC *News* vom 4. Juli 2021.

59 Vgl. Shepherd, Christian: Facing Olympic Boycott Calls, China Presses U.S. Companies to Speak up in Its Defense. In: *The Washington Post* vom 2. Dezember 2021.

60 Vgl. Zeng Huafeng und Shi Haiming: Scientific and Technological Deterrence: A New Trend in the Use of Military Power. 17. Februar 2019. Sowie: Fang und Shi Haiming: Biology and Interdisciplinary Technologies. Guangming Network. Military Technology Frontier. 19. Oktober 2016.

61 Kania, Elsa B.: Minds at War. China's Pursuit of Military Advantage Through Cognitive Science and Biotechnology. In: PRISM 8 (3). National Defense University (Hg.). Januar 2020.

62 Zitiert nach Kania, Elsa B. und Wilson Vorndick: Weaponizing Biotech – How China's Military Is Preparing for a »New Domain of Warfare«. In: *Defense One* vom 14. August 2019.

63 Vgl. Barnes, Julian E.: U.S. Warns of Efforts by China to Collect Genetic Data. In: *The New York Times* vom 22. Oktober 2021.

64 Vgl. Needham, Kirsty und Claire Baldwin: China's Gene Giant Harvests Data from Millions of Women. In: Reuters vom 7. Juli 2021.

65 Vgl. Manuel, Anja und Kathleen Hicks: Can China's Military Win the Tech War?. In: *Foreign Affairs* vom 29. Juli 2020.

66 Vgl. Roos, Megan: Wuhan Lab Wanted to Genetically Enhance Bat Viruses to Study Human Risks, Documents Show. In: *Newsweek* vom 22. September 2021.

67 Vgl. Director of National Intelligence: Updated Assessment on Covid-19 Origins vom 29. Oktober 2021. https://www.dni.gov/index.php/newsroom/reports-

publications/reports-publications-2021/item/2263-declassified-assessment-on-covid-19-origins

68 Vgl. Dou, Eva und Lily Kuo: A Scientist Adventurer and China's »Bat Woman« Are Under Scrutiny as Coronavirus Lab-leak Theory Gets Another Look. In: *The Washington Post* vom 2. Juni 2021.

69 Vgl. Lieser, Ethen Kim: Look Hard: This Might Be How China Tries to Sink the U. S. Navy. In: Nationalinterest.org vom 11. März 2021.

70 Vgl. Copp, Tara: »It Failed Miserably«: After Wargaming Loss, Joint Chiefs Are Overhauling How the US Military Will Fight. In: *Defense One* vom 26. Juli 2021.

71 Vgl. Broad, William: How Space Became the Next »Great Power« Contest Between the U. S. and China. In: *The New York Times* vom 6. Mai 2021.

72 Vgl. Osborn, Kris: Biden Just Set up a Task Force to Ensure the Military Is Ready for China. In: Nationalinterest.org vom 11. Februar 2021.

73 Vgl. Warrick, Joby: China Is Building More Than 100 New Missile Silos in Western Desert, Analysts Say. In: *The Washington Post* vom 30. Juni 2021.

74 Vgl. Nakashima, Ellen: China's Test of Hypersonic Vehicle Is Part of a Program to Rapidly Expand Strategic and Nuclear Systems. In: *The Washington Post* vom 19. 10. 2021.

75 Vgl. Seyfort, Serena: What Are China's Artificial Islands and Why Are There Concerns About Them. In: 9News.com von 26. November 2021.

76 Vgl. Gomez, Jim und Aaron Favela: AP Exclusive: US Admiral Says China Fully Militarized Isles. In: *The Washington Post* vom 20. März 2022.

77 Vgl. Yimou, Lee: China's Latest Weapon Against Taiwan: The Sand Dredger. In: Reuters vom 5. Februar 2021.

78 Vgl. Indo-Pacific Strategy. Hg. v. National Security Council vom 11. Februar 2022.

79 Vgl. Sanger, David: Secret Talks and Hidden Agenda. Behind the U. S. Defense Deal that France Called a Betrayal. In: *The New York Times* vom 17. September 2021.

80 Vgl. Cohen, Roger: In Submarine Deal With Australia, U. S. Counters China but Enrages France. In: *The New York Times* vom 16. September 2021.

81 Vgl. Nakashima, Ellen und Gerry Shih: China Builds Advanced Weapon Systems Using American Chip Technology. In: *The Washington Post* vom 10. April 2021.

82 Vgl. Satter, Raphael und Nick Carey: China Threatened to Harm Czech Companies Over Taiwan Visit. In: Reuters vom 19. Februar 2020.

83 Vgl. Šimalčík, Matej: Oligarchs and Party Folks. Chinese Corrosive Capital in Slovakia and Czechia. Hg. v. Central European Institute of Asian Studies. In: CEIAS *Research Papers* vom 20. Juli 2021.

84 Vgl. Tizard, Will: New Czech Ownership of Central European Media Should Boost Profits, if Not Reputation. In: *Variety* vom 22. Oktober 2020.

85 Vgl. Yoshihara, Toshi und Jack Bianchi: Uncovering China's Influence in Europa – How Friendship Groups Coopt European Elites. Hg. v. Center for Strategic and Budgetary Assessments. Washington 2020.

86 Vgl. Tamás, Fábián: Orbán's Influence on the Media Is Without Rival in Hungary. In: EURACTIV.com vom 29. März 2021.

87 Vgl. Ulrich, Wolf-Christian: Pressefreiheit in Ungarn: Es geht um Kontrolle. In: ZDF.DE vom 30. März 2022.
88 Vgl. Karnitschnig, Mattew und Laurenz Gehrke: Germany Inc.'s China Syndrome. In: *Politico* vom 26. Oktober 2021.
89 Vgl. Ankenbrand, Hendrik und Johannes Pennekamp: Das Risiko China. In: *Frankfurter Allgemeine Zeitung* vom 11. März 2022.
90 Vgl. »Ich bin nicht der Oberlehrer der Welt«. In: *Frankfurter Allgemeine Zeitung* vom 11. Juli 2020.
91 Vgl. von der Burchard, Hans: Merkel Pushes EU–China Investment Deal Over the Finish Line Despite Criticism. In: *Politico* vom 29. Dezember 2021.
92 Vgl. https://mid.ru/ru/foreign_policy/rso/nato/1790803/?lang=en
93 Vgl. Wong, Edward und Julian Barnes: Russia Asked China for Military and Economic Aid for Ukraine War, U.S. Officials Say. In: *The Washington Post* vom 13. März 2022.
94 Vgl. Corbett, Thomas, Max Siu und Peter Singer: What Is China Learning from the Ukraine War? In: *De-fense One* vom 3. April 2022.
95 Vgl. Buckley, Chris: Defying China's Censors to Urge Beijing to Denounce Russia's War. In: *The New York Times* vom 18. März 2022. Eine englischsprachige Übersetzung des Artikels von Hu Wei findet sich unter https://uscnpm.org/2022/03/12/hu-wei-russia-ukraine-war-china-choice/
96 Vgl. Shepherd, Christian und Lily Kuo: China's Attempt to Play Both Sides of the Ukraine Crisis Is Starting to Crack. In: *The Washington Post* vom 16. März 2022.
97 Vgl. Huileng, Tan: China and Russia Are Working on Homegrown Alternatives to the SWIFT Payment System. Here's What They Would Mean for the US Dollar. In: *Business Insider* vom 28. April 2022.
98 Vgl. Rogin, Josh: The Czech Republic Is Calling Out China Over Ukraine. In: *The Washington Post* vom 26. April 2022.
99 Vgl. Garamvolgyi, Flora: Viktor Orbán Tells CPAC the Path to Power Is to »Have Your Own Media«. In: *The Guardian* vom 20. Mai 2022.
100 Vgl. Joyce, Kathryn: CPAC Hungary – Global Right Doubles Down on »Recement« Theory. In: salon.com vom 20. Mai 2022.
101 Vgl. Garamvolgyi, Flora und Julian Borger: Trump Shares CPAC Hungary Platform With Notorious Racist and Antisemite. In: *The Observer* vom 21. Mai 2022.
102 Vgl. https://www.pbs.org/newshour/show/hacked-chinese-government-files-gives-new-insights-on-the-mass-detention-of-ethnic-uighurs
103 Ruwitch, John: Leaked Draft of an Agreement Between China and the Solomon Islands Has U.S. Concerned. In: npr.com vom 29. April 2022.
104 Vgl. Pottinger, Matthew: Remarks by Deputy National Security Advisor Matt Pottinger to London-based Policy Exchange. Hg. v. The White House vom 23. Oktober 2020. Hier der Link zum Videomitschnitt in Mandarin https://youtu.be/L3XPRHgSqyo
105 Friedman, Thomas: My Lunch with President Biden. In: *The New York Times* vom 22. Mai 2022.